pfeiffer

Zu diesem Buch

Lassen sich Tagträume, mehr oder weniger bewußt gesteuerte Phantasien, therapeutisch ebenso auswerten wie die spontanen Träume in der Psychoanalyse?
Die Frage ist von der Praxis vieler Therapieeinrichtungen längst mit Ja beantwortet, doch hat es an einer Übersicht über die verschiedenen theoretischen und methodischen Ansätze bisher gefehlt.
Jerome Singer zeigt die Entwicklung und Anwendung der imaginativen Methoden in allen großen Therapierichtungen und diskutiert ihre Brauchbarkeit für die Praxis des Psychotherapeuten. Die Verbindung zur psychologischen Forschung ist in dem Buch durchwegs gewahrt; besonders relevant sind die Probleme der Emotionen und der Informationsverarbeitung. Ein wichtiges und hilfreiches Buch für Psychologen und Psychotherapeuten aller Schulrichtungen.

Jerome L. Singer, geboren in New York/USA, Dr. phil.; klinischer Psychologe; Professor für Psychologie und Direktor des Clinical Psychology Training Program an der Yale University/USA; private Praxis als Psychotherapeut. Mitglied zahlreicher Fachgesellschaften. Veröffentlichungen: Daydreaming (1966); The child's world of make believe (1973) u. a.

Jerome L. Singer

Phantasie und Tagtraum

Imaginative Methoden in der Psychotherapie

Verlag J. Pfeiffer · München

Die amerikanische Originalausgabe ist unter dem Titel »Imagery and Daydream Methods in Psychotherapy and Behavior Modification« bei Academic Press, New York–San Francisco–London erschienen.

Aus dem Amerikanischen übersetzt von Hannelore Lochmann

CIP-Kurztitelaufnahme der Deutschen Bibliothek

Singer, Jerome L.:

Phantasie und Tagtraum: imaginative Methoden in d. Psychotherapie / Jerome L. Singer. [Aus d. Amerikan. übers. von Hannelore Lochmann]. – München: Pfeiffer, 1978.

(Reihe leben lernen; Nr. 37)
Einheitssacht.: Imagery and day-dreaming methods in psychotherapy and behavior modification ‹dt›
ISBN 3-7904-2074-5

Nr. 37
Reihe »Leben lernen«
herausgegeben von Lorenz Wachinger
und Karl Herbert Mandel

Druck: G. J. Manz, Dillingen/Donau
Umschlagentwurf: Hermann Wernhard

ISBN 3-7904-0274-5

Inhalt

Vorwort

Dieses Buch bildet die Synthese zweier grundlegender Erfahrungen, die ich im Rahmen meines beruflichen Werdegangs sammeln konnte. Sie entstammen einmal einer Beschäftigung mit dem Wesen des Tagträumens und verwandter imaginativer Prozesse, sowohl unter dem Aspekt einer theoretischen Problemstellung der psychologischen Forschung als auch unter dem praktischen Gesichtspunkt meiner klinischen Arbeit im Rahmen einer psychoanalytisch orientierten Psychotherapie. Die erste dieser Erfahrungen ließ mich nach Möglichkeiten Ausschau halten, wie die Laboruntersuchungen über imaginative Prozesse in der Praxis nutzbar gemacht werden könnten. Meine klinische Erfahrung hingegen hat mich zunehmend in der Überzeugung bestärkt, daß wir nicht umhin können, unsere psychotherapeutische Praxis auf das solide Fundament wissenschaftlicher Forschung und abgesicherter Theorien zu stellen, wenn wir nicht Opfer von Dilettantismus, Geheimniskrämerei oder sektiererischen Spaltungsprozessen werden und die Psychotherapie damit dem Vorwurf aussetzen wollen, eine Mischung von Quacksalberei und unausgegorener Religiosität zu sein. Die Hauptthese dieses Buches lautet, daß es für die psychotherapeutische Praxis ungeheuer wichtig sei, sich auf die Imagination des Klienten und dessen Fähigkeit zum Tagträumen verlassen zu können, und daß bezüglich dieser imaginativen Fähigkeit der Nachweis erbracht werden kann, daß es sich dabei um grundlegende Prinzipien menschlicher Informationsverarbeitung und Emotion handelt, die sich der exakten wissenschaftlichen Forschung nicht entziehen.

Dieses Buch umfaßt einen Abriß der Anwendungsmöglichkeiten von Imagination und Phantasieprozessen in der Psychotherapie und Verhaltensmodifikation. In diesem Sinne wurden viele der Materialien ohne jene eingehende Prüfung übernommen, wie sie etwa in einigen Abschnitten der Bücher von *Richardson* (1969), *Horowitz* (1970) und in verschiedenen von mir verfaßten Artikeln (*Singer*, 1971a, b, 1972c) geleistet wurde. Das Buch, dessen Inhalt wenigstens teilweise für viele neu sein dürfte, richtet sich vor allem an klinische Psychologen, Psychiater, Psychologiestudenten, Sozialarbeiter und alle in den helfenden Berufen Tätigen, und es will verstanden werden als ein Versuch, dem Leser einen Eindruck zu vermitteln von den vielen genialen Nutzungsmöglichkeiten der menschlichen Imagination zur Symptombeseitigung und psychischen Veränderung. Für den mehr an der Forschung orientierten Theoretiker werden besonders die Hinweise auf die aktuelle wissenschaftliche Diskussion zum Thema Imagination und Phantasieprozesse von Interesse sein. Es wird sowohl auf die Modifikationen bereits bekannter verhaltenstherapeutischer und psychodynamischer Verfahren eingegangen als auch auf methodisch noch unerschlossene Bereiche. Wann immer möglich, wird Fallmaterial sowohl aus der einschlägigen Literatur zu den verschiedenen Therapieansätzen als auch aus meiner eigenen Praxis einbezogen. Bei der Darstellung meiner eigenen Fälle habe ich Details verändert oder die Daten verschiedener Patienten kombiniert, um deren Anonymität zu wahren.

Das Buch befaßt sich mit einem weiten Bereich psychotherapeutischer Anwendungsmöglichkeiten der Imagination – von der klassischen Psychoanalyse über die verschiedenen imaginativen Verfahren in Europa bis hin zu den verhaltenstherapeutischen Methoden, wie z. B. der systematischen Desensibilisierung, dem verdeckten Konditionieren, dem symbolischen Modellernen und der positiv-emotiven Imagination. Bei der Darstellung spezieller Techniken habe ich mich einerseits um Objektivität bemüht, andererseits habe ich aus meinem Standpunkt kein Hehl gemacht, daß ich eine kognitiv-affektive Orientierung vorziehe, mit enger Verbindung zu der theoretischen Arbeit von *Silvan Tomkins,* zu den kognitiven Anschauungen von *Jean Piaget, Kurt Lewin, Heinz Werner, Ernst Schachtel* u. a., und zu den Methoden sozialen Lernens und den interpersonellen Orientierungen von *Harry Stuck Sullivan, Julian Rotter* und *Albert Bandura.* Auch mein Versuch, einige Gemeinsamkeiten der verschiedenen therapeutischen Ansätze herauszuarbeiten, orientierte sich an einem kognitiv-affektiven Rahmen, der sich für diese systematische Darstellung von Imagination und Phantasie als besonders geeignet erwies. Dem an weiteren Details interessierten Leser seien meine früheren Arbeiten: »Daydreaming« und »The Child's World of Make Believe« (*Singer,* 1966, 1973) empfohlen.

Danksagung

Dieses Buch basiert auf einer Vielfalt persönlicher Erfahrungen als Kliniker, Forscher und Lehrer; Danksagungen an meine Patienten, Kollegen und Studenten würden ein ganzes Kapitel für sich in Anspruch nehmen. Speziellen Dank möchte ich allerdings meinem langjährigen Mitarbeiter in der Forschung, John Antrobus, aussprechen für all die Jahre fruchtbarer Zusammenarbeit. Äußerst anregende Diskussionen führte ich auch mit *Dr. Mardi Horowitz, Dr. Arthur Arkin, Dr. Joseph Cautela, Dr. Hans Carl Leuner, Dr. Paul Kosbab* und *Dr. Arthur Feiner* als den Vertretern der Psychoanalyse, der imaginativen Verfahren in Europa und der Verhaltenstherapie. Ich hatte die Ehre, an dem Dritten Internationalen Kongreß für Imaginative Verfahren in Cortina d'Ampezzo, Italien, gemeinsam mit *Dr. Sheldon Korchin* teilzunehmen, wo wir persönliche Begegnungen mit bedeutenden Vertretern dieser Forschungsrichtung hatten einschließlich *Dr. Frétigny, Dr. Virel, Dr. Rigo* und *Dr. Rilo-Uberto.* Meine Kontakte mit *Dr. Sydney Segal* führten zu einer Bereicherung meines Wissens über die Erforschung der Imagination. Schließlich waren die Diskussionen und die gemeinsame Forschungsarbeit mit meiner Frau, *Dr. Dorothy Singer,* von außerordentlichem Wert für mich, da sie dazu beitrugen, den Kurs dieser Arbeit zu bestimmen und daran festzuhalten.

Kapitel I

Das Wiederaufleben des Interesses von Psychologen und Psychiatern an Vorstellungen

Menschliches Bewußtsein, das sinnreiche Zusammenspiel von dahineilenden Bildern, Wahrnehmungen der unmittelbaren Umgebung, Erinnerungen an längst vergangene Ereignisse und Tagträumereien von zukünftigen oder unmöglichen Aussichten, alles dahingetragen von dem Strom der Gedanken, stellen ein wahres Wunder unserer Erfahrung des Menschseins dar. Wie seltsam, daß gerade das, was ganz offensichtlich einen Teil dessen ausmacht, was wir sind und was wir erleben, von der wissenschaftlichen Psychologie als Forschungsgegenstand vollkommen ausgeklammert wurde, die doch von dem Versuch, eben diese inneren Phänomene zu verstehen, ihren Ursprung genommen hatte. Wie *Robert Holt* (1964) glänzend dokumentiert hat, haben die Psychologen beinahe 50 Jahre lang in diesem Jahrhundert das Studium der menschlichen Vorstellungs- und Phantasiewelt unter der Übermacht des Behaviorismus weitgehend ignoriert. Amerika beschäftigte sich mit der Technologie der Massenproduktion, und der Empirismus der Geschäftswelt schlug sich auch bei amerikanischen Psychologen nieder, die in der offenen Reaktion, dem Hebeldruck der Taube, dem Labyrinth-Rennen der weißen Ratte und dem konditionierten Lidschlagreflex ihre Schwerpunkte sahen. In dem vom Krieg zerstörten und von sozialen Wirrnissen mitgenommenen Europa dieser Jahre wurde das innere Erleben nie in diesem Ausmaß unterdrückt, es hinkte allerdings in der Entwicklung einer wissenschaftlichen Technologie für das Studium von Verhalten weit hinterher.

Solange die Beschäftigung mit Vorstellungen und Phantasien weitgehend dem Psychiater, der sich mit Geisteskrankheit befaßt, und dem Psychoanalytiker, der sich sehr intensiv einer kleinen Gruppe von Menschen zuwendet, vorbehalten blieb, leisteten diese Disziplinen nur einen relativ geringen Beitrag zu unserem formalen Verständnis von der Eigenart von Vorstellungen und Phantasien. Das Genie und der zunehmende Einfluß von *Freud* und *Jung* und deren verhältnismäßig kleine Gruppe von Schülern sorgten für weitere Beachtung der intrapsychischen Vorgänge sowohl in Europa als auch in Amerika. Dennoch verhinderten die begrenzten Möglichkeiten der klinischen Methode einen systematischen Beitrag zur wissenschaftlichen Erforschung von Vorstellungen und Phantasien. Obwohl der Einfluß von *Jung* weitgehend auf eine kleine Enklave rund um Zürich beschränkt war, spürte man ihn doch gelegentlich auch anderswo in Europa – bei der Entwicklung einiger imaginativer Verfahren in der Psychotherapie –, und seine Arbeit beeinflußte bekannte Literaten, vor allem *James Joyce*. Der weitaus größere Einfluß von *Freud* auf internationale wissenschaftliche und literarische Entwicklungen braucht hier nicht erörtert zu werden. Die ziemlich formale Struktur, die die Psychoanalyse im Verlauf der ersten Hälfte dieses Jahrhunderts kennzeichnete, hatte allerdings auf die intensive Erforschung der Vorstellungsmodalitäten oder vollendeter Phantasien, sei es nun zum Zwecke psychotherapeutischer Nutzung oder als eigenständiges Forschungsobjekt, einen eher dämpfenden Einfluß.

Trotz der großen Beiträge von *Freud* zur Traumtheorie, der Eigenart von primär- und sekundär-prozeßhaftem Denken, seiner Entdeckung der Übertragungsphänomene, wurde dem Studium formaler Eigenschaften von Vorstellung und Phantasie in der Psychoanalyse relativ wenig Bedeutung beigemessen. Es war vor allem *David Rapaport* (1951, 1960), der *Freuds* frühe Arbeiten im Zusammenhang mit diesen Strukturproblemen und Fragen der funktionalen Nützlichkeit des Traums und des Tagtraums wieder aufgriff. Sogar die erfahrensten Analytiker haben sich bei der Analyse des Trauminhalts und natürlich bei der Überprüfung spontan berichteter Tagträume oder Versprecher auf die Evidenz von Übertragungen oder Einstiegsmöglichkeiten zu bestimmten Komplexbereichen selten speziell auf Vorstellungen konzentriert oder versucht, ihre Patienten darin anzuleiten oder zu üben. Trotz des großen Vertrauens von Freudianern und Neo-Freudianern unter den Therapeuten auf Assoziation, Traum oder Tagtraum haben sie selten einmal anekdotische Berichte veröffentlicht, die einen Hinweis geben würden auf systematische Erforschung der Vorstellungskraft der Patienten, vom Ursprung der Vorstellung, von defensiven oder stilistischen Variationen der Vorstellung und die mögliche Verbindung zu speziellen Kindheitserfahrungen. Die sehr wichtigen technischen Einschränkungen der analytischen Intervention und die Betonung der »weißen Wand« und der im Vordergrund stehenden Übertragungsdeutung, die *Freud* in seinen Hauptschriften über die Technik niedergelegt hat, haben unglücklicherweise den experimentellen Umgang mit der Phantasie in der Psychoanalyse unterbunden.

Es ist eine seltsame Ironie wissenschaftlichen Fortschritts, daß gerade Vorstellung und Phantasie, fundamentale menschliche Vorgänge, erst mit Beginn der 60er Jahre für psychotherapeutische Nutzung und für die Forschung als bedeutende psychologische Phänomene nicht etwa seitens der Psychoanalyse wiederentdeckt wurden, sondern von ihren quasi Erzfeinden, nämlich den Verhaltenstherapeuten und den behavioristisch orientierten Psychologen, die mit der wissenschaftlichen Untersuchung von Gehirnvorgängen, Computerprozessen und Simulationsmodellen vertraut waren. Die einflußreichen Versuche von *Hebb* (1949) zur Systematisierung von Verhalten in bezug auf mögliche neurale Organisation des Gehirns führten zu ausgedehnten Studien über sensorische Deprivation, die den Psychologen Aufschluß darüber gaben, wie viel innerpsychisch abzulaufen scheint, wenn der Einfluß von Reizen aus der äußeren Umgebung drastisch reduziert wird. Die außerordentlich wichtigen neurophysiologischen Funde in bezug auf den Schlafzyklus (*Aserinsky & Kleitman*, 1953) eröffneten eine hochinteressante neue Richtung für die Untersuchung menschlicher Geistestätigkeit während des Schlafs und brachten den Traum über die Grenzen der Dyade im Behandlungsraum hinaus in die wissenschaftlichen Laboratorien. Die Fortschritte im Einsatz von Computern und die Möglichkeit, eine Vielzahl menschlicher Prozesse mit diesen Mitteln zu simulieren, verschaffte dem Psychologen auch die Voraussetzung für das systematische Studium von Langzeitgedächtnis, Erwartungen und Planhierarchien (*Miller, Galanter & Pribram*, 1960; *Tomkins & Messick*, 1963). Alle diese Forschungsrichtungen unterstreichen den zunehmenden Einfluß einer kognitiven Orientierung, die gegenwärtig in der amerikanischen Psychologie eine bedeutende Rolle spielt.

Speziell auf dem Gebiet des Psychotherapie jedoch kommt der stärkste Einfluß von der Arbeit mit Vorstellungsmethoden, wie sie in der Verhaltensmodifikation oder bei lerntheoretischen Ansätzen in der psychotherapeutischen Behandlung angewendet werden. Vor allem bekanntgeworden durch die Erfolge von *Wolpe* (1958), verbreiteten sich die Techniken der Verhaltensmodifikation in den 60er Jahren sehr schnell und haben beinahe jede Phase der Psychotherapie und fast alle Ansätze zur sozialen Veränderung berührt. Ein wesentliches Merkmal vieler verhaltenstherapeutischer Techniken ist das Vertrauen auf die Vorstellungskraft der Klienten oder Patienten, und zumindest diese Tatsache hat die Verhaltenstherapeuten gezwungen, ihren eigenen Erfahrungen voll ins Gesicht zu blicken und das innere Erleben eines Menschen wieder zurück in das Gebiet der Wissenschaft zu holen. An dieser Stelle sei vorweggenommen, was in diesem Buch an anderer Stelle noch ausführlich besprochen wird. Denken Sie an die Desensibilisierungsmethoden bei der Behandlung von Phobien, die durch *Wolpe* bekannt und in einer Vielzahl von experimentellen und klinischen Untersuchungen auf ihre Effektivität hin überprüft wurden. Trotz der Tatsache, daß diese Behandlungstechnik von der Verhaltensmodifikation kommt, liegt das wesentliche Moment in der Fähigkeit des Individuums, Bilder von furchterregenden Plätzen oder Ereignissen je nach der speziellen Eigenart der Phobie in der Vorstellung auftauchen zu lassen. Selbstverständlich liegt der Klient, wenn er einmal in einer entspannten Verfassung ist, einfach ruhig da und geht in seiner Vorstellung die speziellen Szenen durch, in der Reihenfolge, wie sie ihm zunehmend mehr angst machen. Auch der Therapeut sitzt ganz ruhig und interveniert nur, wenn der Patient die Hand hebt oder andere Signale gibt, daß die Angst zu groß ist und daß er durch die Entspannungsmethode keine reziproke Hemmung erfährt. Hier geht es um Schlußfolgerungen über die persönlichen Erfahrungen des Patienten, weit entfernt von der üblichen behavioristischen Position mit ihrer Betonung offener Reaktionen.

Es sollte deshalb klar sein, daß die vielen Techniken der Verhaltensmodifikation – Desensibilisierung, stellvertretende Verstärkung, symbolisches Modellernen und Implosion – zu einem großen Teil auf der Erzeugung bestimmter Vorstellungserlebnisse bei dem Patienten beruhen. Aus diesem Grunde ist es notwendig, daß sich der Verhaltenstherapeut nun den wissenschaftlichen Aspekten menschlicher Vorstellungskraft zuwendet, wenn er weiterhin darauf bestehen will, daß verhaltenstherapeutische Techniken tatsächlich ein natürliches Nebenprodukt der wissenschaftlichen Psychologie und der Lerntheorie sind. In der Vergangenheit haben wissenschaftliche Bedenken bei den zahlreichen Europäern, die mit imaginativen Verfahren arbeiteten, keineswegs deren Gebrauch eingeschränkt, sicherlich auch nicht bei denjenigen, die Encounter-Gruppen oder Gestalt machen und dabei einige der imaginativen Techniken anwenden. Das große Vertrauen auf solche Prozesse verlangt meiner Meinung nach von denjenigen, die es praktizieren, daß sie die wissenschaftlichen Voraussetzungen ihrer Vorgehensweise erforschen.

Ein Hauptanliegen dieses Buches ist, die ganze Vielfalt der psychotherapeutischen Arbeit mit Vorstellungen zu überprüfen, um zu sehen, ob es möglich ist, die einzelnen Techniken miteinander in Beziehung zu setzen, und noch wichtiger scheint uns zu sein, sie in die psychologische Grundlagenforschung über Vorstellung und Tagtraum einzubringen. Vielleicht ist dieses Ziel zu hoch gesteckt, aber es erscheint uns als bedeutend, wenn wir die Rolle der klinischen Psychologie und Psychiatrie als verantwortete Folge der Verhaltenswissenschaft ernst nehmen wollen. Das heißt nicht, daß man vor der »Wissenschaft« zu Kreuze kriechen muß. Und doch müssen wir uns vor Augen halten, daß es zwischen praktizierenden Psychologen und Psychiatern und den Klienten, die dort Hilfe suchen, einen impliziten Vertrag gibt. Dieser Vertrag enthält die Grundvoraussetzung, daß die von Spezialisten für psychische Gesundheit angewandten Techniken auf wissenschaftlich fundierten Erkenntnissen beruhen.

Viele Menschen scheuen sich, psychiatrische oder psychologische Hilfe für emotionale oder zwischenmenschliche Schwierigkeiten in

Anspruch zu nehmen. Sie ziehen es statt dessen vor, sich traditioneller Religion zuzuwenden oder »Ablegern« davon, sie suchen sich Prediger der Wiedergeburt und Heilverkünder, die sich selbst als Abtrünnige der wichtigsten religiösen Gruppen darstellen. Es gibt in der Tat viele Menschen, die Hilfe suchen bei quasi-religiösen oder mystischen Verbänden unserer Gesellschaft, einschließlich derjenigen, die ihr Geschäft mit der Psyche machen, wie Astrologen, Handleser und Wahrsager. Aber die Menschen, die zum Psychologen oder Psychiater kommen, erwarten im allgemeinen, daß die Hilfe, die sie dort bekommen, in angemessener Weise auf wissenschaftlicher Forschung beruht. Wissenschaftliche Forschung bedeutet sogar für den Laien so etwas wie formales Experimentieren mit dem offenen Angebot von Ideen, was dann zum Gegenstand systematischer Untersuchungen an Universitäten oder Instituten wird. In den meisten Fällen kann der Laie selbst nicht feststellen, welcher praktizierende Therapeut der »wissenschaftlichere« ist: er muß sich vielmehr auf die Akkreditierung der Therapeuten (Psychologen, Psychiater und Sozialarbeiter) verlassen, die ein längeres Studium an der Universität mit dem Diplom oder Staatsexamen abgeschlossen oder eine Zusatzausbildung in einer eigenen beruflichen Organisation abgelegt haben. In diesem Sinne hat der klinisch Arbeitende die große Verantwortung, einige der Verbindungslinien aufzuzeigen zwischen dem, was er praktiziert, und dem Hintergrund an Information und formaler Theorie, worauf er sein Wissen in seinem Fachgebiet gründet.

Es ist eine berechtigte Frage, ob die von Psychotherapeuten unterschiedlichster Vorbildung und Schulrichtungen verschiedenartig angewandten imaginativen Verfahren auch Gemeinsamkeiten aufweisen. Um diesen Punkt noch eindringlicher zu betonen, ist es notwendig, daß wir uns näher mit der Krise beschäftigen, die insgesamt auf dem Gebiet psychotherapeutischer Praxis herrscht. Insbesondere da sich die Lage in den letzten 10 Jahren aufgrund der experimentellen Methoden, und dabei besonders jener Techniken, die Vorstellung und Phantasie, bislang von der Wissenschaft vernachlässigte Phänomene, einbeziehen, weiter verschlechtert hat.

Der Turm von Babel: Das Dilemma moderner klinischer Praxis

Allein die wechselnden Methoden der Psychiatrie oder Psychologie könnten schon der Grund für das aufkommende Interesse an psychotherapeutischer Anwendung imaginativer Verfahren sein. Ich würde allerdings eher annehmen, daß der vielfältige Einsatz dieser Verfahren bei der Behandlung emotionaler Störungen gestiegenes technisches Niveau der Verhaltenswissenschaften sowie eine natürliche Reaktion auf die neue Forschungs-Technologie und das Bedürfnis nach vorwiegend kognitiven oder informationstheoretischen Persönlichkeitsmodellen widerspiegelt. Die hochinteressanten neuen Untersuchungen und Theorien über kognitive Prozesse und die Rolle imaginativer Verfahren bezüglich Lernen und Gedächtnis (*Paivio*, 1971) machen einen Fortschritt bei der Modellkonstruktion im Rahmen der psychologischen Theorie deutlich, der über das S-R-Schema hinausführt oder über die zu eng gefaßten Modelle des operanten Konditionierens, die seit den 20er Jahren bis in die Mitte der 60er Jahre eine führende Rolle gespielt haben. In ähnlicher Weise könnte sicherlich auch die häufige klinische Nutzbarmachung imaginativer Vorgänge oder verwandte »zentrale« oder innere Prozesse in den 60er Jahren eine tiefe Unzufriedenheit mit früheren klinischen Modellen, vor allem jenen, die die hydraulischen Energiemodelle, Verschiebungen von Triebdruck oder Abfolgen von Stimulus-Response-Lernen strapazierten, zum Ausdruck bringen. Die störende Unruhe über die Begrenzungen der klassischen Psychoanalyse oder auch deren neofreudianischen Varianten hat das psychotherapeutische Establishment, das in den 40er und 50er Jahren sehr stark in sich selbst ruhte, mächtig in Bewegung gebracht.

Als Ergebnis dieser anwachsenden Unzufriedenheit wurde landauf, landab mit einer Vielfalt von neuen Methoden und Modellen experimentiert. Einige dieser neuen Ansätze waren lediglich Versuche, den langsamen Verlauf der Psychoanalyse zu beschleunigen, so wurden in der Regel häufig nur *technische* Details und nicht die *theoretischen* Grundannahmen der »dynamischen« Betrachtungsweise in Frage gestellt. Das ständige Bestreben der Kliniker, die Methoden zu verbessern, selbst ohne ausreichende Begründung durch wissenschaftliche Forschung oder formal theoretische Analyse, hat unvermeidlich zu einer Schwemme von Methoden, Schulen und Instituten geführt, denen es anscheinend leichtgemacht wird, Anhänger zu gewinnen, Ausbildungsprogramme aufzuziehen und die Werbetrommel in eigener Sache zu rühren.

Bedenken Sie nur, wo das hinführen kann. Allein in New York findet man Anhänger der zahlreichen »etablierten« Psychotherapieschulen, die sich auszeichnen durch eigene Institute bzw. Gruppen und sehr unterschiedliche Maßstäbe für Zertifikate. Die bloße Aufzählung macht schon atemlos. Die klassische Psychoanalyse ist durch mindestens drei oder vier separate Gruppen vertreten, unter denen das New York Psychoanalytic Institute das meiste Ansehen genießt. Mit ihm wetteifern die Institute of Psychoanalytic Training and Research, das Metropolitan Institute for Psychoanalytic Studies, das Freudian Institute und einige andere. Zu den neofreudianischen Instituten oder

Gruppen zählen die Horney School (Association for the Advancement of Psychoanalysis), das William Alanson White Institute (beeinflußt von *Sullivan, Fromm, Fromm-Reichmann, Thompson* und *Freud*), das Sullivan Institute (ein Ableger des White Institute), die Columbia Psychoanalytic Group, die New York-Flower Medical College Group, das Postgraduate Center for Mental Health, die National Psychological Association of Psychoanalysis (die sich an die klassische psychoanalytische Theorie anlehnt) und mindestens drei oder vier andere, die ebenfalls Klinik und Ausbildungsprogramme kombinieren. Hinzu kommen Gruppen, die sich auf *Jung* oder *Adler* berufen, die beiden abtrünnigen Freudschüler. Die Postgraduiertenausbildungen, die sich an die New York University und die Adelphi University angliedern, stellen nicht nur Mischformen zwischen klassischen und neofreudianischen Ansätzen dar, sondern vereinigen auch existentielle und humanistische Psychotherapiegruppen. Natürlich gibt es auch Anhänger von *Melanie Klein* oder der Fairbairn-Winnecott-Guntrip-Laing-Objektbeziehungs-Ansätze aus England – diese sind größtenteils im White Institute oder den Postgraduiertengruppen an der Universität vertreten. Weiterhin sind zu nennen die Gestalttherapeuten, die Nachfolger von *Wilhelm Reichs* Orgontherapie, heute unter dem Namen *Bioenergetik* bekannt, die verschiedenen Vertreter der Esalen »Encounter-Gruppen«-Bewegung, und die verschiedenen Therapeutenvereinigungen, die die Gruppentherapie oder Kleingruppenprozesse repräsentieren. Seit langem etabliert ist *Morenos* Psychodrama-Institut, von dem aus das Rollenspiel Einzug hielt in vielen humanistischen, Encounter-, Esalen-, Gestalt- oder Kleingruppen.

Die meisten der genannten Ansätze können als »dynamisch« bezeichnet werden, sie betrachten jeweils die »Gesamtpersönlichkeit« und haben eine tiefgreifende Umstrukturierung der Persönlichkeit als Therapieziel. Aber selbst in New York, das man sicherlich nicht als Herz der Vereinigten Staaten bezeichnen kann, mangelt es nicht an Vertretern und Ausbildungsmöglichkeiten in verschiedenen Techniken der Verhaltensmodifikationen und des operanten Konditionierens. Darüber hinaus gibt es mehrere Ausbildungsinstitute für Hypnose; so ist z. B. die Morton Price Clinic gut etabliert.

Gemeinsam ist allen bisher genannten Gruppen mindestens ein Kriterium, das sie als seriöse Unternehmen auszeichnet: ihre Leiter oder die Ausbildungskader bestehen aus Ärzten, Psychologen und Sozialarbeitern, die ein Minimum an wissenschaftlicher Ausbildung nachweisen müssen. Dieses Kriterium gilt wahrscheinlich nicht für Dutzende von »Randgruppen«, selbsternannten Spezialisten für Encounter-Gruppen, Astrologen, therapeutische Vertreter verschiedener Methoden der Meditation oder orientalische quasi-religiöse Sekten, psychische Heiler usw. Als alteingesessener New Yorker bin ich aller-

Tafel I

Das Spektrum psychotherapeutischer Anwendungen von Vorstellung

Linker Flügel		Mitte			Rechter Flügel
Links	Rechts	Links	Mitte	Rechts	
1. Imaginations-Spiele vom Typus Esalen	1. Humanistische Methoden der Gruppentherapie	1. Psychodrama nach *Moreno*	1. Affekttherapie nach *Izard*	1. Emotive Vorstellung nach *Lazarus*	1. Hypnose
2. Imaginative Spiele in der Drogentherapie	2. Gestalt-Marathons	2. Gestalt-Therapie	2. Neofreudianische Gruppen (*Fromm, May, Tauber, Green*)	2. »Aktive Imagination« nach *Jung*	2. Klassische Psychoanalyse 3. Aufdecken von auftauchenden Bildern nach *Reyher*
3. Mystische oder okkulte Phantasieübungen	3. Imaginative Spiele in T-Gruppen	3. Psychosynthese (*Assagioli*)	3. Europäische Schulen mit »mentaler Vorstellung« (*Desoille, Frétigny* und *Virel, Leuner, Rigo*)	3. Anwendungen früher Erinnerungen nach *Adler*	4. Methoden der Verhaltensmodifikation a. Systematische Desensibilisierung (z. B. *Wolpe*) b. Verdecktes Konditionieren (z. B. *Cautela*) c. Implosionstherapie
	4. Therapien der transzendentalen oder Zen-Meditation	4. »Psycho-Imagination« nach *Shorr* 5. Transaktionsanalyse nach *Berne* 6. Rational-emotive Therapie nach *Ellis*	4. Fokaltherapie nach *Gendlin*		5. Modeling in der Vorstellung

dings davon überzeugt, daß diese Gruppen in Los Angeles noch verbreiteter sind.

Wollen wir es damit bewenden lassen. Wenn in unserer Aufzählung den mehr allgemein therapeutischen Orientierungen der Vorzug gegeben wurde (und ich wahrscheinlich von einigen Kollegen angegriffen werde, weil ich *ihre* Institute übersehen habe), so geschah dies in erster Linie aufgrund unseres Interesses an psychotherapeutischer Anwendung imaginativer Verfahren.

Als Auflockerung und zur besseren Orientierung des Lesers soll die folgende Darstellung (Tafel I) dienen. In ihr sind die psychotherapeutischen Anwendungen imaginativer Verfahren in einer Links-Mitte-Rechts-Anordnung zusammengestellt in Analogie zum Schema des Schauspielers *Mort Sahl* für politische Parteien, Themen und Personen.

Ich hoffe, daß dieser Versuch der quasiideologischen Polarisierung nicht im Sinne einer Einengung und Etikettierung einzelner Methoden mißverstanden wird. Mein Hauptanliegen ist es, das Dilemma aufzuzeigen, in dem sich ernsthafte Verhaltenswissenschaftler befinden, wenn sie das, was sie in der Praxis und in der angewandten Psychologie tun, mit einigen fundamentalen wissenschaftlichen Prinzipien verknüpfen wollen. Die klassisch arbeitenden Psychoanalytiker, die von mir dem rechten Flügel zugeordnet wurden, können sicherlich geltend machen, daß in der reinen Form das orthodox analytische Vorgehen das befreiendste sei und dem Wachstum des einzelnen am meisten Aufmerksamkeit entgegenbringt. Die minimalen Interventionen des »Projektions-Schirm«-Analytikers, die besondere Bedeutung der freien Assoziation, die langsame und schmerzvolle Entwicklung der »Übertragungsneurose« und deren sorgfältige Analyse mittels vorsichtiger Deutungen, all dies scheint mit autoritären Methoden unvereinbar zu sein.

Sieht man es aber von der soziologischen Seite, dann nehmen die direkten Nachfahren der Freudschen Psychoanalyse seit über 25 Jahren im psychiatrischen Establishment in bezug auf Prestige und akademische Macht eine führende Stelle ein. Die praktizierenden Psychoanalytiker sind meist Mediziner, die sich sehr genau im medizinischen Modell auskennen und anderen Schulen sehr verächtlich gegenüberstehen. Auf dem psychotherapeutischen Sektor erhalten sie das größte Honorar (trotzdem sehen sie ihre Patienten vier bis fünfmal die Woche), einigen Untersuchungen zufolge sind ihre politischen Anschauungen und ihr Verhalten im akademischen Bereich als sehr konservativ einzustufen, zumindest im Vergleich zu anderen Psychotherapeuten, die im großen und ganzen mit ihren sozialen Anschauungen mehr links von der Mitte stehen. Die orthodoxen Freudianer verwenden imaginatve Techniken im Rahmen der Prinzipien der

Traumdeutung und der Deutung der Übertragungsphantasien, die *Freud* vor ungefähr 60 Jahren aufgestellt hat, und die Zuweisung zum rechten Flügel scheint vor diesem Hintergrund gerechtfertigt. *Reyhers* Anwendung der bildhaften Assoziation anstelle der verbalen Assoziation stellt in diesem Rahmen eine technische Differenzierung dar, die selbst zurückgreift auf *Freuds* frühe Versuche, hinter der Hypnose eine kathartische Methode zu vermuten. Auch *Reyher* arbeitet sehr viel mit dem psychoanalytischen Trieb-Besetzungs-System unter Hervorhebung der symbolischen und unbewußten Phantasie, deshalb muß seine Methode klarerweise dem Freudianischen »rechten Flügel« zugeordnet werden.

Auf dem rechten Flügel, vielleicht noch rechts von der Psychoanalyse, vor allem wegen der akademischen Grundhaltung und dem etwas »entmenschlichten« Stil, kann man die meisten Methoden der Verhaltensmodifikation finden. Diese Methoden, die man noch bis in die Anfänge des Behaviorismus von *Watson* zurückverfolgen kann, haben sich erst in den letzten zehn Jahren stark vermehrt. Sie haben sich in der Psychologie »etabliert« und präsentieren sich als vielfältige Anwendungen lerntheoretischer Ansätze Neo-*Hull*scher und *Skinner*scher Ausprägung, wie sie seit über 35 Jahren in den meisten Institutionen der akademischen Psychologie tonangebend sind. Im großen und ganzen haben wir es auch hier mit sehr formalen Methoden zu tun, deren Vorgehensweise ähnlich rigid festgelegt ist wie in der klassischen Psychoanalyse.

Zu den Anwendungsgebieten imaginativer Verfahren im Bereich der Verhaltensmodifikation, die speziell zu diesem rechten Flügel zu zählen wären, würden etwa die *systematische Desensibilisierung*, das *aversive Konditionieren* und die *Gegenkonditionierung* in der Vorstellung sowie die Methoden des *Gedankenstops* gehören. Mehr auf dem linken Flügel könnte man die Methode des *Modeling* in der Vorstellung oder verwandte, symbolische vermittelte Methoden der Imitation oder des Reaktionsauslösens oder der Reaktionsenthemmung ansiedeln, wie z. B. die Methoden der Implosionstherapie, die einige psychoanalytische Formulierungen und kathartische Vorstellungen mit lerntheoretischen Formulierungen kombinieren. Diese Methoden, ebenso wie die Techniken der *emotiven Vorstellung*, können bereits der Mitte zugerechnet werden, da sie dem sozialen Lernen oder den sozialen Interaktionen und affektiven Komponenten der Persönlichkeit etwas mehr Bedeutung beimessen. Die Anwendung von Hypnose zum alleinigen Zwecke der Symptombeseitigung gehört eindeutig zum rechten Flügel der Vorstellungstechniken, während Hypnose als Bestandteil eines wesentlich dynamischeren Ansatzes wahrscheinlich eher zur Mitte zu zählen ist.

Als rechtsorientierter Vertreter der Mitte kann z. B. die aktive Imagination nach *Jung* betrachtet werden, eine wohletablierte analytische Technik, flexibler als die klassisch *Freud*schen Methoden, aber dennoch relativ konservativ, was die Kontrolle der Aktivität des Therapeuten, die Bedeutung der freien Assoziation des Patienten und die ziemlich strukturierte Therapeut-Klienten-Beziehung angeht. Auch die Methode von *Adler* mit ihrer Betonung der frühen Erinnerung oder dem Traum als einer projektiven Methode und ihrer etwas formalisierten Beziehung gehört hierher. Eindeutiger zur Mitte tendieren die affekt-orientierten Techniken (*Izard,* 1971) mit ihrer besonderen Betonung der Interaktion beim Gegenübersitzen sowie einige neofreudianische Schulen, die besonderen Wert auf Gegenübertragungsreaktionen als Schlüssel zu den Mitteilungen des Patienten *(Tauber* & *Green,* 1959) oder seinen Phantasien legen. Hierher gehören schließlich auch die stark von *Sullivan* beeinflußten Ansätze, die die Kommunikationsdyade mehr unter dem Aspekt der Sprache als der Imagination betrachten. Die symbolische Traumanalyse, wie sie in *Fromms* Konfrontationsmethode *(Fromm,* 1968) oder in *Mays* Verbindung von neofreudianischen mit existentiellen Ansätzen (*Caligor* & *May,* 1968) zur Anwendung kommen, haben weniger strenge Regeln als andere psychoanalytische Verfahren, aber sie sind immer noch ziemlich konservativ in der Struktur der Patient-Therapeuten-Beziehung und in ihrem Verhältnis zu traditionellen psychoanalytischen Methoden.

Als eindeutig zur Mitte gehörig erweisen sich jene europäischen Schulen, die mit Techniken der Vorstellung in Verbindung zu bringen sind. Natürlich verdanken diese vieles der *Freud*schen Trauminterpretation und den mehr verfeinerten Methoden der symbolischen Interpretation von *Jung.* Die Technik des »gelenkten Tagtraums« von *Desoille* enthält u. a. einige auf die Methode des Konditionierens zurückgehende Elemente und besitzt innerhalb der Mitte wahrscheinlich einen leichten Trend nach rechts, während das ziemlich strukturierte System von *Leuner* mit seiner offenen interpersonellen Orientierung wahrscheinlich genau in der Mitte liegt. Die relativ legere Haltung der Imagination im Rahmen der Psychosynthese von *Gerard, Assagiolo* und *Shorr* gehört wahrscheinlich eher zum linken Flügel der Mitte, wo man auch *Morenos* Psychodrama und die etwas konservativeren Gestalttherapeuten ansiedeln könnte. Auch die Anwendung von Vorstellungsmethoden in der Gruppe nach *Rigo* gehört wahrscheinlich in diese Position links von der Mitte.

Einige Klient-zentrierte Therapietechniken, wie z. B. das Fokussieren nach *Gendlin,* gehören sicherlich in die Mitte, obwohl sie nicht so sehr verbreitet sind. Und vielleicht stehen einige der konservativen Methoden von Yoga oder der Zen-Meditation links von der Mitte, oder sie gehören schon zum rechten Ende des linken Flügels.

Wir kommen schließlich zum linken Flügel, wo wir die spontansten, aber auch die am wenigsten kontrollierten Anwendungen imaginativer Verfahren finden. Auf der rechten Seite dieser Gruppe kann man die humanistischen oder die Gestalt-Methoden finden, die immer noch mehr oder weniger auf einem Klient-Therapeuten-Muster basieren, jedoch mit häufig verschwimmenden Grenzen und starker Tendenz zum »Ausagieren« von Phantasie und Imagination. Die Anwendung von rhythmischer Meditation und imaginativen Spielen als Teil von Encounter-Gruppen oder T-Gruppen würde wahrscheinlich auch zum linken Flügel zählen, möglicherweise zu dessen Mitte. Ganz außen links könnte man schließlich die mannigfaltigen Anwendungen von Phantasie und Imagination sehen, die nach dem Esalen-Modell locker strukturiert und manchmal drogenorientiert sind, wobei die Patienten in die Vorstellung eines jeden »hineingehen« und die Phantasien von Patienten und Therapeuten schwer auseinanderzuhalten sind. Einige der von *Schutz* (1967) beschriebenen Verfahren finden sich auf dem ganz linken Flügel. Die Gruppenphantasien, wie sie von *Alexander* (1969) beschrieben werden, scheinen kaum noch zu unterscheiden zwischen formaler Therapie einerseits und einem dumpfen Gefühl von Intimität andererseits, welches (wie bei Freunden oder Liebenden) das Teilhaben an den Phantasien einschließen kann.

Der einer Kategorisierung dienende Exkurs sollte aufzeigen, wie komplex das Gebiet imaginativer Verfahren ist und wie notwendig es ist, diesbezüglich zu einer generellen und integrativen Betrachtungsweise zu kommen. Tafel I demonstriert die verwirrende Fülle der erkundeten Anwendungsmöglichkeiten imaginativer Verfahren und läßt ahnen, wie schwierig es ist, Klarheit in die Problematik zu bringen. Wir können zu unserer früheren Frage zurückkehren: Wenn jemand zum Psychologen oder Psychiater kommt und auf systematischer wissenschaftlicher Erkenntnis fundierte Hilfe erwartet, was kann ihm ein Praktiker angesichts obiger Zusammenstellung sagen? Sind alle Methoden gleichermaßen valide oder wissenschaftlich überprüft? Sind einige davon Schöpfungen von hochbegabten, aber in ihrem Denken etwas absonderlichen »Persönlichkeiten«? Unterscheidet sich denn der Anreiz einiger neuer Methoden überhaupt wesentlich von jener Anziehungskraft, wie sie von Veranstaltungen der Erweckungsbewegung, von »Holy Roller«-Sitzungen oder Schlangenbeschwörungen auf große Teile der Bevölkerung ausgeübt wurde?

Die Art der hier gewählten Darstellung soll nicht darüber hinwegtäuschen, daß wir es mit sehr ernsten Problemen zu tun haben. Es besteht ein ungeheures Bedürfnis nach einer ernsthaften und nüchternen Überprüfung der Prämissen, die jeder Art psychotherapeutischer Technik zugrunde liegen. Der Turm-von-Babel-Eindruck der klinischen Psychiatrie und Psychologie ist Ausdruck einer jungen und nicht voll entwickelten wissenschaftlichen Disziplin. Bei allem Bestreben des Therapeuten, die selbstkritische Haltung, mit der er seine Methode hinterfragt, transparent werden zu lassen, sollte jedoch nicht übersehen werden, wie wichtig es ist, eine verständliche Sprache zu finden und die Methodik seines Vorgehens unter Berücksichtigung wissenschaftlicher Mindestanforderungen zu systematisieren.

Zielvorstellungen

Überblick über die Handhabung imaginativer Verfahren in der Psychotherapie

Um eine erste Orientierung bezüglich der Handhabungsmöglichkeiten imaginativer Verfahren in der psychologischen Behandlung zu gewinnen, soll an einigen Beispielen gezeigt werden, wie diese auf vernünftige, konsistente und systematische Art und Weise angewandt werden können. Ein solches Vorgehen bietet zugleich die Möglichkeit, den Leser mit Therapieberichten und Fallmaterial aus der Literatur oder der eigenen Erfahrung des Autors vertraut zu machen. Selbstverständlich sind die Erfahrungen eines einzelnen Psychotherapeuten begrenzt durch die spezifischen Erfordernisse seiner eigenen Praxis und der speziellen Fallarbeit. Einer der Hauptgründe, dieses Buch zu schreiben, war, daß keine systematischen Zusammenstellungen der in der Literatur bekannten Handhabung imaginativer Verfahren zu existieren schienen. Als ersten Schritt in dieser Richtung können einige Artikel angesehen werden, an denen der Verfasser beteiligt war (*Singer*, 1971/1972), sowie einzelne Kapitel oder Abschnitte anderer Bücher über imaginative Verfahren (*Horowitz*, 1970; *Richardson*, 1969). Unglücklicherweise findet auf einem Gebiet wie dem der Psychologie und Psychiatrie der Gedankenaustausch weitgehend innerhalb kleiner Gruppen statt. So ist wohl die erstaunliche Tatsache zu verstehen, daß nur wenige von den Verhaltenstherapeuten, die imaginative Verfahren einsetzen, die einschlägigen europäischen Techniken auf diesem Gebiet kennen. Ich habe den Eindruck gewonnen, daß viele Vertreter der dynamisch orientierten imaginativen Ansätze weithin keine Kenntnis haben von den ziemlich dramatischen Fortschritten der Verhaltenstherapeuten und einiger nicht-analytischer Gruppierungen auf diesem Gebiet. Wenn dieses Buch keinem anderen Zweck dienen sollte, als einer breiten Leserschaft in einem vernünftigen Maß die Vielfalt an Techniken nahezubringen, dann kann es sowohl den Weg ebnen für eine intensivere Kommunikation zwischen den einzelnen Gruppen als auch für die vergleichende Untersuchung, die schließlich zu systematischer Forschung führen können.

Das zweite Anliegen dieses Buches ist es, die Aufmerksamkeit auf die den verschiedenen imaginativen Verfahren zugrundeliegenden expliziten oder impliziten theoretischen Annahmen zu lenken. Gelingt dies, so gilt es als nächstes, nach allgemeinen theoretischen Annahmen zu suchen oder, wenn diese nicht existieren, einige vorzuschlagen. Die gleichzeitige Berücksichtigung beider Aspekte ist möglich, wenn man eine von der Psychologie als kognitiv-affektiv bezeichnete Position einnimmt. Die Verbindung dieser Position mit der psychologischen Grundlagenforschung scheint mir einerseits auf dem Gebiet der Kognition zu liegen (wo es neuere Arbeiten über imaginative Verfahren gibt), andererseits besteht ein Zusammenhang mit der Problematik des Verhältnisses von Kognition und Emotion, wie sie z. B. in der theoretischen Position von *Tomkins* (1962, 1963) auftaucht.

Während das Buch einerseits mit der Absicht geschrieben wurde, eine theoretische Konzeption vorzuschlagen, die zumindest die Möglichkeit bietet, einen großen Teil der Anwendungsmöglichkeiten imaginativer Verfahren in der Psychotherapie zu erfassen, sollen andererseits, so oft es geht, relevante theoretische Modelle aus der Grundlagen-Psychologie herangezogen werden, entweder als Alternativen zu der kognitiv-affektiven Position oder als Beitrag zur integrativen Forschung auf diesem Gebiet. Ein wichtiger derartiger Beitrag wäre z. B. eine einigermaßen detaillierte Darstellung des gegenwärtigen Standes der Forschung über Imagination in der Psychologie im Vergleich zu den Anwendungen imaginativer Verfahren im psychotherapeutischen Prozeß. Eine solche Gegenüberstellung existiert z. Zt. noch nicht. Möglicherweise ist auf diesem Gebiet die Kluft zwischen dem, was die Praktiker tun, und der Forschung zu den Grundlagen des therapeutischen Handelns zu groß. Auf der anderen Seite ist es viel wahrscheinlicher, daß eine genaue Analyse dessen, was sich in imaginativen Prozessen abspielt, uns in die Lage versetzt, einen systematischeren Ansatz für die Anwendung imaginativer Verfahren zur Änderung des Verhaltens und des Selbstverständnisses zu formulieren. Der Leser selbst möge darüber urteilen, ob unsere Vorgehensweise sinnvoll ist.

Als Einstieg bietet sich ein Abriß der wechselnden Einstellungen gegenüber imaginativen Verfahren in der wissenschaftlichen Literatur an sowie die Untersuchung einiger Methoden, die von Psychologen zur Messung der Wirkung und spezieller Eigenschaften der Imagination verwendet werden. Die Konsequenz dieses Vorgehens ist, daß einige Beispiele aus der experimentellen Forschung vorzustellen sind, die auf den ersten Blick anscheinend nichts mit der Anwendung imaginativer Verfahren bei der Behandlung von verschiedenen Symptomen und Persönlichkeitsstörungen zu tun haben. Wiederum sei es dem Leser überlassen, festzustellen, ob und inwiefern wir etwas anderes tun als Äpfel und Orangen zu mischen. Auf der anderen Seite ist dieses Buch nicht gedacht als ausführliche Literaturarbeit zum Thema Psychologie der Imagination. Eine solche Darstellung müßte vieles einbeziehen, was nicht relevant ist für den psychotherapeutischen Prozeß. Aus diesem Grunde sei der Leser auf kürzlich zu diesem Thema erschienene Bücher verwiesen (siehe *Richardson*, 1969; *Horowitz*, 1970; *Segal*, 1971; *Paivio*, 1971; *Sheehan*, 1972).

Praktische Auswirkungen der imaginativen Methoden für die Psychotherapie

Der wesentliche Gesichtspunkt, unter dem sowohl der Stand der theoretischen Forschung als auch die gebräuchlichen Anwendungsgebiete im Bereich der Imagination betrachtet werden sollen, besteht in der Erarbeitung praktischer Vorschläge für den Psychotherapeuten. Gerade angesichts des heutigen Überangebots an Technologien in der Psychotherapie fällt es dem Praktiker oft schwer zu entscheiden, welche Ansätze jeweils für welche speziellen Patiententypen geeignet sind und welche Ansätze sich in der wissenschaftlichen Literatur als einigermaßen fundiert erweisen.

Mit der Darstellung von Beispielen verschiedener Behandlungsmethoden und der Einbeziehung der diesbezüglich relevanten theoretischen Literatur, wann immer dies möglich ist, hoffe ich, dem Therapeuten ein Buch an die Hand zu geben, das die Effizienz seiner Arbeit steigern hilft und ihm darüber hinaus den wichtigen Zusammenhang zwischen seiner Arbeit und dem Grundlagenwissen der Verhaltenswissenschaft deutlich macht. Der Leser wird sicher bald beurteilen können, inwieweit diesem Vorhaben Erfolg beschieden ist. Ergänzend sei noch erwähnt, daß die Betonung der praktischen Probleme unter Umständen neues Licht auf die Möglichkeiten der Forschung in der Psychotherapie wirft, und zwar in einer Vielzahl an Studien von angewandten Problemen. Als großes Verdienst ist es den Techniken der Verhaltensmodifikation anzurechnen, daß sie in den letzten zehn Jahren mit ihrer systematischen Forschung weit mehr Ergebnisse hervorgebracht haben als alle anderen therapeutischen Bemühungen des vorigen Jahrhunderts zusammen. In diesem Sinne scheinen wir an der Schwelle eines genialen Durchbruchs zu stehen, was den komplexen Problembereich der Bewertung von Techniken im psychotherapeutischen Prozeß betrifft.

Das Bedürfnis nach objektiver Untersuchung psychotherapeutischer Techniken

Ausgehend von der allgemeinen Überzeugung, daß angesichts der Verwirrung, die im Umgang mit imaginativen Verfahren auf dem Gebiet der Psychotherapie herrscht, besondere Anstrengungen zur Integration und Klärung erforderlich sind, soll der erste Schritt im wesentlichen darin bestehen, die unterschiedlichen Handhabungen der Imagination in allen Formen von Psychotherapie zusammenfassend darzustellen. Ein Blick auf *Tafel I* läßt vermuten, daß dieses Vorhaben für sich genommen bereits keine leichte Aufgabe ist. Darüber hinaus sollte es möglich sein, die bloße Zusammenstellung so zu vertiefen, daß man zu einer detaillierten Untersuchung der verschiedenen Vorgehensweisen gelangt, zumindest soweit dies unter Zugrundelegung der in der gängigen Literatur verfügbaren Beschreibungen möglich ist. Hierbei sind natürlich jedem Autor gewisse Grenzen gesetzt, und zwar aufgrund seiner spezifischen Erfahrungen, die nur einen Teilbereich der ganzen Vielfalt an Methoden decken. Jeder Bericht über therapeutische Maßnahmen, die nicht aus der eigenen Erfahrung bekannt sind, birgt in sich die Gefahr, daß dem Verstehen bestimmte Grenzen gesetzt sind, daß Mißverständnisse oder Verständigungsbeschränkungen aufkommen sowohl in bezug auf Imagination als auch was spezifische Ansätze anbelangt. Nichtsdestoweniger ist eines der Kriterien für Wissenschaftlichkeit gerade die Mitteilbarkeit der Methoden mittels Fachliteratur.

Das Argument, man müsse eine psychotherapeutische Technik direkt erfahren haben, sei es als Patient oder als Praktiker, um in der Lage zu sein, sie zu verstehen und über sie nachzudenken, ist eine äußerst gefährliche Position, wenn man sie von einem systematischen Standpunkt aus aufrechtzuerhalten versucht. Ein Freudianer könnte sich zwar mit der Kritik der Methoden der Psychoanalyse seitens eines Gestalttherapeuten oder seitens eines Praktikers der rational-emotiven Therapie nach *Ellis* auseinandersetzen. Diese Leute haben in vielen Fällen wahrscheinlich keine klassische Psychoanalyse gemacht. Auf der anderen Seite wäre der Analytiker kaum in der Lage, andere Positionen in der Psychotherapie zu kritisieren, da er höchstwahrscheinlich weder als Patient noch als Therapeut Erfahrungen mit diesen Techniken gemacht hat.

Albert Ellis z. B. bestreitet die Bedeutsamkeit von Übertragungsphänomenen als Teil der psychotherapeutischen Technik. Das erscheint den meisten Praktikern, die eine ausgedehnte analytische Therapie hinter sich haben, absurd. Wie aber kann man jeweils in Erfahrung bringen, ob echte Therapie ohne Übertragungsanalyse oder überhaupt ohne Entwicklung einer Übertragung durchgeführt werden kann, wenn man sich selbst nur auf eine psychoanalytisch orientierte Behandlung beschränkt? Wenn die direkte persönliche Erfahrung eines Individuums das ausschlaggebende Moment ist, um die Validität eines psychotherapeutischen Prozesses zu bestimmen, dann befinden wir uns in dem Dilemma, nie in der Lage zu sein, die theoretischen oder technischen Unterschiede zwischen den verschiedenen Therapieschulen herausfinden zu können.

Das Argument, daß verschiedene psychotherapeutische Methoden schon fast ein Jahrhundert lang praktiziert werden, ist ebenfalls nicht sehr überzeugend, wenn man bedenkt, daß die Astrologie schon seit Jahrtausenden praktiziert wird und seitens der Wissenschaft immer noch nicht ernstgenommen wird. Auch die Tatsache, daß gewisse berühmte und anerkannte brillante Persönlichkeiten mit speziellen Schulen in Verbindung gebracht werden, ist kein zufriedenstellendes Argument. Einerseits zweifelt niemand daran, daß *Freud* eine einmalige und hochbegabte Persönlichkeit und sicherlich eine der hervorragenden Figuren des zwanzigsten Jahrhunderts war, andererseits wird sich dadurch wohl niemand gezwungen fühlen, *Jung* einen ähnlichen Status abzusprechen. Es erübrigt sich wahrscheinlich, weitere Namen bedeutender Vertreter der Psychiatrie aufzuzählen, um plausibel zu machen, daß die Validität einer gegebenen Theorie oder eines praktizierbaren Ansatzes nicht schon durch das Ansehen und die Autorität einzelner Befürworter gesichert ist. Wenn man es nicht gleich vorzieht, die verschiedenen psychotherapeutischen Ansätze als im wesentlichen quasi-philosophische oder moralistische Positionen zu begreifen, eng verwandt mit religiösen Glaubensüberzeugungen, dann müssen die verschiedenen imaginativen Techniken letztlich einer allgemeinen Prüfung auf der Basis vernünftiger wissenschaftlicher Kriterien standhalten. Von diesem Standpunkt aus betrachtet, ist es nicht notwendig, detaillierte persönliche Erfahrungen mit den verschiedenen Handhabungsweisen der Imagination zu haben, wenn es darum geht, die entsprechenden Verfahren zu beschreiben oder zumindest partiell zu bewerten. Eines der Grundprinzipien wissenschaftlichen Vorgehens besteht darin, daß es demjenigen, der eine spezielle theoretische Position vertritt, obliegt, nachzuweisen, daß es sinnvoll ist, diese Position zu vertreten, oder andere dafür zu gewinnen. Im Zusammenhang mit imaginativen Verfahren kam es zu einer solchen, im Zeichen von Beweispflichten stehenden Situation im Laufe der letzten zehn Jahre mit dem Aufkommen von Methoden der Verhaltensmodifikation in der Psychotherapie. *Wolpe, Eysenck, Lazarus* und andere frühe Vertreter der Verhaltensmodifikation argumentierten, daß ihr Hauptanliegen darin bestünde, mittels direkter Intervention und der Verwendung von Lern- oder Umlernmethoden die Symptomatik zum Verschwinden zu bringen. Die eher dynamisch orientierten Psychotherapeuten hielten dem entgegen, daß man seit langem wisse, daß Symptombefreiung allein nicht genügend Persönlichkeitsveränderung bewirkt und daß man befürchten muß, daß eine mit der Verhaltensmodifikation herbeigeführte Symptombefreiung lediglich darin besteht, den Konflikt auf einen anderen Verhaltensaspekt zu verschieben mit der Konsequenz, daß andere Symptome auftauchen. Hier haben wir es mit dem Fall zu tun, daß ein lange Zeit akzeptiertes Prinzip der Psychotherapie noch nie Gegenstand einer gründlichen Untersuchung gewesen war. Vielmehr bezog es seine aktuelle Relevanz lediglich aus einigen zufälligen Beobachtungen, die auf die Pioniere der Psychoanalyse zurückgingen und viele Jahre alt waren.

Die Verhaltenstherapeuten wiederum versicherten, daß es kaum Anhaltspunkte dafür gebe, daß es zu Symptomverschiebungen bei Patienten kommt, die von phobischen oder Zwangssymptomen befreit werden können. Dieser Standpunkt konnte mit Fallmaterial belegt werden (*Bandura*, 1969). Man ging im übrigen davon aus, daß es nicht relevant sei, die Frage der Symptom-Verschiebung zu diskutieren, bevor nicht jemand den Nachweis für das Auftreten einer Verschiebung habe bringen können.

Gegen diese Argumentation gibt es nichts einzuwenden. Der Psychoanalytiker jedoch, nach dessen persönlicher Überzeugung es aus theoretischen Gründen zur Symptomverschiebung kommen muß, sollte den Verhaltenstherapeuten nicht den Vorwurf machen, sie würden die Verschiebung und das »darunterliegende« Problem einfach unbeachtet lassen, bevor er nicht den Nachweis erbracht hat, daß Symptomverschiebung überhaupt auftritt. Wenn ein Psychotherapeut behauptet, daß das Symptom einer Verhaltensstörung nicht das eigentliche Problem des betreffenden Patienten ist, sondern vielmehr die Manifestation einer tiefliegenden Schwierigkeit, dann sollte er dafür den Nachweis erbringen, bevor er die Validität jener Arbeit, die sich direkt mit der Symptombeseitigung befaßt, in Zweifel zieht.

Eine formalistische Erörterung des hier angeschnittenen Problems würde sicher dazu führen, Kritik an der einengenden Perspektive der Verhaltenstherapie in dem Maße zuzulassen, wie die aus dem Lager der Psychoanalyse kommenden Kritiker nachweisen können, daß Patienten, die von Verhaltenstherapeuten unter angemessenen Bedingungen behandelt worden sind und deutliche Besserung in bezug auf spezielle Symptome gezeigt haben, zu einem späteren Zeitpunkt wieder Symptome aufweisen, die mit den ursprünglichen identisch sind oder zumindest in einem inneren Zusammenhang mit ihnen stehen. Mißlingt dieser Nachweis allerdings, dann sollten die Kritiker schweigen und erst einmal den eigenen theoretischen Standpunkt überprüfen.

Während man also keineswegs alle Arten imaginativer Therapie selbst erfahren oder praktiziert haben muß, um sie kritisieren zu können, erleichtern doch praktische Erfahrungen den Zugang zur Terminologie und das Erfassen der wesentlichen Charakteristiken. In diesem Sinne sah ich mich, trotz absolvierter neofreudianischer Psychoanalyse und ohne jemals der Psychologie als wissenschaftlicher Disziplin untreu geworden zu sein, selbst gezwungen, nicht nur Literaturstudium zu betreiben, sondern auch, soweit möglich, einige der beschriebenen Techniken der Imagination anzuwenden. Als etwas eigenwilliger Therapeut habe ich deshalb möglicherweise ein breiteres Spektrum an Erfahrung in der Anwendung dieser Techniken als die meisten der rein psychoanalytisch orientierten Kliniker. Nichtsdestoweniger wäre es vermessen zu behaupten, ich hätte überhaupt irgendwelche praktische Erfahrung, die über Fallbesprechungen und die Lektüre entsprechender Literatur hinausginge, was einige der europäischen imaginativen Techniken anbelangt.

Der hier gegebene Überblick wäre unvollständig, wenn nicht die theoretischen Grundlagen der verschiedenen Praktiken zumindest so weit zur Darstellung kämen, daß ein Zugang zur verfügbaren Literatur geschaffen und ein Bezug zu den wichtigsten historischen Positionen innerhalb der Verhaltenswissenschaften hergestellt wird. Beides soll hier in knapper Form versucht werden. Darüber hinaus gilt es, Beispiele von spezifischen praktischen Ansätzen zu untersuchen. Glücklicherweise gibt es zur Mehrzahl dieser Methoden genügend Fallbeispiele, die hinreichend ausführlich in der Literatur beschrieben sind. Sobald die Darstellung eines solchen Fallbeispiels zu wünschen übrig läßt, wird bekanntlich die Kritik der Praktiker auf den Plan gerufen.

Ein bedeutender Fortschritt psychotherapeutischer Methodik bahnte sich an, als *Carl Rogers* Anfang 1940 begann, psychotherapeutische Sitzungen vollständig aufzuzeichnen, um sie nach aquädaten zuverlässigen Methoden der Beurteilung und Einstufung zu analysieren. Viele psychotherapeutische Techniken unterliegen heute derselben detaillierten Überprüfung. Wegen der Kosten für die Abschrift von Tonbandaufzeichnungen ist es allerdings in der Tat schwierig, einen fortschreitenden Therapieprozeß auf diese Weise zu untersuchen. Therapieaufzeichnungen werden primär zu Lehrzwecken verwendet, für die sie von unschätzbarem Wert sind. Ideal wäre es, wenn man Protokollabschriften von Patienten hätte, die nach verschiedenen Methoden behandelt wurden, bei systematischer Variation von Patienten und Therapeutenpersönlichkeiten. Auf diese Weise könnte man abschätzen, in welchem Maße Ergebnis oder unterschiedlicher Verlauf der Therapie durch Patienten- bzw. Therapeutenmerkmale einerseits oder die spezifische Technik andererseits erklärbar sind. Bislang ist es fast unmöglich, ein Forschungsprogramm über die verschiedenen in diesem Buch beschriebenen Methoden in einem derartig kostspieligen Rahmen durchzuziehen. Die Arbeit von *Meltzoff* und *Kornreich* (1970) oder die umfangreichen Übersichten von *Strupp* und *Bergin* (1969) demonstrieren, welcher Aufwand erforderlich ist, wenn psychotherapeutische Ansätze methodisch bewertet werden sollen. Diese Übersichten sind sehr wertvoll, da sie genau aufzeigen, welche wissenschaftlichen Methoden für einen Vergleich der verschiedenen psychotherapeutischen Ansätze zur Verfügung stehen und anhand welcher Kriterien eine Auswertung der auf diesem Gebiet verfügbaren Forschungsliteratur möglich ist.

Kapitel II

Die sich wandelnde Bedeutung der Imagination in der Geschichte der Menschheit

Die unbestrittenen Fähigkeiten menschlicher Phantasie waren seit jeher eine Quelle der Inspiration für Dichter und Künstler. Natürlich war die Wertschätzung menschlicher Phantasie vor allem unter dem Gesichtspunkt ihrer praktischen Bedeutung, wie sie sich in Literatur und kultureller Überlieferung manifestierte, ständigen Schwankungen unterworfen. Die frühesten Zeugnisse von der Kraft der Imagination als einer schöpferischen Fähigkeit des Menschen und als Symbol für seine Kontrolle der Umgebung sind möglicherweise die berühmten Höhlenmalereien von Lascaux, die wir noch heute so sehr bewundern. Die Lebendigkeit und Klarheit, mit der die Erinnerungsbilder in den Zeichnungen eingefangen sind, lassen ahnen, welche kreativen Kräfte hier am Werke waren. Offensichtlich haben die Höhlenmaler häufig im Schein der Fackel oder des Feuers aus der Erinnerung gemalt. Es gelang ihnen in der Dunkelheit der Höhle, sich die Eindrücke der springenden Bisons so lebendig vor Augen zu halten, daß sie diese auf den Höhlenwänden reproduzieren konnten.

Das Wissen um diese innere Kraft, mit deren Hilfe es möglich ist, Raum und Zeit durch die Aktivierung von Bildern zu überbrücken, ließ bereits in der Frühgeschichte beim Menschen die Überzeugung reifen, daß seine Fähigkeit, Tiere zu reproduzieren, ihm auch Macht über diese Tiere verleihen könne. Die imaginative Kraft ist es also, die dem Menschen das Gefühl gibt, daß er die Welt kontrollieren kann und bis zu einem gewissen Grad auch in der Lage ist, sein eigenes Schicksal und das anderer zu bestimmen. Seltsamerweise hat die Kraft der Imagination, die man bei der Dekoration der Gräber der Pharaonen brauchte, vielleicht nicht dem eigentlichen Zweck gedient, nämlich für eine häusliche Atmosphäre der toten Gottheiten im Jenseits zu sorgen; sie hat aber im Endeffekt jene Welt in einer Art reproduziert, die nicht nur Verständnis für ein Stück Vergangenheit bewirkt, sondern dieses Stück Vergangenheit noch Jahrtausende nach dem Ableben der letzten Beteiligten zu neuem Leben erweckt. Reproduktive Imagination hat also die Kraft zum Transzendieren von Zeit und Raum.

Die Bedeutung der noch phantasiehaltigeren Imaginationen ist schon lange unbestritten wegen ihrer Intensität und ihres Zusammenhangs mit dem Wesen des Menschen selbst. Man braucht gar nicht die vielen biblischen Hinweise auf die Eigenart der Träume und Visionen zu lesen. Die Geschichte von Joseph dem Träumer mag als Nachweis dafür genügen, welch große Bedeutung unsere Vorfahren vor 3000 oder mehr Jahren den Träumen zugebilligt haben. Die spezifische Bedeutung von Träumen für die verschiedenen Kulturen ist ein Komplex für sich und hat uns hier nicht zu beschäftigen, außer um die Aufmerksamkeit auf die Tatsache zu lenken, daß man dem Traum immer wieder sehr unterschiedliche Bedeutung beigemessen hat, sei es als Symbol für persönliche Probleme oder den Lebensstatus, den man einnimmt, oder als Hinweis auf tatsächliche Ereignisse, die in der Zukunft liegen. Insgesamt steht jedoch außer Frage, daß die meisten Kulturen sowohl den religiösen als auch den literarischen Ausdrucksformen der menschlichen Imagination, gleichgültig ob sie sich im Wach- oder Schlafzustand äußern, beträchtliche Aufmerksamkeit gezollt haben und sich um eine Beurteilung ihrer Bedeutung bemüht haben.

Komplexe und widersprüchliche Haltungen gegenüber imaginativen Vorgängen sind auch kennzeichnend für die verschiedenen religiösen Traditionen. Man bedenke, welchen Stellenwert die Imagination für die Entwicklung der jüdischen Religion mit der alles dominierenden Vorstellung eines bildlosen Gottes einerseits und den nicht geduldeten Statuen oder Götzenbildern andererseits hatte. Ein Aspekt der jüdischen Tradition hat zu tun mit der Internalisierung des Gottesbildes und der Bekämpfung der »extravertierten« Götzenverehrung. Erinnern wir uns an die seltsame talmudische Geschichte von dem Kind Abraham, das eine ganze Gruppe von Götzen zerstört – und nur einen übrig läßt. Er verteidigte sich am Morgen vor den erschreckten Anbetern, indem er sagte, der größte Götze hätte die anderen zerstört. Die Legende verdeutlicht den Versuch, die Gewalt der nach außen gerichteten Imagination zu brechen und das fortschrittliche Konzept eines bildlosen Monotheismus zu unterstützen.

Im Christentum selbst wie auch im Islam gibt es Widersprüche und Zweifel, was die Bedeutung der Imagination anbelangt. Wir sind heute ärmer an hellenistischer und später römischer Kunst; schuld daran ist die christliche Bildersturm-Bewegung im achten Jahrhundert. Ähnlich hatte im Islam der über menschliche Abbilder verhängte Bann zu großen Fortschritten auf dem Gebiet der abstrakten oder der Natur-Malerei geführt – der hier angesprochene Bann steht beispielhaft für eine verbreitete Angst vor der von einem menschlichen Abbild ausgehenden Macht.

Zu Beginn der Renaissance in Europa besann man sich auf die durch die Darstellung des menschlichen Körpers und der Natur aktivierbaren literarischen und künstlerischen Impulse. Denken Sie z. B. an die nachhaltige Wirkung jener lebendigen Bilder, konkreten Beispiele oder geheimnisvollen Metaphern, wie sie in den Werken von *Dante* und *Chaucer* auftauchen. Zweifellos beruht die außerordentliche Wirkung, die von Dichtern wie *Chaucer, Spenser* und *Shakespeare* ausgeht, zu einem wesentlichen Teil auf der durch die konkrete Wortwahl permanent erzeugte Plastizität der bei den Lesern hervorgerufenen auditiven, olfaktorischen, taktilen oder visuellen Eindrücke. Vielleicht war *Shakespeare* der größte unter allen Meistern der Imagination. Es scheint fast, als habe er ein psychologisches System besessen, das ihm half, bildhafte Darstellungen im Hinblick auf die durch sie ausgelösten Stimmungen oder Emotionen zu entwerfen. Hier z. B. ist *Shakespeares* Prolog zu »Heinrich V.«, in welchem er das Publikum auffordert, durch den Einsatz seiner ganzen Vorstellungskraft das Drama so lebendig zu machen, wie es den Schauspielern allein auf einer begrenzten Bühne niemals möglich ist:

»Oh so verzeiht, weil ja in engem Raum
Ein krummer Zug für Millionen zeugt.
Und laßt uns Nullen dieser großen Summen
Auf eure einbildsamen Kräfte wirken!
Denkt im Gürtel dieser Mauern nun
Zwei mächt'ge Monarchien eingeschlossen,
Die, mit hocherhob'nen Stirnen,
Dräuend der furchtbar enge Ozean nur trennt.
Ergänzt mit den Gedanken unsere Mängel,
Zerlegt in tausend Teile einen Mann
Und schaffet eingebild'te Heereskraft.
Denkt, wenn wir Pferde nennen, daß ihr sie
Den stolzen Huf seht in die Erde prägen.
Denn euer Sinn muß unsre Könige schmücken:
Bringt hin und her sie, überspringt die Zeiten,
Verkürzet das Ereignis manchen Jahres zum Stundenglase.«*

Bereits in den wenigen Zeilen des zitierten Abschnitts wird *Shakespeares* große Begabung für bildhafte Vorstellung deutlich; die Stelle mit dem »sich der Erde einprägenden Huf« (von Pferden) wurde von *Spurgeon* (1935) in seiner bemerkenswerten Studie über das poetische Können von *Shakespeare* sehr genau analysiert. *Spurgeon* stellt das Imaginationsvermögen von *Shakespeare,* wie es in seinen Stücken auftaucht, jenem von zeitgenössischen Dichtern und Dramatikern gegenüber. Sie zählte das tatsächliche Vorkommen von Imagination in den Werken von *Shakespeare, Marlow, Bacon* und anderen und konnte den Nachweis erbringen, das *Shakespeare* eine viel größere Anzahl und Vielfalt an Bildern gebrauchte, einschließlich eines häu-

* (Heinrich V., Prolog) Shakespeare, Sämtliche Werke, übersetzt von *Bodenstedt, Freiligrath, Regis, Simrock* und *Tieck,* Verlag Lambert Schneider, Heidelberg, o. J.

figeren Auftretens dessen, was sie »urbane« Imagination genannt hat und unserer Meinung nach auf der Kopplung von Bildern mit spezifischen sensorischen Modalitäten wie Riechen, Berühren, Schmecken, Hören, Bewegen und Sehen beruht. Die dichterische und dramatische Stärke eines *Shakespeare* liegt zum großen Teil darin begründet, daß er bildhafte Vorstellungen von jeder Modalität so verwendet, daß wir beim Zuhören sofort gezwungen sind, zumindest bis zu einem gewissen Ausmaß weitere, durch andere Modalitäten vermittelte Eindrücke mit jenen zu verbinden. Auf diese Weise bezieht uns *Shakespeare* viel aktiver in das Erleben eines Charakters oder einer zu beschreibenden Szene ein.

Die imaginative Tradition wurde in der englischen Literatur hauptsächlich durch die Werke von *Donne* und *Milton* fortgeführt. Sie hielt sich mindestens bis Anfang des 17. Jahrhunderts. Dann folgte allerdings eine Periode von beinahe 100 Jahren, in der die Imagination ihre Bedeutung innerhalb der Literatur verlor zugunsten des Prinzips, daß es in erster Linie darauf ankomme, gekonnt und klug mit Worten umzugehen. Dies war die klassische Ära der englischen Literatur, in der vor allem Witz und Rationalität dominierten. Die verwendeten Bilder waren im allgemeinen (zumindest bei Gedichten) stark stilisiert – Nymphen, denen Hirten folgen, alles ziemlich leidenschaftslos und übersättigt, wie es eben typisch für die Kunst dieser Periode war.

Erst zu Beginn des 19. Jahrhunderts lebten mit der Romantik reale Bilder, Phantasien und Träume als zentrale Merkmale der Literatur wieder auf. Man verwendete wieder ganz bewußt die an speziellen Modalitäten orientierten Bilder, so wie es *Shakespeare* herausgestellt hatte. Das Erzeugen von Stimmung, die Ermöglichung lebendiger innerer Erfahrung löste die bloß verbale Mitteilung von Ideen ab und wurde wieder zum zentralen Anliegen in der Dichtkunst. Dies wird deutlich an den gefühlvollen Gedichten von *Keats* in Werken wie z. B. »Ode an die Nachtigall« (»Ode to the Nightingale«) und »St. Agnes' Eve«.

Auf dem europäischen Kontinent war *Goethe* der Vorläufer der Romantik, der in seinen Theaterstücken, Novellen und Gedichten den Bereich der Imagination, der Träume und Phantasien des Menschen neu entdeckte und das Interesse daran wiederbelebte. Wie *Goethe* in einem seiner »Gespräche mit Eckermann« sagt:

»Es war im ganzen nicht meine Art, als Poet nach Verkörperung von etwas *Abstraktem* zu streben. Ich empfing in meinem Inneren *Eindrücke*, und zwar Eindrücke sinnlicher, lebensvoller, lieblicher, bunter, hundertfältiger Art, wie eine rege Einbildungskraft es mir darbot; und ich hatte als Poet weiter nichts zu tun, als solche Anschauungen und Eindrücke in mir künstlerisch zu gründen und auszubilden und durch eine lebendige Darstellung so zum Vorschein zu bringen, daß andere dieselben Eindrücke erhielten, wenn sie mein Dargestelltes hörten oder lasen.«*

Eignen sich vielleicht *Shakespeare* und *Goethe* deshalb so hervorragend zum Zitieren, weil ihre Zeilen, die voller Bezugnahmen auf konkrete Dinge sind, leichter von ihren Lesern behalten werden? Die experimentelle Forschungsarbeit von *Paivio* (1971) hat klargemacht, daß konkrete Wörter besser erinnert werden als abstrakte. Ich werde in Kürze auf dieses Thema zurückkommen.

Eine eingehendere Untersuchung der vielen Veränderungen der literarischen und künstlerischen Sichtweisen bezüglich der Imagination würde uns zu weit von unserem Thema abbringen. An dieser Stelle genügt es, die Aufmerksamkeit des Lesers auf die Bedeutung der Imagination sowohl in der westlichen Zivilisation als auch in vielen östlichen Kulturkreisen hinzuweisen. Es sollte nicht der Eindruck entstehen, als sei es unsere Absicht, durch die Betonung der literarischen Darstellung der Imagination den Leser einseitig auf dieses Gebiet zu fixieren. Sicherlich spielt auch die Musik zur Erweckung verschiedenartiger Emotionen sowie bildhafter Imagination in vielen Kulturen eine wesentliche Rolle. Im westlichen Europa wird die Macht der Musik, nicht nur allgemeine Hingebung, sondern auch ziemlich spezifische Bilder zu erzeugen, weithin anerkannt. Heutzutage werden Kritiker weniger von »bildhafter« Musik beeindruckt, aber es besteht kein Zweifel, daß so vielseitige Komponisten wie *Bach, Couperin, Beethoven* (die Sechste Symphonie), *Berlioz, Wagner, Debussy* und *Richard Strauss* besonders wirkungsvoll in dem waren, was alle Komponisten versucht haben, nämlich im Auslösen von Stimmungen und im Mitteilen von eindrucksvollen visuellen Bildern mit Hilfe musikalischer Mittel. Komponisten der Romantik wie *Mendelssohn* und *Schumann* verstanden es meisterhaft, vor den Augen des Zuhörers auf der einen Seite das fröhliche und seltsame Land der Elfen und Feen heraufziehen zu lassen und auf der anderen Seite das Geheimnisvolle und Scheue der alten Zeiten oder der Träume des Kindes zu erwecken.

Bevor wir uns in einer etwas trockeneren Untersuchung den wissenschaftlichen Aspekten der menschlichen Imagination zuwenden, scheint es angebracht, ein weiteres Beispiel anzuführen, das den Einblick des Künstlers in die inneren Erfahrungen des Menschen verdeutlicht. Die Gelehrten *Bachélard* (1964) und *Chateau* (1967) haben jüngst unser Bewußtsein wieder darauf gelenkt, daß unsere inneren Monologe, unsere Erinnerungen, unsere Phantasien einen wesentlichen Teil unse-

---

* *Eckermann*, Gespräche mit Goethe, Erster Band, S. 292, Sonntag, den 6. Mai 1827.

rer eigenen Realität ausmachen. Aber lassen wir noch einmal *Shakespeare* zu Worte kommen:

»Mein Sohn, ihr blickt ja auf verstörte Weise,
Als wäret ihr bestürzt: Seid guten Muts!
Das Fest ist jetzt zu Ende; unsere Spieler,
Wie ich euch sagte, waren Geister, und sind
Aufgelöst in Luft, in dünne Luft.
Wie dieses Scheins lock'rer Bau,
So werden die wolkenhohen Türme,
Die Paläste, die hehren Tempel, selbst der
Große Ball, ja, was daran nur Teil hat,
Untergehen und wie dies leere Schaugepräng'
Erblaßt, spurlos verschwinden.
Wir sind solcher Zeug wie der zu träumen und
Dies kleine Leben umfaßt ein Schlaf.«*

Frühe psychologische Untersuchungen der Imagination

Die Erforschung der Imagination begann erst richtig Anfang des 19. Jahrhunderts, jedoch lassen sich einige systematische Überlegungen auf diesem Gebiet bis zu *Hume*, dem großen englischen Philosophen des 18. Jahrhunderts, zurückverfolgen. *Hume* unterschied zwischen *Eindrücken* (impressions), womit er Empfindungen und Gefühle meinte oder was wir heute *Wahrnehmungen* (percepts) nennen würden, und den *weniger intensiven Vorstellungen*, die das Denken und Überlegen charakterisieren (*Hume*, 1912). Die Kriterien, anhand derer *Hume* diese Unterscheidung traf, waren die Intensität, die Lebhaftigkeit und die Farbenkräftigkeit der Vorstellungen an sich. Im 19. Jahrhundert wurde ein großer Teil der Untersuchungen vom Lehnstuhl aus betrieben, und es wurde viel über die Unterschiede zwischen Abbildung und Wahrnehmung spekuliert, aber es wurden nur sehr wenige Versuche unternommen, die Grenzen der persönlichen Erfahrung eines einzelnen Forschers zu überschreiten. Trotz fortgeschrittener Entwicklung der experimentellen Psychologie stand in den Laboratorien von *Wundt* immer noch eine prinzipielle Unterscheidung im Vordergrund, die im wesentlichen auf der persönlichen Erfahrung des Subjekts in der jeweiligen Studie basierte, und dieser Entscheidung ging es weitgehend um Intensität, Lebendigkeit und Persistenz der Wahrnehmung im Vergleich zu der Abbildung in der Erinnerung.

Die Hauptproblematik, mit der sich die Psychologie damals häufig

---

* (The Tempest) Shakespeare, Sämtliche Werke, übersetzt von *Bodenstedt*, *Freiligrath*, *Regis*, *Simrock* und *Tieck*, Verlag Lambert Schneider, Heidelberg, o. J.

auseinandersetzen mußte, gruppiert sich um die Frage, inwieweit in irgendwelchen speziellen Situationen Imagination im Spiel ist und wie stark deren Lebendigkeit einzuschätzen ist im Vergleich zu der Intensität einer Wahrnehmung. Ein von *Schaub* (1911) durchgeführtes Experiment ergab, daß Versuchspersonen, die im Rahmen von vier verschiedenen Aufgaben sich sowohl auf bestimmte Vorstellungen konzentrierten als auch auf faktisch vorhandene Laute hörten, die Beobachtung machten, daß Imagination und Wahrnehmung sich nicht dazu eigneten, einen objektiv gegebenen Stimulus von einem vorgestellten Laut zu unterscheiden, sobald beide mit etwa der gleichen Intensität auftraten.

Es verging ein weiteres halbes Jahrhundert, bevor spezielle und hochentwickelte Techniken und Meßverfahren einen neuen Zugang zu den geschilderten Problemen ermöglichten. Einen Beitrag zur Erforschung der Beziehung zwischen Imagination und von außen hervorgerufener Wahrnehmung leistete *Sheehan* (1966). Er entwickelte einen Apparat, mit dessen Hilfe sich durch Manipulation von Farbe und Form die relative Lebendigkeit der einfachen Imaginationen eines Individuums abschätzen läßt. Ausgedehntere Forschung (in einem späteren Abschnitt beschrieben) von *Segal* (1971) konnten den Nachweis erbringen, daß Individuen, die Szenen aus ihrer Vorstellung auf einen weißen Schirm projizierten, nicht feststellen konnten, ob ein reales, von außen projiziertes Bild gleichzeitig auf dem Schirm erschien.

Segals (1971) Untersuchungen in den 60er Jahren waren im wesentlichen eine Ausweitung und Wiederholung der Untersuchungen, die *Perky* (1910) schon viele Jahre zuvor in den Laboratorien von *Titchener* durchgeführt hatte. Zu Beginn des 20. Jahrhunderts hatte es in der Psychologie eine große Kontroverse gegeben über die Natur der Vorstellung und ob wirklich für jeden Denkvorgang irgendeine Form der visuellen oder auditiven Vorstellung erforderlich sei. *Titchener* selbst, offensichtlich ein Mensch mit prägnanten Vorstellungen, engagierte sich stark für diese Position, während die Gegenstimmen von der Würzburger Schule in Deutschland kamen, deren Vertreter u. a. *Külpe* und *Ach* waren. Die Auseinandersetzung verlief allem Anschein nach zugunsten der Würzburger Schule, unter anderem dank einer Reihe von Untersuchungen, die darauf schließen ließen, daß bei bestimmten Einstellungsmustern keine Vorstellung erforderlich ist, um das Denken oder die Wahrnehmung zu beeinflussen. Anscheinend deckte sich die Bedeutung, die die Würzburger Schule dem Muster und der Funktion zubilligte, gut mit den Anliegen der Funktionalisten und der beginnenden behavioristischen Tendenz in der amerikanischen Psychologie und beendete die Vormachtstellung, die *Titchener* in der amerikanischen Psychologie eingenommen hatte.

Mit dem Niedergang *Titcheners* verlor sich auch das Interesse an dem, was für ihn das zentrale Problem der Psychologie gewesen war: das Wesen der Imagination. Dem lebhaften und kräftigen *John B. Watson* wird nachgesagt, daß er sich ziemlich mokiert haben soll über die introspektiven Versuche, wie sie von *Titcheners* Studenten durchgeführt wurden, um Wahrnehmungen und Imagination in den Griff zu bekommen. In seiner Bemühung um die Entwicklung einer objektiven Psychologie, die im wesentlichen auf genauen Definitionen von Stimulus und Reaktion beruhte, wobei man die Reaktion vielfach aus dem Labyrinthrennen einer Ratte ermittelt hatte, führte der Gründer des Behaviorismus die amerikanischen Psychologen weit weg vom Studium der inneren Erfahrung. *Watson* betrachtete tatsächlich jeden Denkvorgang als subvokale Rede. Kein Zweifel, implizite vokale Reaktionen sind ein Teil unseres Denkens, dies haben die Untersuchungen von *McGuigan* bewiesen, der sich mit der muskulären Reaktion in der Kehle befaßte *(McGuigan,* 1966).

Der Ansatz *Watsons,* das Denken als Verhalten anzusehen und, noch genauer, als subvokale Rede, erfuhr nicht nur eine gewisse experimentelle Unterstützung, sondern er wurde auch ernsthafter theoretischer Kritik unterzogen *(Lashley,* 1929). Diesem Ansatz vergleichbar, wenn auch nicht so speziell an dem Problem der muskulären Aspekte des Denkens orientiert, war der Standpunkt von *Skinner* (1953), dessen Anliegen es war, die Psychologen von der Wichtigkeit der offenen Verhaltensreaktionen zu überzeugen, sei es, daß diese verbal oder in Form von Bewegungen des Organismus in Erscheinung treten.

Weder *Watson* noch *Skinner,* deren Ideen und Forschungsschwerpunkte die amerikanische Psychologie zwischen 1910 und 1970 bestimmt haben, waren so naiv zu bestreiten, daß der Mensch tatsächlich Gedanken, Vorstellungen und Träume hat. Aber *Watson* und *Skinner* stellten gewissermaßen einen gesunden Einfluß auf die Entwicklung der Psychologie in dem Sinne dar, daß sie es den Psychologen zur Auflage machten, alle ihre Schlußfolgerungen zu untersuchen und nachzuweisen, daß diese Schlüsse auf einer vernünftigen sparsamen Interpretation vieler Fakten basierten, und sie hoben vor allem den Wert öffentlicher Operationen als Basis wissenschaftlicher Diskussion hervor. Mit *»öffentlichen Operationen«* meinten sie, um es zu verallgemeinern, offene Reaktionen und Verbalisationen, die quantifiziert werden können.

Wenn auch diese Position, falls sie in extremer Form vertreten wird, sicherlich eine gewisse Gefahr für die Psychologie darstellt, haben doch *Watson* und *Skinner* die Voraussetzungen geschaffen für die Entwicklung vieler genialer Methodologien zur Erfassung der Verhaltensweisen von Mensch und Tier. Außerdem haben sie der introspektiven Spekulation, wie sie in die Psychoanalyse eingeht, basierend auf vielen von der persönlichen Erfahrung eines einzelnen Analytikers abhängigen Daten, mit Fallmaterial, das, obwohl nur bruchstückhaft dargestellt, ausführliche theoretische Argumentation belegen soll, eine Beschränkung auferlegt. Die seitens der objektiven Behavioristen so sehr betonte Operationalisierbarkeit liefert einen strengen, aber gerechtfertigten Maßstab dafür, welche Arten von Evidenz in der psychologischen Forschung zugelassen werden können. In einem gewissen Sinn haben wir es hier mit einem sehr demokratischen System zu tun insofern, als wir uns weniger auf die Autorität gewaltiger Persönlichkeiten oder Lehrer verlassen müssen und auch der Student im ersten Semester das Recht hat, eine Aussage in Frage zu stellen, die nicht mit beobachtbaren und wiederholbaren Daten gestützt werden kann.

Historisch betrachtet, kann man die Entwicklung des Behaviorismus unter *Watson* als einen Angriff auf die damals etablierte Persönlichkeit *Titcheners* verstehen, der ein engagierter Verteidiger der introspektiven Forschung bei der Untersuchung von Empfindung und Wahrnehmung war. Wie schon früher angedeutet, wird von *Watson* berichtet, daß cr sich bei öffentlichen Vorträgen über die Methoden von *Titchener* mokierte, sehr zum Vergnügen der jüngeren Psychologen und Psychologiestudenten in höheren Semestern. Bis zu einem gewissen Grad war dieser Spott berechtigt, wenn man an die extrem trockene und unproduktive Art der Introspektion, durch die sich die Gruppe um *Titchener* auszeichnete, denkt, oder an die große Abhängigkeit von der Autorität des »Professors«, die noch schwerer wog als ein Stück Forschung, das im Prinzip wiederholbar ist.

Mit dem Rückzug des Introspektionismus in den zwanziger Jahren des 20. Jahrhunderts ging jedoch auch ein Ruck in das andere Extrem einher. Es möge genügen, darauf hinzuweisen, daß wertvolle Aspekte der von *Titchener* hervorgehobenen bildhaften Imagination und einige andere interessante Forschungsresultate aus *Titcheners* Laboratorien in Vergessenheit gerieten. Ein Beispiel hierfür ist der Perky-Effekt. *Perky,* ein Schüler von *Titchener,* demonstrierte, daß jemand, der sich ein Bild vorstellte und dies auf einen Bildschirm projizierte, während gleichzeitig der Untersucher heimlich ein Dia von diesem Bild auf den Bildschirm projizierte, häufig nicht sagen konnte, ob das gesehene Bild seine eigene Projektion darstellte oder ob diese Projektion ihn am Ende nur daran hinderte, einen von außen auf den Schirm projizierten Stimulus wahrzunehmen. Es hat keinen Sinn, heute darüber zu klagen, daß der Psychologie 50 Jahre Forschung zum Thema Imagination verlorengegangen sind, oder sich auszumalen, wie es wäre, wenn die Anwendung von ausgeklügelten psychophysischen Methoden der Signalentdeckungs-Theorie (signal detection), wie sie

Segal (1971) vorschlägt, in der Zwischenzeit auf die von *Titcheners* Schülern aufgeworfenen Probleme im Zusammenhang mit Imagination stattgefunden hätte.

Es bleibt eine Tatsache, daß die in den 20er Jahren einsetzende ernsthafte Kritik an den mentalistischen Konzepten sich bis in die 50er Jahre hinzog, und zwar unter *Kantor* (1947), *Tolman* (1932), *Skinner* (1953) und vielen anderen, deren Position eine viel genauere Untersuchung der Sprachsysteme in der Verhaltenswissenschaft erforderlich machte. Die Kritik führte letztlich dazu, daß eine Übereinstimmung unter den Forschern entstand bezüglich verschiedener Anordnungen und Laboratorien und darin, daß persönliche Erfahrung nicht in zu starkem Maße bestimmen dürfe, was als psychologisch signifikant zu gelten habe. Während man zunächst den Eindruck hatte, daß die strikten Forderungen nach operationalen Formulierungen auf die Untersuchung vieler der am meisten die Neugierde erregenden Aspekte menschlicher Erfahrung, Gefühle, Wünsche, Tagträume, Nachtträume, ästhetischer Erfahrungen usw. nicht anwendbar seien, scheint es doch so zu sein, daß die behavioristische Kritik den Psychologen bei der Untersuchung dieser in der Tat interessanten Prozesse lediglich mehr Scharfsinn und Gründlichkeit abverlangte.

Unvermeidbar wird es allerdings sein, einiges von der uns vertrauten Sprache aufzugeben und uns mehr und mehr an ziemlich präzise Verhaltensbeschreibungen auch von inneren Vorgängen zu gewöhnen, wenn diese eng verbunden sind mit spezifischen Operationen in einer bestimmten klinischen oder experimentellen Situation. Wir werden zu Begriffen wie *»vermitteltes«* oder *»Stimulus-unabhängiges Denken«* (*Antrobus, Singer, Goldstein* & *Fortgang,* 1970) zurückkommen müssen. Wir wollen also nicht auf die Untersuchung des vielschichtigen inneren Lebens verzichten, sondern wir wollen dies mehr und mehr auf eine Art und Weise tun, die Reproduzierbarkeit rationaler experimenteller Kontrolle impliziert. Die etwa ein Dutzend Untersuchungen von *Segal* (1971) über den Perky-Effekt, die ausgedehnte Forschungsarbeit von *Paivio* (1971) über die Implikationen des Lernens von konkreten und abstrakten, hinsichtlich ihrer allgemeinen Vorstellbarkeit unterschiedenen Begriffen, die Analysen des kindlichen Lernens von *Reese* (1970c) und *Rohwer* (1970), um nur einige Beispiele zu nennen, machen deutlich, daß wir große Fortschritte gemacht haben bei der Durchführung von sorgfältigen und wiederholbaren Experimenten über Ereignisse, die bislang als vollkommen privat angesehen wurden.

Es ist wichtig, sich klarzumachen, daß die meisten der hier genannten Psychologen von einer sehr strengen Orientierung am Behaviorismus herkommen, aber gezwungen waren, wenn sie den Daten ihrer eigenen privaten Erfahrungen gerecht werden wollten, Methoden für die Untersuchung von verborgenen Ereignissen, wie z. B. von Imaginationen, durch systematische Verhaltenstechniken zu entwickeln. Ein gutes Beispiel für ein Symposium, in dem behavioristisch orientierte Psychologen viele Methoden für das Studium der Imagination und ähnlichen inneren Erfahrungen wie Affekt oder selbst-regulatorische Reaktionen untersuchen und vorschlagen, findet sich in einem Werk, das von *Jacobs* und *Sachs* (1971) herausgegeben wurde. In der experimentellen Forschung scheinen wir also heute an der Schwelle zu stehen zu bedeutungsvollen Fortschritten auf einem Gebiet, das, wie *Holt* (1964) feststellte, viele Jahre lang »geächtet« war.

Klinische und psychoanalytische Orientierungen gegenüber imaginativen Vorgängen

Die Form der Selbstkritik und detaillierten Überprüfung der technischen Probleme, denen man sich bei der wissenschaftlichen Untersuchung der Imagination und verwandter innerer Erfahrungen wie Phantasien oder Träume gegenübersah, haben die Kliniker, die so oft auf ihre innere Erfahrung als Hauptbestandteil ihrer Arbeit vertrauten, nie ernsthaft beunruhigt. Wie ich schon früher erwähnte, haben *Freud* und die Psychoanalytiker der westlichen Welt während des halben Jahrhunderts, in dem sie außerhalb des Wirkungskreises wissenschaftlicher Forschung angesiedelt waren, die außergewöhnliche Bedeutung dieser inneren Erfahrung betont. Gleichzeitig herrschte innerhalb der Psychoanalyse und verwandter Ansätze ein seltsamer Mangel an Interesse, die strukturellen Besonderheiten von Phantasie, Tagträumen und Affekten im einzelnen zu erforschen. Man sucht in der breiten psychoanalytischen Literatur vergeblich nach sorgfältigen Analysen der funktionalen Rolle der Phantasie innerhalb des gesamten sensorisch-motorischen Apparates, oder allgemeiner, der Persönlichkeitsstruktur. Die Phantasie wird im allgemeinen vorwiegend auf ihren Inhalt hin und als Manifestation eines Konflikts oder einer Abwehr untersucht. Für den Psychiater ist Halluzination einfach ein Bericht, der mit ernsthafter Geisteskrankheit oder pathologischen Veränderungen im Gehirn in Verbindung gebracht wird: demzufolge interessiert man sich wenig für das allgemeine Vorkommen der Halluzination oder für ihre linguistische und symbolische Bedeutung *(Sarbin* & *Juhasz*, 1970; *Horowitz*, 1970).

Obwohl *Freud* selbst in seinem lange unveröffentlicht gebliebenen »Entwurf einer Psychologie« *(Freud*, 1962) ein genaues Modell der Beziehung zwischen neuralen Ereignissen und der Organisation des Denkens (auch diskutiert im siebten Kapitel der »Traumdeutung«) zu entwickeln versuchte, zeigten nur wenige seiner Nachfolger merkliches Interesse daran, begriffliche Modelle über die Natur der Aufmerksamkeit, der Erinnerung und des Denkens zu entwickeln. Allein *Rapaport* (1951) und *Klein* (1967) versuchten, innerhalb der klassisch *Freud*schen Tradition die Eigenart des Denkens und der kognitiven Organisation zu systematisieren. Die meisten psychoanalytisch orientierten Kliniker oder Forscher haben die Struktureigenschaften von Assoziationen und Imaginationen, mit denen sie arbeiten, einfach übernommen und bagatellisieren deshalb vielleicht auch die wichtigen Fragen über diese Phänomene, die in der Kritik seitens der Verhaltenstherapeuten aufgeworfen werden. Das Ergebnis der etwas arroganten Vorannahme, daß Phantasien und Träume so genommen werden sollten, wie sie sind, führte zu einer Art Sterilität in bezug auf wissenschaftliche Anwendung und trug ohne Zweifel einiges zu dem in Kapitel I beschriebenen Turm-von-Babel-Effekt bei. Namentlich durch das nicht genaue Spezifizieren der verschiedenen Merkmale von Phantasien, Imaginationen und Träumen, oder der Bedingungen, unter denen diese ausgelöst werden, oder durch die Überprüfung der strittigen Frage der Reliabilität des Berichts usw., öffneten die Kliniker die Tür für eine gewaltige Variation an Interpretationsmöglichkeiten dieser Ereignisse in Abhängigkeit von den verschiedenen Schulen. Außer dem, was sich im Rahmen der »Parteidisziplin« oder Zugehörigkeit zu einer bestimmten Schule oder Institution erledigen ließ, blieb jedoch kaum Spielraum für die Bewältigung von Schwierigkeiten.

Das strukturelle Theoretisieren, das in der Psychoanalyse überlebte, orientierte sich vorwiegend an Energiekonstrukten, die jetzt zum größten Teil in Mißkredit geraten sind *(Holt,* 1967; *Klein,* 1967; *Rubinstein,* 1967). In der Tat schränkte genau die Annahme, daß das Urteil und die Interpretation des Klinikers als Grundlage für theoretische Entwürfe und als Maßstab für die Überprüfung von Theorien geeignet seien, die Möglichkeiten der Veränderung innerhalb des psychoanalytischen Systems stark ein. Auch der in den 50er Jahren aufkommenden Ich-Psychologie, die von dem Prinzip ausging, Basisfunktionen wie Sprache, Kognition und vielleicht auch die Phantasie gehörten auf so fundamentale Weise zum menschlichen Wesen, daß sie nicht ausschließlich als Mittel zur Lösung von Konflikten zwischen dem Es und der Realität angesehen werden dürfen *(Hartmann,* 1958), gelang es nicht, das psychoanalytische Modell wirklich entscheidend in Bewegung zu bringen.

Zweifellos muß die Vorstellung, daß es einen Bereich von Verhaltensfunktionen gibt, die sich konfliktfrei entwickeln und ihr eigenes Energiesystem schaffen, als Infragestellung der spezifischen Form des psychoanalytischen Modells angesehen werden. Wenn Funktionen, wie motorische Fertigkeiten, Sprache und die Entwicklung des Denkens, nicht als Teil des libidinösen Systems betrachtet werden, welche Rolle spielt dann die traditionelle, an Körperöffnungen orientierte Theorie der Psychoanalyse in der Persönlichkeitsentwicklung? Behauptet man hingegen, daß es die traditionellen psychosexuellen Entwicklungsschemata sind, denen man Allgemeingültigkeit und spezifische Richtigkeit zubillingen muß, dann ist es die Aufgabe der psychoanalytischen Theoretiker nachzuweisen, welche signifikanten strukturellen Unterschiede in der Sprache, im Denken oder dem motorischen Verhalten durch diese Schemata geschaffen werden; sie müssen nachweisen, daß die auftretenden Variationen nicht einfach als spezielle Fälle der allgemeinen kognitiven Entwicklung des Kindes erklärt werden können.

Wie schon *White* (1960) ausgeführt hat, gibt es auch ohne das Postulat einer psychosexuellen ödipalen Phase gute Gründe für die Annahme, daß ein Kind eine Reihe von eifersüchtigen und ängstlichen Einstellungen gegenüber dem Vater entwickelt, der körperlich stärker, insgesamt überlegen ist, das Familienauto fährt und gelegentlich schmerzhafte körperliche Strafe austeilt. Warum brauchen wir Annahmen über spezielle phallische Rivalität, wenn wir doch das Potential für Konfusion oder Rivalisieren einfach aus den kognitiven Möglichkeiten des Kindes ableiten können?

Die ausgezeichnete Schrift von *Grey* (1973) über einen Vergleich des ödipalen Themas in den Träumen von indischen und amerikanischen Studenten stellt diesen Aspekt besonders heraus. Es ist vermutlich so, daß die Ich-Psychologen durch die Einbeziehung eines allgemeineren Aspektes der Psychologie, nämlich die Entwicklung der Sprache sowie motorischer und kognitiver Fertigkeiten in der Betrachtungsweise der Psychoanalyse, jeglichen speziellen Beitrag, den die Psychoanalyse als theoretisches System erbringen möchte, verworfen haben. Vielleicht wurde damit angedeutet, auf welchem Weg eine konstruktive Integration der Verhaltenswissenschaften möglich werden kann.

Den Illusionen und Halluzinationen sowie der Beziehung, in der sie zu speziellen Syndromen stehen, wurde in der Psychiatrie viel Aufmerksamkeit gewidmet. Trotzdem gab es verhältnismäßig wenig Versuche, die Eigenart der Imaginationen, Phantasien und Erinnerungen systematisch zu untersuchen. Ein Pionier auf diesem Gebiet war *Schilder* (1953), der vielleicht als erster den konstruktiven und funktionalen Wert von Imaginationen und Phantasien in der Persönlichkeitsentwicklung untersuchte. Erst kürzlich haben *Arieti* (1967) und *Horowitz* (1970) den Versuch unternommen, die Eigenart der Denkprozesse und ihre Beziehung zu pathologischen Organisationen einer eher formalstrukturellen Untersuchung zu unterziehen. *Arieti* hat z. B. auf systematische Weise einige der fundamentalen sprachlichen, kognitiven und emotionalen Funktionen unter neuen Aspekten untersucht und gezeigt, wie diese letztlich entweder intrapsychische Realität schaffen können oder die Ursache für verschiedene Spielarten pathologischer Transformationen wie auch kreative Fähigkeiten darstellen. *Horowitz* befaßt sich eingehender mit den verschiedenen Manifestationen der Imagination, sowohl unter dem Gesichtspunkt der normalen als auch der pathologischen Funktion. Seine Arbeit ist besonders wertvoll, da sie reich ist an formalen Definitionen und ein Klassifikationsschema zur Imagination enthält, das vielleicht zum erstenmal eine gemeinsame Sprache in der Beschreibung pathologischer Manifestationen von Imaginationen als möglich erscheinen läßt. Die Publikation beider Werke in den letzten fünf Jahren weist darauf hin, daß vielleicht neuerdings auch medizinische Spezialisten und Verhaltenswissenschaftler bereit sind, imaginative und verwandte innere Vorgänge auf systematische Weise zu untersuchen.

Europäische Studien über Imagination

Aus verschiedenen Gründen waren die Einschränkungen auf dem Gebiet des Experimentierens und der wissenschaftlichen Untersuchungen, wie sie im amerikanischen und britischen Bereich gerade gegenüber dem Studium der inneren Abläufe (eine Einschränkung in gewissem Ausmaß auch in der von *Pawlow* beeinflußten Russischen Psychologie) auftraten, in der kontinentalen europäischen Psychologie von untergeordneter Bedeutung. Insgesamt gesehen, wurde zwar die Verhaltenswissenschaft als eigenständige Disziplin durch den Einfluß der Faschisten und Nationalsozialisten in den Jahren 1930 bis 1940 und durch die ganzen Unruhen in dieser Zeit stark beeinträchtigt. Man könnte in der Tat hinweisen auf das strikte Festhalten an der theoretisierenden und akademischen Forschung in Frankreich und Deutschland, die sich auf spezielle, sehr persönliche phänomenologische Berichte beruft und auf die Zuverlässigkeit der Introspektion als Grundlage wissenschaftlicher Forschung baut. Aus amerikanischer Sicht greift die europäische Literatur über Imagination und Phantasie äußerst interessante Fragen auf, bringt eine Fülle von faszinierenden Beispielen und Problemen, die Ansätze und Lösungsversuche erforderlich machen, aber es fehlt eine exakte Methodologie, die zu einer Lösung dieser Streitfragen und zu einer realen und systematischen praktischen Anwendung der verschiedenen Untersuchungen führen könnte. Die frühen Arbeiten von *Jaensch* (1930) über Eidetik gaben Anstoß zu ziemlich interessanten Untersuchungen; unser Wissen über die Eigenart jener äußerst lebendigen bildhaften Vorstellungen, wie sie bei Kindern auftreten, blieb jedoch relativ spärlich bis in die 60er Jahre, als *Leask*,

Haber & *Haber* (1968) wesentlich verfeinerte technische Forschungsmethoden entwickelten.

Eine Enklave, in der sehr viele anregende Studien über Imagination produziert wurden, war das unter dem Einfluß von *Jung* stehende Gebiet um Zürich. *Jungs* Einfluß auf das Denken in England und in der westlichen Welt spiegelt sich vor allem in einzelnen literarischen Figuren. Die gelehrte und phantasievolle Art, wie *Jung* und seine Schüler Nutzen aus dem symbolischen Material zogen, das sie in Träumen, Phantasien, Mythen und ähnlichem fanden, hatte zweifellos eine weitverbreitete Auswirkung auf dem Kontinent. Während man eigentlich nicht sagen kann, daß die aus Zürich kommende analytische Psychologie selbst besondere politische Wirkung auf psychiatrische oder psychologische Kreise in Frankreich, Deutschland oder Italien hatte, bleibt es dennoch eine Tatsache, daß der *Jung*sche Geist jener weittragenden und symbolischen Deutung im europäischen Denken Fuß gefaßt hatte. *Jung* vertrat die Auffassung, daß wir in uns eine Reihe von Metaphern und Symbolismen haben, in denen sich die kulturelle Erfahrung unserer Vergangenheit widerspiegelt und vielleicht die Kultur unserer Vorfahren in ihrer Erfahrung von Familie, Männlichkeit und Weiblichkeit und dem Wesen des Menschen im Universum waren. Solche Deutungen vertragen sich mit dem allgemeinen Zeitgeist und sind ohnehin Bestandteil der europäischen Psychologie.

Philosophische Einflüsse wie der von *Bachélard* (1964, 1971) z. B. lieferten den geeigneten Hintergrund, um die Beharrlichkeit zu verstehen, mit der viele Gelehrte und psychologische oder psychiatrische Forscher in Europa die persönlichen Erfahrungen in die Betrachtungen über Imagination und Träumereien einbrachten, während diese zur selben Zeit den amerikanischen Verhaltenswissenschaftlern so fremd waren. Ursprünglich ein berühmter Physiker, der an der Sorbonne den Hauptlehrstuhl für Physik innehatte, befaßte sich *Bachélard* zunehmend mit der Untersuchung der Eigenart menschlicher Erfahrung, er führte eine phänomenologische Betrachtungsweise ein zur Untersuchung der verschiedenen menschlichen Symbole, wie z. B. der Symbole von Luft, Natur und Feuer. *Bachélard* behauptete, daß die »kreative Imagination« eine fundamentale menschliche Erfahrung sei und faktisch einen ebenso großen Teil menschlicher Wirklichkeit bilde wie die gespeicherten Reproduktionen von äußeren Ereignissen und Stimuli. *Bachélard* konnte wenig zu den technischen Problemen von Psychologie und Psychotherapie sagen, und vielleicht lag sein größter Beitrag in der Würdigung der literarischen Vorstellungskraft. Die wunderschöne und bewegende Form, in der er die Bedeutung der Vorstellungskraft zum Ausdruck brachte, und deren gewichtigte Rolle in der menschlichen Erfahrung als Teil jener ureigensten Wirklichkeit, mit der es jedermann zu tun hat, ist grundlegend für die spezifische Entwicklung von Vorstellungsmethoden in der klinischen Arbeit.

Während es neben *Jung* und *Bachélard* viele andere Einflüsse auf die Psychologie und Psychotherapie in Europa gibt, hat die Entschlossenheit, mit der so viele Führer der intellektuellen Öffentlichkeit in Europa die Arbeiten dieser Männer aufgenommen haben, die Sichtweise vieler Praktiker geprägt und den Weg geebnet für eine Bereitschaft zur Anwendung imaginativer Methoden, die sich ansonsten in der westlichen Welt keiner großen Sympathie erfreuten. *Jung* (1968) erinnert sich, daß sein früher Bruch mit *Freud* auf dem Gebiet der psychotherapeutischen Technik bei der Methode der Traumdeutung seinen Ausgang nahm. Es wurde ihm klar, daß der assoziative Ansatz, den *Freud* vertrat, wegführen würde vom Verständnis der Ganzheit des Traumes als einer phänomenologischen Erfahrung.

In einer sehr einleuchtenden Beschreibung eines eigenen Traumes, den er *Freud* erzählt, zeigt *Jung* auf, wie er bemerkt hat, daß die Methode der freien Assoziation ihn nur wegführen würde von einem wirklichen Verstehen dieses Traumes. Er war gezwungen zu lügen und *Freud* eine Assoziation und Deutung zu geben, die mit *Freuds* eigenem System übereinstimmte, und gleichzeitig wurde es ihm selbst klar, daß sein Traum für ihn persönlich eine ganz andere Bedeutung hatte und innerhalb seiner eigenen Struktur verstanden werden mußte, statt einzelne Elemente herauszulösen und unabhängig zu ihnen zu assoziieren. Diese Erfahrung führte *Jung* schließlich dazu, eine Technik zu vertreten, die er »aktive Imagination« nannte und deren wesentliches Merkmal es ist, daß der Träumer in einer therapeutischen Sitzung versucht, den Traum vor dem Therapeuten noch einmal zu träumen und ihn bildhaft neu zu erleben und im Anschluß daran eine Art allgemeinere Gesamtreaktion auf den Traum zu beschreiben, anstelle der sukzessiven Analyse, die für das *Freud*sche System kennzeichnend ist.

Die Methode der aktiven Imagination, eine Art erweiterter phänomenologischer Ansatz, war ein Teil der *Jung*schen psychotherapeutischen Technik. Darüber hinaus wurde sie auch den Patienten zum persönlichen Gebrauch empfohlen, als eine Möglichkeit, die eigenen Fähigkeiten, mit Träumen umzugehen, zu stärken, nicht nur um aktuelle Probleme zu verstehen, sondern auch um in einem gewissen Sinn seine eigene Zukunft zu sichern, denn viele Tendenzen zu kreativen oder selbstzerstörerischen Handlungen, die bereits in den jeweils gegenwärtigen Lebenssituationen enthalten sind, tauchen wahrscheinlich in symbolischer Form in den Träumen wieder auf. Obwohl die jungianischen Analytiker, die sich besonders stark auf die Frage der Symbolbedeutung und deren Beziehung zu kulturellen, religiösen und ästhetischen Erfahrungen konzentrierten, nur sehr wenig über die technischen Details dieser Methode geschrieben haben, scheint es keine Frage zu sein, daß die *Jung*sche Methode die Grundlage für Imagination als Technik der Psychotherapie bildet.

Zwei wichtige Strömungen, die schließlich zu ziemlich speziellen Charakteristika der Entwicklung von Imaginations-Techniken führen, lassen sich in Frankreich ein bißchen vage bis zu der bedächtigen Analyse der Imagination von *Binet* (1922) zurückverfolgen. *Binet* berichtet über eine Reihe sorgfältiger Untersuchungen an zwei jungen Mädchen, die als Grundlage für seine Darstellung einer Analyse der Vorstellung dienten. Sein Ansatz enthielt die Beschreibung einer Technik, die dazu diente, bei geschlossenen Augen den Gegenstand der Vorstellung einzuführen, ein Vorläufer also vieler in der Folgezeit zum Einsatz gekommenen Imaginations-Techniken. *Binet* als Psychologe war vorwiegend damit beschäftigt, die formalen Charakteristika der Imagination zu untersuchen. Er stellte z. B. Kriterien auf, anhand derer die beteiligten Prozesse strukturiert werden können. Diese Kriterien sind für die meisten der wissenschaftlich orientierten Anwender imaginativer Methoden in der Psychotherapie von Bedeutung (*Frétigny* & *Virel*, 1968).

Ein anderer Pionier in der Entwicklung imaginativer Methoden war *Schultz* (*Schultz* & *Luthe*, 1959), der zu Anfang dieses Jahrhunderts begann, an einem Ansatz der Selbstkontrolle und muskulären Entspannung zu arbeiten, der letztlich zu einer Technik mit relativ festgelegter Imagination als einem Mittel der Selbstkontrolle führte. In vieler Hinsicht war *Schultz* wahrscheinlich der Urheber des sehr neuen und wichtigen Feldes des Biofeedbacks, der Methode des Erkennens, Benennens und Trainings seiner eigenen autonomen und kognitiven Reaktionen. Schon seit mehr als 50 Jahren gibt es aktive Praktiker in Europa, die nach verschiedenen Gesichtspunkten des *Schultz*schen Ansatzes arbeiten, und Spuren dieses Ansatzes kann man auch in den progressiven Entspannungsmethoden erkennen, die von *Jacobsen* (1938) und *Wolpe* (1958) übermittelt, als Angelpunkte der Techniken der Verhaltensmodifikation heute in den Vereinigten Staaten weitverbreitet angewandt werden. Die Bedeutung der Techniken von *Schultz* für den zunehmend häufigeren Einsatz der Imagination wird besonders deutlich in der Prozeßphase, in der spezielle Aufmerksamkeit auf die sorgfältig kontrollierte Erzeugung von Imagination unter der Anleitung des Therapeuten gelegt wird. Einige dieser Anregungen für spezielle Bilder wurden später auch von *Happich* (1932), einem der frühesten Praktiker der Vorstellungs-Methode in Deutschland, benutzt.

Die Arbeit von *Happich* und die eines anderen Arztes, des Franzosen *Daudet* (1926), der auch die persönliche Nutzung des Tagtraums als ein therapeutisches Mittel, getrennt von der eigentlichen therapeutischen Sitzung, untersuchte, führte nicht unmittelbar zu formalen Fortschritten im Gebrauch der imaginativen Techniken in Europa. Wie so oft, wenn es um die genau Urheberschaft geht, ist es schwierig, völlig sicher zu sein; höchstwahrscheinlich ist es jedoch, daß der Hauptanstoß für die Entwicklung von Vorstellungstechniken von den Schriften von *Desoille* (1938, 1945, 1961, 1966) ausging. *Desoille*, ein Ingenieur, geriet unter den Einfluß eines Mannes namens *Caslant*, der versucht hatte, einen Mechanismus für das Erzeugen psychischer Erfahrungen zu entwickeln. *Caslant* hatte die Möglichkeit erkundet, wie durch den Einsatz angeleiteter Imagination in Form von Szenen wie Bergsteigen oder Herabsteigen, um das Vertrauen des Betreffenden auf sein aktuelles Gedächtnis zu brechen, die Person dazu befreit werden konnte, eine vollkommen kreative Form der Vorstellung zu erzeugen, die geeignet wäre, irgendeine extrasensorische Erfahrung zu induzieren.

Desoille begann damit, die Methoden von *Caslant* für die Erforschung einer Reihe bewußter und unbewußter Erfahrungen anzuwenden, geriet dann mehr und mehr in den Bereich der Psychotherapie und entwickelte seine Technik des »Wachtraums«, wie er sie nannte. *Desoille* hatte keine formale Ausbildung in Psychiatrie oder Psychologie, und seine anfänglichen Versuche und die folgende Ausbildung nach anderen »Richtlinien« für die Erforschung seiner Tagtraumtechnik (le rêve éveillé dirigé) schien einige der formal ausgebildeten Psychotherapeuten zu ängstigen. *Desoille* wurde kritisiert, zum einen weil er Laien in seiner Technik ausbildete, des weiteren wegen seiner Neigung, die wissenschaftlichen Vorläufer auf dem Gebiet der Anwendung von Vorstellungen in der Therapie zu ignorieren, und schließlich auch bis zu einem gewissen Grade wegen seines eigenen Mangels an theoretischer Vorbildung *(Frétigny* & *Virel*, 1968). Trotzdem scheint es wahrscheinlich zu sein, daß der Hauptanstoß für die modernen imaginativen Techniken von *Desoille* ausging. Er war es, der viele der Prozeduren, die mit Variationen von Praktikern wie *Leuner* (1955), *Frétigny* und *Virel* (1968), *Rigo* (1962) und *Assagioli* (1965), die alle eine formale medizinische oder psychologische Ausbildung hatten, immer noch benutzt wurden, formalisierte. In Kapitel IV werde ich einen Überblick über die mentalen Techniken der Imagination dieser Forscher geben. In diesem Zusammenhang wichtig ist die Tatsache, daß mit der Annahme und Modifikation der Methoden von *Desoille* und deren Ausarbeitung in einer Vielzahl klinischer Situationen durch eher formal ausgebildete wissenschaftliche Forscher der Weg geöffnet wurde für aktive Forschung auf diesem Gebiet. In Deutschland hat *Leuner* eine ausgedehnte Reihe von klinischen und beachtenswerterweise auch einige experimentelle Untersuchungen auf diesem Gebiet angeregt, während in Frankreich

Virel viele formale Untersuchungen angestellt hat, in Ergänzung zu den zahlreichen klinischen Berichten in Zusammenarbeit mit *Frétigny*.

Neuere Anwendungsgebiete von imaginativen Techniken in den Vereinigten Staaten

Imaginative Techniken werden in der Psychotherapie in den Vereinigten Staaten und bis zu einem gewissen Grade auch in England erst in jüngerer Zeit gehäuft verwendet und kamen über zwei verschiedene Wege. Nichtsdestoweniger wäre es interessant, sie historisch auf ihre ursprünglichen Quellen zurückzuverfolgen. Auf der einen Seite sind einige mentale Techniken der Imagination, die von dem Werk von *Desoille* abgeleitet und von *Leuner, Frétigny* und *Virel* und *Assagioli* verbessert wurden, in den Vereinigten Staaten in der Form von gelegentlichem direkten Einsatz in der Einzel- und Gruppenpsychotherapie nach dem Vorbild der europäischen Methoden erschienen (siehe z. B. *Gerard,* 1964; *Hammer,* 1967; *Johnsgard,* 1969). Andere Anwendungsmöglichkeiten sind in den Gestalttherapeutischen Techniken von *Perls* (1970) und *Schutz* (1967) aufgetaucht. Zweifellos müssen viele dieser Anwendungen in Encounter-Gruppen und verwandten therapeutischen Methoden als »wild« bezeichnet werden; das heißt, daß ihr Einsatz oft von der Intuition des Therapeuten abhängig ist und häufig die übrigen Gruppenmitglieder auf eine etwas unkoordinierte Weise einbezogen werden.

Eine separate und völlig andere Art der Anwendung imaginativer Techniken trat in England und in den Vereinigten Staaten im Rahmen der Verhaltenstherapie in Erscheinung. Man kann die Ursprünge dieses Ansatzes in vielen Varianten bis zu einigen der frühen Schüler *Watsons* zurückverfolgen. Dennoch ging der Hauptanstoß von *Wolpe* (1958) aus, der in den 50er Jahren in den Vereinigten Staaten mit seiner aufsehenerregenden Methode der Desensibilisierung sehr überzeugende und auf ziemlich dramatische Weise entstehende Resultate erzielte. Obwohl die Verhaltenstherapeuten darauf beharren, daß ihre Techniken eng mit der Lerntheorie verbunden sind und wissenschaftlich objektiver sind als die große Mehrzahl psychotherapeutischer Ansätze, bleibt es eine Tatsache, daß diese Methoden zu einem großen Ausmaß auf einer Kombination von Entspannung und beim Patienten erzeugten Imaginationen beruhen. In diesem Sinne gibt es eine Kontinuität zu den europäischen Methoden. Die Tatsache, daß die beiden erwähnten Gruppen die Entspannung in den Vordergrund stellen, ließen vermuten, daß sie letztlich auf den Einfluß von *Schultz* (1965) zurückgehen. Auf eine seltsame Weise scheint darüber hinaus die gegenwärtig zunehmende Beschäftigung mit Biofeedback die frühen Pionierarbeiten dieser Forscher zu rechtfertigen. Es ist außerdem interessant, daß *Desoille* es vorzog, seine Methode, die so offensichtlich von *Jung* und *Freud* beeinflußt war, auch auf der theoretischen Ebene mit der Konditionierungsmethode *Pawlows* in Zusammenhang zu bringen, der natürlich eine bedeutende Rolle für die von *Wolpe* entwickelte Methode spielt. Eine weitere Erörterung dieses Punktes würde uns auf das sicher interessante Gebiet der Geschichte und der Soziologie wissenschaftlicher Trends führen und damit den Rahmen dieses Buches übersteigen.

Einige imaginative Techniken sind größtenteils aus den eher psychodynamischen Richtungen entstanden, wie im Fall der Arbeiten von *Shorr* (1972) und *Ahsen* (1968). Andere Ansätze stammen vorwiegend von Einstellungen, die die Lernerfahrung des Individuums in den Vordergrund rücken, wie z. B. die vielen Techniken von *Bandura* (1969) und *Lazarus* (1971). Es ist klar, daß heute viel mehr Aufmerksamkeit auf die Fähigkeit des Menschen, Imagination zu erzeugen, und auf die Möglichkeit, die Kontrolle dieser Imaginationsprozesse zu erlernen, verwendet wird. Die Einsichten von *Bachélard* oder *Vaihinger* (1925) und verschiedener Kliniker, die die Bedeutung der Übertragung, der Erwartung und der introvertierten Imagination als Schlüsselaspekte menschlicher Erfahrung betont haben, finden ihre Entsprechung in der aktuellen Hervorhebung der kognitiven Psychologie und der Rolle persönlicher Erfahrung als Verhaltensdeterminante. Die theoretischen Vorstellungen von *Miller* et al. (1960) über das Wesen von Plänen bei der Organisation von Verhalten, oder *Tomkins* (1962, 1963), der die organisierende Funktion der Imagination für Affekt und Motivation betont, werden wieder zu zentralen Konzepten in der Psychologie.

Auf experimentellem Gebiet wurde besonders durch die psychophysiologischen Schlafstudien die Aufmerksamkeit auf persönliche nächtliche Erfahrungen und auf Methoden, um den nächtlichen Gedanken auf die Spur zu kommen, gelenkt. Die Untersuchungen sensorischer Deprivation und in jüngerer Zeit die ausgedehnten Arbeiten über Imagination von *Paivio* (1971) und *Segal* (1971), die kontinuierliche Arbeit über die Psychologie des Tagträumens und des imaginativen Spiels (*Singer*, 1966, 1973), das wiederkommende Interesse an Hypnose als Experimentierfeld (*Hilgard*, 1965; *Barber*, 1970), und verschiedene Arbeiten, die den Versuch unternehmen, das psychiatrische und experimentelle Wissen über Imagination und Phantasie zu organisieren (*Horowitz*, 1970; *Klinger*, 1970), sind alles Dokumente eines großen allgemeinen Umdenkens.

Man braucht diese neuen Schwerpunkte nicht als Rückschritt im engeren Sinn des Wortes zu sehen. Vielmehr scheint es wahrscheinlich, daß die wichtigen Vorteile, die sich ergeben haben durch das Aufstellen von Kriterien für sorgfältige Beobachtung von Verhaltenskontingenzen und für die Spezifizierung der operationalen Komponenten in der Forschung des Behaviorismus, auch in Zukunft wichtige Kriterien für die Bewertung zukünftiger Forschung liefern werden. Was uns heute wichtig erscheint, ist, daß wir die engstirnige Extraversion des Behaviorismus überwunden haben und in der Lage sind, die bedeutende Relevanz persönlicher Erfahrungen von Phantasien, Rand-Gedanken, Träumen und Imaginationen zu erkennen und die Fähigkeit der Vorhersage und Kontrolle menschlichen Verhaltens zu verbessern durch ausgedehntere Untersuchungen dieser Phänomene sowohl auf dem Wege des Experiments als auch der psychotherapeutischen Anwendung. Von dieser Perspektive aus gesehen mag der Wandel, den das Verhältnis der Imagination in Psychologie und Verhaltenswissenschaften genommen hat, den Trend widerspiegeln, daß die Wissenschaft in zunehmendem Maße fähig ist, die zentrale menschliche Fähigkeit zu erfassen.

Kapitel III

Die Rolle von Phantasie und Tagtraum in der Psychoanalyse

Die frühe Arbeit mit Hypnose und freier bildhafter Assoziation

Irgendwann im Jahre 1887 begann ein junger Wiener Neurologe namens *Sigmund Freud* damit, neurotische Patienten mit der Hypnosetechnik zu behandeln. Zunächst ging von dieser Methode vor allem eine suggestive Wirkung aus, die Symptombefreiung nach sich ziehen sollte. Bald jedoch erkannte *Freud*, daß er viel mehr dazu neigte, von den Patienten Imaginationen und Erinnerungen zu erfahren, die den Weg zurück in die Vergangenheit ebneten; die auf diese Weise mögliche Entdeckung bestimmter traumatisch wirkender Erlebnisse, die häufig genug aus der sehr frühen Kindheit stammen, ermöglichen eine traumatische emotionale Katharsis und dauerhafte Symptombefreiung. *Freud* stand bei der Entwicklung dieser Technik unter dem Einfluß seines Freundes *Joseph Breuer*, eines älteren Arztes, der zu Beginn der 80er Jahre des letzten Jahrhunderts eine Frau mit Hypnose behandelt und sehr dramatische Wirkungen erzielt hatte, die er auf intensive emotionale Katharsis durch das Wiederaufleben früher Bilder und Erinnerungen zurückführte. Die Geschichte der Zusammenarbeit zwischen dem korrekten und reservierten *Dr. Breuer* und dem tatkräftigen und phantasievollen *Dr. Freud* braucht hier nicht neu erzählt zu werden; sie ist Teil der Geschichte moderner Verhaltenswissenschaft und Psychiatrie. Um unserem Anliegen, nämlich die Anwendungsmöglichkeiten von imaginativen Verfahren in der Psychotherapie, gerecht zu werden, genügt es, den Leser daran zu erinnern, daß die Anfänge der Psychoanalyse tatsächlich auf die Hypnose zurückgehen und die Bedeutung von Imagination als zentrales Merkmal für die Hypnose zweifellos die spätere Entwicklung der psychoanalytischen Technik gefärbt hat.

Die Beziehung zwischen den Techniken der Hypnose und den imaginativen Verfahren in der Psychotherapie ist ausgesprochen komplex und verdient eine über den Rahmen dieses Buches hinausgehende eigene Behandlung. An anderer Stelle wird auf diese Zusammenhänge ausführlicher eingegangen werden, aber was uns jetzt interessiert, ist, daß vieles von dem, was *Freud* in die psychotherapeutische Situation eingebracht hat, seine früheren Erfahrungen mit der Hypnose erkennen läßt. *Wolstein* (1954) hat sehr sorgfältig nachgewiesen, daß die Psychoanalyse nie ganz ihre ursprüngliche Herkunft von der Hypnose geleugnet hat, indem sie sich hypnotisierendes Zubehör, wie z. B. die Couch, bewahrt und darüber hinaus die positive Übertragung fördert und damit einen Rahmen gesteigerter Suggestibilität schafft.

Freud spürte ziemlich genau die Grenzen der suggestiven Technik und strebte danach, diese durch die Entwicklung der Psychoanalyse aufzureißen. Heute haben sich die Ansichten über Suggestion und deren Bedeutung für die Hypnose vielleicht etwas geändert, da viel von dem Geheimnisvollen durch die fundamentale Forschungsarbeit von *Hilgard* (1965), *Orne* (1959) und *Barber* (1970) aufgedeckt wurde. Wenn man allerdings den Ausführungen von *Wolstein* Glauben schenken will, dann hat *Freud* durch die Bedeutung, die er der positiven Übertragung auf den Analytiker zugemessen hat, vielen wichtigen Elementen der Suggestion einen Fortbestand bis in spätere Stadien psychoanalytischer Arbeit gesichert.

Beeinflußt von *Breuers* Technik des Abreagierens früher Erinnerungen in der Hypnose, wie im Fall der Anna O., hat *Freud* zunächst ebenfalls diese Methode in seiner Praxis angewendet. Nach und nach gab er den formalen Einstieg mittels Hypnose auf, vor allem zugunsten der Suggestion, die er zunehmend als eine Methode erkennt, um Kindheitserinnerungen aufkommen zu lassen. Im Fall von Elisabeth von R. beschreibt *Freud* (1970), daß er damit begonnen hatte, »durch Drücken auf den Kopf Bilder und Einfälle hervorzurufen ...«* *Freud* wies darauf hin, daß dank dieser Technik seinen Patienten manchmal mit großer Schnelligkeit verschiedene chronologisch auftauchende Szenen zu einem zentralen Problem einfallen: »Es war, als läse sie in einem langen Bilderbuch, dessen Seiten vor ihren Augen vorübergezogen würden« (S. 124). Im Fall der Lucy R. gab *Freud* auch eine kurze Beschreibung dieser Technik. Wenn die Patientin sagte, daß sie wirklich nicht wisse, seit wann sie das Symptom habe, dann nahm er ihren Kopf zwischen seine beiden Hände und sagte ihr: »Es wird Ihnen jetzt einfallen, unter dem Druck meiner Hand. Im Augenblick, da ich mit dem Drucke aufhöre, werden Sie etwas vor sich sehen oder wird Ihnen etwas als Einfall durch den Kopf gehen und das greifen Sie auf. Es ist das, was wir suchen.«

In diesen frühen Ansätzen benutzte *Freud* ausdrücklich eine imaginative Technik und eine Reihe von assoziierten Bildern als Basis seiner therapeutischen Bemühungen. Im Rahmen dieser Methode machte er von Suggestion insofern Gebrauch, als er dem Patienten gegenüber darauf bestand, daß die Bilder tatsächlich auftauchen würden, wenn er sich nur auf diese Form des »Auflegens der Hände« einließe. Es ist eine Tatsache, daß *Freud* im Laufe seiner Arbeit mit Elisabeth

* S. 124, »Studien über Hysterie«, *Freud, Breuer,* Frankfurt, Fischer, 1970.

von R. das Phänomen des Widerstands entdeckte und zum erstenmal deutlich darauf einging (*Freud*, 1970, S. 125).

Man weiß nicht genau, wann *Freud* die Technik der körperlichen Berührung zur Stimulation des Bilderflusses beim Patienten tatsächlich aufgegeben hat. Anscheinend verzichtete er schon vor 1900 auf diese Vorgehensweise, da er in seiner Beschreibung der Methode der freien Assoziation im zweiten Kapitel der »Traumdeutung« den Körperkontakt nicht mehr erwähnt. Es scheint also, daß *Freud* in dem Zeitraum zwischen den Jahren 1896 – nachdem er die Verwendung der Hypnose aufgegeben hatte – und 1900 nicht mehr mit bildhafter Assoziation arbeitete, sondern die Technik der freien Assoziation bevorzugte, wie sie dann auch zum Grundstein der Psychoanalyse wurde.

Im zweiten Kapitel der »Traumdeutung« bezieht sich *Freud* speziell auf die Art und Weise, wie er den Patienten ermuntert, alles was ihm durch den Sinn geht, zu beachten und mitzuteilen und eine kritiklose Haltung anzunehmen, damit die Assoziationen beinahe spontan auftauchen können. In dieser Phase betonte *Freud* nicht mehr speziell eine Methode der bildhaften Assoziation, obwohl er natürlich die Aufmerksamkeit auf die Tatsache lenkte, daß die Situation des Patienten in der Analyse irgendwie mit derjenigen vor dem Einschlafen verglichen werden kann, wenn man so weit entspannt ist, daß die kritische Beurteilung der Gedanken nachläßt und die auftauchenden unbeabsichtigten Vorstellungen sich in »visuelle und akustische Bilder« verwandeln (*Freud*, 1972, Bd. II, Kap. 2, S. 122). In seiner berühmten Analyse eines Traumbeispiels legt *Freud* bei der Untersuchung des Trauminhalts jedoch größeren Wert auf die verbale Assoziation als auf rein bildhafte Vorstellung. Es ist erstaunlich, daß *Freud* genau in dieser Phase den Patienten immer noch auffordert, sich ruhig hinzulegen *mit geschlossenen Augen*. Dieses ausdrückliche Gebot, wie auch das Beharren auf der liegenden Position des Patienten verdeutlicht, daß *Freud* nicht nur einige Merkmale der hypnotischen Situation übernommen hatte, sondern daß er auch großen Wert auf die Erzeugung visueller Vorstellungen legte. Als *Freud* im Jahre 1903 einen kurzen Abriß über die psychoanalytische Methode für ein Lehrbuch von Löwenfeld (*Freud*, 1962, Bd. VII, S. 250) über Zwangsneurosen vorbereitete, forderte er nicht mehr das Schließen der Augen, sondern er läßt den Patienten eine bequeme Rückenlage auf einem Ruhebett einnehmen, während der Therapeut selbst seinem Anblick entzogen hinter ihm sitzt. »Eine solche Sitzung verläuft also wie ein Gespräch zwischen zwei gleich wachen Personen, von denen die eine sich jede Muskelanstrengung und jeden ablenkenden Sinneseindruck erspart, die sie in der Konzentration ihrer Aufmerksamkeit auf ihre eigene seelische Tätigkeit stören könnten« (*Freud*, 1975, S. 102). Sicher hatte

Freud bereits die kognitive Seite dieser Aufgabe erkannt und die Bedeutung, die der Ausschaltung komplexer äußerer Stimulation zukam; vielleicht war es auch sein geringeres Interesse an der Imagination an sich, daß er dem Patienten erlaubte, die Augen offen zu lassen. Diese Wendung ging klarerweise zu einer eher verbal ausgerichteten freien Assoziation, und tatsächlich vergleicht *Freud* in demselben Artikel die Situation mit einem Gespräch, bei welchem man »aus dem Hundertsten ins Tausendste gerät« (S. 103).

Anfangs hatte *Freud* wohl erheblich größeres Interesse an der Provokation lebendiger Bilder, und erst später, in den Jahren 1896 bis 1903, wendete er sich einer vorwiegend gesprächsmäßigen oder verbalen assoziativen Methode zu. Es wäre allerdings weit gefehlt, daraus den Schluß zu ziehen, daß Imaginationen nun völlig von der analytischen Sitzung ausgeschlossen wären. Das Wiedererleben des Traummaterials spielte eine zentrale Rolle im analytischen Geschehen. Die Analyse von Tagträumen und schließlich das Heraufbeschwören früherer Erinnerungen im Rahmen der Übertragungsanalyse waren offensichtlich zentrale Merkmale des analytischen Prozesses, der notwendigerweise ein gewisses Ausmaß an visueller und auditiver Vorstellung einbezog. Nichtsdestoweniger kann man hier einen Wendepunkt erkennen, in dessen Folge das eigentlich therapeutische Medium nicht mehr die Kraft der Imagination ist. Es bleibt abzuwarten, ob dies ein unglücklicher Schritt war, vor allem angesichts der Bedeutung, die man in entsprechenden europäischen Ansätzen oder bei der Entwicklung der Methode nach *Reyher* (1963) (»Aufdecken von auftauchenden Bildern«) der Imagination zubilligt.

Obgleich *Freud* den Imaginationen zunehmend weniger Aufmerksamkeit schenkte, blieb doch das Hauptanliegen der Therapie die Wiederbelebung und das Hinabtauchen in das Bewußtsein früher Kindheitserinnerungen oder anstelle des Erinnerns einzelner Ereignisse das neue Erleben sexueller Phantasien der Kindheit. Neben der Entwicklung der Übertragungsbeziehung, die ich später diskutieren werde, schuf *Freud* eine Situation, die geeignet war, relativ freie Assoziationen aufkommen zu lassen und frühe Erinnerungen und dazugehörige Phantasien wiederzubeleben. Nachfolgend wollen wir die psychologische Situation des Patienten in der klassischen Psychoanalyse etwas eingehender betrachten, und zwar besonders hinsichtlich des Einflusses auf die Erzeugung von Bildern und von besonderen Umständen, die zu verschiedenen Formen aktiver Informationsverarbeitung führen.

Ich werde mit der klassischen Freudianischen Methode beginnen, die heute immer noch die grundlegende Technik der berühmtesten analytischen Institute ist. Mich kümmert im Augenblick weder die Validität dieser Therapieform noch ihr Platz in der modernen Gesellschaft. Es bleibt eine Tatsache, daß die Methode immer noch gelehrt und praktiziert wird, und es lohnt sich zu untersuchen, welche Relevanz die strukturellen Charakteristika der Situation für die Produktion von Assoziationen, Bildern und Erinnerungen haben.

In der analytischen Situation liegt der Patient in entspannter Position auf der Couch, während der Therapeut an seiner Seite sitzt, etwas im Hintergrund und außerhalb des Gesichtsfeldes. Die Aufgabe des Patienten ist die freie Assoziation und die Mitteilung aller Gedanken, die ihm durch den Kopf gehen, ohne aktive Zensur von irrelevant erscheinenden Einfällen. Entspannung und freie Assoziation wurden von *Freud* als Methoden angesehen, den Widerstand zu überlisten. Zu der Methode gehört es auch, daß der Therapeut außerhalb des Gesichtsfeldes des liegenden Patienten bleibt, wenn auch *Freud* selbst zugegeben hat, daß ein Grund für das hinter dem Patienten Sitzen seine Befangenheit war (*Freud,* 1975, Ergänzungsband). Durch Geringhalten ablenkender Reize wie Gesicht und emotionaler Ausdruck des Therapeuten, die Möbel im Zimmer, die Möglichkeit, aus dem Fenster auf vorübergehende Passanten zu schauen etc., schuf *Freud* instinktiv für den Patienten eine Situation, die er im täglichen Leben nur vor dem Einschlafen erreicht. In der Tat liegt der Patient, blickt an die Decke oder vielleicht auf einen spitzen Winkel, wo gewöhnlich weiße Wand ist. Es gibt deshalb relativ wenig ablenkende Information von außen, die seine Konzentration auf den eigenen Fluß von Assoziation oder das Bewußtwerden eines visuellen Bildes von einem Traum oder einer frühen Erinnerung stören können. Das Liegen scheint einige entscheidende Vorteile für den Patienten zu haben, indem es die Wahrscheinlichkeit des Auftretens lebendiger Bilder oder Phantasien erhöht. Tatsächlich kann man sogar einige Nachweise in der wissenschaftlichen Forschung finden, die den Wert der *Freud*schen Methode, zumindest vom Standpunkt seiner eigenen Ziele aus, bestätigen.

Vom rein kognitiven Standpunkt aus betrachtet, befindet sich der Patient, der auf der Couch das Gesicht des Therapeuten nicht sehen kann, schon in einer Situation milder sensorischer Deprivation. Das heißt, es gibt nicht viele neue Stimuli von außen, die ein Bewegen der Augen erforderlich machen würden oder irgendwie ein Weiterverfolgen, Auswählen oder Verbinden mit Material aus dem Langzeitgedächtnis, vielleicht um es sich einzuprägen. Ein von *Antrobus* und *Singer* (1964) durchgeführtes Experiment hatte zum Ergebnis, daß normale junge Männer, die in einer abgedunkelten Zelle 90 Minuten lang ein Blinklicht beobachten sollten und dabei die Aufgabe hatten, ununterbrochen zu sprechen, eine große Vielfalt interessanter Bilder produzierten und dabei lebhafter und entspannter blieben als mit der Aufgabe, ihre innere Aktivität lediglich darauf zu beschränken, fortdauernd von eins bis neun zu zählen. Die Beteiligten befanden sich in einer Situation milder sensorischer Deprivation, wobei eine äußere auditive Stimulation dadurch eingeschränkt wurde, daß sie über Kopfhörer neutralen Lärm empfingen und so auch an der Wahrnehmung iherer eigenen Verbalisierungen gehindert wurden. Unter diesen Bedingungen tauchten intensive plastische Imaginationen auf, und außerdem wurde deutlich, daß die Situation erträglich war und sich keineswegs störend auf die Durchführung einer äußeren Aufgabe auswirkte, in diesem Versuch auf das wachsame Beobachten der Lichter.

Bertini, *Lewis* und *Witkin* (1964) benutzten eine ähnliche Technik und fanden eine Intensivierung der Imaginationsfähigkeit bei Personen, die zum freien Assoziieren aufgefordert wurden – in der Tat eine hypnoseähnliche Situation. Es gab sehr interessante individuelle Unterschiede bezüglich der Phantasien des Patienten und der Fähigkeit, diese Situation zu ertragen. Eine Untersuchung von *Kroth* (1970) erbrachte den Nachweis, daß Personen, die auf einer Couch liegend frei assoziieren, mehr Freiheit und Spontaneität zeigen und die freie Assoziation im allgemeinen wirkungsvoller ist als bei Personen, die sitzen und frei assoziieren. Leider bringt *Kroth* keine Daten über den Charakter der Imaginationen, aber die Resultate machen deutlich, daß die Assoziationen in der liegenden Position im allgemeinen beträchtlich flüssiger waren. Allerdings wurde in dieser Studie kein deutlicher Nachweis darüber erbracht, daß die Patienten in der Rückenlage-Position eine signifikant höhere emotionale Beteiligung bei dem produzierten Material zeigten.

Einen deutlicheren Nachweis über die Effektivität der liegenden Position erbringen *Morgan* und *Bakan* (1965), die herausfanden, daß Personen in einer Situation sensorischer Deprivation Imaginationen beschreiben, die in bezug auf Lebendigkeit wesentlich höher einzuschätzen sind als im Vergleich mit sitzenden Personen. Dieser Studie folgte eine andere von *Berdach* und *Bakan* (1967), die erinnertes Material von sitzenden und liegenden Personen erhoben. Sie erfragten Situationen und fanden heraus, daß frühere und zahlreichere Erinnerungen auftauchten, wenn sich die betreffenden Personen in einer liegenden Position befanden. Natürlich kann man nicht sicher sein, ob die berichteten Erinnerungen tatsächlich eine genaue Wiedergabe der in dem speziellen Alter stattgefundenen Ereignisse war. Der größte

Anteil dieser Erinnerungen, die auf die ganz frühe Kindheit bis zum dritten Lebensjahr zurückgehen, können auch Haltungen oder Verhaltensmuster wiedergeben, die eher durch die »kindliche« liegende Position hervorgerufen werden und kein echtes Erinnern an tatsächliche Ereignisse bedeuten. Dennoch scheint es festzustehen, daß Imaginationen durch das Liegen gefördert werden, ein Ergebnis, das von *Berdach* und *Bakan* der abnehmenden Muskelverspannung von Nacken und Kopf zugeschrieben wird, ein Zustand, der auch beim Beginn einer Schlafphase mit »Rapid Eye Movement« vorherrscht.

Einen objektiveren Nachweis erbrachten *Segal* und *Glickman* (1967). Diese Forscher wendeten das Perky-Phänomen an. Die Versuchspersonen schauten entweder im Sitzen oder im Liegen auf eine leere weiße Leinwand und wurden ermuntert, darauf Bilder zu projizieren. Sie wußten nicht, daß die Versuchsleiter tatsächlich ähnliche Bilder mit einem Diaprojektor auf den Bildschirm projizierten. *Segal* und *Glickman* fanden heraus, daß die liegenden Versuchspersonen mit geringerer Wahrscheinlichkeit erkannten, daß ein äußerer Reiz auf den Bildschirm geworfen wurde. Mit anderen Worten, ihre eigenen Vorstellungen im Liegen waren genügend lebendig, um das Wahrnehmen tatsächlich vorhandener äußerer Reize zu verhindern. Hiermit scheint der Nachweis erbracht, daß die liegende Position tatsächlich verschiedene Vorteile für die Erzeugung relativ deutlicher Bilder und für den weitgehend ungehinderten Fluß freier Assoziation hat.

Es ist allerdings nicht klar, ob dieser Effekt speziell auf das Liegen auf der Couch zurückgeführt werden kann oder auf die Tatsache, daß eine solche Position gewöhnlich zu einer Reduktion komplexer äußerer Reize führt, dementsprechend, was man auf einer weißen Decke oder einer leeren Wand unter diesen Umständen wahrnimmt (*Rychlak*, 1973). Es gibt andere wichtige mit dem Liegen auf der Couch verbundene Besonderheiten, die an dieser Stelle erwähnt werden müssen. Ihr therapeutischer Nutzen kann sehr unterschiedlich sein, selbst dann, wenn sie erstaunlich lebendige Imaginationen auslösen.

Bedenken wir die Tatsache, daß der Patient das Gesicht des Analytikers nicht sieht. Dies hindert ihn natürlich daran, Verärgerung, Erschöpfung oder Abscheu beim Analytiker zu beobachten, und erhöht die Wahrscheinlichkeit, daß er seine eigenen Empfindungen auf den Analytiker projiziert, was dann zum Material der Übertragungsanalyse wird. Neuere theoretische und experimentelle Untersuchungen über die Bedeutung des menschlichen Gesichts als Hauptbestandteil der uns umgebenden Vielfalt an Stimuli (*Izard*, 1971; *Tomkins*, 1962, 1963) haben deutlich gezeigt, daß der Anblick eines anderen Menschen dem Beobachter so viele Reize liefert, die das Verfolgen von Langzeiterinnerungen erschweren können. Zu diesem Problem ist auch die

Tatsache zu rechnen, daß viele Menschen häufig den Blick vom Interviewer abwenden, wenn sie auf der Suche nach Langzeiterinnerungen sind *(Meskin & Singer,* 1974). Denn das Gesicht eines Menschen kann mit einem Blick voller Abscheu oder einem freudigen Lächeln und der damit verbundenen positiven oder negativen Verstärkung den fortschreitenden Fluß unserer eigenen Kommunikationsmuster hindern oder stimulieren. Entfernt man diesen komplexen Stimulus aus der Umgebung des Patienten, dann wird er mit größerer Wahrscheinlichkeit in der Lage sein, lebendiges Material aus seinem Langzeitgedächtnis hochkommen zu lassen, ohne dabei durch Veränderungen im Gesichtsausdruck des Therapeuten gestört zu werden.

Die liegende Position hat noch ein anderes charakteristisches Merkmal. Es ist die Lage, die wir einnehmen, wenn wir einschlafen wollen. Damit ist schon eine gedankliche Verknüpfung zu aus der Phantasie auftauchendem Material hergestellt. Die meisten Menschen berichten, daß das intensivste Tagträumen tatsächlich kurz vor dem Einschlafen stattfindet *(Singer,* 1966).

Das Liegen auf der Couch scheint also eine Situation zu schaffen, in der komplexe neue Informationen von der Umgebung auf ein Minimum beschränkt sind. In dieser ruhenden Position kann sich das Individuum in größerem Ausmaß dem Material aus dem Langzeitgedächtnis widmen, und außerdem erzeugt man dadurch eine psychologische Atmosphäre wie kurz vor dem Einschlafen. In diesem Sinne ist das Liegen ein deutlicher Beweis für die Herkunft der Psychoanalyse aus der Hypnose. Man sollte sich immer vor Augen halten, daß die Hypnose grundsätzlich ein von dem Individuum selbst erzeugter Zustand ist, eine Haltung äußerster Konzentration auf inneres Erleben und ein Ausblenden eines Großteils äußerer Reize – außer natürlich der zu beachtenden Stimme des Hypnotiseurs. Da es als erwiesen gilt, daß Simulanten, ohne in einen Zustand der Trance zu geraten, die meisten der gewöhnlich mit der Hypnose einhergehenden Effekte erzeugen und sogar einen erfahrenen Analytiker täuschen können *(Barber,* 1970), scheint es wahrscheinlich, daß das Vertrauen auf die Couch lediglich die Voraussetzung für leicht erhöhte Vorstellungskraft und Selbststeuerung der Aufmerksamkeit wie in einer hypnotischen Situation schafft. Es ist eine gesonderte Frage, ob diese Situation in der Psychotherapie wünschenswert ist. Besonders seitens der Neo-Freudianer hört man immer wieder das Argument, daß die hypnotischen Überbleibsel der klassischen Psychoanalyse eine echte Begegnung von Patient und Therapeut verhindern und trotz bester Absicht des Analytikers eine künstlich autoritäre Atmosphäre schaffen können *(Robertiello,* 1969; *Wolstein,* 1954). Zumindest gibt es in diesem Zusammenhang einige wenige experimentelle Nachweise für die positive Auswirkung des Liegens auf der

Couch auf die Erzeugung von Imaginationen und frühen Erinnerungen.

Die liegende Position bringt noch einige zusätzliche Implikationen mit sich, die hier hervorgehoben werden mögen, da sie letztlich auch zu den Bedingungen beitragen, die der Erzeugung von Phantasien und einem therapeutischen Rahmen dienlich sind. Wenn sich ein Erwachsener auf eine Couch niederlegt, dann verzichtet er auf einen für seine alltäglichen zwischenmenschlichen Beziehungen typischen psychologischen Vorteil. Das Liegen auf der Couch ist das unnatürliche Zeichen dafür, daß eine spezielle Situation von quasi medizinischer Natur schon entstanden ist und relativ neue Erfahrungen anstehen. Ganz allgemein gesprochen, symbolisiert das Sich-Niederlegen vor einem Erwachsenen eine Bedingung größerer Passivität. Bei denjenigen, die krank oder hospitalisiert waren, wiederbelebt es die mit diesen Erfahrungen verbundenen Erinnerungen. Natürlich spielen auch sexuelle Erfahrungen und Einstellungen eine Rolle. Schließlich spiegelt die Situation eines Erwachsenen, der sich niederlegt, während der andere sitzt, eine eher kindliche Beziehung zwischen beiden Individuen. In dieser Situation bringt der Patient wahrscheinlich mehr Assoziation an Kindheitssituationen – oder an die Situation des Ins-Bett-gebracht-Werdens von den Eltern.

Es liegt in der Natur des Gedächtnisses selbst, daß besondere Körperhaltungen oder bestimmte Bedingungen in der Umgebung nach gewissen Ordnungskriterien und verwandten Erinnerungen gespeichert werden, so daß die liegende Position mit größerer Wahrscheinlichkeit Erinnerungen an Zustände der Abhängigkeit, an Krankheit, Hilflosigkeit und sexuelle Erfahrungen hervorbringt neben den vielen Erlebnissen aus der Kindheit, die durch die kindliche Haltung, die der Erwachsene dem Analytiker gegenüber einnimmt, ausgelöst werden. Man kann häufig die klinische Beobachtung machen, daß, je mehr der Patient bereit scheint, die Therapie zu beenden, er sich ganz spontan auf die Couch *setzt* und schließlich dem Analytiker auf einem Stuhl gegenübersitzt. Tatsächlich scheint er mit diesem Verhalten ausdrücken zu wollen: »Ich langweile mich allmählich, ein Gefangener meiner Kindheit zu sein. Ich möchte gerne anfangen, zu handeln wie ein flügge gewordener Erwachsener.«

Gedächtnis und Körperhaltung

Die Vorstellung, daß Körperhaltungen mit ziemlich eng umschriebenen Erinnerungen und Phantasien verbunden sein könnten, wurde vor geraumer Zeit von *Reich* (1945) bei der Entwicklung seines Begriffs des »Charakterpanzers« vertreten. Bei verschiedenen Techniken der Gestalttherapie spielt die Körperhaltung mit der dazugehörigen gespeicherten Erinnerung ebenfalls eine bedeutende Rolle. Die von *Tomkins* (1970) entwickelte Gedächtnistheorie ist wesentlich formaler und liefert eine sorgfältig durchdachte Erklärung für die Wiederbelebung früher Kindheitserinnerungen durch den Gebrauch der Couch.

Ohne an dieser Stelle die ziemlich komplexe Theorie von *Tomkins* im einzelnen untersuchen zu wollen, kann man zusammenfassend sagen, daß *Tomkins* der Ansicht war, das Speichersystem des Gedächtnisses arbeite diskontinuierlich und bedeutende Aspekte der frühen Kindheit würden ziemlich intakt gespeichert, allerdings an einem »Ort«, dessen »Bezeichnung« teilweise vergessen wurde oder systematisch vermieden wird. Die Fähigkeit, ein spezielles in einer Periode der Kindheit gespeichertes Verhaltensmuster abzurufen, erfordert eine komplexe Wiederherstellung äußerer Bedingungen, die möglichst viele der mit diesem gespeicherten Schema verbundenen Stimuli wiederbeleben. *Tomkins* hat die Aufmerksamkeit auf die Tatsache gelenkt, daß (vgl. auch *Schachtel*, 1959) viele Erfahrungen, die in der Kindheit gemacht wurden, und das kindliche Denken weniger organisiert und komplex sind als beim Erwachsenen. Frühe Erinnerungen werden »vergessen«, nicht so sehr, weil sie aktiv unterdrückt werden, sondern vielmehr, weil zwei verschiedene Gedächtnissysteme oder zwei verschiedene Lokalisationssysteme der Erinnerung wirksam sind. *Tomkins* erweiterte die von der traditionellen Psychoanalyse beschriebenen Erlebnisweisen und stellte fest, daß sie zunächst einen Teil kindlichen Erlebens ausmachen, dann aber, aufgrund vieler sozialer Zwänge, von den Erfahrungen des Heranwachsenden oder des Erwachsenen abgespalten werden. Viele dieser Verhaltensweisen bleiben eingekapselt und tauchen im Erwachsenenleben gelegentlich dann auf, wenn der Erwachsene in eine Situation geworfen wird, die seine frühe Kindheitserfahrung auf dramatische Weise wiederbelebt. Viele Spielarten kindlichen Erforschens, Neugier, unmittelbarer Ausdruck von Gefühlen wie Scham oder Hilflosigkeit oder sogar sehr offenes Zeigen von Freude, können aus verschiedenen Gründen in besonderen Familien oder Kulturen tabuisiert sein. Wenn der heranwachsende Jugendliche oder der Erwachsene nun verschiedene Verhaltensmuster erlernt, kann daraus eine Diskontinuität zwischen der Erwachsenenrolle und den Erinnerungen und Erfahrungen der Kindheit erwachsen.

Tomkins selbst zitiert den Fall eines Mannes im mittleren Alter, der mit Schmerzen in den Augen, Tics und Depression reagierte, als er erfuhr, daß er eine Brille zum Lesen brauche. Durch die konzentrierte Aufmerksamkeit auf seine Augen, etwas, das viele Jahre lang nicht geschehen war, wurde er an einen Vorfall aus seiner frühen Kindheit erinnert, als er dabei erwischt wurde, wie er durch das

Schlüsselloch in das Zimmer seiner Tante spähte und dafür so streng getadelt wurde, daß er glaubte, er werde blind. Diesem Ereignis folgten keine ähnlichen Vorfälle. Da es keine weiteren Anlässe gab, die die Aufmerksamkeit auf die Augen gelenkt hätten, schwand die Erinnerung allmählich bis zum mittleren Alter, als es erst die Umstände erforderlich machten, daß er sich mit dem Sehen beschäftigte, worauf er mit der Symptomatik reagierte, bis er sie mit dem frühen Erlebnis in Zusammenhang bringen konnte.

Eine Patientin von mir beschrieb die Situation, in der ihr Mann beim Orgasmus während des Geschlechtsverkehrs plötzlich »Mami, Mami!« rief. Während es einfach wäre zu sagen, es handle sich hierbei um einen galoppierenden Ödipuskomplex, und der Ehemann erlebe seine Frau als Mutter, wurde eine andere Möglichkeit untersucht. Wie sich herausstellte, hatte der Mann sehr früh gelernt, daß man dem Ausdruck von positiven Gefühlen oder von Gefühlen überhaupt Stirnrunzeln entgegenbrachte und als nicht »männlich« betrachtete. Das Ergebnis war, daß viele seiner Ausdrucksmöglichkeiten von Freude und Zärtlichkeit in der frühen Kindheit stark unterdrückt worden waren, und sein eigenes Selbstbild als Erwachsener zeigte tatsächlich nicht viele dieser Verhaltensweisen. Die Intimität des Sexualakts, die er ohne wirkliche frühere Erfahrung spürte, die Wärme in der Reaktion seiner Frau und ihr Akzeptieren seiner echten Freude führten zu der Wiederkehr des freudigen Rufens, das einst Teil seines kindlichen Verhaltensrepertoires war.

Tomkins (1970) hat einen sehr phantasievollen Vorschlag gemacht, wie durch Bilder und Erinnerungen die schlafenden Eigenarten der Kindheit wiederzubeleben seien:

»Welches sind die Parameter, die wahrscheinlich einzigartig in der Kindheit sind? Der erste ist das Größenverhältnis. Das Kind ist kleiner als der Erwachsene, und die Gegenstände seiner Umgebung sind funktionell viel größer für das Kind als für den Erwachsenen. Um Kindheitserinnerungen zurückzuholen, sollten wir deshalb Zimmer fabrizieren, die in allen Dimensionen zwei oder zweieinhalbmal so groß sind wie die normale Größe ... Zusätzlich zu dem Leben in einem Raum, der im Verhältnis größer ist, sind viele Erfahrungen ein Privileg der Kindheit, wie z. B. alleine im Dunkeln in der Wiege liegen, Nacktsein, gehätschelt werden, im Gesicht gezwickt werden, naß sein, hungrig und naß sein, satt sein und geherzt werden, in der Wiege liegen, von einem Erwachsenen gespannt angeschaut werden, Urin und Fäkalien riechen, Puder, den Körpergeruch der Mutter, ... eine Gutenachtgeschichte vorgelesen bekommen, ... kitzeln und necken, geprügelt werden, tausendmal ›Ich werde nicht in der Nase bohren‹ schreiben müssen, ohne Essen ins Bett geschickt werden, Kastrationsdrohungen usw« (S. 108)*.

---

* Aus *Silvan Tomkins,* A theory of memory. In: *J. S. Antrobus* (Hrsg.), »Cognition and Affect«, S. 108. Boston: Little, Brown, 1970.

Alles in allem ist sicher deutlich geworden, daß die Couch dann verschiedene Vorteile mit sich bringt, wenn das Hauptanliegen der Therapie darin besteht, daß der Patient möglichst lebendige Bilder produziert und diese Vorstellungen die Form von Erfahrungen annehmen sollen, die in Diskontinuität zu dem Erwachsenenleben stehen. Wenn man davon ausgeht, daß die Errichtung einer Kontinuität zwischen dem Erleben in der Kindheit und im Erwachsenenalter nicht nur im allgemeinen Sinn für das Individuum befriedigend sein kann, sondern auch plötzlich auftretende Symptome ausschließen will – wie im Fall des Mannes mit der Brille –, dann hat die beschriebene Methode deutliche Vorzüge. Verschiedene Therapeuten haben dies intuitiv erfaßt, wenn sie Patienten in der Gruppentherapie aktiv regredieren oder »Urschreie« ausstoßen lassen. Ein entscheidendes technisches Problem für die Psychotherapie ist die Integration dieser wiederbelebten Erfahrungen und der damit verbundenen starken Emotionen in ein gegenwärtiges Verhaltensmuster. Dies ist allerdings ein separates und sehr schwieriges Problem, dem wir in diesem Zusammenhang nicht nachgehen können.

Traumanalyse und Imagination

Bevor ich kurz auf weitere imaginative Verfahren im Rahmen der klassisch psychoanalytischen Methode eingehe, werde ich einen kurzen Überblick über einige der neofreudianischen Ansätze zu denselben Problemstellungen geben. Sicherlich spielt die Analyse von Träumen eine zentrale Rolle in der *Freud*schen Theorie. Der Patient, der im Therapiezimmer einen Traum erzählt, muß den Traum tatsächlich visuell reproduzieren, wenn er ihn nicht zu Papier gebracht hat und die Worte abliest, ohne dabei den ernsthaften Versuch zu unternehmen, die visuellen oder auditiven Komponenten des Traumes selbst nachzuempfinden. In den meisten Fällen scheint es wahrscheinlich, daß der ernsthafte Patient auf der Couch des Analytikers in der Tat versucht, das wirkliche Traumbild im Rahmen seiner Fähigkeiten im Wachzustand zu rekonstruieren. Vielleicht ist gerade dies der Punkt, an dem die Analyse am meisten mit Imagination arbeitet; allerdings unterscheiden sich die verschiedenen Schulen darin, wieviel Aufmerksamkeit sie der imaginativen Komponente widmen und wieviel dem Fluß der verbalen Assoziationen zu dem Trauminhalt. Wie ich in Kapitel II festgestellt habe, hat sich *Jung* von der *Freud*schen Traumdeutung wegbewegt zugunsten eines sehr aktiven Wiedererlebens des Traumbildes, das er in seiner Ganzheit betrachtet und auch auf globalere Art und Weise deutet. In ähnlicher Weise betont auch *Fromm* (1951) eine eher metaphorische Deutung des Traums als ganzem statt der Schritt für Schritt vorgehenden Analyse über Assoziationen, wie sie für die *Freud*sche Methode kennzeichnend ist.

Die klassische Psychoanalyse legt großen Wert auf das Mitteilen von Tagträumen und Phantasien, sei es, daß sie in der Analysestunde selbst auftreten oder aus vorangegangenen Tagen oder natürlich aus früheren Perioden im Leben des Patienten erinnert werden. Wiederum wird der Assoziation auf das Material, z. B. den Traum, mehr Bedeutung zugemessen als dem Wiedererleben des Materials in der Sitzung. Es ist schwer zu beurteilen, was tatsächlich in den Hunderten verschiedener Analysen, bei so vielen verschiedenen Analytikern, geschieht. Ganz bestimmt benutzen viele Psychoanalytiker als erfahrene Kliniker jede sich bietende Gelegenheit, um wichtige affektive Reaktionen im Patienten auszulösen, und sie werden deshalb häufig genug mit sehr eindringlichen Vorstellungsbildern arbeiten, um dieser Aufgabe nachzukommen. Dennoch führt der analytische Prozeß sicher häufig zu einer Serie oder Kette verbaler Assoziationen zu dem anfänglich vorgestellten Inhalt und vielleicht weniger zu einem lebendigen und mannigfaltigen Fluß bildhafter Vorstellungen beim Patienten.

Übertragungsphantasien in der klassischen Analyse

Ein charakteristisches Merkmal für die klassische Analyse ist die Übertragungsdeutung in ihrer Schlüsselfunktion für die Behandlung. Im Laufe eines langen Zeitraums des Assoziierens bei einem Therapeuten, dessen eigene Person nicht stark in Erscheinung tritt und der tatsächlich häufig auch nichts sagt, nimmt man an, daß der Patient eine starke Übertragungsneurose dem Analytiker gegenüber entwickelt. In den Übertragungsreaktionen wiederholen die Patienten die komplexen Haltungen von ambivalenter Liebe und Haß, die sie für einen Elternteil oder andere Familienmitglieder empfunden haben mögen. Die Aufgabe des Analytikers besteht darin, diese Reaktion zu erkennen, indem er Kriterien setzt, wie z. B. die Unangemessenheit ihres Verhaltens in der speziellen sozialen Situation. Dann ist es seine Aufgabe, dem Patienten zu helfen, diese Übertragungen und Verallgemeinerungen zu erkennen. Wenn eine solche Identifikation der Übertragungsphänomene in einer schon allein durch die Stärke der Reaktion des Patienten emotional geladenen Atmosphäre stattfindet, kann es zu einem lebendigen Wiedererleben früher Erinnerungen an die Beziehung zu dem fraglichen Elternteil oder Geschwister kommen und für den Patienten eine befreiende Wirkung haben.

Man hat die Hoffnung, daß die positive Übertragungsbeziehung, die der Patient frühzeitig für den Therapeuten entwickelt, von dem

Analytiker benutzt werden kann, um dem Patienten zu helfen, Widerstände und Zweifel zu überwinden und eine vollständige Analyse der Übertragungsreaktionen durchzuhalten. Ein solches Bemühen würde zu einer möglichen Befreiung des Patienten von diesen Geistern der Vergangenheit führen und seine Fähigkeit wiederherstellen, den Analytiker einfach als einen beruflichen Helfer zu betrachten. Das für die klassische Analyse einzigartige Konzept ist die Vorstellung, daß man durch das Fördern der Übertragungsneurose eine sorgfältig ausgearbeitete Miniaturlebenserfahrung rekonstruiert. Das genaue Erkennen verzerrter Erwartungen und das »Durcharbeiten«, das der Patient bringen muß, wenn der Therapeut ihm einmal geholfen hat, Übertragungen und Widerstände oder Abwehrmechanismen zu erkennen, kann zu einer außerordentlichen Befreiung von dem jeweiligen Menschen führen.

Vielleicht herrscht über kein anderes Konzept in der Psychoanalyse mehr Übereinstimmung, sowohl seitens der Freudianer als auch der Neofreudianer, als über die Bedeutung einer Übertragung. Sicherlich gibt es unterschiedliche Meinungen über die Bedeutung, die man der Entwicklung und anschließender Deutung der Übertragungsneurose, dem Kriegsschauplatz der Analyse, wie die Klassiker behaupten, zubilligen soll. Vom Standpunkt der Technik und der therapeutischen Wirksamkeit aus gesehen, werden allerdings die ursprüngliche Form der Übertragungserlebnisse im Laufe einer Psychotherapie und der wichtige Beitrag, den diese Erfahrungen zu unserem Verständnis der Persönlichkeit leisten, seitens der Psychoanalytiker in Frage gestellt. Lassen wir es dabei genügen festzustellen, daß Übertragungsphänomene im allgemeinen Manifestationen von Imagination verkörpern. Zum Beispiel gibt es zahlreiche Träume, die als Übertragungsträume gedeutet werden. Typisch dafür ist der Traum, den mir eine Patientin erzählte, in dem sie sich selbst sehr deutlich auf der Couch in der Nähe ihrer Mutter sitzen sah, während ich auf einem Sessel in der anderen Ecke ihres Wohnzimmers saß und mit dem Finger auf sie beide zeigte. Die Mutter der Patientin war in gar keiner Weise Teil ihrer gegenwärtigen Lebenssituation, und die häusliche Szene spielte in einer viel früheren Zeit ihrer Kindheit. Dennoch war die Mutter da und wurde als sehr lebhafte Vorstellung im Traum geschildert, zusammen mit einigen anderen Inhalten, die im Moment nicht wichtig sind. Das Zusammenbringen von der Mutter und mir schilderte die Patientin mit einem Gefühl der Unmittelbarkeit; der Traum schien zu der Zeit, als sie am Morgen aufwachte, vollkommen real zu sein und auch weiterhin einige Realität zu behalten.

In vielen Fällen zeigen sich Übertragungen in Einstellungen oder Orientierungen ohne ein starkes Element aktueller Vorstellung oder

Phantasie. Am leichtesten erkennt man Übertragungen immer in dem Bericht eines Traums oder einer Phantasie. Ein anderer Patient z. B. beschrieb einen Tagtraum, den er über mein Zuhause hatte, das er in Wirklichkeit nie gesehen hatte. Der Tagtraum beschrieb ein Haus, das tatsächlich dem Stil meines Hauses ähnlich war, und spiegelte die Klugheit des Patienten (der Architekt war). Gleichzeitig jedoch zeigte die Geschichte auch den Wunsch, mich in die Rolle eines besseren Vaters, als er ihn hatte, zu stecken.

Das situative Arrangement der klassisch analytischen Situation trägt zweifellos viel zu der Entwicklung bestimmter Übertragungsformen bei. Der Analytiker, der generell etwas außerhalb der Sicht des Patienten sitzt, schafft eine zweideutige Wahrnehmungssituation, so daß der Patient seine eigenen Antizipationen und Bilder auf den Gesichtsausdruck des Therapeuten projizieren kann. Außerdem trägt der verhältnismäßig geringe soziale Kontakt zwischen Patient und Therapeut in der formalen Analyse dazu bei, daß der Patient häufig die Erscheinung des Analytikers nicht detailliert wahrnimmt und ihm deshalb sehr leicht verschiedene Eigenschaften, wie z. B. Falten in seinem Gesicht, graue Strähnen in seinem Haar zuschreibt oder sich ihn sogar manchmal als mit Bart oder Schnurrbart vorstellt. Tatsächlich ermutigt gerade der Mangel an Information den Patienten darin, sich Phantasien über den Therapeuten zu machen, wobei die liegende Position noch das ihre dazu beiträgt, daß die Art der Übertragung Eltern-Kind-Erinnerungen enthält. Auch die fehlende Kommunikation seitens des Analytikers ist dazu angebracht, eine Vorwegnahme spezieller Kommentare zu provozieren und Situationen zu schaffen, in denen sich der Patient auch außerhalb der therapeutischen Sitzungen selbst dabei wiederfindet, daß er innere Monologe führt mit dem Bild des nahe bei ihm sitzenden Therapeuten.

In einem gewissen Sinn könnte man behaupten, daß einige der Komponenten der Kindheit, die in die analytische Situation eingebaut sind, die bekannte Erfahrung wiederbeleben, daß man fiktive Begleiter hat; hier übernimmt der Analytiker diese Rolle für den Patienten. Später in diesem Kapitel werde ich einige andere Implikationen für die Imagination, die im Zusammenhang mit dem Konzept der Übertragung stehen, erörtern und dabei auf die Einstellung der Neofreudianer zu diesem allgegenwärtigen Phänomen eingehen. Im ganzen gesehen scheint sich die klassische Methode trotz des gehäuften Auftretens von Imaginationen in der Psychoanalyse nicht speziell auf die besonderen Eigenschaften der Vorstellung zu konzentrieren. Wenn überhaupt, dann liegt die Betonung auf der analytischen Arbeit und der Deutung des Inhalts von Phantasie und Traum. *Kanzer* (1958), den man als typischen Vertreter ansehen kann, betont die Abwehrseite der visuellen Vorstellung, wie sie in der Psychotherapie vorkommt. Sicherlich betrachten viele Analytiker die visuellen Bilder, die in der Therapie berichtet werden, als »Bildschirme«, die Triebkonflikte und unterdrückte Wünsche verbergen. Es gibt allerdings auch Analytiker, die den Inhalt und die Form des Bildes als Spiegelung der Ichanteile und des Wachstumspotentials des Patienten sehen.

Bilderassoziation in der Psychoanalyse

Bei einem Versuch, Patientengruppen zu behandeln, die in der damaligen Zeit von der traditionellen Psychoanalyse als unzugänglich erachtet wurden, kehrte *Pierce Clark* (1925), ein früher Analytiker, zurück zu der Methode der Bilderassoziation. *Clark* arbeitete speziell mit Borderline-Schizophrenien, die unter die Klassifikation narzißtischer Neurosen fielen; für das damalige Verständnis waren dies Patienten, bei denen die Entwicklung einer Übertragung unwahrscheinlich war. Heute können wir diese Konzeption der Übertragung ernsthaft in Frage stellen. Wie die Arbeiten von *Sullivan, Fromm-Reichmann* und vielen anderen beweisen, scheint das Problem des schizophrenen Patienten nicht die mangelnde Fähigkeit zu einer solchen Beziehung zu sein, sondern vielmehr darin zu liegen, daß er sich immer in einer Übertragung befindet. Um das Jahr 1923 begann *Clark* dennoch seiner Zeit gemäß seine sogenannte »Phantasie-Methode« anzuwenden. Er benutzte diese Technik und akzeptierte die damals gängige Vorstellung, daß das Auftauchen früher Kindheitserinnerungen entscheidend sei, aber zugleich spürte er, daß die narzißtischen Patienten nicht in der Lage sein würden, diese Erinnerungen im Rahmen der Übertragung zu dem Therapeuten zu aktivieren.

Clark schaffte den äußeren Rahmen für die Arbeit mit bildhafter Vorstellung, um dadurch Kindheitserinnerungen auf die Spur zu kommen. So ermutigte er die Patienten auf der Couch, sich zu entspannen und die Augen zu schließen, während sie versuchen sollten, sich Szenen aus der Kindheit ganz genau vorzustellen. *Clark* arbeitete auf sehr lockere Weise, ohne bestimmte Termine und mit der Möglichkeit, für einen Patienten in einer Sitzung so lange fortzufahren, wie er bedeutsames Material zu reproduzieren schien; schließlich wurden die Patienten aufgefordert, über die Protokolle ihrer Sitzungen zu berichten. Es ist interessant zu beobachten, daß diese Methode tatsächlich von den Vertretern imaginativer Verfahren in Europa angewandt wird. *Clark* fand heraus, daß die Patienten ausgesprochen lebendige und wirksame Vorstellungen produzierten und von einer Reihe von Bildern zu der nächsten gingen – immer in der Annahme, daß es sich hierbei tatsächlich um frühe Erinnerungen handelte. *Clark* neigte zu der Ansicht, daß die bildhaften Inhalte wahrscheinlich keine im wesentlichen wahrheitsgetreuen Erinnerungen darstellten, daß aber dies nur eine nebensächliche Rolle spielte, da sie im wesentlichen den zu den Kindheitserfahrungen passenden Affekt lieferten und aus diesem Grund eine heilsame Wirkung hatten.

Dieser eindrucksvolle pionierhafte Versuch wurde allerdings nicht in den allgemeinen Trend integriert und blieb viele Jahre lang weitgehend unbekannt. Etwas später kam *Kubie* (1943) wieder auf diese Technik zurück, besonders im Sinne einer Katharsis, ähnlich wie sie bei der Behandlung einer traumatischen Neurose zur Anwendung kommt. Er spürte, daß imaginative Verfahren tatsächlich stärkere Emotionen auslösen und unmittelbar psychologisch heilsamere Wirkungen zeigen könnten. Wiederum wurde der Vorschlag von anderen Therapeuten nicht aktiv weiterverfolgt, und erst in den 60er Jahren begann *Reyher* (1963) im Rahmen einer klassisch analytischen Arbeit, eine Methode der Bilderassoziation zu untersuchen.

Reyher widmete sich in seiner Arbeit zunächst der Hypnose und untersuchte verschiedene Aspekte von hypnotisch induzierten Konflikten nach psychopathologischen Ähnlichkeiten. Während er weiter an dieser Sache arbeitete, hatte er auch angefangen, seine sehr tiefgehende und für die Untersuchung von Triebschwankungen geeignete Methode des »Aufdeckens auftauchender Bilder« auf bestimmte Eigenschaften hin zu erforschen. Kurz gesagt, verlangt diese Methode von dem Patienten, nacheinander eine Reihe klarer Bilder zu erzeugen und sie dann dem Therapeuten zu beschreiben.

Die Interventionen des Therapeuten sollen vor allem die Bedeutung und den Charakter der von dem Patienten erzeugten Vorstellungen verdeutlichen und ihn ermuntern, in seiner Aufgabe fortzufahren. Gelegentlich reflektiert der Therapeut auch Gefühle, oder er gibt eine sehr vorsichtige Deutung, die sich gewöhnlich eng an das beschriebene Vorstellungsmaterial hält.

Reyher vertritt die Meinung, daß der Patient durch die fortlaufende Produktion von Vorstellungen allein zu wesentlichen Einsichten kommt, da sich jedes Bild mit dem anderen mischt und aktive Deutung bei diesen Verfahren wegen der dramatischen Auswirkung des Flusses von Vorstellungen nicht wotwendig ist. Der Therapeut macht den Vorschlag, daß der Patient die Augen schließen möge, und ermuntert ihn häufig mit Bemerkungen wie »Vor Ihrem geistigen Auge werden Bilder auftauchen« oder »Was sehen Sie jetzt wohl vor sich?« *Reyher* hat eine sehr genaue Beschreibung der zwischenmenschlichen Situationen gegeben und darauf hingewiesen, daß Patienten häufig zunächst Angst haben, die Augen zu schließen, aber diese Angst nach einigen Sitzungen, die mehr im Sinne der traditionellen freien Assoziation ablaufen, überwinden können. Wie *Reyher* (1970) berichtet, ist es typisch für die aufdeckende Arbeit, daß die Abfolge der Bilder zunächst mit einer ziemlich statischen visuellen Vorstellung beginnt, die erst allmählich einen lebendigeren Charakter annimmt. Bald erscheinen dann traumähnliche Bilder. Selbstverständlich macht *Reyher* es sich zur Aufgabe, seine Patienten zu ermuntern, die Sitzung damit zu beginnen, daß sie »einen Traum noch einmal träumen«. Dies führt bald zu einer Form der *Jung*schen Methode der »aktiven Imagination«, abgesehen davon, daß *Reyher* lieber nach dem klassisch *Freud*ianischen Ansatz arbeitet und auch ein Triebenergiemodell für die Erklärung seiner Methode voraussetzt. Die ersten bildhaften Vorstellungen haben gewöhnlich weitgehend symbolischen Charakter und sind dem Traum sehr verwandt, aber allmählich, wenn die Abwehr geschwächt ist, wird das Bildmaterial immer mehr zu dem, was *Reyher* »heiß« nennt. Diese Bilder, die mit starkem Affekt verbunden sind, sollen auf Vorschlag des Therapeuten von den Patienten neu erfahren werden.

Wie schon angedeutet, findet *Reyhers* Arbeit durchaus innerhalb eines klassisch *Freud*ianischen Rahmens statt. Er hat Protokolle veröffentlicht mit sehr ausführlichen Anmerkungen über die verschiedenen Triebe, Abwehrmechanismen und Botschaften der Körpersprache, die im Verlauf der fortschreitenden Bilderassoziation auftauchen. *Reyher* überprüft jeden Satz, den der Patient gebraucht, und jedes einzelne Bild und bezieht sie auf spezielle sexuelle Triebe, Symbole eines erigierten oder schlaffen Penis, Widerstände, Verschiebungen, Unterschiede der Triebintensität, Angstäquivalente von psychosomatischen Symptomen, Geburtsphantasien oder psychosexuelle Verformungen, erogene Stimulation, Angst, Vatersymbole, für beide Geschlechter unterschiedliche genitale Reaktionen, Muttersymbole, Kastrationsphantasien etc. Wenn man auch darüber streiten mag, ob *Reyhers* Triebvorstellungen und seine Abwehrformen wirklich sinnvoll sind oder ob sein Symbolismus nicht ziemlich übertrieben ist, scheint es doch wenig zweifelhaft, daß die in seinen Protokollen auftauchenden sehr lebendigen Bilder und die damit einhergehenden sehr starken Affekte in der Tat beeindruckend sind.

Es folgt ein kurzer Abschnitt eines Protokolls mit den Kommentaren des Therapeuten in Klammern:

Ich fühle mich angespannt – ich sehe, wie ein Mann eine Leiter hinaufklettern will, dann sah ich einen Mann, der sich gegen einen Pfosten lehnt – (Was sehen Sie jetzt?) Nichts. – Ich sah etwas wie einen Ameisenbär. Ich sah mich selbst Geschirr abwaschen oder mit irgendwas anderem beschäftigt – ich sah einen Cremekuchen und wollte es gerade sagen, aber dann habe ich angehalten. (Was angehalten?) Es ist gerade, als ob ich das Denken aufgehört hätte oder so. Ich weiß nicht mehr, was danach geschah. (Sie sahen einen Cremekuchen?) Mhm.

(Können Sie das Bild wieder herholen?) – ja – ich sehe eine Hand herumreichen; es war einer meiner Jungen in meinem Zimmer. (Wie herumreichen?) Um die Ecke, irgendwie heimlich; ein Finger um die Ecke. Ich sah einen Jungen, wie wenn er am Boden eines Fachs voller, oder der Boden – wie eine Brieftasche. Und ich war dabei zu versuchen, wissen Sie, es war wie ein kleines Fach, und das Ding, was er hineintat, verwandelte sich in eine große Puppe, und als ich es sah, dachte ich daran. Ich fragte mich, ob es bedeuten würde, daß ich einen Sohn oder so haben wollte. Wissen Sie, ich fühle mich jetzt irgendwie seltsam... ich habe das Gefühl, als wäre ich jemand anderes oder etwas ... ich sah, wie jemand durch ein kleines Loch schaut. Es ist, als ob alles grau wäre. Wie wenn man durch einen grauen Maschendraht schaut (*Reyher*, unveröffentlichtes Manuskript).

Dieser kurze Auszug führt zu einer sehr ausgedehnten Analyse der Sprache und der von der Patientin produzierten Bilder mit Anzeichen von auftauchenden sexuellen Trieben, Abwehr, Angst und das »um die Ecke reichen«, das aufgrund früherer Information mit dem Wunsch der Frau nach einem Penis und nach ihrem Vater verbunden werden konnte. Bei der Patientin handelte es sich um eine sexuell frigide Frau, und eine Fortführung der Bilder führte zu einer viel direkteren Erfahrung starker Emotionen, sexueller Wünsche und einem Gewahrwerden sexueller Verwirrung und dem Wunsch nach männlichen Organen.

Selbst wenn man das spezielle Triebmodell und das symbolische Umwandlungssystem von *Reyher* in Frage stellt, kann man nicht leugnen, daß die Methode des »Aufdeckens auftauchender Bilder« eine sehr tiefgreifende Beteiligung des Patienten auslöst. *Reyher* selbst hat eine Reihe formaler Forschungsstudien durchgeführt, die es verdienen, hier erwähnt zu werden, weil sie auf dem gesamten Gebiet imaginativer Verfahrensweisen einige der wenigen Versuche darstellen, eine Validierung der Methode oder zumindest deren physiologischer Begleitumstände herbeizuführen. *Reyher* und *Smeltzer* (1968) z. B. forderten 21 junge Männer im ersten Versuch auf, sich bei geschlossenen Augen Bilder vorzustellen, während man ihnen gleichzeitig eine Reihe spezieller Wörter darbot. Im zweiten Versuch sollten sie zu den dargebotenen Wörtern mit offenen Augen assoziieren und versuchen, »den ersten Gedanken, der Ihnen durch den Kopf geht«, zu verbalisieren. Mit anderen Worten, *Reyher* hat versucht herauszubekommen, ob die Produktion eines Bildes auf bedeutungsvolle Wörter mit psychischem Erleben verknüpft ist oder ob sich seine Auffassung bestätigte, daß instinktmäßige Tendenzen verschiedene physiologische Wirkungen haben würden, wenn die betreffende Person tatsächlich irgendeine visuelle Vorstellung hat oder wenn sie lediglich eine verbale Assoziation auf dargebotene Wörter produziert. Drei Konfliktbereiche wurden angeboten mit

Wörtern wie z. B. »Masturbation«, »schwanger«, »Brüste« etc. oder »Schlächter«, »töten«, »verstümmeln« oder »väterlicher Rat«, »Bruder«, »Hausherr«. Die Versuchspersonen wurden dann aufgefordert, entweder verbal zu assoziieren oder ein Bild zu erzeugen. Sie wurden an einen Polygraphen angeschlossen, und als physiologisches Angstmaß verwendete man den PGR (Psychogalvanischer Hautwiderstand). Ohne diese Daten als Gradmesser für die jeweilige Entfernung von einem bestimmten Trieb zu interpretieren, wie es *Reyher* vorgeschlagen hat, indem er davon ausging, daß Antworten z. B. auf die Sex- und Aggressionswörter mit den dahinterstehenden Sexual- und Aggressionstrieben in Zusammenhang stehen, bleibt es eine Tatsache, daß die Daten auf eine größere Flexibilität und Desorganisation der verbalen Reaktion im Verhältnis zu dem vorgestellten Material (an einen Zusammenbruch der Kontrolle erinnernd) hinzudeuten schienen. Noch erstaunlicher war eine viel langsamere Rückkehr zu der Grundkurve des PGR nach einem anfänglichen Erregungsanstieg, wenn die Versuchspersonen bildhafte Vorstellungen erzeugen im Vergleich mit dem verbalen Assoziieren.

Eine nachfolgende Studie von *Reyher* und *Morishige* (1969) schien auch die allgemeine Vermutung zu stützen, daß die Versuchspersonen beim Erzeugen freier Imaginationen und auch beim Erinnern an Traummaterial einen größeren Erregungsanstieg zu verzeichnen haben. Man kann keine direkte Beziehung herstellen zwischen den experimentellen Ergebnissen von *Reyher* und seinen Schülern und dem tatsächlichen Patientenverhalten während des »Aufdeckens auftauchender Bilder«, aber diese interessanten Untersuchungen sind zumindest ein erster Ansatz zu einer systematischeren Erforschung der Auswirkungen von Imagination und ihre Beziehung zu affektiven Zuständen.

Reyher erhebt überhaupt keinen Anspruch darauf, daß das »Aufdecken auftauchender Bilder« einen Ersatz für die traditionelle Analyse darstellt. Er ist äußerst empfindsam für Übertragungsphänomene in der therapeutischen Beziehung und weist darauf hin, daß die Imaginationen allmählich aus den regulären Sitzungen verschwinden und die freie Assoziation in den Vordergrund rückt und die Interaktion und Kommunikation zwischen Therapeut und Patient im eigentlichen Sinne zunimmt, da der Patient darauf verzichten kann, seine Abwehr durch das Mittel der Vorstellung zu umgehen. An diesem Punkt könnte man die Frage aufwerfen, ob der Ansatz von *Reyher* nicht durch die Annahme eines den Produktionen des Patienten zugrundeliegenden Energiesystems teilweise begrenzt ist. Es ist durchaus denkbar, daß die Imagination als konkrete Ausdrucksmöglichkeit in allen menschlichen Interaktionen eine sehr wertvolle Funktion hat und in vielen Situationen effektiv sein kann, ohne zwangsläufig das Umgehen einer Abwehr zu bedeuten. Sicher hängt ein Großteil unserer ästhetischen Empfindung von der Fähigkeit zu konkreter Vorstellung ab. Warum sollte also das Auftreten bildhafter Vorstellungen eine Regression auf ein primitiveres Funktionsniveau darstellen? Der therapeutische Wert der Methode von *Reyher* bleibt noch zu untersuchen, aber in seiner Arbeit ist doch deutlich geworden, daß sogar die traditionell ausgebildeten Analytiker davon profitieren könnten, wenn sie in dem therapeutischen Prozeß den bildhaften Assoziationen mehr Aufmerksamkeit schenken würden, statt nur auf die übliche Form der verbalen Assoziation zu vertrauen.

Sicher teile ich mit vielen Klinikern die Erfahrung, daß es Situationen gibt, in denen ein Patient sagt: »Ich kann nicht anfangen« oder »Ich habe anscheinend nichts zu sagen«, und der Vorschlag, er möge sich zurücklehnen, seine Augen schließen und das Auftauchen eines Bildes zulassen, gewöhnlich zu einem ziemlich wirkungsvollen Durchbruch geführt hat. In diesem Sinne findet man sich selbst dabei, wie man wieder auf die ursprünglichen sehr genauen Beobachtungen zurückgreift, die *Freud* in dem Jahr 1880 bei seiner Arbeit mit Elisabeth R. gemacht hat.

Eine meiner Patientinnen, mit der ich gewöhnlich nur verbal arbeite, scheint an einem Punkt plötzlich nicht in der Lage zu sein zu sprechen und sagt: »Ich kann irgendwie nichts finden, worüber ich sprechen will, aber irgend etwas quält mich.« Ein paar Versuche, direkte Assoziationen auszulösen, blieben ohne Erfolg. Als ich ihr den Vorschlag machte, sich zurückzulehnen und die Augen zu schließen und einem Bild zu erlauben, vor ihrem geistigen Auge aufzutauchen, berichtete sie über eine lebhafte Vorstellung von Siamesischen Zwillingen, nämlich einem alten und einem relativ jungen Mann. Die Merkwürdigkeit des Bildes brachte uns beide zum Lachen, aber plötzlich erkannten wir, worum es dabei gehen könnte. Die Patientin sah selbst sehr schnell die Ursache ihrer Störung in der Tatsache begründet, daß ihr Mann und ihr Sohn in den letzten Jahren eine viel engere Beziehung entwickelt zu haben schienen, von der sie sich oft ausgeschlossen fühlte. Genau einen Tag vor der Therapiesitzung, die in ihr das Gefühl aufdeckte, hatte sich ein Vorfall ereignet, der viel Kummer mit sich brachte, aber die Patientin war nicht willens, den mit dieser Situation verbundenen Folgen voll ins Gesicht zu schauen. Durch Imagination wurde das Problem auf dramatische Weise in den Mittelpunkt gerückt, und sie konnte relativ frei über die Situation sprechen. Diese Art bildhafter Vorstellung erinnert sehr stark an die hypnoide Imagination, wie sie *Silberer* (1951) in einem äußerst interessanten Selbstversuch beschreibt, den ich selbst viele Jahre später (Singer, 1966) wiederholt habe.

Neo-Psychoanalyse und imaginative Verfahren

In meinem Überblick über die technischen und methodischen Veränderungen in den verschiedenen Schulen, die zwar stark unter dem Einfluß von *Freud* standen, sich aber in wesentlichen Punkten von dem klassisch analytischen Modell entfernt haben, will ich mich wiederum speziell auf die therapeutische Handhabung von Vorstellungen konzentrieren. Es gibt viele methodische und theoretische Feinheiten, die man untersuchen könnte, z. B. die verschiedenen von einzelnen Schulen abhängigen Ansätze zu einer intensiven Langzeittherapie, aber dies wäre eine gesonderte Fragestellung. Wir wollen unsere Aufmerksamkeit an dieser Stelle primär auf den unterschiedlichen Umgang mit Traummaterial lenken und beziehen uns hierbei auf Therapieformen, die sich von den klassisch analytischen Vorstellungen entfernt haben; besondere Bedeutung messen wir der Übertragung als Schlüsselelement der Psychotherapie bei.

Ich habe schon erwähnt, auf welchen Wegen *Jung* seine Methoden der aktiven Imagination entwickelte und zu einer mehr phänomenologischen und breiteren symbolischen Interpretation fand. (Da ein Großteil der *Jung*schen Methode in die europäischen Ansätze mit mentalen Bildern integriert wurde, werde ich mich hier nicht weiter mit dieser Technik befassen.) *Adler* (und einige seiner Schüler) beschäftigte sich weniger mit der Analyse von Träumen und Phantasien oder mit Übertragung aufgrund früher Kindheitserlebnisse, sondern verwendet die Schilderungen früher Kindheitserinnerungen als Schlüssel zu dem gegenwärtigen Lebensstil des einzelnen. Um der Aufforderung, frühe Erinnerungen zu produzieren, nachzukommen, muß der Patient eine große kognitive Leistung vollbringen. Allein schon aus diesem Grund sollte man großen Wert auf exakte Forschungsarbeit legen. Wie schon die Untersuchungen von *Berdach* und *Bakan* (1967) gezeigt haben, sind die Schilderungen früher Erinnerungen dann besonders lebhaft, wenn man den Patienten bittet, sich hinzulegen, oder eine Situation schafft, die den Bezug zur frühen Kindheit herzustellen hilft. Dies steht im Gegensatz zu der üblicherweise von Adlerianern vertretenen Ansicht, die ein vis-á-vis-Gegenübersitzen von Therapeut und Klient betont. Ein Adlerianer könnte dem entgegenhalten, daß für ihn der gegenwärtige Lebensstil und die Einstellung des Patienten zum Behandlungsprozeß entscheidend ist und deshalb frühe Erinnerungen tatsächlicher Ereignisse von geringerer Bedeutung sind und aus diesem Grund der Patient ruhig auch sitzen könne.

Für die Adlerianer und viele andere Ansätze nach *Freud* dienen die Phantasie oder die Erinnerungen nicht dem Zweck der Katharsis, ein Gedanke, der von den Freudianern nie wirklich aufgegeben wurde. Dieses Material hilft vielmehr, eine breitere Sicht von dem gegenwärtigen Verhaltensstil des Patienten zu bekommen, seine Vorannahmen, eigene Mythologien und seine Erwartungen an andere zu erkennen, die zu Verzerrungen in der Wahrnehmung oder zu Frustrationen führen können, wenn sie nicht erfüllt werden.

Nach *Freud* vielleicht die einflußreichste Persönlichkeit in der psychoanalytischen Gemeinschaft war *Harry Stack Sullivan. Sullivan* stellt vor allem die Interaktion zwischen Therapeut und Patient in den Vordergrund. In dem ablaufenden Kommunikationsprozeß findet bedeutend mehr direkte Begegnung und gegenseitige Überprüfung statt, während die Arbeit an Phantasien und Träumen weniger Raum einnimmt. In seinen Aufsätzen betont *Sullivan* immer wieder sein Unbehagen, das er bei der Traumanalyse empfindet, und weist darauf hin, wie häufig dies eine Ablenkung von den entscheidenden Problemen des Patienten sein kann. Auf dem Hintergrund eines »amerikanischen« Pragmatismus oder Funktionalismus hatte *Sullivan* für die sehr ausführliche Arbeit an komplexen inneren Erfahrungen, wie sie die europäischen langsameren Schritt-für-Schritt-Methoden charakterisieren, wenig Geduld. So wandte er sich gegen die Vorstellung einer allmählichen Entwicklung einer Übertragungsneurose, und ging dazu über, den Patienten viel direkter mit dessen eigenen selbstbetrügerischen Tendenzen zu konfrontieren.

Gleichzeitig hatte *Sullivan* ein gutes Gespür für verschiedene Nuancen bei der Handhabung von Phantasie und Imagination bei den verschiedenen Persönlichkeitsstrukturen. So zeigte er z. B. in einem guten Vergleich der hysterischen mit der introvertierten oder schizoiden Persönlichkeitsstruktur *(Sullivan,* 1956, S. 210–211), daß die Phantasien des Introvertierten immer wieder neu überarbeitet und differenziert werden und zunehmend an Komplexität gewinnen, so daß das Produkt, dem man in der Therapie begegnet, sich sehr stark von der frühen Kindheitsphantasie unterscheiden kann. Im Gegensatz dazu hat ein Patient mit einer mehr hysterischen Persönlichkeitsstruktur, der weniger gerne Phantasien produziert, doch lieber die Phantasie von dem beunruhigenden Material trennen will, häufig einen eng umschriebenen aktuellen Tagtraum, der weitgehend unverändert bleibt. *Sullivan* mahnte den Therapeuten, bei der Therapie von hysterischen Patienten darauf zu achten, daß wahrscheinlich viele Phantasien dieser Patienten vollkommen von Büchern oder anderen Kommunikationsmitteln übernommen sein können, und wenn sie auch bis zu einem gewissen Grad persönliche Probleme widerspiegeln können, so besteht doch die Gefahr, daß ein Therapeut, der die aktuelle Phantasie überbewertet, seine Zeit damit verbringt, »die Phantasien von irgend jemandem«, nur nicht von dem Patienten zu analysieren. *Sullivan* war besonders darum bemüht, daß die von

Pierce Clark entwickelte Vorstellungstechnik nicht bei Hysterikern angewendet wurde, die dies zwar als eine angenehme, aber vollkommen irrelevante Methode empfinden würden, um einer Konfrontation mit den eigentlichen grundlegenden Dilemmata auszuweichen (*Sullivan*, 1956, S. 225).

In Übereinstimmung mit seinen mehr allgemeinen Vorstellungen ist *Sullivan* auch kritisch gegenüber der Ansicht von dem wunscherfüllenden Charakter der Tagträume. Er ging nicht sehr ausführlich auf dieses Thema ein, aber er akzeptierte wohl bis zu einem gewissen Grad die *Freud*schen Vorstellungen über partielle Triebreduktion durch die Phantasie. Er bemühte sich allerdings, darauf hinzuwirken, daß der Therapeut die Tagträume in einem anderen Licht sieht. Auf sehr beeindruckende Weise hat er die Aufmerksamkeit auf die Tatsache gelenkt, daß der Tagtraum in vieler Hinsicht eine wiederholende oder eine konstruktive planende Funktion hat, die zu einer wichtigen Handlung führen kann. *Sullivan* (1953) rät dem Therapeuten bezüglich dieser Phantasien, daß »er sie sorgfältig prüfen sollte, um zu bestimmen, bis zu welchem Ausmaß sie ›bloß‹ partielle Befriedigung sind oder Elemente der Vor-Planung enthalten – mit anderen Worten, eine in die Zukunft weisende Träumerei sind, um es in der nächsten ähnlichen Situation besser zu machen« (S. 350). In diesem Sinne scheint *Sullivan* mit seiner Vorstellung über Phantasie und Tagtraum sehr nahe an jüngere Therorien über Tagtraumphantasien und -pläne heranzukommen (*Miller* u. a., 1960; *Singer*, 1966; *Tomkins*, 1962).

Der größte Unterschied zwischen den Schulen nach *Freud* und der klassischen Psychoanalyse liegt wohl in der neofreudianischen Auffassung von der Deutung des Traum*inhalts*. Offensichtlich hatte sich schon *Jung* weit von *Freud* entfernt, indem er die in dem Traummaterial enthaltenen kulturellen und archaischen Rassenkomponenten betont. In jüngerer Zeit jedoch haben die Neofreudianer viel größeren Wert auf den Traum als eine Metapher oder als ein Symbol gelegt, wobei sie den Traum als Ganzes betrachten und damit einen Ansatz vertreten, der völlig verschieden ist von *Freuds* analytischem Standpunkt. *Green*, *Ullman* und *Tauber* (1968) haben eine sehr gute Zusammenfassung der historischen Entwicklung, der technischen Veränderungen und des Verhältnisses zu jüngsten psychophysiologischen Forschungsergebnissen über Träume und Traumdeutung in der Psychoanalyse geschrieben. Die Vorstellung von *Fromm* über den Traum als »vergessene Sprache«, ein Kommunikationssystem, das den Menschen in einem weniger komplexen sozialen Milieu charakterisiert und unser schlafendes Leben durchzieht, ist weitgehend ohne Einfluß geblieben. Kürzlich wurde von zwei Psychoanalytikern ein anderer Ansatz in einem sehr ausführlichen Bericht über einen einzigen Fall *(Caligor & May,* 1968) dargestellt. Sie legen den Schwerpunkt weniger auf die »primitive« Natur des Traums, sondern sehen den Traum als ein freieres und breiteres Bewußtwerden von vor dem Selbst versteckten Erfahrungen, so daß Traumdeutung nicht nur gesehen wird als ein Verstehen kindhaften Bewußtseins, sondern auch als eine offenere und komplexere Selbstwahrnehmung, wie sie üblicherweise in der traditionellen freien Assoziation ermöglicht wird. Wiederum beschäftigten sich diese von den Neoanalytikern weitgehend anerkannten und praktizierten Ansätze damit, wie man den Trauminhalt interpretieren kann; die allgemeine Traumstruktur in bezug auf die Persönlichkeit findet weit weniger Beachtung. Insgesamt haben die Neofreudianer die Technik der Traumdeutung in der analytischen Situation nicht wesentlich verändert. *Bonime* (1962) hat auf sehr beeindruckende Weise neben vielen technischen Einzelheiten der Traumdeutung die Erfahrungen der Neofreudianer im Umgang mit Träumen beschrieben, die zur Abwehr benutzt werden oder einen Teil der Übertragung ausmachen.

Mehr Veränderung für den Umgang mit Phantasien von Patient und Therapeut hat der Ansatz von *Tauber* und *Green* (1959) gebracht. Diese Autoren haben, anderen Trends vorausgreifend, die Aufmerksamkeit auf die konstruktiven und kreativen Funktionen der verschiedenen Formen von Imagination gelenkt, die man in der Psychotherapie im Laufe einer fortschreitenden Psychoanalyse anwenden könnte. Während Übereinstimmung darüber herrscht, daß das Wiederholen von erschreckenden Vorfällen oder von möglichen schmerzlichen Ereignissen für einige Menschen eine magische triebreduzierende Kraft hat, machen *Tauber* und *Green* (1959) auch auf die Tatsache aufmerksam, daß eine solche »Korrektur von Situationen, sei es im Tagtraum, im Traum oder im Spiel, ... impliziert, daß etwas anderes passiert sein *könnte.* Diese mögliche Alternative nährt die Hoffnung – und die Absicht –, in irgendeiner ähnlich provokanten Situation der Zukunft die Rolle zu spielen, in der man sich in seinen Träumen gesehen hat« (S. 51). Sie stellen fest, daß »das Reagieren auf eine furchterregende Situation (in Form eines Tagtraums oder einer Phantasie) nicht nur defensive Prozesse, sondern auch kreatives Potential freistellt« (S. 52).

Vielleicht kann man den Schlüssel zu den unterschiedlichen Positionen der Neofreudianer *Tauber* und *Green* und der klassisch arbeitenden Analytiker in dem Konzept der Kommunikation finden. Beeinflußt von *Sullivan,* der die Schlüsselstellung der Kommunikationsdyade für menschliche Beziehungen überhaupt und Psychotherapie im besonderen betonte, und daneben *Fromm* mit seinem Buch über Träume, »Die Vergessene Sprache« (The Forgotten Language), sehen *Tauber* und *Green* den Traum weniger als Widerspiegelung innerer Prozesse, die nach Entladung streben und intrapsychisch als kompromißhafte und symbolische Darstellung unbewußten Materials auftauchen. Sie verstehen den Traum vielmehr als einen Kommunikationsversuch, als Kampf des Individuums, Bewußtsein zu erlangen, um dieses Bewußtsein auch anderen mitzuteilen, und üben Kritik an *Sullivans* ziemlich leichtfertiger Art, die meisten Traumdeutungen zurückzuweisen. *Tauber* und *Green* deuten den Traum vielmehr als eine »Botschaft« und schreiben (1959): »Mit dem Erzählen des Traums gibt der Patient eine Beschreibung seiner Lebenssituation, die über sein bewußtes Erleben hinausgeht. Die besondere Weisheit des Traums überschreitet oft, so unverständlich dies auch klingen mag, das Wachbewußtsein eines Menschen« (S. 171). Sie betonen darüber hinaus, daß der Traum der Versuch einer Aussage über das Leben und das Selbstbild des Individuums sei, und stellen dies der Sichtweise des Traums als Lösung bestimmter triebhafter Probleme gegenüber.

Dieser interaktionistischen Einstellung gegenüber dem Traumbild tragen *Tauber* und *Green* auch in ihrem Verständnis der Natur der therapeutischen Situation Rechnung. Sie stellen fest, daß freie Assoziation am besten in einer Atmosphäre minimaler äußerer Stimulation funktioniert, aber sie spekulieren, daß ». . . eine Atmosphäre, die nicht in diesem Ausmaß permissiv ist, für das Auftauchen innerer Erfahrungen stimulierender sein könnte« (S. 102). Sie haben vor der Möglichkeit gewarnt, daß »die manchmal in der Analyse vorherrschende Begrenztheit der Atmosphäre wie eine Situation mit Wahrnehmungsisolation tranceähnliche Phänomene hervorrufen kann, in der es sicher nicht gelingt, den Patienten darauf vorzubereiten, über seine Lebensprobleme zu sprechen« (S. 103). In Einklang mit ihren theoretischen Vorstellungen vermuten *Tauber* und *Green,* daß die Botschaft des Traums am deutlichsten wird, wenn man den Traum fast wie ein Gedicht ansieht, das bei dem Therapeuten Bilder auszulösen vermag.

In der Tat haben diese Autoren darauf hingewiesen, daß nicht nur die Träume des Patienten, sondern auch die Träume des Therapeuten, die häufig ziemlich direkt von Patienten handeln, dazu benutzt werden können, um durch ihre Aufdeckung unter sorgfältig kontrollierten Bedingungen dem Patienten bedeutsame Probleme in der therapeutischen Beziehung oder entscheidende Charakteristika über die Art, wie er gewöhnlich mit anderen in Beziehung tritt, nahezubringen. Die Bereitwilligkeit des Therapeuten, seinen Traum dem Patienten mitzuteilen, kann ihm zunächst einmal helfen, ein wichtiges Problem von sich anzusprechen, darüber hinaus kann es aber für ihn auch ein Modell für Offenheit sein und wie wertvoll es ist, auf innere Prozesse zu achten, darin eine Bedeutung zu erkennen und bislang verleugnete Einflüsse auf andere sehen zu lernen.

Tauber und *Green* sehen die Bedeutung der Phantasie sowohl aus der Sicht des Patienten als auch des Therapeuten. Dieser Ansatz umfaßt wesentlich mehr direkte Interaktion zwischen Patient und Therapeut. Hinzu kommt, daß von ihrem Standpunkt aus gesehen die langen Schweigephasen, die sicher die frühen Phasen von klassischen Analysen kennzeichnen, oder die ausgedehnten Reisen in die Vorstellung, die zu den imaginativen Verfahren in Europa gehören, nur sehr wenig bringen. Ihre Kritik an diesen Techniken ist, daß sie den Patienten vielleicht zu weit von einer Konfrontation seiner eigenen Person mit dem Therapeuten entfernen und außerdem wegführen von einem realistischen Bewußtwerden, daß die eigentlichen Probleme in seiner tagtäglichen Interaktion mit den wirklichen Leuten seiner Umgebung liegen.

Ein kognitiv-affektiver Ansatz zur Übertragungsphantasie in der Psychoanalyse

Einer der Hauptunterschiede zwischen einer neofreudianischen Psychoanalyse und den nach *Sullivan* arbeitenden Analytikern liegt in der unterschiedlichen Sichtweise und Handhabung der Übertragung. Eine der ausführlichsten und wirkungsvollsten Untersuchungen dieser Problematik stammt von *Wolstein* (1954), der über 20 spezielle Ereignisse in der psychoanalytischen Sitzung beschreibt, die auf eine Übertragung hinweisen. Dazu zählen Phänomene wie eine unverhältnismäßige Abneigung gegen den Therapeuten oder ein übertriebenes Mögen, das jede reale Möglichkeit der Situation sprengt, oder dauerndes Mißverstehen der Deutungen und Bemerkungen des Therapeuten. Vom neofreudianischen Standpunkt aus ist jede Übertragung im wesentlichen eine Verdrehung und zeigt in einem gewissen Sinn die Dauerhaftigkeit von Haltungen und Vorstellungen, die auf früheren Erfahrungen beruhen und keineswegs die aktuelle Situation der Psychotherapie mit ihren eigenen Bedingungen berücksichtigen. *Singer* (1965) hat darauf hingewiesen, daß man heute allgemein die Unterscheidung zwischen positiver und negativer Übertragung als im großen und ganzen nutzlos erachtet; überdies muß jede Übertragung als negativ angesehen werden in dem Sinne, als sie die Realität des Therapeuten mißachtet; wenn ihm z. B. »gleichsam engelhafte Qualitäten« zugeschrieben werden, dann ist das wenig respektvoll und bezeichnend dafür, daß es vermieden wird, die Individualität des Therapeuten wahrzunehmen. *Singer* hat auch aufmerksam gemacht auf die Verwandtschaft von Übertragung und den persönlichen Konstrukten von *Kelly* (1955) – frühzeitig etablierten Erfahrungsorganisationen, die der Patient verwendet, um in aktuellen Situationen die Übersicht zu behalten, häufig allerdings mit der Wahrscheinlichkeit, daß er tatsächlich gerade die Muster, die er zu vermeiden trachtet, provoziert. *Singer* (1965) zieht daraus schließlich die folgende Schlußfolgerung: »Der Patient, der aus massiver Übertragung handelt, trägt durch dieses Verhalten zu einer merklichen Verringerung seines Selbstgefühls bei. Da er keine verschiedenen Reaktionen ausprobiert, kann er überhaupt keine neuen Erfahrungen machen; ... auf diese Weise kann er sich selbst zwar gut schützen, aber er zahlt einen horrenden Preis: nicht zu sein. Übertragung ist der Motor zur Selbst-Eliminierung« (S. 285). In diesem Sinne gleicht die Übertragung im wesentlichen einem sehr verallgemeinerten Bild von der Welt, der man in der Form von Reaktionserwartungen und Phantasien über Interaktionen begegnet. Diese Phantasien laufen ununterbrochen innerlich ab. Ein gestörter Patient richtet gegenwärtige Situationen so ein, daß sie zumindest dem Patienten selbst ihre offensichtliche Gültigkeit beweisen.

Für unsere Zwecke liegt das wesentliche Moment der Übertragung darin, daß man sie mit einem mehr oder weniger organisierten Muster antizipatorischer Bilder und ständigen Tagträumereien über das Wesen von Beziehungen vergleichen kann. Manchmal kann die Phantasie aus Angst vor der direkten Interaktion so bedeutend und so stark entwickelt sein, daß der betreffende vieles von dem realen Geschehen in seiner Umgebung verpaßt, um seiner Phantasie zu frönen. Ein hintergründiges Cartoon von *Jules Pfeifer* zeigt eine junge Frau, die von der Ankunft eines schönen Prinzen träumt, der sie ewig lieben wird. Sie ist so versunken in ihren Tagtraum, daß, als der junge Prinz tatsächlich kommt und ihr seine Hand anbietet, sie noch nicht einmal seine Anwesenheit bemerkt, so daß er wütend weggeht, während sie weiterhin von dem Prinzen träumt, der kommen und sie lieben wird.

Die Neofreudianer achten gegenwärtig sehr genau auf Phantasien, die Patienten mitteilen, und auf Träume oder Mißverständnisse von Patienten, die schon ganz zu Anfang der therapeutischen Begegnung einen Hinweis auf mögliche, von realen Gegebenheiten abweichende Wahrnehmung enthalten können. Der Neofreudianer wird versuchen, die antizipatorischen Vorstellungen des Patienten über die Therapie kennenzulernen, ob es z. B. Anzeichen dafür gibt, daß der Patient die Macht des Therapeuten überschätzt.

Neben dieser Sensibilität für die verzerrende Wirkung der Übertragungsprozesse einerseits als auch für die Interaktion und Kommunikationsmuster in der Therapiesitzung andererseits sind Neofreudianer in viel größerem Ausmaß bereit, eigene Phantasien oder flüchtige Tagträume über Patienten zu analysieren und in die Therapie einzubringen *(Tauber & Green,* 1959), wenn es angebracht scheint, dem

Patienten aufzuzeigen, zu welchen der Selbstverteidigung dienenden Konsequenzen sein Einfluß auf den Therapeuten führen kann.

Man kann das Phänomen der Übertragung auch von einem anderen Blickwinkel aus betrachten, um die ziemlich negative Sichtweise von *Sullivan* und seinen Anhängern zu relativieren. In diesem Sinne könnte die Übertragung den speziellen Fall eines allgemeineren Übertragungsmusters darstellen, das wir brauchen, um uns durch unsere physikalische und soziale Umgebung zu steuern. Um die Effizienz unserer Körperbewegungen oder unseres sozialen Wohlbefindens zu maximieren, müssen wir häufig auf automatisch ablaufende Reaktionen vertrauen. Durch die Antizipation dessen, was uns in einer bestimmten physikalischen Umgebung erwartet, sparen wir »Kanal-Kapazität«, um z. B. beim Gehen durch diese physikalische Umgebung an andere Dinge denken zu können ohne Angst, an etwas anzustoßen. In ähnlicher Weise verschaffen uns einigermaßen vernünftige Erwartungshaltungen in bestimmten relativ unwichtigen sozialen Situationen Freiräume, um entweder unseren eigenen Gedanken nachzugeben oder Kreativität zu entwickeln, wenn man erst einmal mit den Gewohnheiten und Konventionen des speziellen sozialen Milieus vertraut ist. Aus diesem Grunde scheint mir die Existenz von auf früheren Erfahrungen aufbauenden Vorstellungen darüber, was einen erwartet, und ein Bild, das man sich von der Welt macht, als Voraussetzung, um sich in dieser Welt zurechtzufinden. In dem Maße, wie ein Mensch verhältnismäßig wenig neurotische Verformungen aufweist, werden diese Phantasien, selbst wenn sie bezüglich ihrer Vorhersage zukünftiger Ereignisse nicht vollkommen korrekt sind, doch gute Dienste leisten.

Übertragung, wie sie in der therapeutischen Sitzung geschieht, stellt die übergeneralisierte Tendenz dar, Kindheitserfahrungen oder besonders unangenehme Interaktionsformen zu verwenden, um alle möglichen neuen Situationen im voraus zu bestimmen, ohne dabei diese früh entwickelten Antizipationen auf der Grundlage der tatsächlich folgenden Erfahrung modifizieren zu können. Manchmal werden die sehr früh entwickelten Phantasien aufrechterhalten, weil der Patient neue Situationen, die diese Phantasie mit großer Wahrscheinlichkeit für die Zukunft verändern würden, vermeidet und aus diesem Grund lieber an überholten Antizipationen in entsprechenden Situationen festhält.

Die kognitiv orientierten Forscher *Tomkins* (1962) und *Miller* u. a. (1960) haben das Phänomen der Übertragung als zu dem Weltbild oder dem von ihnen eingeführten »Plan« zugehörig betrachtet. Das Erzeugen von Phantasien gehört zu den Hauptaktivitäten des Menschen und ist in vieler Hinsicht für die Organisation von Erfahrungen hochwirksam, wodurch ein Spielraum entsteht, um in einer physikalischen oder sozialen Umgebung einigermaßen frei handeln zu können. Für die meisten enthalten Übertragungen eine ganze Reihe fest etablierter Erwartungen davon, was sich z. B. für Autoritäten, Männer, Frauen, ältere Menschen oder in sexuellen Situationen gehört. In der Psychologie hat vor allem *Tomkins* (1962, 1963) besonderen Wert auf die Rolle von Affekt und Emotion gegenüber diesen richtungweisenden Vorstellungen gelegt; für die Psychotherapie von Bedeutung ist die Arbeit von *Kelly*, denn er sieht in dem Konstruktsystem eines Menschen den Schlüssel zu jeder menschlichen Interaktion. Die soziale Lerntheorie von *Rotter* (1954) stellt einen mehr experimentell orientierten Ansatz zu diesem allgemeinen Phänomen dar.

Die Frage, ob diese Erwartungshaltungen in Form bewußter Vorstellungen auftreten, ist sehr komplex. Wahrscheinlich hat immer noch die Position der Würzburger Schule Gültigkeit, die bestimmte einstellungsmäßige Muster als Schlüsselelement menschlichen Denkens annimmt, und es ist relativ unumstritten, daß ein Teil dieser Bilder nur von Zeit zu Zeit in das Bewußtsein auftaucht. Die Frage, wieviel Phantasie oder Vorstellung vollkommen unbewußt bleibt, wie es in der klassischen Psychoanalyse oder von *Klein* diskutiert wird, kann nur eine mutmaßliche bleiben. Trotzdem scheint das Hauptanliegen der Psychotherapie, die ihre Aufgabe in der Analyse vorgefundener Lebensformen sieht, darin zu liegen, allmählich Phantasien und Antizipationen und deren Muster aus dem Individuum herauszulocken.

Insofern ist es unerheblich, ob die verschiedenen psychoanalytischen Schulen auf irgendeine Weise imaginative Verfahren anwenden oder nicht, da ihre Arbeit im eigentlichen Sinne darin besteht, Phantasien und Pläne des Patienten hervorzulocken. Die konstante Arbeit an der Aufdeckung der Abwehr und die psychotherapeutische Phase des sog. »Durcharbeitens«, in der immer wieder auf Abwehrformen und andauernde Konfliktbereiche hingedeutet wird, kann man als eine Art Übung für den Patienten betrachten, um für seine eigenen Phantasien und Tagträume sensibler zu werden. An anderer Stelle in diesem Buch werde ich noch ausführlicher auf dieses Thema zurückkommen, aber es ist wichtig, im Zusammenhang mit den psychoanalytischen Methoden festzustellen, daß sie für den Patienten auch eine Art formale Übung darstellen, die oft nicht ausdrücklich von den Praktikern genannt wird. Wenn die psychoanalytische Behandlung effektiv ist und den Patienten von seiner Abhängigkeit von der Analyse selbst befreit, so daß er die Arbeit der Selbstwahrnehmung allein zu leisten vermag, kann das folgende eintreten:

Ein Patient empfindet beim Betreten eines Zimmers ein plötzliches Gefühl von Unruhe oder Ärger. Früher hätte er unter ähnlichen Umständen hastig den Raum verlassen oder vielleicht unhöflich auf Fragen geantwortet. Seine analytische Erfahrung macht ihn nun auf die Tatsache aufmerksam, daß sein plötzliches Unbehagen verursacht wird durch eine irrationale Antizipation oder Übertragung in der Situation. Er wiederholt im Geiste die Gedanken, die er vor Betreten des Raumes hat oder was er unmittelbar vor dieser Situation dachte. Vor seinem geistigen Auge tauchen sofort die Gedanken und Wahrnehmungen auf, die er hatte, und plötzlich ist er sich bewußt, daß er über irgendeine Verpflichtung einem Elternteil gegenüber nachdenken mußte und beim Betreten des Zimmers einen älteren Herrn bemerkte, der seinem Vater ziemlich ähnelte. Er erkennt jetzt, daß seine Unruhe eine Kombination eines antizipatorischen Bildes plus der Szene im Zimmer darstellt, und ist somit von seiner Angst befreit. Es ist sicherlich wenig wahrscheinlich, daß er in dieser neuen Situation in ein irrationales und selbstverteidigendes Verhalten verfällt.

Dieses Beispiel mag idealisiert erscheinen, aber ich glaube nicht, daß dies der Fall ist. Ich habe oft erlebt, daß effektive therapeutische Erfahrung, speziell des analytischen Typs, in der Tat den Patienten mit dieser Form von kontrollierter Empfindsamkeit für eigene Phantasien ausstattet und ihm ermöglicht, sehr schnell verschiedene Bilder kommen zu lassen, damit er die verzerrenden Übertragungsmöglichkeiten in einer Situation herauskristallisieren kann. Eine effektive Psychoanalyse hat aus diesem Grund tatsächlich sehr viel Ähnlichkeit mit einem Training in kontrollierter Imagination. Wie *Strupp* (1970) sehr überzeugend dargestellt hat, ist eines der Hauptanliegen der Psychotherapie das Fördern der Selbstkontrolle. Die Psychoanalyse, ob klassisch oder neofreudianisch, bietet dadurch, daß sie lehrt, sehr sorgfältig auf Träume und Phantasien zu achten, und die zu diesen Erfahrungen führenden Assoziationen wiederholt, tatsächlich dem Patienten die Gelegenheit, sich sehr gründlich in Selbstkontrolle und Autonomie bezüglich seiner eigenen Vorstellungsfähigkeiten zu üben.

Kapitel IV

Imagination und Techniken des angeleiteten Tagtraums: Die europäischen Schulen

Der kulturelle und philosophische Hintergrund

Die Erklärung dafür, wie es zu der imposanten Entwicklung der mentalen imaginativen Techniken in Europa kam, während sie in den Vereinigten Staaten dahinsiechten, ist ein interessanter Beitrag der Soziologie und der Wissenschaftsgeschichte. Während die freudianischen und neofreudianischen Theorien auf fruchtbaren Boden fielen, sogar in der behavioristischen, empiristischen Atmosphäre der Vereinigten Staaten, faßte die an *Jung* orientierte Tiefenpsychologie kaum Fuß in diesem Land, hatte aber großen Einfluß auf das kulturelle Leben in Europa. Vielleicht würden die eher unsensiblen experimentell orientierten Forscher unter den amerikanischen Psychologen damit argumentieren, daß die Wirkungen der Weltkriege die wissenschaftliche Entwicklung der Psychologie in Europa verhindert und ihre Anfälligkeit für die irgendwie spekulativeren, mystischen und quasi-philosophischen Eigenarten, die die Psychologie um die Jahrhundertwende kennzeichneten, aufrechterhalten hätten.

Es ist sicherlich wahr, daß die Psychologie als eine separate Disziplin sich im Rahmen der politischen Struktur vieler europäischer Universitäten in den Jahren 1930 bis 1940 relativ wenig weiterentwickelt hat. Außerdem wurde der erstaunliche Zustrom von großen Persönlichkeiten der europäischen Psychologie in die Vereinigten Staaten aus Europa während dieser Zeit aus einleuchtenden Gründen keineswegs ausgeglichen durch ein Abwandern von Amerikanern mit der entsprechenden Qualifikation nach Europa. Sicherlich bedeutete Europas Verlust von *Wertheimer, Köhler, Koffka, Lewin, Heider, Brunswik,* den *Bühlers, Rapaport, Rank* und Dutzenden von weiteren ausgezeichneten Forschern und Klinikern für die Psychologie in den Vereinigten Staaten ein große Bereicherung.

Aber diese Erklärung scheint alles in allem doch zu einfach. Es ist wahrscheinlicher, daß die Entwicklung der imaginativen Techniken in Europa, die besonders stürmisch nach Ende des Zweiten Weltkriegs verlief, ein fortdauerndes und tiefes Gefühl von Verständnis und Verbundenheit für die Welt der Vorstellung, des inneren Erlebens, das immer schon einen Teil der intellektuellen Atmosphäre ausmachte, entstehen ließ. Der bedeutende Einfluß von *Sartre* in Frankreich, mit seinem Interesse an den philosophischen Implikationen inneren Erlebens – wie z. B. in seiner Arbeit über den Ekel –, signalisiert die Macht dieses Interesses. Ich werde nicht alle möglichen Ursprünge des europäischen Interesses an Imagination und persönlicher Erfahrung untersuchen. Dennoch scheint es sinnvoll, sich der Arbeit von *Bachélard* (1964, 1969, 1971) zu widmen, der als Vertreter jener intellektuellen Kreise in Europa gilt, die die Empfindsamkeit für Träume und Träumereien pflegen. *Bachélard* selbst könnte man am besten als eine Art Dichter-Philosoph der Wissenschaft bezeichnen. Von Hause aus Physiker, befaßte er sich vor allem mit der Erforschung der Beziehung zwischen der materiellen Welt und ihren physikalischen Eigenschaften sowie der Umwandlung von Materie in Imagination durch das Individuum. Er untersuchte auch die Formen, in der die Imagination ganz selbstverständlich als Teil unserer Phänomenologie auftritt. Obwohl *Bachélard* selbst weder Psychotherapeut war noch sich sonderlich mit klinischen Problemen beschäftigte oder zu den Vertretern einer bestimmten Schule zählt, hatte sein Beispiel zweifellos großen Einfluß auf die Professionellen in Frankreich und wahrscheinlich auch in Deutschland und in Italien.

Bachélard begann mit dem Versuch zu verstehen, wie bestimmte Elemente – Feuer, Luft oder Erde – von den Menschen erfahren werden und einen Teil des erweiterten menschlichen Bewußtseins ausmachen, kam aber ziemlich bald zu dem Schluß, daß die Realität des Menschen nicht nur ein Wiederholen des wahrgenommenen Materials in der äußeren Umgebung ist. Er kam zu der Erkenntnis, daß die menschliche Vorstellung in der Tat über eigene Qualitäten verfügt und von dynamischer Natur ist und dem Menschen eine Realität vermittelt, die vielleicht unter einigen Aspekten sogar noch fundamentaler ist als die Sinneseindrücke aus seiner Umgebung. Während er zunächst beeindruckt war von der Möglichkeit der *Freud*schen Theorie, Symbole, die in Träumen oder Phantasien erscheinen, mit den grundlegenden Elementen, die wir in unserem täglichen Leben erfahren (wie z. B. Feuer und Wasser), zu verknüpfen, stand er der Psychoanalyse aber bald kritisch gegenüber. Er näherte sich der *Jung*schen Auffassung der Symbole an, nämlich diese nicht nur als Repräsentanten sinnlicher Wünsche oder von Sexualität anzusehen, sondern als grundlegend für die gesamte menschliche Erfahrung. *Bachélard* übernahm zwar nicht die Vorstellung der rassenmäßigen Archetypen im exakten Sinne von *Jung*, zeigte aber dennoch beträchtliches Interesse an den männlichen und weiblichen Komponenten menschlicher Erfahrung, dem *animus* und der *anima*, die er selbst wahrnehmen konnte in der Unterscheidung z. B. zwischen einem Traum (rêve) und einer Phantasie (rêverie). Er betonte nicht sosehr die Tatsache, daß unsere Phantasien und Träume Symbole verwenden, die sich durch die

Geschichte des Menschen ziehen, sondern daß sie vielmehr unsere eigene gegenwärtige Erfahrung verkörpern, in einer Verflechtung von Metaphern und Symbolen unserer Kultur einerseits, mit den aktuellen Erfahrungen unserer Sinne andererseits, die uns eine Trennung unmöglich macht. Diese Symbole kehren endlos wieder und tauchen auf als Teil der menschlichen Erfahrung, so daß unsere Vision von der Welt zum Teil eine Vision unserer eigenen fortschreitenden Vorstellung ist. Was *Bachélard* die »Funktion des Unwirklichen« nannte, ist genauso ein kritischer Teil der menschlichen Situation wie das Realitätsprinzip, das seitens der Psychoanalytiker so sehr betont wurde. Z. B. bei der Diskussion des Traums vom Fliegen lenkt er (*Bachélard*, 1971) die Aufmerksamkeit auf die Tatsache, daß der Psychoanalytiker, der darin eine Beziehung zu sexuellem Erleben sieht, dabei die eigentliche ästhetische Qualität der fliegenden Bewegung selbst übersieht. Die Tatsache, daß so viele Mythen und Legenden verschiedene Vorstellungen vom Fliegen erfanden, widersprechen dem, daß sie einfach *einem* Trend unterlägen, da jedes Bild des Fliegens seine eigenen *spezifischen* Qualitäten hat.

Immer wieder schreibt *Bachélard* beredt und auf überzeugende Weise, die über die traditionelle Logik hinausgeht. Er spricht unsere imaginativen Tendenzen derart an, daß wir erfahren, auf was er abzielt, indem wir unsere eigenen Phantasien betrachten, so wie er die seinen auslegt. Auf dieser Sicht menschlicher Bedingtheit basiert der weitverbreitete Gebrauch mentaler imaginativer Techniken, die das Thema dieses und der folgenden Kapitel darstellen. Sogar wenn man keine ausgesprochenen Verbindungen zwischen speziellen Techniken, wie z. B. jener von *Leuner, Desoille, Virel* und *Frétigny* oder *Assagioli* herstellt, gibt es keinen Zweifel über ihren gemeinsamen Glauben an das fortschreitende Aufdecken von Vorstellungen in der Therapie, daß nämlich Vorstellung einen wesentlichen Teil menschlicher Realität ausmacht – einen Standpunkt, den *Bachélard* auf so eloquente Weise vertreten hatte.

Es ist sicher einfach, eine derartige Wertschätzung der Träumerei als die übelste Art von Lehnstuhlspekulation abzutun. Einfach deshalb, weil ja eine Menge Poesie im Spiel ist, die häufig anstelle formaler wissenschaftlicher Forschung eingesetzt wurde. Trotzdem macht eine sorgfältige Prüfung der Position von *Bachélard (Kaplan*, 1972) klar, daß hinter dieser Idee der zentralen Rolle von Imagination in der Psychologie ein mächtiger intellektueller Impuls steht. Es war in der Vergangenheit zu leicht für Psychologen, Phantasie, Gedanken und Träumereien als Epiphänomene abzutun, die sehr wenig echte Bedeutung für eine genaue Beschreibung menschlichen Verhaltens haben. Jüngere Entwicklungen in der Kognitions-Forschung machen jedoch deutlich, daß diese Sicht der Imagination für das menschliche Denken mehr Bedeutung hat, als ihr vielfach zugebilligt wurde.

Ich werde jetzt einige Beispiele von in Europa entwickelten imaginativen Techniken anführen und dabei ihre allgemeinen klinischen Charakteristika und die breiteren Implikationen berücksichtigen. Meine Absicht ist es nicht, jede dieser Techniken im einzelnen auszuführen, sondern gewisse spezielle Qualitäten der wichtigsten Methoden herauszustellen, die gegenwärtig in den Vereinigten Staaten angewendet werden. *Frétigny* und *Virel* (1968) haben in einem besonders nützlichen Buch eine sehr ausführliche und wissenschaftliche Beschreibung von Techniken mentaler Imagination gegeben.

Der gelenkte Wachtraum von Robert Desoille

Es scheint wenig Zweifel darüber zu geben, daß der Hauptanstoß für die Entwicklung mentaler Techniken in Europa mit den Arbeiten von *Desoille* (1938, 1945, 1961, 1966) begann. Da die Entwicklung seiner Methode sich über einen Zeitraum von fast 30 Jahren erstreckte, ist es manchmal etwas schwierig, Aussagen aus der Anfangsphase dieser Entwicklung, die weitgehend auf persönlicher Erfahrung mit sehr wenigen Hinweisen auf Kenntnis psychologischer oder psychiatrischer Literatur beruhten, mit den jüngsten Aussagen in Einklang zu bringen, die eine starke Antipathie gegenüber der Psychoanalyse widerspiegeln und eine Verbundenheit mit dem *Pawlow*schen Konditionieren sowie einigen Techniken der Verhaltensmodifikation, obwohl *Desoille* selbst seine Position anders sieht. Da die psychologische Theorie nicht *Desoilles* Stärke ist, scheint es wohl am sinnvollsten zu sein, nicht bei seinen Bemühungen in dieser Richtung zu verharren, sondern sich auf die Methode selbst und einige der klinischen Anwendungen zu konzentrieren.

Die Technik des gelenkten Wachtraums wird dem Patienten mit einer ziemlich einfachen Erklärung vorgestellt. Dann wird der Patient, meistens ohne daß eine Anamnese erhoben wurde, in einen entspannten Zustand versetzt, unter Verwendung eines Verfahrens, das der Methode der »Progressiven Entspannung« nach *Jacobsen* nahekommt. Im Halbdunkel mit geschlossenen Augen auf der Couch liegend, wird er aufgefordert, sich ein spezielles Bild vorzustellen, ein Schwert oder eine Meeresküste, um sich dann in eine Umgebung zu versetzen und sich in dieser vorgestellten Szenerie zu bewegen. Er wird daran erinnert, daß in einem Traum alles Mögliche passieren kann, und wird ermuntert, eine Reihe fortlaufender Bilder zu produzieren. Abstrakt gesprochen, geht es um den Aufstieg in der vertikalen Dimension; der Therapeut (oder der *Führer,* wie *Desoille* ihn vorzugsweise nennt) steuert anfänglich die Bewegungen des Klienten und ermuntert ihn später, den Bildern zu gestatten, sich in ihrer ganzen Stärke zu entfalten. Es gibt zwei Hauptrichtungen der Bewegung, aufsteigend oder absteigend, wobei erstere im allgemeinen Bilder produziert, die mit positivem Affekt, Freude, Wetteifern usw. assoziiert sind, während die Abwärtsbewegung häufiger erschreckende, negative Bilder oder furchterregende Szenen hervorbringt.

In jahrelanger Arbeit hat *Desoille* allmählich die einführenden Bilder, wie er sie dem Patienten anbietet, systematisiert. Diese Bilder haben sich um sechs Themenkreise entwickelt, die seiner Meinung nach die Hauptproblembereiche menschlicher Erfahrung abdecken. Das erste enthielt die Konfrontation mit den Eigenschaften der eigenen Persönlichkeit, die dadurch stimuliert werden sollen, daß der Patient anfängt, sich ein Schwert vorzustellen (falls männlich) oder ein Gefäß oder einen Behälter (falls weiblich). In der Betonung der sexuellen Komponente wird der Einfluß von *Freud* auf *Desoille* deutlich, der allerdings überlagert wird durch die Verwendung von Symbolen im Sinne von *Jung*.

Eine zweite Situation – die Konfrontation mit unterdrückten Eigenschaften – wird geschaffen durch die Aufforderung zu einem imaginativen Abstieg in die Tiefen des Ozeans oder zur Betrachtung eines beweglichen Untergrundes. Der dritte Bereich bezieht sich auf den gegengeschlechtlichen Elternteil. Zu diesem Zweck wird der männliche Patient aufgefordert, in einen Keller hinabzusteigen und dort in der Phantasie einer Hexe oder einer Zauberin zu begegnen, wohingegen die Frau aufgefordert wird, in dem Keller einen Magier oder einen Zauberer vorzufinden. Die vierte Phase enthält die Beziehung zu dem gleichgeschlechtlichen Elternteil: es findet wieder der Gang in den Keller statt, mit dem Unterschied, daß eine männliche Figur für den Mann und eine Hexe oder Zauberin für die Frau miteinbezogen wird.

Das fünfte Thema zentriert sich um gesellschaftliche Zwänge auf das Individuum, und hier ist das Bild, das *Desoille* bevorzugt, der Abstieg in einen Keller, um einem legendären Drachen oder einem Monster zu begegnen. In seiner sechsten Situation schließlich konzentriert sich *Desoille* auf den Ödipuskonflikt und schlägt für beide Geschlechter das Bild eines Schlosses mit der schlafenden Schönheit mitten im tiefen Wald vor.

Die Sitzung mit gelenktem Tagtraum beginnt normalerweise mit der Entspannung, worauf man sich dem speziellen, vom Leiter vorgeschlagenen Bild zuwendet. Als nächstes folgt eine imaginative Reise, während der mit einer Vielfalt auftauchender Bilder konfrontiert und mit beträchtlichem begleitenden affektiven Ausdruck operiert wird. Am Ende der Sitzung, die häufig sehr viele verschiedene emotionale Reaktionen mit sich bringt, kann der Therapeut den Patienten auffordern, sich auszuruhen, den Anblick irgendeiner Szene zu genießen mitsamt der Genugtuung, die Reise durchgestanden zu haben. Als Hausaufgabe soll der Patient einen ausführlichen Bericht über seine Erfahrung zusammenschreiben und in die nächste Sitzung mitbringen, damit er im einzelnen besprochen werden kann. Diese Diskussion kann gelegentlich auch freie Assoziation einbeziehen, macht aber primär Gebrauch von weiterer Imagination, nicht zuletzt auch, um Material für die Anamnese zu sammeln.

Der anfängliche Gebrauch des Bildes des Aufstiegs oder des Schwerts zeigt dem Therapeuten bis zu einem gewissen Grad das Ausmaß, in dem der Patient zu Imagination fähig ist und auf die Vorschläge des Therapeuten reagieren kann. Wenn Augenblicke der Hemmung auftreten, muß der Therapeut entscheiden, ob er interveniert und Hilfestellung gibt oder die magische Gelegenheit nutzt, um den Betreffenden zu stärken. Wenn ein natürliches Ende der Reise gekommen scheint, kann der Leiter den Patienten ermuntern, das Schwert gegen das Sonnenlicht zu halten und zu erzählen, was passiert, oder, im Fall der Frau, ihr Gefäß aufzuhalten und zu sehen, was vom Himmel hineinfällt.

Die Bilder des Hinabsteigens verlangen vom Therapeuten, daß er den Patienten darauf vorbereitet, auf ziemlich erschreckende Bilder gefaßt zu sein. Der Patient wird ermuntert, diesen zu begegnen und ein gewisses Maß an Mut zu beweisen. Der Leiter liefert auch angemessene Unterstützung, indem er dem Patienten verschiedene Hilfsmittel oder Techniken anbietet für die Fortsetzung seiner Reise oder zur erfolgreichen Auseinandersetzung mit furchterregenden Monstern. *Desoille* führt das Beispiel eines Patienten an, der in einer Grotte unter Wasser einem Monster begegnet. Der Leiter fordert den Patienten auf, das Monster um eine Rundreise um die Grotte zu bitten und es dann mit an den Strand zu bringen. Alsdann ermutigt er den Patienten, das Ungeheuer mit einer Zauber-Rute zu berühren – dies verwandelt das Monster in einen Kraken, und seine wahre Identität kann jetzt entdeckt werden. *Desoille* weist darauf hin, daß bei diesen Gelegenheiten das Bild derjenigen realen Person in dem Leben des Patienten, die das Monster symbolisiert hat, vielfach in Erscheinung tritt. *Desoille* (1966) berichtet: »Der Traum befindet sich im letzten Stadium, wenn der Patient auf dem Berg angekommen ist und in Begleitung des Menschen, in den sich der Krake verwandelt hat, über das Meer blickt« (S. 6).

Die Berichte über einige der angeleiteten Tagtraumreisen in der oben zitierten Literatur lesen sich äußerst spannend. Zweifellos ist die Lebendigkeit der Imagination, das Ausmalen der Szenerie durch den Patienten, äußerst beeindruckend. Gleichzeitig kommt man nicht von dem Gefühl los, daß einige dieser Menschen von Hause aus hochbegabt im Phantasieren sind und möglicherweise besonders talentierte Individuen. Die Qualität des Vokabulars, die Feinheit und Komplexität der »Lebenslinie« in dem Fall, den *Desoille* in seiner neuesten Folge von Vorlesungen darstellt *(Desoille,* 1966), wirft die Frage auf, ob diese Technik nicht speziell zugeschnitten ist auf Menschen, die bereits über eine sehr starke Phantasie verfügen.

Ohne die von *Desoille* zur Rechtfertigung seines therapeutischen Ansatzes angeführten Hauptpunkte zusammenfassen zu wollen, soll hier nochmals darauf hingewiesen werden, daß vor allem der diagnostische Wert seiner Vorgehensweise bemerkenswert ist, da die Imagination verhältnismäßig unverhüllten Ausdruck der fundamentalen Problematik ohne aktiven Widerstand des Patienten zuläßt. Imagination hat auch eine desensibilisierende Funktion dadurch nämlich, daß der Patient von Zeit zu Zeit erschreckenden Bildern oder furchterregenden Personen gegenübertreten muß und ermutigt wird, in ihrer Gegenwart zu verharren, wobei er sich in einem entspannten Zustand befindet und die Gewißheit hat, daß der Therapeut ihm zur Seite steht. Schließlich kommt noch der Aspekt der Nach-Erziehung hinzu, das heißt, der Patient kann unter entspannten Bedingungen damit anfangen, neue Verhaltensmuster zu entwickeln.

Die Versuche von *Desoille,* die Technik des gelenkten Tagtraums zu *Pawlow* und dem Konditionieren höherer Ordnung in Beziehung zu setzen, sind nicht überzeugend – sie bewegen sich zu sehr auf einem abstrakten Niveau, als daß sie für sein konkretes Fallmaterial relevant werden könnten. Obgleich *Desoille* stark unter dem Einfluß des *Jung*ianischen und *Freud*ianischen Symbolismus steht, ist es nicht zu übersehen, daß er mitunter Methoden beschreibt, die den Techniken der Desensibilisierung oder den Varianten dessen, was *Lazarus* (1971) *»emotive Imagination«* nannte, sehr nahekommen. Als Beispiel sei der Fall einer Frau genannt, die Angst vor dem Fahren auf der Autobahn hat und mit der Methode des gesteuerten Tagtraums behandelt wird. Nachdem sich *Desoille* (1966) vergewissert hatte, daß keine wesentlichen psychogenen Problemanteile vorlagen, kam er zu der Vermutung, daß die Frau aufgrund ihrer körperlichen Verfassung irgendwann einmal beim Autofahren einen momentanen Bewußtseinsausfall erlitten hatte. Diese Erfahrung habe ihre Angst verursacht. Das Problem bestand jetzt darin, diese assoziierte Angst zu dekonditionieren. *Desoille* begann damit, daß er die Frau zu einem imaginativen Fahren aufforderte, und zwar in Begleitung des mit ihr entspannt redenden Therapeuten. Anschließend sollte sie beschreiben, wie sie die ganze Szenerie erlebt hatte. Er gab ihr auch die Instruktion, einige der Gedanken beim Autofahren kommen zu lassen und sie dem Therapeuten regelmäßig mitzuteilen. *Desoille* besteht darauf, daß dynamische Aspekte an diesem Punkt irrelevant sind – seine Falldarstellung erinnert in der Tat sehr stark an *Wolpe*.

Ein anderes Beispiel für die Anwendung dieser Technik ist der Fall einer Patientin, die sich vorstellte, einen Berg hinaufzusteigen, und dabei plötzlich Angst bekam, nicht weitergehen konnte und die Augen öffnete. Diese Reaktion knüpfte an ein frühes traumatisierendes Erlebnis an, bei dem die Patientin in eine Tierfalle geriet und dadurch von ihrer Mutter getrennt wurde. *Desoille* (1966) ermunterte eindringlich die Patientin, wieder die Augen zu schließen, half ihr dann ein angenehmes, positives Bild herbeizuholen und machte ihr dann den Vorschlag, daß ihre eigene Tochter erscheinen würde, um sie zu führen. Diese Technik funktionierte und die Frau konnte Hand in Hand mit ihrer Tochter die Phantasie des Hinaufsteigens weitererleben.

Desoille ist sich zwar der Übertragung bewußt und er berichtet auch gelegentlich, daß er mit ihr arbeite, grundsätzlich jedoch besteht die Methode darin, den Patienten nach und nach durch die sechs Situationen hindurchgehen zu lassen, einige Male in jeder Situation, ja Interaktion im Sinne der eher traditionellen Psychotherapie, und der größte Teil der Behandlung besteht in einer Reihe von Reisen, die vom Standpunkt *Desoilles* aus gesehen an sich schon heilend wirken. Die Fähigkeit des Patienten, sich diesen Bedingungen zu unterwerfen und ausgedehnte Reisen zu unternehmen, ist in der Tat beeindruckend aufgrund der vielen Fallberichte in der europäischen Literatur. Während einige der Situationen typisch für europäische Verhältnisse sind und für amerikanische Patienten nicht anwendbar scheinen (z. B. der Tagtraum von der schlafenden Schönen), zeigt das Werk von *Desoille* den großen Reichtum des menschlichen Imaginationsvermögens und die breite Anwendungsmöglichkeit auf eine große Vielfalt von Patienten. Einige Beispiele verschiedener Patiententypen, die mit Vorstellungstechniken behandelt wurden, sind nachfolgend in diesem Kapitel zusammengestellt.

Die Onirotherapie von Frétigny und Virel

Obwohl man *Desoille* den größten Einfluß auf die Entwicklung der Vorstellungstechniken für Psychotherapie in jüngerer Zeit zugestehen muß, ist er in gewissem Sinne ein Einzelgänger in Europa geblieben, zum Teil sicher auch aufgrund seiner Ausbildung als Ingenieur. In der Tat besitzt *Desoille* nur wenig Kenntnisse auf dem Gebiet der Schul-Psychologie oder Psychiatrie. *Robert Frétigny* und *André Virel* waren als Psychiater bzw. Psychologen beide ausgezeichnete Wissenschaftler; sie haben viele neue Dimensionen der mentalen imaginativen Techni-

Tafel II

Beziehungsmuster zwischen psychologischen Zuständen, Erregungszuständen und Bewußtseinsschichten*

Psychologische Zustände	Erregungszustände	Elektroenzephalographie	Klinische und subjektive Charakteristika	Wahrnehmungszustände und Ausdrucksformen
Emotionale Zustände	Übererregt	Hohe Frequenz (30 Zyklen pro Sekunde), niedrige Amplitude.	Ärger, Abreaktion usw.; wenig oder unkontrolliertes motorisches Verhalten.	Gestört.
Aufmerksamkeits- oder Alarmzustände	Erregt	Hohe Frequenz (30 Zyklen pro Sekunde), niedrige Amplitude.	Denken und Verhalten gut integriert; maximale Anpassung.	Vorherrschen von gedankenvoller oder pragmatischer Wahrnehmung.
Hypnoseähnliche Zustände	Untererregt	Typischer Alpha-Rhythmus (9–12 Zyklen pro Sekunde) mit plötzlichen Anstiegen, mit Spikes.	Schwankende Aufmerksamkeit, die Vorstellungs- oder Bilderassoziation erlaubt frei stattzufinden. Schnelle Augenbewegung während des Vorstellens. Reflexe normal.	Unbeschwerte traumähnliche Wahrnehmung; mentale Imagination (dialektisch) oder träumend (einzeln).
Hypnagogische Zustände	Quasi-erregt	Verringerung der Amplitude und der Anzahl der Alpha-Rhythmus-Anstiege.	Schläfrigkeit. Trennung von Selbst und der Realität. Mechanische und schlecht koordinierte Reaktionen.	Passive Wahrnehmung während des Vorstellens. Getrennte Imagination.
Schlafstadien	Untererregt	Verschiedene Schlafphasen entsprechend dem untererregten Niveau.	In einer Phase selbst-widersprüchliche Rede, schnelle Augenbewegungen, die dramatische visuelle Träume anzeigen, die erinnert werden.	In den Schlafphasen Perioden der Trennung von traumähnlicher Wahrnehmung.
Komaähnliche Zustände	Unerregt	Sehr langsame Wellen, die auslaufen und nahe der Null-Potential-Linie sind.	Keine Reaktion auf Reize.	?

* Von *Frétigny* und *Virel* (1968, S. 26)

ken sowohl experimentell und theoretisch als auch in aktueller Praxis erforscht. Während es keine Frage ist, daß *Frétigny* und *Virel* weitestgehend Gebrauch gemacht haben von den Techniken *Desoilles,* lief ihr allgemeiner Ansatz doch mehr auf eine systematische Ermittlung der Prozeßparameter hinaus und auf die stärkere Einbettung in eine allgemeinere psychotherapeutische Orientierung. Ihr Buch »L'Imagerie Mentale« (*Frétigny* & *Virel,* 1968) ist vielleicht die zur Zeit wissenschaftlichste und bedeutendste Abhandlung über mentale imaginative Techniken, speziell jene Techniken, die in Frankreich und bis zu einem gewissen Grad auch in Italien praktiziert werden.

Frétigny und *Virel* haben die größten Anstrengungen unternommen, das, was sie gerne *»Onirotherapie«* nennen, dem gegenwärtigen Stand der Forschung im Bereich elektrophysiologischer Hirnfunktionen, der Träume und des Schlafzyklus anzupassen und ihr theoretisches Denken mit der Psychoanalyse und der *Jung*schen Theorie in Einklang zu bringen. Sie begannen kurz nach Ende des Zweiten Weltkrieges mit ihrer Zusammenarbeit. *Frétigny* war damals niedergelassener Psychiater und beschäftigte sich mit der praktischen Anwendung verschiedener imaginativer Techniken; *Virel* arbeitete zunächst mehr auf dem Gebiet der Anthropologie, wechselte dann aber zur Psychophysiologie, um schließlich mit einer Arbeit auf diesem Gebiet zu promovieren. Er arbeitete zwei Jahre lang unter der Supervision von *Desoille,* um weitere Erfahrungen auf diesem Gebiet zu machen.

Durch die Verwendung des Begriffes Onirotherapie versuchten diese Autoren, zwischen der sehr speziellen Methode des gesteuerten Tagtraums von *Desoille* einerseits und Techniken der Anwendung von zwischen Wach- und Schlafzustand liegenden Stadien zu unterscheiden. *Tafel II* zeigt ihre Klassifikation der verschiedenen Arten mentaler Imagination in bezug auf die unterschiedlichen Bewußtseinszustände. Diese Klassifikation stammt zum Teil aus der verfügbaren Literatur, zum Teil beruht sie auf den Forschungsergebnissen von *Virel.*

Ganz allgemein kann man sagen, daß die von *Frétigny* und *Virel* vorgeschlagene Methode aus ziemlich extensiver experimenteller Forschungsarbeit entstanden ist. Tatsächlich erheben die beiden den Anspruch, *Desoille* in seiner Anwendung einiger der oben zitierten formalen Imaginationssituationen beeinflußt zu haben. Sie beginnen die Behandlung im allgemeinen mit einer ziemlich vollständigen Anamneseerhebung und beschäftigen sich mit Einzelheiten der familiären Hintergründe und Einstellungen, mit psychosozialen Faktoren des Falles und letztlich auch mit wesentlichen Eigenarten der physiologischen und psychologischen Entwicklung. Sie ermuntern den Patienten, sich dann tief zu entspannen und mit der Imagination zu beginnen – ähnlich wie *Desoille* an den Anfang die Vorstellung eines Schwertes, einer Bergbesteigung etc. stellt. Sie verlangen auch die Vorbereitung seines detaillierten Berichts von dem Patienten über die Imagination, die er in der jeweils vorangegangenen Sitzung produziert hat und die dann zum Gesprächsthema der darauffolgenden Sitzung wird. Sie achten auch ganz genau darauf, daß sie von dem Patienten relevantes Traummaterial erhalten. In diesem Sinne befindet sich ihr Ansatz eher in der allgemeinen therapeutischen Tradition als derjenige von *Desoille*. *Frétigny* und *Virel* achten sehr genau auf Anzeichen für Widerstände seitens der Patienten und bemühen sich generell darum, analytische Termini zu gebrauchen, wenn es um Übertragungsverhalten oder Phantasien geht. Außerdem ähnelt ihre Behandlungsweise in solchen Fällen derjenigen der neofreudianischen Psychoanalytiker. Obgleich es selbstverständlich ist, daß ihr therapeutisches Engagement sie in Momenten großer Panik seitens des Patienten intervenieren läßt oder sie so erfinderisch macht, daß schwierige Momente während der Imagination durchgestanden werden können, daß Ungeheuer besiegt werden etc., neigen sie doch dazu, der Imagination soweit wie möglich freien Raum zur Entfaltung zu lassen, wenn sie einmal eine besondere Richtung vorgeschlagen haben. Anstelle des von *Desoille* benutzten Begriffes »Leiter« bevorzugen sie den Begriff *Operator*. Unter Operator versteht man jemanden, der einen Prozeß anlaufen läßt und seine Entfaltung überwacht, dabei aber selbst nicht in allen Stadien des Prozesses aktiv beteiligt ist und somit dem Patienten mehr Freiheit zur Entfaltung geben kann. Dieser Terminus schien ihnen auch besser zu dem Aspekt der Infomationsübermittlung zu passen, der einem Großteil der mentalen Imagination eigen ist.

Frétigny und *Virel* präsentierten die ziemlich ausführliche Fallstudie eines 40jährigen Geschäftsführers eines Kaufhauses, der seit fünf Monaten an Schlaflosigkeit litt sowie an Angstanfällen, Alpträumen und depressiven Gedanken während des Tages. Die Kliniker erhielten eine Fallgeschichte, die anzeigte, daß der Patient, der seit 15 Jahren verheiratet war, zwei Kinder hatte, im großen und ganzen weder schwer gestört war, noch gab es irgendwelche früheren Anzeichen für eine ernsthafte psychische Krankheit oder eine schwere Neurose. Der Patient konnte sich tatsächlich ziemlich gut entspannen, und seine ersten Imaginationsversuche gelangen ohne allzu große Widerstände, jedoch ohne daß seine Bilder irgendwelche speziellen qualitativen Merkmale aufgewiesen hätten. Im Verlauf der ersten Sitzung, die nicht besonders bemerkenswert war, gab es Anzeichen dafür, daß ihn bei der Vorstellung des Kletterns und des Sonnenbadens ein starkes Schlafbedürfnis überkam. Es wurde im Verlauf der späteren Therapie immer wieder deutlich, daß der Wunsch zu schlafen etwas zu tun hatte mit den Folgen der Imagination, woraus man den Schluß ziehen konnte, daß der Patient in der Tat von den Vorstellungstechniken bezüglich seiner Schlaflosigkeit profitieren könne. Es stellte sich z. B. heraus, daß er die Beschreibung einiger sexueller Szenen unterdrückt hatte – er hatte sich z. B. eine nackte Frau in einer waldigen Umgebung vorgestellt. Schon nach zwei oder drei Sitzungen zeigte sich eine Reduktion der Schlafschwierigkeiten seitens des Patienten und tatsächlich Vergeßlichkeit, was das Einnehmen der gewohnten Schlaftabletten anging.

Viele Sitzungen ließen seine große Befangenheit gegenüber der Sexualität deutlich werden, seine Versuche, mit attraktiven Frauen eine Beziehung einzugehen, und seine große Furcht vor einem dominanten Vater. In der Tat hatte der Fall, wie die Autoren bemerken, in mancher Hinsicht alle Anzeichen eines klassischen Ödipuskomplexes.

Im folgenden soll an einem Beispiel verdeutlicht werden, wie *Frétigny* und *Virel* eine Sitzung gestalten, in der es um die Imagination geht, und wie es ihnen in dieser Sitzung gelingt, die besonderen psychologischen Charakteristika des Patienten zu berücksichtigen und im Einklang zu bleiben mit der von ihnen bevorzugten psychoanalytischen Grundhaltung. Dem Patienten wurde das folgende Thema gegeben: »Sie sind zuhause bei Ihren Eltern. Sie verlassen sie, um das Schloß der schlafenden Schönen zu finden.« Es folgt der Bericht des Patienten über jene Imagination, den er gemäß der Anweisung des Operators vorbringt:

Ich mußte meine Eltern verlassen, um eine schlafende Schöne zu finden. Ich versuchte vergebens, ihnen die Situation zu erklären. Sie verstehen es überhaupt nicht und ich verlasse das Haus meiner Eltern ohne deren Zustimmung. Ich sage, vor allem mein väterliches Zuhause, weil die Ablehnung vor allem von meinem Vater kommt.

Ich reise in zwei Etappen in die Wälder und verbringe die Nacht unter freiem Himmel. Kurz vor Mittag sehe ich schließlich einen dichten, beinahe undurchdringlichen Wald. Um vorwärts zu kommen, muß ich meinen Weg mit Gewalt durch Äste, Gebüsch und hohe Gräser bahnen. Schließlich entdecke ich tief im Wald ein Schloß mit einem Turm, das von Schildwachen bewacht wird. Es gelingt mir, durch das erste Tor zu gelangen und dann in die Eingangshalle eine Treppe hinauf und durch ein anderes sehr großes Vestibül, und schließlich führe ich mich selbst zu der Stelle, wo ich weiß, daß ich das wunderschöne schlafende Mädchen finden kann.

Ich beeile mich, sie zu sehen, sie zu wecken und mit mir fortzuführen. In dem Moment, wo sie aufwacht und aufsteht, verschwinden alle Möbel des Schlosses und die schlafende Schöne wird meine Frau, um der Welt draußen zu begegnen. Wir vereinigen uns und ich fühle mich stark genug, dem neuen Leben, das sich vor mir aufgetan hat, ins Auge zu schauen. Es ist so, als ob ich endlich eine Aufgabe ohne meine Eltern abgeschlossen hätte, auf mich selbst gestellt und dabei, ohne auf ihre Vorstellungen zu achten, auch noch Erfolg hatte (*Frétigny & Virel*, 1968, S. 156–157).

Nach der zwanzigsten Sitzung mit diesem jungen Mann erhielt der Therapeut einen Brief von dem Patienten, in dem dieser im einzelnen eine Reihe früher Kindheitserlebnisse schildert. Da gab es z. B. Situationen, in denen er spielerisch von seiner Großmutter an seinem Hinterteil berührt wurde, oder später andere, in denen er von einer älteren Cousine Schläge an die nämliche Stelle bekam, unter Umständen, die in ihm eine Mischung von Erregung und Schuldgefühl in bezug auf diesen Körperteil entwickeln ließen. Obwohl seine spätere sexuelle Entwicklung in vieler Hinsicht normal verlief, war er nie frei von einem ungeheuerlichen Schuldgefühl, das auf ihm lastete, und die analen Schwierigkeiten blieben ihm als spezielles Leiden mit besonderen Schuldgefühlen bis ins Erwachsenenalter, auch noch, nachdem er geheiratet hatte und Vater einiger Kinder war.

In einer sorgfältigen Zusammenfassung des Falles weisen *Frétigny* und *Virel* auf die schrittweise Entwicklung des Schuldgefühls dieses jungen Mannes hin, der von einem starken Vater dominiert wurde und eine sehr restriktive religiöse Erziehung genoß, die Schuldgefühle für beinahe jedes sinnliche Erlebnis auslöste. Trotz dieser beträchtlichen Schuldgefühle gelang es ihm, ein einigermaßen normales Leben zu führen, bis sein eigener Sohn in die Pubertät kam und die ersten Anzeichen von Interesse an der Sexualität zu zeigen begann. Diese Entwicklung ließ in dem Patienten, Gilbert, seine eigenen schrecklichen Ängste wiederaufkommen, aus Furcht, daß sein Sohn dieselben Schuldgefühle, wie er sie erlebt hatte, auch erleben würde. Nicht fähig, den Folgen seiner Identifikation mit seinem Sohn bewußt gegenüberzutreten, bekam er zunehmend Angst vor seiner eigenen Phantasie und erlebte Perioden frei flottierender Angst und Anfälle von Schlaflosigkeit.

Frétigny und *Virel* haben gezeigt, wie die schrittweise Exploration der verbotenen Freuden einerseits und der religiösen und väterlichen Verbote andererseits, denen der Patient in bildhafter symbolischer Vorstellung immer wieder gegenübertreten mußte, zu bedeutenden Abreaktionen führte und ihm außerdem die Möglichkeit gab, diese Erfahrungen in seine Erwachsenenrolle zu integrieren. Die Autoren behaupten, daß für viele Menschen, sogar wenn sie weniger von frühen zufälligen Konditionierungen (wie z. B. Gilberts Erlebnisse mit der Großmutter und der Cousine) betroffen sind, bleibende Hemmungen aus der Kindheit oder der Adoleszenz nicht ausgeschlossen sind, Hemmungen, die häufig in metaphorische oder symbolische Form übersetzt sind und nur in dem Maß beseitigt werden können, wie ihnen eine Ausdrucksmöglichkeit in *onirischer* oder quasi-traumähnlicher Form möglich ist.

Für *Frétigny* und *Virel* ist der wichtigste Bestandteil der mentalen imaginativen Technik das sogenannte *»Onirodrama«*, die lebendige und dramatische Konfrontation mit den entscheidenen Problemen des Patienten in der Imagination. Nachfolgend wird ein anderes Fallbeispiel beschrieben. Der betreffende Patient hatte sich ein Jahr lang einer *Jung*ianischen Analyse unterzogen, die Therapie schien jedoch an einem Punkt zu stagnieren. Aus diesem Grund wurde er an einen der Autoren zur Imaginationstherapie überwiesen. Nach einer Periode der Entspannung war der Patient ziemlich bald in der Lage, voll in die Situation einzusteigen. Die Einzelheiten des Falles brauchen uns hier nicht zu beschäftigen, außer der Tatsache, daß es sich um einen jungen Mann handelte, mit Problemen in bezug auf seine Einstellung zu Frauen. Sein Vater war während des Kriegs in einem Internierungslager von der Zeit an, als der Patient drei Jahre alt war, und er wurde von seiner Mutter und seiner Großmutter erzogen und hatte sehr wenig Kontakt mit gleichaltrigen Buben. Im Umgang mit Mädchen hatte er nicht die geringste Erfahrung und fühlte sich ihnen hoffnungslos unterlegen.

Das folgende Beispiel stammt von dem Onirodrama, in dem der Patient spontan eine Art Initiationsritus erfindet und zumindest in symbolischer Weise einige seiner sexuellen Schwierigkeiten löst:

In bin auf einer Prärie. Ich lege eine Strecke Wegs zurück und komme an den Anfang eines tropischen Regenwaldes mit sehr hohen Bäumen und Reben, die die Straße blockieren. Ich gehe in den Wald hinein und komme bei Sonnenuntergang an eine Lichtung, die umgeben ist von Felsen und Wald. Eingeborene tanzen um ein großes Feuer. Inzwischen wird es Nacht. Plötzlich erscheint ein Zauberer. Das Tam-Tam verstummt, die Eingeborenen setzen sich in Reih und Glied auf eine Seite der Lichtung. Der Zauberer hat einen Kessel mitgebracht. Er tut verschiedene Zutaten hinein, und in dem Moment, als das Gesicht des Mondes über der Lichtung auftaucht, kommt eine riesige Schlange aus dem Kessel und richtet sich über ihm auf. Der Zauberer gibt mir ein Zeichen, daß ich näherkommen soll; ich verlasse die Reihen der Eingeborenen und nähere mich. Der Zauberer führt mich jetzt zu einer Plattform in der Nähe der Felsen. Ich habe das Gefühl, sehr lange zu steigen; schließlich erreiche ich eine Plattform, die über der Klippe hängt. Ich sehe weit unten die Lichtung und ich springe in die Leere. Für eine geraume Zeit schwebe ich langsam nach unten. Ich lande sehr sanft auf dem Boden. Dann nähert sich die Schlange, windet sich um mich herum, und ich fühle, wie ich selbst diese Schlange werde. Dem Zauberdoktor und den begeisterten Eingeborenen folgend, wende ich meine Schritte zu dem Haus am anderen Ende der Lichtung, in dessen Inneren eine junge Frau auf dem Boden liegt. Ich nähere mich ihr; ich winde mich um ihren Körper; schließlich dringe ich in sie ein und rolle mich selbst zu einem Ball zusammen. In ihrem Körper herrscht eine angenehme Wärme und große Stille (*Frétigny* & *Virel*, 1968, S. 174–175).

Frétigny und *Virel* stellen fest, daß in dieser Abfolge von Imaginationen alle Hauptelemente des Onirodramas enthalten sind. Besondere Beachtung verdient ihrer Meinung nach das Gefühl der Wärme, das der Patient in der abschließenden Phantasie im Innern des Körpers einer Frau erlebt. Sie verglichen dieses Bild mit einem früheren (aus einer früheren Sitzung), wo der Patient sich selbst als Fötus in der Brust einer Statue erlebt hat, wohingegen er jetzt das Erlebnis von Wärme im Körper einer realen Frau zulassen kann. Während *Frétigny* und *Virel* sich nicht besonders ausführlich der Entwicklung einer ausgefeilten theoretischen Struktur widmeten, haben sie zumindest gegen Ende des Buches einen Überblick über mögliche theoretische Implikationen auszuarbeiten versucht und festgestellt, daß viele ihrer Thesen auf fundamentalen Aspekten der normalen Entwicklung und der neurologischen Notwendigkeit des Wachstums beruhen.

Frétigny und *Virel* (1968) schlagen eine Formulierung der räumlich-zeitlichen Umgebung des Individuums vor. Räumliche und zeitliche Erfahrung wird von dem Ego integriert, das zwei Pole hat, einen psychischen und einen körperorientierten Pol, der letztere wird als *Körper-Ego*, der erstere als *psychisches Ego* bezeichnet. Die Welt der Imagination in ihrem Sinne wird nur dann enthüllt, wenn es eine Unterbrechung im Aktivierungsniveau gibt unter Bedingungen, in denen das imaginative Ego befreit wird von den Erregungen aus der äußeren Umgebung. Dem Körper-Ego wird letztlich auch durch Imagination Ausdruck verliehen.

Frétigny und *Virel* haben versucht, die allgemeine Entwicklungsgeschichte des Menschen einschließlich des Höhlenbewohners mit der Entwicklungsgeschichte des Kindes zu vergleichen und zu untersuchen, wie sich jeweils jedes Entwicklungsstadium in Selbstbewußtsein und Individualität niederschlägt und wie die Fähigkeit, Erfahrungen in Bildern und symbolischen Formen zu organisieren, sich entfaltet. Im Einklang mit ihrer Einstellung und deshalb eng verbunden mit den ethnologischen und anthropologischen Vorstellungen ihrer Gesellschaft, haben die Autoren die Ähnlichkeiten des Symbolismus auf kultureller Ebene und der frühen Erfahrungsorganisation des Kindes hervorgehoben, die zu einem großen Teil die Komplexität der Imagination, deren Lebendigkeit und Beziehung zur persönlichen Erfahrung erklärt.

Während *Frétigny* und *Virel* vielleicht nicht gänzlich der Idee universeller Symbolik vertrauen, nehmen sie doch die Symbole äußerst ernst. Sie sind der Meinung, daß die grundlegenden menschlichen Erfahrungen, die eine weitverbreitete Gültigkeit haben und viele Bereiche menschlichen Erlebens beschreiben, immer wieder geschehen. Sie berichten z. B., daß immer wieder auftauchende Imaginationen

Bilder von Höhlen sind, die viele seltsame Dinge verbergen können, und alte Kisten, die, entweder geschlossen oder geöffnet, häufig Schmuck und Gold, weise Männer, Monster, schwarze Männer, verhüllte Frauen, Hexen usw. enthalten. Die Autoren nehmen viele Arten symbolischen Materials ernst, das in den Vereinigten Staaten weitgehend auf Kinderbücher beschränkt ist und sogar da in einer leichtfertigen Art behandelt wird – Drachen, Dornröschen, Schneewittchen. Imagination spiegelt im allgemeinen eine Art kulturellen Reichtums wider, der in den Vereinigten Staaten vielleicht verglichen werden kann mit dem großen Wissen, das junge Leute durch den Einfluß des Fernsehens über Trickfiguren und häufig benutzte kommerzielle Szenen oder auch über Figuren aus Situationskomödien und Abenteuergeschichten haben. Ausgedehnte Studien über diese Welt der Imagination der Amerikaner stehen noch aus.

Ein wichtiges Merkmal der Arbeit von *Frétigny* und *Virel* war ihr echtes Bemühen, einige Beiträge zur experimentellen Arbeit auf dem Gebiet mentaler imaginativer Techniken zu leisten. Ihre tabellarische Darstellung der Beziehung zwischen psychologischen Zuständen und Erregungsniveaus und den sog. Bewußtseinsmodalitäten wurde schon zitiert (vgl. *Tafel II*).

Erwähnt werden sollte noch eine psychophysiologische Untersuchung von *Frétigny* und *Virel* (1967) mit einer kleinen Anzahl von Versuchspersonen. Dort wurde versucht, die psychophysiologischen Begleiterscheinungen der mentalen Imagination etwas besser in den Griff zu bekommen. Sie berichten über eine Anzahl formaler experimenteller Untersuchungen bezüglich der Reaktionsbereitschaft auf innere und äußere Stimulation, wobei die Versuchspersonen an einen Polygraphen angeschlossen waren. In neun Fällen hat man versucht, therapeutische Sitzungen durchzuführen, während man die physiologischen Reaktionen der Versuchspersonen aufzeichnete. Die Befunde waren angeblich äußerst konsistent. Während einer Onirotherapiesitzung gibt es deutliche Anzeichen eines Alpha-Rhythmus und eine stark modifizierte offene Reaktivität, die charakterisiert ist durch minimale Reaktion auf äußere Geräusche oder irgendwelche andere Stimulation außer auf die Stimme des Therapeuten. Es wurde kein Nachweis von tatsächlichen Schlafrhythmen gefunden, das Wachheitsniveau war generell ziemlich stabil und bezog sich vor allem auf die Produktion von Alpha-Wellen ohne eine Spur der vielen Formen, die gewöhnlich mit Somnolenz verbunden sind. In Übereinstimmung mit *Tafel II* behaupten die Autoren, daß die elektrophysiologischen Charakteristika der fortschreitenden mentalen Imagination zwar jene der Hypnose oder des Autogenen Trainings von *Schultz* ähneln, aber die bewußte Manifestation vollkommen unterschiedlich verläuft, und zwar hat man es im Falle der Imagination mit einem wesentlich reichhaltigeren, farbigeren und einem deutlich spontaneren Phantasieprozeß zu tun; außerdem bleibt eine enge Beziehung zu dem Psychotherapeuten aufrechterhalten, die von ziemlich aktiver Natur ist im Gegensatz zu der mehr passiven Rolle, die man in der Hypnose beobachtet.

Frétigny und *Virel* (1968) berichten wenige Fälle, in denen geringe Dosen von LSD-25 angewendet wurden, um die Wahrscheinlichkeit lebendiger Imagination zu fördern. Sie benutzten eine Dosis zwischen 10 und 30 Mikrogramm LSD – 1 Mikrogramm pro 2 oder 3 Kilogramm Körpergewicht. Auch hier fanden sie eine Reaktion, die ganz ähnlich der mentalen Imagination war, d. h. regelmäßig auftretende Alpha-Rhythmen. Sie berichteten, daß unter Verwendung geringer Dosen die Sitzungen gut steuerbar blieben und weder Patient noch Psychotherapeut einen Kontrollverlust während irgendeiner Situation erlebten. In einem Fall haben sie auch okulare Bewegungsfähigkeit und die Regelmäßigkeit der Augenbewegung in den Phasen der Vorstellungstätigkeit gemessen. Sie bezogen dies auf die Befunde über schnelle Augenbewegungen (rapid eye movements – REM), die beim Schlafen festgestellt wurden. Sie haben auch die Tatsache festgestellt, daß die Stimme des Psychotherapeuten keineswegs eine grobe Unterbrechung der laufenden Geschichte oder eine Veränderung im EEG bewirkt, außer in Fällen, wo eine widersprechende Deutung gegeben wird.

Eine solche Studie mag vielleicht etwas primitiv erscheinen vom Standpunkt der elektrophysiologischen Forschung aus betrachtet, wo es üblich ist, mit Schlaflaboratorien zu arbeiten, aber es hat den Anschein, daß die Methode der mentalen Imagination auf formalere Art betrieben werden kann, und alles deutet außerdem darauf hin, daß der Grad der erreichten Entspannung unter dem üblichen Niveau des aktivierten Zustands der meisten Menschen bleibt und daß diese Entspannung sicher nicht vergleichbar ist mit einem hypnotischen Trancezustand oder einem hypnagogischen Traumzustand unmittelbar vor dem Einschlafen. Es steht jedenfalls fest, daß bis zum heutigen Tag viel zuwenig Versuchspersonen in viel zu wenigen verschiedenen Situationen im Zustand mentaler Imagination untersucht wurden, um zu einer zuverlässigen Verallgemeinerung des sogenannten Bewußtseinsniveaus zu kommen, und zwar auf eine Weise, die den großen individuellen Unterschieden Rechnung tragen würde, nicht nur bezüglich individueller elektrophysiologischer Darbietungen, sondern auch bezüglich des Bewußtseins und der Fähigkeit, die ablaufenden inneren Prozesse zu beschreiben. (Dieses Problem wird später in diesem Buch diskutiert.)

Ein wichtiger Beitrag von *Frétigny* und *Virel* war ihre leitende Tätigkeit in der Organisation der Internationalen Gesellschaft für

Mentale Imaginative Techniken, die zweijährige Tagungen über technische, theoretische und therapeutische Probleme auf diesem Gebiet durchführt. Es ist ihnen gelungen, die verschiedenen, sehr stark spezialisierten Praktiker mentaler imaginativer Techniken in Europa an einen Tisch zu bringen, und diese Vereinigung ist eine der wenigen, in der Jungianer, Freudianer und Neofreudianer, aber auch nichtanalytisch orientierte Praktiker auf dem Gebiet mentaler imaginativer Techniken zusammenkommen, um wichtige Fragen zu diskutieren. Bislang wurden anläßlich dieser Treffen anhand von Fallberichten viele Detailfragen diskutiert, aber man kümmerte sich nur wenig um die Relation, die zwischen diesem Material und den allgemeineren psychologischen Fragen der Imagination besteht. Zu kurz kam auch die Präsentation und Diskussion experimenteller Arbeiten. Es bleibt abzuwarten, ob die Gruppe sich zu einem selbstverständlichen Bestandteil der wissenschaftlichen Welt entwickeln wird oder ob sie es vorzieht, sich abzugrenzen und sich ausschließlich mit Imagination in der Psychotherapie zu befassen; z. Zt. fehlt jedenfalls noch das Interesse an präzisen Definitionen und adäquaten operationalen Kriterien in ihrer Arbeit.

Katathymes Bilderleben nach Hans Carl Leuner

Eng verbunden mit den Methoden von *Desoille* und *Frétigny* und *Virel* und anderen imaginativen Verfahren ist die Technik des Katathymen Bilderlebens von *Hans Carl Leuner* (1954, 1955, 1969), Universität Göttingen, BRD. *Leuner* versteht seine Methode als direkten Abkömmling von *Freuds* ursprünglichem Verständnis von Vorstellung. *Leuner* verwendet diese Technik seit mehr als 20 Jahren bei sehr verschiedenen Patienten, vor allem Neurotikern, und hat seinen Ansatz in einen breiteren, die Einflüsse von *Freud* und *Jung* umfassenden Rahmen integriert. *Leuner* selbst ist ausgebildeter Psychoanalytiker und sieht seine Methode in keiner Weise im Widerspruch zu den grundllegenden Zielen einer dynamischen Psychotherapie. Er konnte den Nachweis erbringen, daß »Katathymes Bilderleben« in der Tat die Behandlungsdauer einer akuten Neurose reduzieren kann und sich auch bei chronischen Fällen als günstig erwiesen hat. Ein großer Vorteil dieser Methode ist, daß die Behandlungsdauer beträchtlich kürzer ist als bei der traditionellen Psychoanalyse – die durchschnittliche Therapiedauer beträgt nur 40 Stunden, die obere Grenze lag in einem Fall bei 160 Stunden. In Nachfolgeuntersuchungen über mindestens 6 Jahre erbrachte *Leuner* den Nachweis über die Dauerhaftigkeit der Persönlichkeitsveränderung und die Beseitigung der Symptome dank dieser Methode.

Leuner hat eigens darauf hingewiesen, daß er bei psychotischen Patienten oder Süchtigen keine besonderen Erfolge mit dieser Methode hatte.

Im wesentlichen ist die Methode der Technik von *Desoille* sehr verwandt, allerdings ist sie weit mehr systematisiert. Der Patient liegt auf der Couch und wird aufgefordert, sich mit Hilfe des autogenen Trainings nach *Schultz* zu entspannen und eine bestimmte Vorstellung an den Anfang zu setzen. *Leuner* hält es für wesentlich, daß die äußeren Reizquellen reduziert sind und der Raum ruhig und schwach beleuchtet ist. In der ersten Sitzung könnte man wie in dem französischen Ansatz mit der Vorstellung einer Wiese beginnen. Bereits im Jahre 1932 hat *Happich* im Anschluß an die frühere autogene Methode von *Schultz* ausgedehnte Untersuchungen über Vorstellungstechniken der genannten Art durchgeführt.

Die anfänglichen Bemühungen von *Leuner* dienen zum einen diagnostischen Zwecken, zum anderen sind sie für den Patienten eine erste Erfahrung dessen, was im Laufe der Psychotherapie von ihm erwartet wird. Gleichzeitig wird er auch auf die Tatsache aufmerksam, daß er tatsächlich ziemlich lebhafte Phantasien produzieren kann. Die Methode des Katathymen Bilderlebens umfaßt *verschiedene Instrumente.* Zunächst einmal gibt es die zehn kardinalen Motive, die der Therapeut dem Patienten anbietet und die zu der Entwicklung spezieller Tagtraumreisen führen.

Darüber hinaus gibt es fünf Haupttechniken, um das Phantasiematerial und die anschließende Deutung hervorzulocken. Diese umfassen das übende Verfahren, die diagnostische Methode, das assoziative Vorgehen, die Symbolkonfrontation und die psychoanalytische Methode.

Die Symbolkonfrontation, die vielleicht den eigentlichen Kern des *Leuner*schen Ansatzes ausmacht, enthält sechs besondere Techniken von speziellem therapeutischen Wert. Diese hat *Leuner* wie folgt bezeichnet:

1. der intrapsychische Schrittmacher (eine Kontrollmethode über das Auftauchen von Phantasien und damit verbundenen Affekten);
2. Konfrontation (eine Form von systematischer Desensibilisierung oder Implosionstechnik);
3. Füttern (eine Methode, um dem Patienten zu helfen, furchterregende Monster zu besänftigen, die in seiner Vorstellung auftauchen);
4. Versöhnen;
5. Aussaugen und Töten;
6. die magischen Flüssigkeiten.

(Diese Techniken werden im folgenden näher beschrieben.)

Leuners psychoanalytische Methode steht selbstverständlich vorwiegend in der Tradition der freien Assoziation und der Übertragungsanalyse. In diesem Sinne kommt *Leuner* in seiner Orientierung näher als andere namhafte Vertreter imaginativer Verfahren in Europa an die freudianischen oder neofreudianischen Schulen, speziell die letzteren, heran.

Lassen Sie uns ein wenig genauer die zehn kardinalen Vorstellungsmotive betrachten, die *Leuner* dem Patienten vorschlägt. Jedes dieser Motive ist dazu bestimmt, den Verlauf der Therapie systematisch voranzutreiben und eine Basis zu schaffen, um die Hauptdimensionen des möglichen Konflikts und der möglichen Persönlichkeitsentfaltung voll zu erforschen.

Die Wiese

Leuner beginnt seine Arbeit gewöhnlich mit dem Bild der Wiese. Die Wiese gehört zu den Vorstellungsmotiven, die auch bei ersten Versuchen des Patienten, Vorstellungen zu erzeugen, angewandt werden. (Auf die interessante Fragestellung, inwieweit die Steigerung der Fähigkeit, Phantasien zu produzieren, zum Therapieziel gemacht werden sollte, werde ich in einem späteren Abschnitt dieses Buches zurückkommen.) Von *Leuners* Standpunkt aus gesehen kann das Wiesenmotiv als ein neuer Anfang aufgefaßt werden oder die Qualitäten des Paradiesgartens haben mit den Eigenschaften spendender Mütterlichkeit.

Aufstieg auf den Berg

Das nächste Motiv ist das eines Berges, und es geht um den Aufstieg und den anschließenden Rundblick über die Landschaft. *Leuner* betrachtet den Aufstieg auf den Berg als das subjektive Empfinden der eigenen Leistungsfähigkeit, der Auseinandersetzung mit der Lebens- und Weltbewältigung und des Anspruchsniveaus. Untersuchungen von *Kornadt* (1960) haben ergeben, daß es tatsächlich einen Zusammenhang zwischen dem experimentell gemessenen Anspruchsniveau und der Höhe des Berges in der Vorstellung gibt. Im Falle des Bergmotivs verwendet *Leuner* auch psychoanalytische Interpretationen und vertritt die Ansicht, daß es ein phallisches Bild oder das introjizierte Bild des Vaters präsentieren kann. Ein häufiger Befund, nicht nur für *Leuners* Arbeit, sondern auch für die meisten imaginativen Verfahren kennzeichnend, ist, daß bewölkte oder gestörte Landschaften gegen Ende einer erfolgreich verlaufenden Psychotherapie friedlicher werden.

Verfolgung des Bachlaufes

Die dritte Vorstellungssituation verlangt von dem Patienten, in der Phantasie einen Bach aufwärts bis zur Quelle oder abwärts bis in den

Ozean zu verfolgen. Ein erschöpfter Wanderer kann sich in dem kühlen Wasser erfrischen. *Leuner* hat beobachtet, daß Wasser auch mit einer zumindest zeitweisen Besserung psychosomatischer Beschwerden verbunden ist. Und er hat Beispiele von Patienten zitiert, die verschiedene schmerzende Körperteile mit phantasiertem Wasser eingerieben haben. Die Suche nach der Quelle deutet auch auf einen symbolischen Besuch oder eine Rückkehr zur Mutter-Kind-Beziehung. Die von der Vorstellung von kaltem Wasser ausgehende betäubende Wirkung erinnert an vergleichbare Befunde bei hypnotischer oder positiver Vorstellung, die später in diesem Kapitel besprochen werden. Diese ersten drei Motive – Wiese, Berg und Fluß – werden als grundlegend angesehen; einige Übung im Katathymen Bilderleben kann notwendig werden, um dem Patienten durch diese Techniken zu helfen, in die anderen Bereiche vorzustoßen.

Das Haus

Das vierte von *Leuner* verwendete Motiv ist das Haus als Symbol der Persönlichkeit. Der Patient kann ein Schloß imaginieren oder eine kleine Hütte. Der Ort, an dem Nahrungsmittel gelagert werden, oder die Toilette können Hinweise auf das Körperbild geben. Die bemerkenswerte Anekdote von *Jung* (1964) über seinen eigenen Traum von einem Haus, der ihm die Richtung wies, die er bei einer Trennung von *Freud* nehmen würde, ist ein Beispiel für dieses Bild des Hauses als ein Schlüssel zur Persönlichkeitsstruktur.

Die Begegnung mit Beziehungspersonen

Das fünfte Motiv ist die Vorstellung eines nahen Verwandten. Manchmal nehmen die Bilder, die bei dieser Instruktion auftauchen, eine symbolische Form an. *Leuner* beschreibt eine Patientin, in deren Phantasie ein Elefant auf sie zustampft und einen großen Fuß auf ihre Brust legt. Die Patientin reagiert mit Angst und Kurzatmigkeit. Der Therapeut versichert, daß er da sei, um ihr zu helfen, und ermutigt sie, die Situation durchzustehen. Die Phantasie führt zu der Erinnerung eines schrecklichen Erlebnisses der Patientin im Alter von 13 Jahren. Eines Abends, als die Patientin im Bett lag und sich schlafend stellte, kam ihr Vater, berührte ihre Brust und machte gegenüber der Mutter Bemerkungen über ihren sich entwickelnden Körper. Ein wichtiges technisches Merkmal in diesem Beispiel ist, daß der Therapeut die Patientin ermuntert, dem schrecklichen Bild gegenüberzutreten, eine Methode, die Ähnlichkeiten mit einigen verhaltenstherapeutischen Techniken aufweist.

Sexuelle Szene

Der Patient wird zunächst aufgefordert, sich Situationen vorzustellen, die bestimmte sexuelle Gefühle und Verhaltensweisen bei ihm auslösen können. So wird eine Frau ermutigt, damit zu beginnen, sich vorzustellen, wie sie auf einer einsamen Straße nach einer Mitfahrgelegenheit Ausschau hält, weil ihr Wagen einen Schaden hat. Ein Fahrer nähert sich und bietet ihr an, einzusteigen. Bei Männern verwendet *Leuner* häufig das Symbol eines Rosenstrauches und bezieht sich dabei auf ein berühmtes Lied von *Schubert*, »Das Heideröslein«, nach einem Gedicht von *Goethe* über einen kleinen Jungen, der dafür, daß er den Rosenstrauch faßt, in den Finger gestochen wird. Für amerikanische Männer ist es vielleicht nicht ganz so wahrscheinlich, daß sie auf den Rosenstrauch sexuelle Phantasien produzieren, obwohl *Kosbab* (1972) diese Technik bei Medizinstudenten in Virginia anwandte und das Auftauchen sexueller Phantasien bestätigte.

Das Motiv des wilden Tieres

Die Vorstellung eines wilden Tieres, z. B. eines Löwen, dient dazu, den Patienten mit seinen eigenen aggressiven Tendenzen zu konfrontieren. *Leuner* beschreibt den Fall eines Vertreters, der psychogene Herz- und Verdauungsbeschwerden entwickelt hatte, die erstmals aufgetreten waren, als ihm ein sehr unangenehmer Kunde tatsächlich leicht auf den Magen geschlagen hatte. Noch ein Jahr nach Auftauchen der Symptomatik war er arbeitsunfähig. *Leuner* machte dem Patienten zunächst den Vorschlag, daß der phantasierte Löwe dem unangenehmen Kunden gegenübertreten sollte, aber das Tier weigerte sich, wild zu sein. Es reagierte wie ein scheuer Hund, wurde kleiner und kleiner und legte sich schließlich zu Füßen des Patienten. Am Ende der Therapie allerdings konnte der Löwe angreifen und den Feind des Patienten verschlingen, ohne daß dieser noch Widerstand leistete. Der Patient hatte ein viel stärkeres Gefühl seiner eigenen Rechte entwickelt und fühlte sich nicht mehr unterlegen. Nach diesem Bericht dauerte die Therapie nur 25 Stunden, und eine Nachuntersuchung nach 6 Jahren zeigte kein Wiederauftreten der Symptomatik. Dies ist im Vergleich mit lang andauernden klassischen Analysen ein ziemlich gutes Ergebnis.

Ich-Ideal

Das achte Motiv enthält eine imaginative Manifestation vom Ich-Ideal des Patienten in Gestalt einer sehr stark bewunderten Person. Die Interaktion mit dieser Person, der Rahmen, in dem man ihr oder ihm begegnet, und die Möglichkeit, sich ihr zu nähern, all dies sind Anzeichen für Selbstachtung und Identifikationsmuster des Patienten.

Das Motiv des dunklen Waldes

Dieses neunte Vorstellungsmotiv umfaßt das Erscheinen symbolischer Figuren, die angstmachendes oder stark verdrängtes Material darstellen. Der Patient wird ermutigt, sich vorzustellen, daß er in einen dunklen Wald oder in die dunkle Öffnung eines Kellers schaut. Hexen, Riesen oder andere furchterregende Figuren können auftauchen. *Leuner* betont hierbei wiederum die Konfrontationstechnik. Der Patient wird ermutigt, angesichts der erschreckenden Figur zu verharren, dabei kann er sie mit Süßigkeiten besänftigen oder ihnen einfach Widerpart bieten – eine Technik, die der Implosionstherapie nicht unähnlich ist.

Das Motiv des Moores

In der zehnten Standardsituation wird der Patient aufgefordert, sich ein Moor vorzustellen. Der Therapeut unterstützt ihn dabei mit dem Vorschlag, daß etwas aus dem Gewässer auftauchen will. Dies könnte ein Frosch, eine Schlange, ein menschliches Wesen oder irgendeine Kreatur sein, die häufig in Beziehung steht mit archaischem, sexuellem oder furchterregendem Triebmaterial.

Diskussion und Anwendungsmöglichkeiten

Diese kardinalen Motive werden immer wieder in enge Verbindung gebracht mit verschiedenen speziellen Techniken, die *Leuner* als therapeutische Mittel einsetzt. *Leuners* Methoden scheinen sehr viel Ähnlichkeit mit verhaltenstherapeutischen Techniken in Amerika aufzuweisen. Der Patient ist verantwortlich für die Schritte, die er unternimmt, insofern enthält der Schrittmacher Elemente des Übens in Selbstkontrolle und Selbstbehauptung. Die Symbolkonfrontation ist eine Methode, die offensichtlich Ähnlichkeiten mit der Implosionstherapie und gelegentlich mit der Technik der Desensibilisierung aufweist. Füttern wird eingesetzt, um furchterregende Tiere in der Phantasie zu besänftigen. Auch hier sind Ähnlichkeiten mit der Desensibilisierung vorhanden, neben der humorigen Art, wie die Monster lächerlich gemacht werden. Die Versöhnung scheint vor allem durch das Herstellen einer Beziehung überhaupt oder das Durchspielen von effektiveren Beziehungsformen in der Phantasie zu gelingen – eine Methode, die der verhaltenstherapeutischen Methode des symbolischen Modell-Lernens nicht unähnlich ist. Aussaugen und Töten enthalten Techniken im Umgang mit Aggressionen in der Phantasie. Die magischen Flüssigkeiten sollen wohl einerseits eine Art hypnotisch betäubenden Effekt haben und andererseits auf bestimmte mit den Flüssigkeiten in Zusammenhang stehende grundlegende Erfahrungen hindeuten, die mit mütterlicher Liebe und Abhängigkeit assoziiert werden.

Ein entscheidendes Kriterium der *Leuner*schen Technik ist, daß sie wohl über 30 Artikel hervorgebracht hat, die neben sorgfältigen klinischen Beobachtungen auch Ansätze zu theoretischer Forschungsarbeit leisten. Behandelt wurde eine große Vielfalt von Patienten, angefangen von relativ leichten Problemen wie Prüfungsangst bis hin zu schweren Zwangsneurosen, Alkoholismus und Somnambulismus (*Beck*, 1968; *Koch*, 1962; 1968; *Leuner*, 1969). *Leuner* (1959) hat auch das Katathyme Bilderleben mit Kindern und Jugendlichen beschrieben. Er meint, daß sie der Spieltherapie ähnle, sich aber speziell für Kinder eigne, die in einem Alter sind, in dem Spieltherapie nicht mehr günstig und verbal ausgerichtete Therapien noch nicht wirksam seien, z. B. späte Kindheit und frühe Pubertät.*

Im folgenden möchte ich auf formale Untersuchungen eingehen, bei denen die *Leuner*sche Methode in unterschiedlicher Weise zur Anwendung kommt. *Kornadt* (1960) hat bei 30 erwachsenen Versuchspersonen Messungen der Leistungsmotivation und des Anspruchsniveaus durchgeführt. Er fand signifikante positive Korrelationen zwischen diesen projektiven Testmaßen des Wetteiferns und der Höhe der Berge, wie sie in der Bergbesteigungs-Szene beschrieben werden. Auch andere Maße des Anspruchsniveaus, die aus der Phantasie der Versuchspersonen erschlossen wurden, wurden mit den Testdaten korreliert.

In zwei Stufen (*Nerenz*, 1965, 1969; *Pflaum*, 1968) wurden systematisch variierte klassische Musikstücke als Hintergrund für das Erzeugen von Phantasien sowohl in Einzel- als auch in Gruppensitzungen mit ziemlich heterogenem neurotischen Patientenmaterial eingesetzt. Beide Forscher berichteten, daß auf einem oberflächlichen Niveau die Assoziationen durch die offensichtlichen Eigenschaften der Musik beeinflußt wurden, z. B. kraftvoll, fröhlich, traurig, geheimnisvoll etc., dann konnte man feststellen, daß die produzierten Bilder sich allmählich in Richtung tiefen katathymen Bilderlebens bewegten. Persönliche tiefe Konfliktsituationen tauchten in verschiedenen symbolischen Formen auf, und die auftauchenden bildhaften Vorstellungen, die durch die Musik stimuliert wurden, waren von großem therapeutischen Wert.

Nerenz (1969) beschreibt z. B. einen Patienten, der in einer ersten Reaktion auf eine Orgelkomposition sich selbst in einer Kirche vorstellte, wo er über die transzendente Einheit der Menschen meditierte. Später allerdings konnte er bei Orgelmusik ein Bild seines orgelspielenden Vaters zulassen und schließlich das Bild seiner Mutter in einem Zustand furchtbarer Angst. In der Tat war der Vater des Patienten Dorflehrer, der auch Orgel spielte. Dann kam dem Patienten eine spezielle Erinnerung, die bis zu einem Alter von 4 Jahren zu-

---

* (*Leuner, Hans Carl,* »Katathymes Bilderleben mit Kindern und Jugendlichen«, Ernst Reinhardt Verlag, München, Basel, 1977)

rückging, an eine furchtbare Szene eines heftigen Streites zwischen seinen Eltern, in dessen Verlauf der Vater die Mutter geschlagen hatte.

Während die Untersuchung von *Nerenz* primär klinische Daten über den Therapieverlauf liefert, bringt die Arbeit von *Pflaum* (1968) bei der Anwendung dieses Ansatzes in psychotherapeutischen Gruppen, die er vor und nach dem katathymen Bilderleben bestimmten Tests unterzieht, psychometrische Daten veränderter Werte bezüglich Rigidität, Extraversion, Neurotizismus und Angst. Obwohl bei dieser Untersuchung wichtige Kontrollen fehlen, die positive Reaktionen speziell an der Interaktion von Musik und katathymem Bilderleben festmachen könnten, deutet sie doch auf die Möglichkeiten für weitere wertvolle Forschungsarbeit auf diesem Gebiet. Sicherlich ist dies ein methodologischer Fortschritt in einem Bereich, in dem man bislang vorwiegend anekdotischen Berichten einzelner Psychotherapeuten vertraute. *Leuner* (1959) und *Barolin* (1961) benutzten Phantasiebilder von Patienten als weiteren Schlüssel zum Aufdecken von Symbolen. (Vergleichen Sie auch die von *Horowitz* (1970) beschriebene Methode zur Einschätzung von bildhaften Vorstellungen durch Zeichnungen.) Aber ähnliche Vorgehensweisen, wenngleich sie im Einzelfall überzeugend sein mögen, genügen doch nicht den Erfordernissen einer exakten psychometrischen Wissenschaft.

Eine interessante Variante von *Leuners* Methode des angeleiteten affektiven Bilderlebens wurde von *Kosbab* (1972) beschrieben. Bei der Arbeit mit amerikanischen Medizinstudenten verwendete *Kosbab* die Vorstellungsmethode, um seinen Studenten eine Art Selbstanalyse zu ermöglichen, die sowohl persönliche therapeutische als auch didaktische Konsequenzen hat. Nach einer kurzen Übungsphase im Autogenen Training nach *Schultz* zur Erzeugung eines milden hypnotischen Zustands werden die Studenten in einer ausgedehnten Einzelsitzung ermuntert, mit dem Lehrer die kardinalen Motive nach *Leuner* durchzugehen. Diese »panoramaartige« Sicht ihrer Phantasiebegabung wird gewöhnlich auf Band aufgezeichnet und kann zum Gegenstand einer kurzen Diskussion mit dem Supervisor werden. An diesem Punkt beginnt der Student mit einer Reihe von ungefähr einem Dutzend wöchentlicher Sitzungen, die er allein für sich durchführt, wobei er in jeder Sitzung von einem kardinalen Motiv ausgeht. Privat durchgeführt, aber zur weiteren Selbstanalyse auf Band aufgezeichnet, liefern diese individuellen Sitzungen eine einzigartige Gelegenheit für eine ausgedehnte Untersuchung der individuellen Begabung zum Symbolisieren, zu der Fähigkeit bildhafter Vorstellung und den Hauptfäden der Phantasie und Motivation. In seltenen Fällen kann ein Treffen mit dem Supervisor wünschenswert sein, um mit exzessiven Ängsten und anderen Problemen fertig zu werden. Nach dieser

Phase der Selbsterfahrung bereiten die Studenten einen Erfahrungsbericht für ein Gespräch mit dem Supervisor vor. Menschen mit großer Ichstärke können ermutigt werden, für längere Zeit über diesen Punkt hinaus auf eigene Faust weiterzuarbeiten. *Kosbab* beschrieb interessante Fallbeispiele, die die Abfolge der Vorstellungen als Gelegenheit zur persönlichen Weiterentwicklung nutzen konnten.

Da die Untersuchung von *Kosbab* (1972) an der Virginia Commonwealth School of Medicine durchgeführt wurde, deuten seine Resultate darauf hin, daß die imaginativen Verfahrensweisen und tatsächlich auch die speziellen Motive, die *Leuner* anbietet, nicht so stark gesellschaftlich gebunden sind, wie es auf den ersten Blick scheinen mag. *Kosbab* hat eine weitere Vorstellung hinzugefügt, das »alte Familienalbum«, das sich als besonders wirksam erwiesen hat; aber er bestätigt auch, daß die ursprünglich von *Leuner* entwickelten Szenen gut funktionieren. Vielleicht das für den amerikanischen Mann umstrittenste Bild ist der »Rosenstrauch« als Motiv für sexuelle Phantasien. Immer wenn ich vor professionellem Publikum Vorträge über diese Techniken gehalten habe, hat das Bild des »Rosenstrauchs« Kichern und Gelächter ausgelöst, aber *Kosbab* besteht darauf, daß seine Studenten in Virginia in der Tat sexuelle Vorstellungen auf diese spezielle Szene produzierten.

Leuners Methode der angeleiteten Imagination scheint gegenwärtig am besten organisiert und systematisiert zu sein. Sie bringt eine Standardgruppe von 10 oder 12 »Motiven« oder vielleicht genauer Problem- oder Konfliktbereichen, die eine ganze Reihe unserer Erfahrungen ausmachen. Unabhängig davon, ob die diesen Motiven zugeschriebene Universalität Gültigkeit hat oder nicht, liefert ihre Beschreibung durch *Leuner* und seine Mitarbeiter einen Ausgangspunkt für weitere Forschungsarbeit. In der Tat scheint es naheliegend zu sein, weitere Untersuchungen durchzuführen, um festzustellen, bis zu welchem Ausmaß Angehörige verschiedener subkultureller Gruppen oder sozioökonomischer Schichten Gemeinsamkeiten bei der symbolischen Behandlung dieser vorgegebenen Szenen zeigen. Hierbei könnte man dieselben normativen und reliablen Verfahrensweisen zur Beurteilung oder Einschätzung der berichteten Abfolgen von Vorstellungen bei einem gemeinsamen Ausgangspunkt verwenden, wie sie bei der Überprüfung projektiver Verfahren (*Singer*, 1968) oder der Auswertung von Trauminhalten oder Phantasiematerial üblich sind (*Foulkes*, 1966; *Hall* & *Lind*, 1970). Zumindest jedoch liefert der *Leuner*sche Ansatz wertvolle diagnostische Übungsmöglichkeiten. Es bleibt abzuwarten, ob die Berichte über spezielle Erfolge bei der Behandlung vieler neurotischer Symptome und Persönlichkeitsstörungen bestätigt werden können, wenn die Methode in größerem Maße auch außerhalb Deutschlands genutzt wird.

Leuner hat eine psychoanalytische Ausbildung durchgemacht und kennt somit weitaus mehr als die meisten Praktiker imaginativer Methoden die Feinheiten der interpersonellen Transaktion in der Psychotherapie und die Besonderheit der Übertragungsphänomene. Dennoch hat er die Meinung vertreten, daß seiner Erfahrung nach der Gebrauch der Standardbilder und der imaginativen »Reisen« auch in psychoanalytischen Sitzungen eine Bereicherung bedeuten kann. Wie *Leuner* (1969) festgestellt hat, verwirklicht diese Methode eine Kombination der »Arbeit auf der Couch« mit der »Arbeit mit dem Traum«. Die Auseinandersetzung des Patienten mit eigenen Phantasien wird so mächtig und aufregend, daß die ausgefeilte Komplexität einer Übertragungsneurose, die dann analysiert werden muß (wie in der klassischen Psychoanalyse), vermieden werden kann. *Leuner* ist generell der Meinung, daß die Übertragungsanalyse, die von den meisten Psychoanalytikern, Freudianern und Neofreudianern als der eigentliche Prüfstein der Methode angesehen wird, durch die Technik der gelenkten affektiven Vorstellung weitgehend überflüssig geworden ist. Persönliche Gespräche und seine Artikel haben mir den Eindruck vermittelt, daß das Katathyme Bilderleben weniger auf dem deutenden Analytiker basiert. Abwehr und Widerstände, die Gleichzeitigkeit verschiedener Bewußtseinsebenen und das Nebeneinander von »regressiven Ichfunktionen und dem reifen Ich« in allen Interaktionen – all dies fördert die imaginative Reise des Patienten zutage. Wenn der Therapeut auch unmißverständlich als ein wohlwollender Begleiter präsent ist, der gelegentlich Vorschläge macht, einem vorgestellten Monster Kuchen füttert oder einen magischen Schlüssel bereithält, um eine phantasierte Kammer zu öffnen, so erlebt der Patient doch den größten Teil der Therapie als seine eigene Reise. Die Konfrontation mit den realen Menschen im Leben des Patienten geschieht im Symboldrama und wird dort bearbeitet, weniger in den Phantasien über den Therapeuten, die der Schlüssel zu der Übertragungsanalyse sind. Die Übertragungsanalyse enthält im wesentlichen die Erklärung der ungelösten Kindheitskonflikte, die der Patient dem Therapeuten zuschreibt. In *Leuners* Ansatz werden diese Konflikte direkter über die Symbolismen Wiese, Haus, Moor, Bilderalbum etc. angegangen, und die Entwicklung und Analyse einer Übertragungsbeziehung wird überflüssig.

Dieses mangelnde Interesse an den Übertragungsphänomenen mag den meisten Psychoanalytikern völlig unverständlich erscheinen, aber unter den Anwendern imaginativer Verfahren ist ein der *Leuner*schen Einstellung verwandter Standpunkt durchaus üblich. Sie folgen dem *Jung*schen (1928) Ausspruch, wonach das Symbol die Energie umwandelnde Maschinerie sei. Die Übertragungsanalyse kann von daher als ein Spezialfall der Analyse symbolisierter Imagination betrachtet werden. Vielleicht sind die Patienten der klassischen Analyse zu stark der verbalen Ebene verhaftet und weniger tief ihren eigenen Vorstellungsbildern und Symbolismen, so daß die Phantasien über den Therapeuten tatsächlich zu der besten *›in vivo‹* – Quelle des symbolischen Denkflusses werden. Wenn sich die Patienten allerdings gut entspannen, sich auf Vorstellungsbilder konzentrieren und verschiedene Bewußtseinsniveaus lebendig erfahren können, dann wird der Therapeut weniger leicht zum zentralen Angelpunkt der Phantasie. Dies könnte in der Tat einer der Gründe für die kürzere Therapiedauer und die weniger komplexe Abhängigkeit von dem Therapeuten bei den imaginativen Verfahren sein. Letztlich jedoch müssen unterschiedliche Standpunkte wie diese durch sorgfältige empirische Untersuchungen geklärt werden.

Weitere Beispiele von imaginativen Verfahren

In diesem Kapitel wurde das Schwergewicht auf die Arbeit französischer und deutscher Vertreter der imaginativen Verfahren gelegt, dennoch muß man betonen, daß die hier diskutierten Vorgehensweisen in der Psychotherapie auch im übrigen Europa weitverbreitet sind. Die internationalen Kongresse der Gesellschaft für imaginative Verfahren, die alle zwei Jahre stattfinden, werden immer wieder von Vertretern dieser Techniken aus fast ganz Europa besucht. Obwohl interessante technische Neuerungen und Möglichkeiten zu experimenteller Forschungsarbeit von den Teilnehmern dieser Treffen vorgeschlagen werden, scheinen in den letzten zehn Jahren keine wirklich bedeutenden Abweichungen von den französischen oder deutschen Schulen aufgetaucht zu sein. Die theoretische Superstruktur von *Roberto Assagioli* aus Italien fand wahrscheinlich in den Vereinigten Staaten ein größeres Echo; dort ist seine Arbeit in Englisch erhältlich und wird zunehmend mehr gelesen als in Europa. (Ich werde deshalb *Assagiolis* Ansatz im Kapitel V über die amerikanischen Anwendungen der imaginären Verfahren besprechen.)

Von direkterem Einfluß in Italien selbst ist vielleicht die Arbeit von *Leopoldo Rigo* (1962, 1966, 1970), der 20 Jahre lang auf diesem Gebiet aktiv war und mindestens ein Dutzend Artikel über verschiedene Techniken veröffentlicht hat. *Rigo* hat eine psychoanalytische und psychologische Ausbildung und versteht es ausgezeichnet, mit der psychoanalytischen Jungianischen Terminologie und den Ausführungen von *Desoille* über imaginative Verfahren umzugehen. Er hat seine praktische Tätigkeit ausgedehnt auf die Arbeit mit Jugendlichen und hat Pionierarbeit geleistet, was die Anwendung von imaginativen Techniken in der Gruppenpsychotherapie angeht, ein Ansatz, der heute weitgehend in die Encountergruppen und die Esalengruppen in den Vereinigten Staaten eingegangen ist.

Es folgt ein kurzes Beispiel einer Gruppentherapiesitzung, die von *Rigo* (1970) geleitet wird:

Die Patienten legen sich sternförmig auf den Boden und entspannen sich. Der Therapeut sitzt außerhalb des Sterns. Eine Patientin wird dann aufgefordert, ein Bild zu entwerfen. Sie beschreibt einen riesigen Pilz, der von grünem Gras umgeben ist. Ein anderer Patient wird gebeten, sich dasselbe Bild vorzustellen. Der Therapeut ermutigt die erste Patientin, näher an den Pilz heranzurücken, und die Patientin berichtet selbst, sobald sie ihn berührt. Es folgt eine Reihe imaginativer Erkundigungen, wobei die beiden Patienten, von denen einer den Weg weist, von ihren Erfahrungen und Bildvorstellungen berichten, während der Rest der Gruppe versucht, sich einzufühlen. Der Therapeut interveniert gelegentlich, indem er vorschlägt, die beschriebenen Dinge näher zu erkunden, oder indem er andeutet, daß die beiden sich in Gedanken an der Hand fassen sollen und zusammen in ein neues Gebiet der imaginativen Landschaft gehen sollten.

Rigo zieht typologische Unterschiede im *Jung*schen Sinne in Betracht und ist empfindsam für psychoanalytische Übertragungsprobleme, die im Verlauf seiner Arbeit auftreten. Er glaubt, daß der fundamentale kollektive Symbolismus eine größere Verbindung zwischen den gemeinsam imaginativ reisenden Patienten erlaubt. In anderen Gruppensituationen schlägt er z. B. vor, daß sich die ganze Gruppe eine friedliche Landschaft vorstellt: die Sonne scheint auf eine Lichtung im Walde, in deren Mitte ein riesiger Baum steht, fest verwurzelt und mit starken Ästen, die er der Sonne entgegenstreckt und dabei im Winde wiegt. Jedes Gruppenmitglied stellt sich selbst vor, wie es vor dem Baum steht, ihn berührt, um ihn herumgeht und sich mit ihm identifiziert. Bei dieser Technik gibt es offensichtlich das Gefühl, daß die aktuelle, von allen geteilte Vorstellung gemeinsamer Kraft und gemeinsamer Nähe zu einem mächtigen, aber edlen Symbol für alle Beteiligten eine Quelle psychischer Stärkung bedeutet.

Ein Fall von *Rigos* Frau, *Serenella Rigo-Uberto* (1970), demonstriert die Anwendung einiger dieser Techniken bei einem 11jährigen Mädchen, das unter einer schweren Zwangsneurose und verschiedenen Phobien litt, einschließlich der Angst, daß Jesus von ihr verlangen könnte, sich aufzuhängen. Nach einiger klinischer Exploration, Beruhigung und der Förderung einer guten »mütterlichen oralen Übertragung« wurde das Kind aufgefordert, ein Bild zu malen. Diese Zeichnung diente als Beginn einer imaginativen Reise, wobei die Therapeutin immer mehr ermunterte, die Straße und die Szenerie zu erkunden, und gelegentlich den Vorschlag machte, angstmachende

Gegenstände zu berühren und auf einen imaginativen Adler zu klettern, der das Kind dann auf einen schneebedeckten Berg mitnahm. Als der Adler dann eine warme Nische unter den Felsen gefunden hatte, erlebte das Kind, als es in die Weite vor sich blickte, ein großes Gefühl von Frieden. Am Ende der Sitzung fühlte sich das Kind schon viel ruhiger und lächelte.

Rigo-Uberto hat eine Reihe dieser Sitzungen mit dem Kind beschrieben und sie teilweise nach *Freud*schen Kriterien, einschließlich der psychosexuellen Entwicklungsphasen, gedeutet. Zusätzlich hat sie auch einige Beispiele des *Jung*schen kollektiven Symbolismus herangezogen. Im Verlauf der verschiedenen imaginativen Abenteuer wurden Kastrationsängste und Probleme der Geschwisterrivalität oder des Versagens seitens der Mutter des Mädchens angesichts vieler Fragen über Sexualität und körperliche Entwicklung durchgearbeitet. Nach ungefähr 15 Sitzungen zeigte das Mädchen eine bemerkenswerte Besserung sowohl bezüglich der Symptomatik und auch, was die soziale Reife und verbesserte Schulleistungen anging.

Ein interessantes Merkmal der therapeutischen Anwendung mentaler imaginativer Techniken liegt in ihrer offensichtlichen Effizienz bei Fällen mit psychosomatischer Beteiligung. Zunächst ist man überrascht über den Einsatz dieser rein psychologischen Methoden für die Therapie von Problemen von ausgesprochener physiologischer Symptomatologie. Selbstverständlich müssen sich die Patienten sorgfältigen medizinischen Untersuchungen unterziehen, wie sie beispielsweise auch in dem nachstehenden Fall von *Donnars* durchgeführt wurde. Dennoch ist es besonders interessant zu sehen, welch enges Zusammenspiel zwischen dem imaginativen System und dem Feedback des autonomen Nervensystems besteht. Tatsächlich liefern die mentalen imaginativen Methoden den Schlüssel zu der generellen Frage nach dem Wesen unseres Körperbildes, nämlich den Mechanismen des Biofeedback, die schließlich zur mentalen Kontrolle über den Herzrhythmus oder zur Steuerung der Entwicklung eines Geschwürs führen können. Die von der Gestalttherapie entwickelten Techniken, in denen die Körperhaltung und Bilder wie »ins Herz hineinkriechen« eine wesentliche Rolle spielen, sind wohl als Ausläufer der Ausflüge in die mentale Imagination in Europa oder auch als erste Anzeichen der in Zukunft wesentlich systematischer angewandten imaginativen Methoden zur Selbstregulation zu deuten.

Donnars (1970) hat sich speziell um die Bedeutung einzelner Fälle mit psychosomatischen Symptomen gekümmert. Er beschreibt einen Fall, in dem ein Patient aufgefordert wurde, sich auf die Phantasie des Hinaufsteigens einzulassen. Da der Patient ein schreckliches Gefühl von Schwere empfand und großen Widerstand hatte, weiterzugehen, wurde er gebeten, sich zur Erleichterung einiger Kleidungsstücke zu entledigen. Dies führte zu weiterem Blockieren. Schließlich war der Patient in der Lage, seine Angst vor analem Bluten zu enthüllen. Nachdem er diese Angst einmal ausgesprochen hatte, war er in der Lage, von unfreiwillig vollzogenem analen Verkehr zu berichten, zu dem der Patient von einem älteren Verwandten im Alter von 11 bis 14 Jahren gezwungen worden war. Der Patient hatte das Gefühl, daß in seinem After immer noch eine Menge Samen war. Viel von dieser Phantasie war mit dem Bild eines blockierten Eingangs zu einer Höhle verbunden. Trotz dieser Enthüllung dauerte das Gefühl an, weil es der Patient nie gewagt hatte, irgend jemandem den Schmerz in seinem Rektum zu gestehen, damit er nicht gezwungen sei, die Ereignisse aus seiner Kindheit zu erzählen. An diesem Punkt überzeugte der Therapeut den Patienten, daß eine ärztliche Untersuchung wünschenswert sei. Tatsächlich wurde ein gutartiges Geschwulst gefunden und beseitigt. Die danach entwickelte Imagination spiegelte das Verschwinden des Symbols der blockierten Höhle und das Auftauchen eines Fensters mit Ausblick auf eine attraktive Landschaft. Wichtige Veränderungen seiner Persönlichkeit und seiner sozialen Fähigkeiten wurden in einem Follow-up nach zwei Jahren festgestellt.

Ein anderes von *Donnars* berichtetes Beispiel ist ein Fall von Enuresis bei einem jungen Mann, der gerade dabei war zu heiraten. Der Patient hatte so viel Angst, daß seine Braut dieses Symptom entdecken müsse, daß er in seinem Verhalten sehr labil wurde, Wut- und Angstanfälle hatte, Kleptomanie und Anflüge von Depression zeigte. Die Enthüllung der Enuresis tauchte erst nach einer Periode imaginativen Hinaufsteigens innerhalb seines Körpers auf, das er sehr angenehm erlebte; als er jedoch einen Wasserfall erreichte, wurde er von Panik überwältigt. Bedeutungsvolles Material über frühe Kindheitserfahrungen, verbunden mit der Enuresis, und ein angstmachendes Kindermädchen tauchten jetzt auf. Im Laufe der vielen imaginativen Reisen konnte der Patient seinen Körper immer mehr annehmen und war schließlich in der Lage, seiner Verlobten von seinem Problem zu erzählen. Ihr Akzeptieren seiner Person und die spätere Heirat führte zum völligen Verschwinden der Enuresis, und zur gleichen Zeit tötete der Patient in seiner Vorstellung einen riesigen Drachen, der die Züge seines alten Kindermädchens hatte.

Donnars' Fälle deuten auf das Anwachsen anekdotenhafter Literatur über mentale imaginative Methoden hin. Der interessierte Leser wird aufgefordert, diese Vorgänge in der International Society for Mental Imagery Techniques zu verfolgen oder die Bibliographien von *Frétigny* & *Virel* und *Leuner* auf diesen Gebieten heranzuziehen. Es genügt zu sagen, daß die Anwendung der Imagination in der Psychotherapie sich in Europa immer mehr durchsetzt und daß dieser Ansatz vielleicht das europäische Gegenstück zu der Vitalität der Verhaltensmodifikationsgruppen in Nordamerika darstellt. Aus der Sicht einer typisch empirizistisch-psychologischen Orientierung beruhen die mentalen imaginativen Techniken bislang noch zu sehr auf einzelnen Fallgeschichten mit zu wenig systematischer Forschung, wenig Kontrollen und fast keinerlei Experimenten. Trotzdem können Berichte über positive therapeutische Auswirkungen nicht so leicht ignoriert werden. Noch viel erstaunlicher sind die Hinweise auf das mächtige Potential unserer imaginativen Kapazitäten, die sich in den zahlreichen Berichten spiegeln. Es liegt auf der Hand, daß die Zeit reif ist für die Rückkehr zu einer tiefgehenderen Analyse der Vorstellung, die ja schon einmal eine zentrale Rolle in der Psychologie eingenommen hat.

Kapitel V

Vorstellungstechniken in Amerika

Wir haben die Möglichkeiten der Handhabung von Phantasie in der Psychotherapie durch die verschiedenen hier präsentierten psychoanalytischen Ansätze verfolgt, die sowohl in den Vereinigten Staaten und der westlichen Welt überhaupt weitverbreitet sind. Psychotherapeutische Techniken, die nicht im eigentlichen Sinn psychoanalytischer Natur sind, wurden in diverse amerikanische Behandlungsmethoden integriert, was den Eindruck entstehen ließ, als hätte man es grundsätzlich mit zwei verschiedenen Strömungen zu tun. Zu einer Vereinigung der beiden Trends kam es schließlich dann auch im Rahmen der irgendwie »sonderbaren« oder »quasi-religiösen« Formen von Gruppen- oder Einzeltherapieansätzen, die in den 60er Jahren wie Pilze aus dem Boden schossen und in unserer Zeit immer noch gut gedeihen. Diese Methoden, die man leger als Teil einer »humanistischen« Orientierung in der Versorgung psychisch Kranker bezeichnen kann, machen heute ausführlich Gebrauch von den imaginativen Methoden, die sowohl von den ursprünglichen Einflüssen herstammen, die man über beinahe 50 Jahre in den Vereinigten Staaten zurückverfolgen kann, als auch auf jüngere Strömungen zurückzuführen sind, die direkter von den europäischen Techniken mentaler Imagination beeinflußt wurden. Die Dokumentation der verschiedenen Einflußarten selbst wäre eine Studie wert, eine spannende Untersuchung der Soziologie des beruflichen Rollenverständnisses und des Verhaltens von Hilfesuchenden in den verschiedenen Entwicklungsphasen einer sich im Fluß befindlichen Gesellschaft.

Psychodrama und Kleingruppenarbeit

Die erste Woge des Einflusses auf die nichtpsychoanalytischen Umgangsweisen mit der Imagination in den Vereinigten Staaten kann man wahrscheinlich als inneramerikanischen Vorgang bezeichnen, trotz der Tatsache, daß der Gründer *J. L. Moreno* war, ein in Europa erzogener und ausgebildeter Psychiater. Die Ursprünge des Psychodrama und der anderen von *Moreno* entwickelten Methoden sind, wie er oft feststellte, ein Spiegelbild seiner eigenen speziellen Kindheitserfahrungen und seiner Persönlichkeitsentwicklung. Außerdem stand er sicher unter dem Einfluß *Freuds* in Wien vor und unmittelbar nach dem Ersten Weltkrieg sowie verschiedener dynamischer Ansätze, die in jener Zeit entstanden. Trotzdem lebt *Moreno* bereits seit fast 50 Jahren in den Vereinigten Staaten, und seine Techniken sind nach und nach in die Forschung und das psychotherapeutische Rüstzeug vieler amerikanischer Psychologen und Psychiater, die sich dieses Ursprungs vielleicht nicht einmal bewußt sind, eingegangen.

Außer vielleicht auf dem Gebiet der Gruppenpsychotherapie stand *Moreno* nie im Mittelpunkt der Entwicklungen zur Versorgung psychisch Kranker, und sein Name taucht relativ selten in Lehrbüchern der Psychiatrie, Persönlichkeits- oder Sozialpsychologie auf. Dennoch scheint es außer Frage zu stehen, daß eine große Anzahl der signifikanten Techniken, die man bei der Untersuchung von sozialen Strukturen und damit in Zusammenhang stehendem Verhalten bei Kindern und Erwachsenen anwendet sowie der Methoden der Einschätzung von Organisationsverhalten im militärischen oder industriellen Bereich, soweit es sich um Vorgehensweisen handelt, die auf der Phantasie basieren, fast mit Sicherheit direkt auf seine Ideen zurückführbar sind. In der Tat sind viele der Konzepte von Gemeinde-Psychiatrie oder Psychologie bereits ziemlich klar vorgezeichnet in der von *Moreno* vertretenen Methode einer möglichst frühzeitigen Analyse der jeweiligen sozialen Struktur institutioneller oder organisatorischer Beziehungen, mit dem Ziel, soziometrische Muster herauszugreifen als Grundlage für die Veränderung der Organisation von z. B. einem Mädchenwohnheim in einem Behandlungszentrum. *Morenos* Arbeit mit großen Gruppen, deren Mitglieder sowohl in der Rolle von teilnehmenden Beobachtern als auch in der von »Hilfs«-Ichs in dem sich entwickelnden Drama auftreten, ist sicherlich ein Vorbild für manche Milieutherapie-Techniken, die zunehmend in psychiatrischen Kliniken und Tagesbehandlungsstätten anstelle der eher traditionellen Psychotherapien zur Anwendung kommen. Mit der für ihn charakteristischen, nicht gerade bescheidenen Art, die einen Teil seines Lebensstils auszumachen scheint, berichtet *Moreno* (1967), daß er einmal als junger Student im Vorkriegswien zu *Freud* gesagt habe: »Sie sehen Ihre Patienten in der unnatürlichen Umgebung Ihres Behandlungszimmers. Ich treffe sie auf der Straße, in ihren Wohnungen, in ihrer natürlichen Umgebung« (S. 133). Mit dieser Bemerkung wurde ganz klar das Konzept der Gemeinde-Psychiatrie vorweggenommen, zu dem *Moreno* auf vielfache Weise Beiträge geliefert hat, vielleicht ohne gebührende Anerkennung seitens der etablierten Fachkollegen.

Wir brauchen uns hier nicht damit zu befassen, warum die Ideen von *Moreno* nicht dieselbe weitverbreitete Anerkennung und Beachtung gefunden haben wie das Werk anderer führender Vertreter der

Psychotherapie wie z. B. *Freud* und *Jung*. Wahrscheinlich hat irgend etwas an *Morenos* persönlichem Stil viele Leute verärgert, darüber hinaus hat der Einsatz des Mittels der psychodramatischen Darstellung als einer Art Showbusiness dazu geführt, daß sehr viel Laienpublikum angezogen wurde und viele unkonventionelle nichtprofessionelle Therapeuten in Erscheinung traten. Auf diese Weise verstärkt sich die Tendenz, seine eigentliche Bedeutung zu übersehen. *Morenos* überschäumende Art und seine körperliche Erscheinung haben sowohl bei psychodramatischen Demonstrationen und auch bei professionellen Treffen ihn oft als Prototyp des vom Film her bekannten »verrückten Psychiaters« erscheinen lassen. Seinen Schriften fehlt die Breite der Wissenschaftlichkeit und die theoretische und stilistische Prägnanz anderer Theoretiker auf dem Gebiet der Psychotherapie.

Nichtsdestoweniger hat *Moreno* mit seiner Untersuchung soziometrischer Muster und Strukturen der Gruppeninteraktion im psychotherapeutischen Prozeß und dem Konzept der therapeutischen Wirksamkeit des Rollenspiels und der Rollenumkehr einen ähnlich starken Einfluß auf psychotherapeutische Techniken genommen wie die Psychologie der persönlichen Konstrukte von *George Kelly*, die heutzutage in der Industrie und den allgemeinen Gesundheitseinrichtungen weitverbreiteten Techniken der T-Gruppen und die Encounter-Gruppenmethoden, wonach Phantasien im einzelnen vor der Gruppe ausagiert werden und dann innerhalb dieses Prozesses die Rollen vertauscht werden. Viele Psychotherapeuten versuchen auch, die Haltung ihrer Patienten durch »paradigmatische« Techniken direkt zu beeinflussen, in denen sie die Rolle eines Elternteils spielen und versuchen, zunehmend größere Ressentiments seitens des Patienten zu wecken, mit dem Ziel, dem Betreffenden mehr Klarheit über diese Ressentiments zu verschaffen. Wenn ich die Techniken des »transaktionellen Spielens von Spielen« bis hin zu den Versuchen der Gestaltpsychologie, sich in einzelne Traumelemente oder Phantasieelemente einzufühlen, sei es in Einzel- oder in Gruppentherapie, betrachte, dann besteht für mich fast kein Zweifel, daß hier bislang *Morenos* Methoden integriert wurden, ohne ihn als Urheber anzuerkennen.

Da wir uns speziell auf den Einsatz von Phantasietechniken konzentrieren, brauchen wir uns nicht mit den vielen Einzelheiten der psychodramatischen Methode auseinanderzusetzen. Es ist allerdings instruktiv, daß *Moreno* (1967) selbst die spätere Entwicklung seines Ansatzes auf seine eigene »extrem fruchtbare poetische Imagination« zurückführte. Frühe Erfahrungen sammelte er, wie er berichtet, in der Unterhaltung von Kindern, und später begeisterte er sogar größere Gruppen von Erwachsenen in verschiedenen Stadtteilen von Wien durch seine Fähigkeit, Geschichten zu erzählen. Mit dem ihm eigenen erfrischenden Mangel an Bescheidenheit nannte er sich einen Rattenfänger und beschreibt, wie er unter einem Baum im Park Geschichten erzählt, und, »wie von einer magischen Flöte herangezogen, die Kinder zusammenströmen und sich im Kreis um ihn herum setzen und mit gespannter Aufmerksamkeit zuhören«. Er wies besonders darauf hin, daß es nicht nur der Inhalt der Geschichten war, der die Kinder interessierte, sondern vielleicht noch wichtiger war die Art und Weise, mit der unwirkliche Dinge für sie eine wirkliche, lebendige, tatsächliche Erfahrung werden konnten. Diese Schilderung macht deutlich, wie das Psychodrama seinen Ursprung in der Phantasie des einzelnen hat. Darüber hinaus wird klar, daß *Morenos* besondere Begabung darin lag, die Phantasie aus der privaten Erlebniswelt (vielleicht wird die Phantasie in der privaten Atmosphäre einem Therapeuten gegenüber enthüllt) in eine öffentliche Situation hineinzutragen. Das heißt, die Phantasie wird einer Gruppe gegenüber enthüllt und vor den Augen des Patienten ausagiert, wobei außer ihm selber noch »Hilfs-Ichs« teilnehmen, damit die aktivierte Phantasie der Realität ausgesetzt wird und von verschiedenen Seiten betrachtet werden kann.

Die psychodramatische Methode besteht darin, daß der Patient nach anfänglicher Diskussion mit dem Therapeuten vor einer beobachtenden Gruppe aufgefordert wird, einen spezifischen Interaktionsanlaß auszuwählen: das kann die Erinnerung an ein Vorkommnis sein, ein gefürchtetes zukünftiges Ereignis oder irgendeine Phantasie. Mit Hilfe von anderen Gruppenmitgliedern oder geübten Ko-Therapeuten spielt der Patient die Situation so realistisch wie möglich. Sobald das Rollenspiel eine entscheidende Phase erreicht hat, setzt die berühmte Technik des *Rollentauschs* ein. Die Methode zwingt jeden Akteur, die jeweilige Situation vom Standpunkt seines Gegenspielers aus zu betrachten und zu versuchen, sich in das Erleben des anderen einzufühlen. Für *Moreno* ist das wesentliche Moment die *Katharsis*, die sowohl von den Akteuren als auch von den beiwohnenden Beobachtern erlebt wird, da ein Großteil der Szenen aus Situationen oder Phantasien stammt, die jedem sehr vertraut sind.

Bei der Beschreibung dessen, was stattzufinden scheint, stellt *Moreno* den Prototyp der Kombination einer Desensibilisierungstherapie mit einer nachfolgenden kognitiven Umstrukturierung der Erfahrung dar. Wenn man z. B., wie er es darlegt, ein echt angstmachendes Ereignis oder eine erschreckende Phantasie auf der Bühne spielt, entsteht das Gefühl, daß alles, was man seinerzeit getan hat, jetzt wiederholt wird. In *Morenos* Worten (1967):

»Aber selbst derselbe Schmerz wird von dem Publikum und den Darstellern nicht mehr als Schmerz empfunden, dieselbe Sehnsucht ist keine Sehnsucht mehr, derselbe Gedanke ist kein Gedanke mehr. Alle sind ohne Schmerzen, unbewußt, gedankenlos und unsterblich. Jede Figur aus der Realität löscht sich selbst durch Verstellen aus.

und Realität und Verstellung lösen sich in Gelächter auf« (*Moreno*, 1967, S. 137). Tritt diese Situation ein, dann ist das Drama für einen Moment zu Ende; aber dieses Erlebnis der Desensibilisierung kann sich bei bestimmten Patienten ziemlich oft wiederholen. Anschließend muß der Patient ohne die Unterstützung dem Drama gegenübertreten; jetzt kann das geschehen, was man eine kognitive Neuorientierung nennen könnte, in der die Mitglieder der Gruppe und der Patient die Situation neu überprüfen, sie aus verschiedenen Blickwinkeln betrachten und sie in die aktuelle Situation des Patienten zu integrieren versuchen. Obgleich *Moreno* selbst die *kathartischen* Aspekte dieses Prozesses betont, scheint es mir an dieser Stelle vorrangig, einige Formen des kognitiven Neustrukturierens darzustellen.

Im Grunde hat die psychodramatische Methode von *Moreno* ziemlich viel mit dem eigentlichen Theaterspielen gemein. Der kreative Schriftsteller beginnt ohne Zweifel mit eigenen persönlichen Erfahrungen und einigen Phantasien, die im Zusammenhang mit diesen Erlebnissen geweckt wurden. Diese bilden die Grundlage für interessante Charaktere und außergewöhnliche Begegnungen, die ein interessantes Drama ausmachen. *Moreno* ging davon aus, daß jeder von uns ständig innere Monologe führt über vorweggenommene Begegnungen, ersehnte Abenteuer und Veränderungen gegenüber der aktuellen Lebenssituation. Häufig sind das Thema dieser Selbstgespräche auch schreckliche und angsterregende mögliche Ereignisse, die uns plötzlich durch den Kopf gehen und unser Verhalten auf vielerlei Weise beeinflussen können, ohne daß die anderen etwas von der Intensität dieser inneren Abläufe merken würden. Wenn man den Patienten durch dramatisches Wechselspiel auffordert, seine sehr persönlichen Phantasien öffentlich auszusprechen und sie dann in dem stattfindenden Rollenspiel neu zu erleben in einer zumeist wohlwollenden Umgebung, in der ihm viel Wärme und Unterstützung seitens der Gruppe entgegengebracht wird, kann er sich – zumindest in bestimmter Weise – mit seinem inneren Erleben auseinandersetzen und zu einer Einigung mit sich selbst kommen. Gleichzeitig wird dem Patienten durch Rollentausch eine Gelegenheit gegeben zu sehen, wie andere seine Situation erleben, und das erweitert zweifellos sein Verhaltensrepertoire. Obwohl *Moreno* ohne Frage von der psychoanalytischen Konzeption des Familienromans beeinflußt ist, geht es ihm primär um das gegenwärtige Erleben des Patienten, und er befaßt sich weniger mit der Analyse der Ursprünge der jeweiligen Situation. Er versäumt es jedoch nie, auf typische Anteile von den Eltern hinzuweisen oder auf Widersprüche, falls die Phantasien des einzelnen dazu Anlaß geben; aus diesem Grund teilt er diese den einzelnen Hilfs-Ichs zu, und zwar so, daß die verschiedenen Seiten des Patienten oder dessen Eltern von verschiedenen Teilnehmern gespielt werden.

Eines der dramatischen Beispiele, die *Moreno* anführt, ist das eines 15jährigen Jungen, der verhaftet wurde, weil er in das Weiße Haus eingebrochen war, in Uniform und voll bewaffnet, um zu versuchen, Präsident Truman entweder zu beraten oder zu bedrohen. In der ersten psychodramatischen Sitzung – der junge Mann war bis zu diesem Zeitpunkt für geisteskrank erklärt worden – war er sehr still und zurückgezogen, aber schließlich, nach einer Anwärmphase, wie sie üblicherweise der Beteiligung an einem Psychodrama vorausgeht, lieferte er vor der Gruppe eine Darstellung seiner Reise nach Washington und seines Weges zum Weißen Haus. Einige Gruppenmitglieder spielten die Ereignisse, die seine Bemühungen, sich dem Präsidenten zu nähern, zum Scheitern brachten und dazu führten, daß er in ein Untersuchungsgefängnis kam, um dort eine psychiatrische Untersuchung über sich ergehen zu lassen. Am Ende des Dramas wurde der Junge zu seiner Überraschung nicht in die für ihn bittere Realität einer psychiatrischen Klinik zurückgeschickt, sondern er empfing Wärme und Gefühle der Sympathie für das, was er eigentlich tun wollte, und für das Ausmaß an Enttäuschung, das er fühlen mußte. In der Folge konnte man beobachten, daß er spielte, als ob er definitiv ein Teil der Gruppe sei; später wurde er aufgefordert, einige seiner Erfahrungen mit der eigenen Familie zu spielen. Dies führte zu einigen sehr eindrucksvollen Interaktionen mit jenem Hilfs-Ich, das seine Stiefmutter spielte, sowohl vor als auch nach dem Rollentausch. Es wurde deutlich, wie stark sein ganzes Handeln auf frustrierende Erlebnisse sowohl des realen Lebens als auch der Phantasie, wenn auch dort weniger drastisch, zurückzuführen war. Johnny bekam die Gelegenheit, verschiedene Phantasien über realistischere Jobs, die er erhalten könnte, oder Übungsgelegenheiten, die ihn von seiner Familie unabhängiger machen würden, durchzuspielen; gleichzeitig bot sich ihm ein Betätigungsfeld für seine abenteuerlichen Ideen. Die Fallgeschichte endet damit, daß Johnny ein Jahr lang keinerlei psychiatrische Symptome zeigte und eine Pilotenausbildung begann.

Morenos Methode betont das subtile Zusammenspiel von Realität und Phantasie. Er fordert die Hilfs-Ichs auf, körperlichen Kontakt mit den Patienten aufzunehmen, Arm in Arm mit ihnen über die Bühne zu gehen und Handlungen auszuführen, die ein Gefühl von Realität schaffen, wenn selbst die gespielten Charaktere der Phantasie des Patienten entspringen und keine Selbstdarstellung sind. Durch die Beobachtung seiner eigenen Phantasien, die für ihn von realen Menschen dargestellt werden, begegnet der Patient diesen Erfahrungen und kann sie vielleicht aus einer neuen Perspektive sehen. *Moreno* (1967) schreibt:

»Die Hilfs-Ichs sind ohne Zweifel reale Personen, aber sie betreten die *Psyche* des gestörten Patienten wie eine gute Fee, die mit einem

Zauberspruch ausgestattet ist. Wie gute oder böse Geister beunruhigen sie den Patienten, stacheln ihn an oder trösten ihn, ganz wie es die Umstände erfordern. Er findet sich selbst in einer Welt gefangen, die halb wirklich, halb unwirklich ist, er sitzt gleichsam in einer Falle. Er sieht handeln, hört sich sprechen, aber seine Gedanken und seine Handlungen, seine Gefühle und Wahrnehmungen kommen nicht aus ihm selbst, sondern, so seltsam das auch scheinen mag, von irgendeiner anderen Person, von dem, was der therapeutische Prozeß an Bildern über seinen inneren Zustand hervorbringt« (S. 141).

Möglicherweise hält die psychodramatische Erfahrung nicht immer das, was sie verspricht, weil, wie *Moreno* meint, viele Menschen nicht ohne weiteres in der Lage sind, sich selbst in eine Rolle zu begeben und weil die Hilfs-Ichs nicht immer ganz so zur Wirkung kommen, wie es wünschenswert wäre. Trotzdem kommt es in der Regel zu einer starken emotionalen Beteiligung, und die Möglichkeit, sich von der Erfahrung zu distanzieren, die ja nicht mehr versteckt, privat, tabu, Phantasie oder Geheimnis ist, gestattet es, die negative Einstellung gegenüber dem Material abzubauen und beträchtliche positive Gefühle entstehen zu lassen. *Moreno* ist einer jener führenden Kliniker, die großen Wert auf Spontaneität legen, und seine Konzentration auf die eher kreativen Fähigkeiten des Individuums macht ihn auch zum Vorbild der humanistischen Gruppe und der Anhänger der *Maslow*schen Vorstellung von »Gipfelerlebnissen« (peak experiences) und der kreativen Ausdrucksmöglichkeit des Menschen. Obwohl *Morenos* Prozeßbeschreibung und hypothetische Annahmen auf einem zu allgemeinen Niveau bleiben, um wissenschaftlich vollkommen zufriedenstellend zu sein, wenn es etwa um die sorgfältige Analyse *des Prozesses* selbst geht, gibt es doch wenig Zweifel darüber, daß die psychodramatische Technik und ihre Anwendung in der Gruppenpsychotherapie, wie sie *Moreno* eingeführt hat, einen bedeutenden Beitrag für die Anwendung imaginativer Methoden in der Psychotherapie geleistet hat. In der Tat hat sich das Rollenspiel beispielsweise zur Vorbereitung junger Leute auf Einstellungsgespräche oder als Möglichkeit, einer Vielfalt von Krisen ins Gesicht zu sehen, als überraschend praktizierbar erwiesen.

Es ist anzunehmen, daß auch unsere eigenen Tagträume und Phantasien, so internalisiert und privat sie auch sein mögen, ursprünglich einmal in Form von offener Verbalisation ausagiert wurden, und zwar in jener egozentrischen Sprache, die schon vor langer Zeit von *Piaget* (1932) beschrieben wurde und für das soziodramatische Spiel zwischen 2 und 6 Jahren typisch ist (*Singer*, 1973). Irgendwann im Alter zwischen 6 und 13 oder 14 Jahren ist sehr viel imaginatives Spiel auf sehr subtile Weise verkleinert und in der Form lebendiger Bilder und innerer Monologe internalisiert worden. In der Tat scheinen wir uns geradezu darin zu üben, das ständige Vorhandensein dieser Erfahrungen nicht zu beachten; wir begegnen ihnen als einem Teil unserer selbst zum erstenmal dann, wenn wir uns an Träume der Nacht erinnern, wo derartige Aktivitäten mit größerer Lebendigkeit und offensichtlicher Realität erscheinen.

Morenos große Erkenntnis war, daß diese Phantasien offen ausagiert werden können: sein Psychodrama ist nichts anderes als die Erlaubnis für das Individuum, zu der Freude am soziodramatischen Spiel der Kindheit zurückkehren zu dürfen. Mit dem Vorteil einer Erwachsenenperspektive und vermutlich der Unterstützung seitens eines Therapeuten oder anderer Gruppenmitglieder kann man die eigenen Phantasien nach verschiedenen Gesichtspunkten untersuchen und den Grad ihrer Realisierbarkeit noch deutlicher herausarbeiten; auf ähnliche Weise kann beleuchtet werden, wie stark diese Phantasien mit unmöglichen Zielen oder mit irrationalem negativen Aspekt assoziiert sind. Die Phantasie kann darüber hinaus von verschiedenen Standpunkten aus durch Rollentausch und durch wiederholte Interaktionen in Praxis umgesetzt werden, und die spontanen Ereignisse können zugleich verwendet werden, um positive Affekte von Überraschung, Interesse und Freude hervorzurufen und vermutlich auch, um schmerzliche und negative Affekte zu desensibilisieren, die in der Vergangenheit mit diesen Phantasien verknüpft waren. Schließlich ist es möglich, neue alternative Verhaltensmuster unter konstruktiver Einbeziehung einiger Phantasien zu praktizieren. Dies ist natürlich etwas, was viele Menschen durch persönliche Planung und Phantasie ohnehin tun. Viele Menschen benutzen das Denken im wesentlichen in dieser Weise, aber andere haben nicht ständig mit Imagination zu tun, oder die Phantasien sind nicht genügend lebendig, um effektiv zu sein. Die vielfältig praktizierte Rollenübernahme im Rahmen einer im eigentlichen Sinne psychodramatischen Gruppe kann deshalb für viele Menschen sehr wohltuend sein und dem gleichen Zwecke dienen wie der persönliche Gebrauch der Phantasie.

Es scheint wichtig zu sein darauf hinzuweisen, daß bei der psychodramatischen Methode sehr viel weniger Wert auf persönliche Symbolik und das Unbewußte als solches gelegt wird. In vieler Hinsicht scheint mir deshalb das Psychodrama seiner Orientierung nach in Wirklichkeit vielen verhaltenstherapeutischen Methoden nahezustehen.

Transaktionsanalyse, Gestalttherapie und verwandte Methoden

Es gibt weitere, im wesentlichen in den Vereinigten Staaten entwickelte Techniken, deren Interesse an imaginativen Verfahren zu einer Zeit entstand, als man sich in Europa noch nicht mit diesem Gebiet befaßte. Gemeint sind die Techniken des Umgangs mit der Phantasie und des Spielens von Spielen, wie sie in einer großen Vielfalt von jener Gruppen- und Individualpsychotherapie gehandhabt werden, die auf *Eric Bernes Transaktionsanalyse* sowie *Frederick Perls' Gestaltpsychotherapie* basieren und zum Teil unter dem Einfluß *Kurt Lewins*, der Sozialpsychologie und der mit der Untersuchung von Kleingruppenprozessen in Amerika befaßten Kreise stehen.

Obwohl *Kurt Lewins* Bedeutung für die Entwicklung der experimentellen Sozialpsychologie heute allgemein anerkannt ist und er von *Tolman* und *Allport* sogar als einer der wenigen Genies in der Psychologie bezeichnet wird, ist doch der Einfluß seiner Konzeption der Feldtheorie und der Natur der Gruppeninteraktion, die er in den 30er Jahren in Amerika veröffentlichte, auf die Entwicklung der Arbeit mit Kleingruppen, auf die Technik der National Training Laboratories, die sich in Industrie und Verwaltung immer größerer Beliebtheit erfreuten, und auf eine ganze Reihe anderer Kleingruppenverfahren, die bei vielen Kollegen und an den Hochschulen in Mode gekommen sind, wenig offenkundig. *Lewin* selbst war einer der exaktesten Theoretiker in der Psychologie und hatte dennoch großes Interesse an praktischen Problemen. So führte z. B. seine durch einige Schüler durchgeführte Untersuchung von Problemkreisen, wie etwa die autoritäre und demokratische Atmosphäre im Klassenzimmer, zu wichtigen Anwendungsmöglichkeiten von Gruppeninteraktionsmethoden in der Psychotherapie und einer Vielfalt von Trainingsmethoden zur Verbesserung menschlicher Beziehungen. *Bions* (1948) Integrationsversuch der psychoanalytischen Konzepte mit der *Lewin*schen Feldtheorie stellt eine wichtige Vorstufe zur Entwicklung der sogenannten Tavistock-Gruppenverfahren dar, die heute auf dem Erziehungssektor und bei der Versorgung psychisch Kranker eine große Rolle spielen.

Eine wichtige frühe Darstellung des Prozesses intensiver Gruppenpsychotherapie von *Bach* (1954) und die sogar noch frühere Arbeit über Gruppenpsychotherapie von *Powdermaker* und *Frank* (der letztere wie *Bach* ein Schüler von *Lewin*) verdeutlichen, auf welche Weise diese Methoden Anfang der 50er Jahre Gestalt angenommen haben. *Bachs* ausgezeichnete Darstellung der Gruppenpsychotherapie war *Lewin* gewidmet. *Bach* beschäftigte sich eingehender mit vielen ursprünglich in der Gruppenpsychotherapie benutzten Techniken, einschließlich verschiedener Arten von Spielen und aktiver Rollenübernahme. Außerdem führte er – inspiriert von *Lewin* – Untersuchungen durch über die kindlichen Reaktionen auf Frustration im Spiel. Auf ihn geht auch eine Beschreibung der verschiedenen Techniken der Rollenübernahme zurück, die in der Psychotherapie verwendet werden können. Bemerkenswert ist, daß er regen Gebrauch machte von der Exemplifizierung privater Phantasien durch dramatische Darstellung und daß er Wert legte auf die Kontinuität zwischen dem kindlichen und dem gruppentherapeutischen Spiel. *Bach* wies ferner auf die Möglichkeiten der Desensibilisierung durch das Rollenspiel hin, bezog sich dabei auf die Theorie von *Hull* und nahm interessanterweise die Arbeit von *Wolpe* über Phobien vorweg, die kurz darauf erschien und als Grundlage der heute praktizierten verhaltenstherapeutischen Methoden gilt.

Viele der von *Bach* betriebenen Techniken gehören zu den heute am meisten praktizierten gruppenpsychotherapeutischen Methoden und bedürfen hier keiner detaillierten Darstellung. Zu diesen Techniken sind u. a. zu rechnen: das Mitteilen von Trauminhalten eines Gruppenmitglieds einschließlich der Versuche, die Träume in der Gruppe zu analysieren, oder das empathische Erleben von Traumprotokollen in der Gruppe oder der Austausch von Erlebnisweisen untereinander. *Bach* hat zahlreiche Beispiele von Träumen aufgeführt, die von den betreffenden Patienten nachgespielt wurden, wobei sie selbst versuchen sollten, das Traumgeschehen echt zu erleben und damit viele verschiedene, mal bessere, mal schlechtere Interpretationen anzubieten. *Bach* selbst ist sich einig mit *Fromm* in der Interpretation des Traumes als einer Kommunikationsform. Weiterhin ist zu erwähnen, daß er ausgiebigen Gebrauch von Zeichnungen macht, die sowohl von den Betroffenen selbst als auch von der Gruppe angefertigt werden und eine Möglichkeit darstellen, dem Traum auf vielfältige Weise Ausdruck zu verschaffen; darüber hinaus wird die Grupppe manchmal aufgefordert, die Zeichnungen einzelner Gruppenmitglieder im Rahmen einer therapeutischen Sitzung zu verbessern und zu kommentieren. Die Zeichnungen dienen in diesem Fall sicher dazu, sowohl persönliche Phantasien als auch Phantasien, die sich auf die Gruppe beziehen, darzustellen. *Bach* zitierte z. B. die experimentelle Arbeit von *Lewin,* um zu zeigen, daß ein Individuum lernen kann, fest verankerte emotionale Haltungen, Ziele und widersprüchliche Tendenzen in neue Bahnen zu lenken, die der aktuellen Lebenssituation besser gerecht werden und die beschritten werden können, wenn der Betroffene das Gefühl hat, daß seine Entscheidung von der mit ihm emotional verbundenen Gruppe mitgetragen wird. In diesem Sinne spricht *Bach* von dem Verbindungsstück zwischen dem Einbringen persönlicher Phantasien in die Gruppe und der Darstellung von Phantasien und Erinnerungen im Rollenspiel einerseits und der nachfolgenden Veränderung der Einstellungen hinsichtlich dieser Handlungen als ein Ergebnis der zusätzlichen Identifikation mit der Gruppe und des von dieser ausgeübten Drucks andererseits.

Da wir uns in diesem Buch nicht vorwiegend mit Gruppentechniken befassen wollen, werde ich *Bachs* Arbeiten nicht weiter ausführen, sondern es damit bewenden lassen, den Zusammenhang aufzuzeigen, der zwischen der *Lewin*schen Feldtheorie und dem Wissen des Individuums um die Abhängigkeit vom Gruppendruck einerseits und den zu erwartenden positiven Auswirkungen der verschiedenen Methoden, persönliche Phantasien in die Gruppe einzubringen, andererseits besteht. Die von *Bach* vorgeschlagene Gruppentherapie stellt einen Bezug zu den frühen Techniken von *Moreno* her, berücksichtigt gleichzeitig die unter den einflußreichen Persönlichkeiten der experimentellen Sozialpsychologie vielleicht abstrakter und systematischer entwickelten Gruppentheorien von *Lewin* und *Heider* und trägt dem großen Wert Rechnung, den man seitens der Psychoanalyse auf die Bedeutung der Eltern-Kind-Beziehung als der Quelle der wichtigsten sozialisierenden Einflüsse legt. Deshalb werden persönliche Phantasien und Imaginationen unvermeidlich zu einem Teil des Gruppenprozesses, in dessen Verlauf sie auf mehr oder weniger systematische Weise wiederholt werden. Es bleibt zu wünschen, daß die Leiter der zahlreichen Begegnungs- und Therapiegruppen ein Gefühl besitzen für jene psychologischen Zusammenhänge, auf die von *Bach* in seinem Buch hingewiesen wird. Gruppentherapien hätten dann vielleicht weniger den Beigeschmack »religiöser Bekehrungen«, und sie könnten durch systematisches Vorgehen effektiv gestaltet werden.

Zu den beliebten Techniken zählt die »transaktionale« Methode nach *Berne* (1964), die sowohl in Einzel- als auch in Gruppenpsychotherapie eingesetzt wird. Im wesentlichen scheint es sich dabei um die Anpassung psychoanalytischer Theorien an einen interpersonellen Rahmen zu handeln. Dennoch ist *Bernes* Methode eine grobe Vereinfachung, insofern als er davon ausgeht, daß jedem Menschen drei mögliche Ichzustände oder Kommunikationsmittel zur Verfügung stehen: das Kind-Ich, das Erwachsenen-Ich und das Eltern-Ich. Ganz offensichtlich entsprechen diese Ichzustände dem Es, dem Ich und dem Über-Ich, und die Art dieser Zuordnung birgt die Gefahr grober Vereinfachung durch den Patienten oder das Laienpublikum in sich.

Der Ansatz von *Berne* ist allgemein bekannt und braucht in diesem Zusammenhang als Therapiemethode nicht erläutert zu werden. Aus diesem Grund soll hier ein spezifischer Aspekt herausgegriffen werden, der in der These zum Ausdruck kommt, daß jeder Mensch ein bestimmtes »Skript« mit sich herumträgt, das ihn veranlaßt, verschiedene Spiele zur Selbstverteidigung zu spielen, in die er andere verwickelt. Das Therapieziel besteht darin, diese Spiele zu identifizieren und aktiv von der Gruppe spielen zu lassen, damit sie deutlich als Spiele ausgemacht werden können und der Unterschied zum folgerichtigen Verhalten von Erwachsenen deutlich wird. Das Skript, dessen Inhalts sich das betreffende Individuum oft ziemlich bewußt ist, verkörpert eine Reihe von Erwartungen und Wünschen, die auf verschiedene Befriedigungen oder Sicherheiten abzielen, deren Ursprung in der frühen Kindheit liegt. Es kann sein, daß der Patient versucht, die Mitglieder einer Gruppe dafür zu gewinnen, an seinem eigenen Spiel teilzunehmen, so wie er auch versucht hat, seine Eltern, Freunde, seine Frau und vielleicht seine eigenen Kinder einzubeziehen. Beispiele für solche Spiele sind: »Wie kommt man hier bloß wieder raus?«, »Schlemihl« oder »Alkoholiker«. Im Spiel vom Schlemihl z. B. gibt es einen Menschen, der die Vorstellung hat, jegliche Form egozentrischen Verhaltens wiedergutzumachen, wenn man nur genug Feingefühl hat, um Entschuldigung zu bitten oder gegebenenfalls den Clown zu spielen.

Therapeutische Techniken wiederholen das jeweilige Muster so oft, bis es für die Spieler klargeworden ist, in welchem Ausmaß sie mit dem Patienten in dieser Phantasie kolludieren. Ein häufig anzutreffendes und in seinen Auswirkungen tragisches Skript ist die Retterphantasie einer Frau, die einen Alkoholiker nach dem anderen heiratet. Die Unterbrechung ihres Skripts bringt sie zur Verzweiflung. Versagt jedoch die Therapie, dann findet sie bestimmt erneut einen Mann, den sie zu retten hofft. Von *Bernes* Standpunkt aus betrachtet, ist das Ziel einer Transaktionsanalyse letzten Endes die Analyse dieser Lebensskripte, d. h. die Analyse der Hierarchie von Ablaufplänen und Programmen des Individuums (um diese technischen Begriffe zu gebrauchen). In diesem Sinne unterscheidet sich *Bernes* Skriptanalyse als Schlüssel zu den Zielen, dem Schicksal und der Identität des Patienten, nicht wesentlich von dem Ansatz vieler europäischer Therapeuten, die mit imaginativen Methoden arbeiten. Lediglich durch die Bedeutung, die der Einbringung des Materials in die Beziehung zu anderen Menschen beigemessen wird im Gegensatz zur bloßen Annahme bestehenden intersymbolischen Terrains oder einer symbolischen Sprache, in der das Skript abgefaßt ist, hebt sich die *Berne*sche Methode von anderen Verfahren ab. Ein weiterer Unterschied liegt möglicherweise in der Methodik und prinzipiellen Betrachtungsweise, aber es bleibt abzuwarten, ob es entscheidend ist. Es ist allerdings klar, daß in der Transaktions-Analyse der zentrale Ansatzpunkt der Behandlung nicht im bloßen Aufdecken der Symbolik liegt, sondern auf deren Identifikation und systematischer Modifikation durch eine Vielfalt verschiedener Rollenspiele entweder zwischen Therapeut und Patient oder zwischen Mitgliedern der Gruppe.

Imagination in der Gestalttherapie

Die Gestalttherapie ist wohl in erster Linie als soziale Bewegung zu verstehen und nicht sosehr als abstrakte oder systematische, in die psychotherapeutische Praxis umgesetzte Persönlichkeitstheorie. Wie im Falle des Psychodramas, trägt auch ihre Entstehungsgeschichte deutlich die Züge einer dominanten Persönlichkeit – des späten *Frederick Perls* (weithin bekannt als Fritz). Er hat in Deutschland eine psychoanalytische Ausbildung gemacht und mit dem großen Neurologen *Kurt Goldstein* zusammengearbeitet, bis er sich 1936 mit der im psychoanalytischen Denken dominierenden *Libido*theorie nicht mehr einverstanden erklärte. »Ich, Hunger und Aggression« (Ego, Hunger and Aggression), von *Perls* noch als Mitglied der psychoanalytischen Gruppe geschrieben, enthielt einige wichtige Begriffe aus dem Vokabular *Wilhelm Reichs* über Körperverspannungen und den »Charakterpanzer« und stellte das Selbst auf eine breitere begriffliche Basis, als es im Zuge der Einengung auf das Körperbewußtsein über die Befriedigung der speziell von den Körperöffnungen abgeleiteten sexuellen Ausdrucksmöglichkeiten möglich war. 1951, sechs Jahre nach seiner Ankunft in den Vereinigten Staaten, hat *Perls* in Zusammenarbeit mit *Paul Goodman* (dem Literaturkritiker) und *Ralph Hefferline* (einem Experimentalpsychologen und Pionier der Biofeedback-Forschung) seine berühmteste Arbeit über Gestalttherapie veröffentlicht. Diese relativ lose organisierte Arbeit ist deshalb bemerkenswert, weil sie eine Reihe von Selbstwahrnehmungsübungen präsentiert und den Versuch unternimmt, *Freuds* Theorien in Frage zu stellen – indem sie eine ganzheitlichere und vielleicht »humanistischere« Position vertritt. Die relativ bescheidenen Erfolge an der konservativen Ostküste veranlaßten *Perls,* nach Kalifornien zu ziehen, wo er in den späten 50er Jahren auf sich aufmerksam machte und in den 60er Jahren vielleicht die dominierende Figur in der Psychotherapie wurde. Als jemand, der Individualpsychotherapie zugunsten von »Workshops«, »Marathons« und Lebensgemeinschaften aufgab, als Begründer und am Big Sur residierender »Guru« von Esalen, beeinflußte *Perls* das Leben von Hunderten von Kollegen und »Suchenden«, und noch sechs Jahre nach seinem Tod ist trotz seiner Außenseiterrolle im Bereich der Psychotherapie die von ihm ausgehende Wirkung unvermindert stark.

In dem Ausmaß, wie sich Gestalttherapie überhaupt in ihre Bestandteile zerlegen läßt, scheint sie einen Ansatz darzustellen, der Elemente enthält von *Goldsteins* (1940) »Selbst-Aktualisierung«, und seiner Sicht der Pathologie als einer Verzerrung der normalen funktionellen Integration des Teils in das Ganze, von *Reichs* (1945) Hervorhebung der Körperverspannungen als Ausdruck von Hemmungen oder unterdrückter Wut und natürlich von vielen der Einsichten der Psychoanalyse. Er wird oft als existentialistischer Ansatz betrachtet, weil er die »neue« Erfahrung betont und keine Wiederbelebung oder Untersuchung der Vergangenheit anstrebt. Der Einfluß von *Perls* und *Goodman* ist sicher auch eine der Ursachen für die große Wertschätzung, die die Jugend der 60er Jahre der direkten Erfahrung, der sexuellen Freiheit und der Offenheit gegenüber sinnlicher Befriedigung entgegenbrachte.

Die Relevanz der Gestalttherapie für unsere Beschäftigung mit imaginativen Techniken hat sicher zu tun mit der großen Bedeutung, die dort der am Körper orientierten Imagination beigemessen wird. Denkt man den Gedanken der Körper-Seele-Ganzheit, dem man bei *Perls* und seinen Mitarbeitern immer wieder begegnet, zu Ende, so erscheint es ganz natürlich, daß seitens der Gestalttherapeuten immer wieder darauf hingewiesen wird, daß Körperverspannungen, Krämpfe, Gesichtsausdruck und bestimmte Haltungen nicht nur die weithin als Körpersprache bekannten Kommunikationsformen darstellen, sondern zugleich latente Phantasien oder Erinnerungen.

Die Gestalttherapie wies erstmals dem Patienten nicht seinen Platz auf der Couch zu, sondern forderte ihn auf, vor dem Therapeuten zu »agieren«, Positionen zu wechseln, die eigene Haltung ins Gegenteil zu verkehren und teils in übertriebener Form einzunehmen. Durch solche körperliche Aktivität werden häufig bedeutungsvolle Erinnerungen oder katharsisähnliche Emotionsausbrüche hervorgebracht. Ähnlich der therapeutischen Einbeziehung des Körpers ist eine von *Schilder* (1953) entworfene Vorgehensweise, und zwar wird dort der Körper zum Gegenstand der therapeutischen Manipulation durch die Phantasie. Der Aufforderung zur Einnahme entgegengesetzter Haltungen entspricht hier die Aufforderung, wilden Phantasien nachzugehen. Die von *Schutz* (1967) plastisch beschriebene Reise in das »Körperinnere« illustriert anschaulich, worum es hier geht. Unter Gestalttherapeuten hat es sich eingebürgert, auch die Methode des entgegengesetzten Tagtraums einzusetzen, die im Grunde eine Form des Rollentausches nach *Moreno* darstellt. Hierbei phantasiert der Patient ein zukünftiges Ereignis mit positiver Antizipation und wird dann gebeten, es sich bedrohlich vorzustellen. Häufig kann er sich im Laufe dieser Umkehr einiger sicher realer Befürchtungen in der Situation bewußt werden. Oder, wenn keine solche starken negativen Bilder auftauchen, kann der Betreffende ein Gefühl des Vertrauens erleben, daß seine positive Antizipation gut begründet sei und daß sein ganzes Selbst die phantasierte Begebenheit wirklich realisieren möchte.

Die Vorstellungen der Gestalttherapie in bezug auf Ganzheit und die Strukturierung des Selbst werden auch für die Interpretation von

Träumen intensiv genutzt. In zahlreichen Beispielen aus Berichten über *Perls* Workshops (*Perls*, 1970) wird der Traum nicht analysiert, sondern mit Hilfe der aktiven Imagination nach *Jung* oder des Rollenspiels nach *Moreno* bearbeitet. Der Träumer wird aufgefordert, sich mit einer Person oder auch einem Tier oder einem Gegenstand zu identifizieren, sofern es sich um wesentliche Elemente des Traumes handelt, z. B. »Stell dir vor, du bist das rostige alte Nummernschild, das du im Traum in dem Teich hast liegen sehen«. In einigen Fällen führt die Traumanalyse zu ergiebiger Rollenübernahme und zu Rollentausch. Der auf diese Weise unmerkliche Übergang in aktive therapeutische Übungen findet dann vielfach statt ohne jeglichen Versuch, genau zu verstehen, »was der Traum wirklich bedeutet«. Die Art der intensiv betriebenen sukzessiven Untersuchung jedes Elementes und die Bemühungen zur Rekonstruktion, wie sie für die traditionelle Psychoanalyse charakteristisch sind, wurden von *Perls* häufig als bloße »Gedankenspielerei« (»mind-fucking«) bezeichnet.

Viele imaginative Techniken der Gestalttherapie sind in die Spiele von Begegnungsgruppen und in die Esalen-Selbserfahrungsgruppen (»touchy-feely« Esalen groups) oder Marathons eingegangen oder sind zum Bestandteil dessen geworden, was man die »humanistische Bewegung« (»human potential movement«) (*Lewis* & *Streitfeld*, 1971) nennen könnte, eine komplexe Mischung neuer Sozialisationsformen, von Selbsthilfe und Partyspielen. *Perls* schlug z. B. die Methode des Pendelns zwischen Realität und Phantasie vor. Der Betreffende stellt sich einen Platz vor, wo er sich sicher und geborgen fühlt. Dann kehrt er zu seiner gegenwärtigen Situation zurück und vergleicht die beiden Erfahrungen. Es folgt ein schnelles Hin- und Herpendeln, bis schließlich der Unterschied zwischen den beiden Situationen klar wird und die Situation im Hier-und-Jetzt als ebenso gut empfunden wird wie die vorgestellte. Für *Perls* war die Phantasieerfahrung nicht nur eine Flucht aus einer unangenehmen und konflikthaften Hier-und-Jetzt-Situation; er macht hilfreiche Vorschläge mit dem Ziel, dem einzelnen ein Gespür für das eigene potentielle Glücksgefühl zu vermitteln. Das Therapieziel ist nicht das Aufgeben von Phantasien zugunsten der Realität, sondern vielmehr die allmähliche Hinwendung des Selbst zu Möglichkeiten, die in Betracht zu ziehen man vorher nicht gewagt hatte.

Alles in allem wirkte sich der Einfluß der Gestalttherapie bahnbrechend für eine Erweiterung psychotherapeutischer Möglichkeiten aus. Es könnte jemand einwenden, daß die Hauptwirkung mit einer chaotischen Zügellosigkeit zusammenhänge und einer Form der dem Augenblick verhafteten Sinnlichkeit – die momentan erregend wirkt, aber mehr verspricht, als sie halten kann. Sogar *Perls* (1972) selbst hegte Zweifel bezüglich der echten Erfolge von Workshops. Er erkannte, daß bei spontanem Weinen und dramatischer Katharsis häufig die schauspielhaften Anteile überwiegen und langfristig gesehen wenig an den Realitäten des täglichen Lebens eines Individuums geändert wird. Dennoch gibt es wenig Zweifel darüber, daß die Beliebtheit der gestalttherapeutischen Methoden ein Indiz dafür ist, wie ausgehungert nicht nur Psychotherapeuten und Klienten, sondern eine ganze Generation junger Leute nach direkteren Begegnungen mit ihrem Körper, nach imaginativen Möglichkeiten und nach der Freiheit von den Einengungen durch logisches Denken und exakte Analysen sind. Da man sich auf diesem Gebiet nicht damit beschäftigt hat, Grundregeln zur wissenschaftlichen Verifikation oder der Evaluation von Ergebnissen aufzustellen, kann man keine Angaben darüber machen, ob diese Methoden die Symptome zum Verschwinden bringen oder eine Persönlichkeitsveränderung bewirken. Vielleicht besteht ihre Hauptfunktion darin, neue Wege der Sozialisation zu erkunden und auf viele interessante neue Wege der Selbsterfahrung hinzuweisen.

Psychosynthese und humanistische Ansätze

Sehr stark geprägt wurden die imaginativen Verfahren in der Psychotherapie der westlichen Hemisphäre auch von der Arbeit eines italienischen Psychiaters, *Roberto Assagiolo* (1959, 1965, 1969). Die Bezeichnung »Psychosynthese« wurde absichtlich gewählt, um den Unterschied zu den analytischen Verfahren von *Freud* und *Jung* herauszustellen. Die Psychosynthese stellt einen umfassenden Versuch dar, den Menschen ganzheitlich zu begreifen, seine geistigen Fähigkeiten wie auch die eher animalischen oder instinkthaften Qualitäten, die vor allem von *Freud* hervorgehoben wurden. *Assagiolis* Einfluß inner- und außerhalb Europas ist gering, obwohl nach und nach in Rom, Florenz, Buenos Aires und Athen Institute für Psychosynthese eingerichtet wurden. Gemeinsam mit *Robert Gerard*, einem amerikanischen Psychologen, hatte *Assagioli* etwas größeren Einfluß auf Psychotherapeuten in den Vereinigten Staaten und Kanada. *Assagioli* und *Gerard* hatten besonderen Einfluß auf Psychotherapeuten, die auf der Suche nach einer breiteren und konstruktiveren Sicht der Natur des Menschen waren und insofern zu der Gruppe der Vorkämpfer für die sogenannte Humanistische Bewegung in der Psychotherapie zu zählen sind.

Es geht über den Rahmen dieses Buches hinaus, alle theoretischen Probleme darzustellen, die bei dem Versuch auftauchen, ein umfassendes Bild des Menschen zu zeichnen, so wie es z. B. *Gerard* und *Assagioli* vorgeschlagen haben. Von speziellem Interesse allerdings ist der ausgedehnte Gebrauch imaginativer Techniken und die originelle und erfinderische Art, in der sich diese Techniken auf die Grundsätze ihrer theoretischen Position beziehen. *Assagioli* hat z. B. den Vorschlag gemacht, das menschliche Erleben in folgende sieben Schichten zu unterteilen: erstens die untere Schicht des Unbewußten, die Triebe, Bedürfnisse, Körperfunktionen, primitive Träume und Phantasien und pathologische Manifestationen wie z. B. Phobien oder Wahnvorstellungen umfaßt; zweitens die mittlere unbewußte Schicht, die mehr dem gewöhnlichen Bewußtsein entspricht; drittens eine überbewußte Schicht, die die ethischen »Imperative«, altruistische Haltungen und künstlerische und wissenschaftliche Beschäftigungen einschließt; viertens ein Bewußtseinsfeld, das in etwa dem ähnelt, was *William James* den Bewußtseinsstrom nannte; fünftens ein bewußtes Selbst oder Gewahrwerden dessen, was ich will und was ich tue, und sechstens ein höheres Selbst, das vielleicht einen fundamentalen geistigen Kern der Persönlichkeit darstellt, zu dem man in der Regel nur durch außergewöhnliche oder bemerkenswerte Bemühungen der Selbstüberprüfung oder durch wesentliche aufdeckende Erlebnisse vordringt. Schließlich ist als siebte Schicht das kollektive Unbewußte zu nennen, das vielleicht die erhabenen menschlichen Erfahrungen enthält.

Für *Assagioli* und *Gerard* (1964) ist das Ziel der Psychosynthese nicht nur die Erklärung dieser verschiedenen Wahrnehmungsstufen und die Behebung persönlicher Schwierigkeiten. Vielmehr geht es ihnen um eine gründliche Rekonstruktion der gesamten Persönlichkeit, die Exploration der verschiedenen Persönlichkeitsschichten und schließlich die Verlagerung der Persönlichkeit in ein neues Zentrum durch die Ergründung ihres fundamentalen Kerns.

Auf den ersten Blick mag dieser Ansatz in der Tat recht vage erscheinen und vielleicht eher quasi-religiös als wissenschaftlich. Allerdings geben sich die Autoren große Mühe nachzuweisen, daß sie sich keineswegs im Sinne irgendeiner der üblichen religiösen Richtungen verstehen noch an Erfahrungen interessiert sind, die so etwas wie eine Seele einschließen. Sie würden, meiner Meinung nach, eher die Auffassung vertreten, daß ein wichtiger Schritt in der menschlichen Entwicklung das Bedürfnis sei, die Grenzen des Selbst zu transzendieren, um dadurch die höchste der menschlichen Fähigkeiten zu erfahren – ein Gefühl des Einsseins mit der Menschheit und dem Universum. *Assagioli* (1969) hat die Symbole für die transpersonalen Erfahrungen oder Fähigkeiten des Menschen in Kategorien eingeteilt. Diese reichen von Introversion, Vertiefung – Abstieg, Erhöhung – Aufstieg bis zu Erwachen, Licht – Erleuchtung, Feuer, Entwicklung, Kräftigung – Verstärkung, Liebe, Weg – Pfad – Pilgerfahrt, Mutation – Sublimierung, Wiedergeburt – Regeneration und Befreiung. Eine solche Konzeption geht vielleicht noch über *Jung* hinaus, was den Versuch betrifft, die wesentlichen Symbole ohne zu starke Vereinfachung herauszuarbeiten; diese Symbole bilden die Grundlage für einige der in der Psychosynthese angewandten Techniken.

Deutlich zu sehen ist eine gewisse Verwandtschaft zwischen den Erfahrungen des Abstiegs oder Aufstiegs nach *Assagioli* und dem Bild vom Aufsteigen oder Hinabsteigen in der Technik von *Desoille*. *Assagioli* führt einige Beispiele für die verschiedenen, auf der geschilderten Konzeption basierenden »psychospirituellen« Übungen und Meditationsinhalte an. So z. B. die detailliert beschriebene Vorstellung einer erblühenden Rose. Eine mit dieser Vorstellung verbundene Erfahrung kann, wenn der Betreffende voll und aktiv bei der Sache ist, ein »inneres Erblühen« und ein Gefühl des Wachsens und der Entwicklung begünstigen und damit den Schlüssel liefern zu den Möglichkeiten des Menschen, sich selbst zum Ausdruck zu bringen.

Eine derartige Übung fordert den Betreffenden zunächst auf, in der Vorstellung eine Rose anzuschauen, sie in allen Einzelheiten wahrzunehmen, sorgfältig auf die Farbe zu achten, dann sich darauf zu konzentrieren, wie die Rose sich öffnet und schließlich zur vollen Entfaltung kommt. Durch schrittweise Einbeziehung anderer Sinne, wie Geruchs- und Tastsinn, soll das Erleben immer intensiver werden, bis die Rose schließlich so stark verinnerlicht wird, daß sie zu einem Teil des Selbst und das Selbst zu einem Teil der Rose wird. Nach *Assagioli* (1969) endet die Übung mit Aussagen wie: »Der Ursprung des Lebens im Universum und das Wunder der Rose ist auch der Anfang unseres Erwachens und der Entwicklung unseres spirituellen Seins ...« (S. 15).

Die zunächst von *Assagioli, Gerard* und anderen hierher gehörenden Autoren beeinflußten Therapeuten verwenden vielfach eine Technik, die man als *»symbolische Visualisation«* (symbolic visualization) bezeichnen könnte. Symbolische Visualisation hat sowohl diagnostische als auch therapeutische Aspekte und enthält sowohl die kontrollierte Imagination spezieller Symbole als auch die ziemlich unstrukturierte spontane Visualisation, die vergleichbar ist mit den assoziierten imaginativen Techniken von *Desoille* oder der Methode von *Reyher* auf der Grundlage von *Freuds* früher Technik bildhafter Assoziation. Zur Kategorie kontrollierter symbolischer Visualisation rechnet *Gerard* (1964) Visualisationen spezifischer dynamischer Symbole: dies ist der Versuch, ein Bild von sehr deutlicher Form zu entwerfen, wie ein weißer Punkt in einem weißen Kreis oder eine mathematische Konstruktion; es soll dazu dienen, dem Beteiligten zu beweisen, wie schwierig es ist, spezifische Eindrücke freizuhalten von eindrängenden, nicht dazugehörigen Gedanken. Als Symbol für positive menschliche Beziehungen kann etwa das Bild der einander ergreifenden Hände erwähnt werden; als Symbol für Männlichkeit bzw. Weiblichkeit dienen z. B. das Schwert bzw. die Vase.

Gerard führte ein neues Konzept ein – die Visualisation affektiver Zustände –, und zwar auf der Basis seiner eigenen Forschungsarbeit über Rorschachmethoden, die Visualisation verschiedener Farbmuster und die Reaktionen auf verschiedene Farbmusterexperimente. *Gerard* fordert den Patienten auf, imaginative Aufgaben auszuführen, wie z. B. sich selbst im Zentrum einer Sphäre von einer besonderen Farbe zu sehen. Es zeigt sich, daß für *Gerard* die Unterschiede zwischen den Farben, wie z. B. zwischen Blaugrün oder verschiedenen Rot- und Gelbtönen, eine ziemlich wichtige Rolle hinsichtlich der damit einhergehenden Erfahrungen spielt. Die abschließende Übung dieser Art umfaßt den Versuch des Patienten, lebende Dinge zu visualisieren, die sich verändern, und die Richtung zu erleben, in der die Veränderung ihren Lauf nimmt, wenn die Imagination begonnen hat. Beispiele hierfür sind das Visualisieren einer Saat oder die Verwandlung einer Raupe in eine Puppe und dann in einen Schmetterling.

Die zweite Hauptkategorie kontrollierter Visualisation in der Psychosynthese umfaßt Szenen von ausgedehnterer Symbolik, die von dem Therapeuten vorgeschlagen werden. Hierin besteht natürlich eine auffallende Ähnlichkeit mit der Vorgehensweise von *Leuner*, lediglich die verwendeten Symbole sind etwas unterschiedlich. Als Beispiele seien genannt: die Imagination vom Zähmen eines wilden Pferdes, das Wiederaufbauen eines absichtlich zerstörten Hauses oder Tempels, das Erreichen eines rettenden Leuchtturms nach den Gefahren, die einen Schwimmer auf offener See bedrohen, das Klettern auf die Spitze eines Baumes und schließlich die Suche nach dem Stein der Weisen. Die spontaneren Techniken symbolischer Visualisation sind typisch für die Methoden von *Desoille* und *Leuner*. Dabei übernimmt der Therapeut die Rolle eines Leiters und Helfers, der dafür sorgt, daß angsterregende Situationen nicht vermieden werden, und sich um die Desensibilisierung von Erfahrungen bemüht.

Einige der von *Gerard* (1964) benutzten Methoden sind echt kreativ. Menschen, die an psychophysiologischen Verspannungen leiden, werden dazu gebracht, sich dieses lebhaft vorzustellen und im Anschluß daran Phantasien zu entwickeln, die den in der Gestalttherapie verwendeten ähneln. Die Patienten können auch versuchen, ihre emotionalen Zustände zu beschreiben, wie im Fall eines jungen Mannes, der aufgefordert wurde, »mit seiner eigenen Angst Kontakt aufzunehmen«. Dieser junge Mann berichtete bald, daß er einen Klumpen von weichem Teig oder ungebackenem Brot sah. Der Wachstumsprozeß wurde dadurch beschleunigt, daß man dem Patienten die Vorstellung nahebrachte, das Brot in den Ofen zu schieben und zu backen. *Gerard* wies darauf hin, daß die therapeutische Wirkung darin liege, daß ausschließlich durch die Visualisation eine Erfahrung des Wachstums geschaffen wird. Man braucht nicht die ausdrückliche Bedeutung dessen, was mit dem Brot geschieht, nachdem es gebacken ist, zu analysieren oder wodurch das Brot überhaupt zu einem Symbol für die Persönlichkeit wurde. Gerade der Prozeß der Imagination des Backvorgangs, während dessen der amorphe Teig Gestalt annimmt, genügt, um dem Patienten zu helfen, das sichere Gefühl potentieller Stärke bezüglich seiner Persönlichkeit zu entwickeln.

Gerard verwendet daneben auch ziemlich spezifische Techniken, um Patienten durch die Visualisation des emotionalen Zustandes zu helfen, so z. B. durch die Vorstellung einer Tür, die in einen Innenhof führt, oder durch die Vorstellung eines riesigen Herzens, das von dem Patienten erforscht werden kann. *Gerard* fordert auf zu symbolischer Visualisation des aus aktuellen Träumen erarbeiteten Materials oder von Themen aus projektiven Techniken, und schließlich versucht er, Begriffe wie das eigene »reflektierte Selbstbild« durch konkrete Imagination auftauchen zu lassen. In Übereinstimmung mit der Sicht der Psychosynthese gilt es schließlich, eine Art Zentrum der Persönlichkeit zu erreichen, das man etwa als die spirituelle Mitte der Persönlichkeit bezeichnen könnte. Gerard benutzte deshalb sehr häufig nicht nur angeleitete Tagtraumreisen, die Aufstieg und Abstieg enthielten, sondern er legte auch viel Wert auf die Vorstellung verschiedener Arten von Licht und Farbe und schließlich innerer Dialoge des Selbst.

Eines der dramatischen Tonbandprotokolle von *Gerard* (1964, S. 34–37) handelt von einem Patienten, der eine Phantasiereise in das Meer beginnt und tiefer und tiefer in den Ozean geht, um dann in einem Ausbruch schrecklicher Erregung schließlich das zu durchdringen, was als spiritueller Kern seines Wesens, wie er sich ihm darstellt, gedeutet werden könnte; der Patient erlebt dann eine Art Grenzsituation. An einem bestimmten Punkt der Konfrontation mit dem Bild eines »intensiven, nahezu weißen Glühens« reagiert der Patient z. B. mit Angst und sagt: »Dies ist (tiefes Atmen) – (stößt Schreie aus) – ich habe Angst – mein Leben wird verbraucht sein, es wird zurückgenommen werden. Das ist es, das ist das Leben!« Der Therapeut reagiert an dieser Stelle mit folgenden Worten: »Sie können diese Erfahrung machen und trotzdem Ihre Identität bewahren. Es kann Ihnen nämlich klarwerden, daß Sie Teil dieses grellen Lichtes sind und daß Sie dennoch zu Ihrem Recht kommen.« Der Patient atmet schwer und sagt: »Das ist die Quelle alles Spirituellen«, und seufzt tief. Das mit großer Angst und Unlust verbundene Erleben dieses Bildes macht sicherlich deutlich, welche Bedeutung diese Konfrontation für den Patienten hat, obwohl schwierig auszumachen ist, was diese Erfahrung letztlich für ihn bedeutet und ob irgendeine dauerhafte Wirkung damit verbunden ist. Hier taucht ein prinzipielles Problem auf, das den eher wissenschaftlich orientierten Psychologen beim Lesen vieler Berichte und Protokolle der humanistischen und psychosynthetischen Therapeuten beschäftigt. Bis zu welchem Ausmaß haben wir es mit quasi-religiösen Erfahrungen zu tun, die zum Teil hervorgerufen werden durch genau die Signale, die auf den Therapeuten selbst zurückgehen, eine Art Rollenspiel im Sinne des Therapeuten, das den Patienten darin bestärkt, er tue das, was von ihm erwartet wird, das aber nicht notwendigerweise zu irgendwelchen bedeutenden Veränderungen im Bereich der menschlichen Beziehungen führen wird. Solange der Nutzen dieser Erfahrungen nicht durch sorgfältige Untersuchungen nachgewiesen ist, müssen wir einigen Skeptizismus bewahren, können jedoch nicht leugnen, daß wichtige menschliche Interaktionen sich im Verlaufe ausgedehnter Imagination und Visualisation ereignen.

In aller Kürze soll noch auf einige der Unterschiede eingegangen werden, die bezüglich des Konzeptes und der Durchführung zwischen den imaginativen Techniken nach *Leuner*, *Assagioli* und *Gerard* bestehen. Obwohl *Leuner* in einigen seiner Symbolismen deutlich unter dem Einfluß des mystischen *Jung* stand, bleibt er mit seinem Ansatz – mit der Betonung einer Gruppe von Hauptkonfliktzonen und Beziehungen zwischen dem wetteifernden Ich, den Idealen und Elternfiguren – so nahe wie möglich auf der Beobachtungsebene. *Leuner* konzentriert sich auf die Rolle der Elternfiguren, indem er besondere Reaktionsformen herausarbeitet und wenig Wert auf spirituelle Erfahrung legt. In diesem Sinne ähnelt sein Ansatz mehr dem Freudianischen und Neofreudianischen psychoanalytischen Modell. *Leuner* hält ausdrücklich an der therapeutischen Wirkung des Ausphantasierens von Imaginationen und Symbolismen fest und belegt dies vor allem mit den unterdrückten Erfahrungen der Kindheit und der zwischenmenschlichen Transaktionen. Im Gegensatz dazu vertreten *Assagioli* und *Gerard* anscheinend einen von Grund auf mehr philosophischen Ansatz bezüglich des Wesens menschlicher Persönlichkeit und Erfahrung. Sie beschäftigen sich weniger mit der in der Phantasie zu leistenden Arbeit an zwischenmenschlichen Störungen und Ängsten und sind mehr daran interessiert, zum Kern der Erfahrung des Selbst vorzudringen. In diesem Sinne kommt ihr Vorschlag, wie *Gerard* mir sicher beipflichten würde, eher aus einer mystischen oder bedeutenden geistlichen Erfahrung und hat weniger zu tun mit medizinischen oder am Verhalten orientierten Zielen oder mit Symptombefreiung und einer besseren Anpassung an die Erfordernisse des täglichen Lebens.

Angesichts dieser unterschiedlichen Interpretationen und Zielvorstellungen sehen wir uns wiederum gezwungen, darauf hinzuweisen, daß formale Forschung die einzige Methode ist, solche Unterschiede zu erklären. So lange wie *Assagioli* und *Gerard* ihre Methode als Psychotherapie verstehen und weiterhin in den Termini dieser Methoden sprechen, die sie als Anwendungen der psychiatrischen und psychologischen Wissenschaft begreifen, obliegt es ihnen, einen systematischen Nachweis zur Stützung ihrer Theorie zu liefern oder eine Evaluation aktueller Ergebnisse in einer Reihe gut beschriebener und kontrollierter Fälle. Es erübrigt sich, darauf hinzuweisen, daß dieselbe Forderung für *Leuner* gilt oder für jeden anderen mit Imagination arbeitenden Therapeuten. Wie in Kapitel IV erwähnt, scheinen allerdings *Leuner* und seine Schüler zumindest in einem gewissen Umfang mit der empirischen Evaluation ihrer Methode begonnen zu haben.

Jüngere Anwendungen imaginativer Verfahren

Als dieses Buch bereits in Vorbereitung war, erschien eine Menge klinischer Berichte über die verschiedenen Anwendungsmöglichkeiten imaginativer Verfahren in der Psychotherapie. Ich werde einige Beispiele auswählen, um zu demonstrieren, wie Therapeuten in den letzten vier oder fünf Jahren angefangen haben, imaginative Techniken in einer Vielfalt von Settings anzuwenden, und um auf spezielle Punkte aufmerksam zu machen, die von therapeutischem oder wissenschaftlichem Interesse sein könnten. Da nur ein kleiner Teil dessen, was gegenwärtig von Psychotherapeuten praktiziert wird, in die Literatur eingeht, ist es wahrscheinlich, daß diese Techniken viel mehr verbreitet sind, als es die ca. 20 neueren Zeitschriftenartikel vermuten lassen. In der Tat sind wir an dem Punkt angelangt, wo Kompendien von Techniken mit imaginativen Elementen veröffentlicht werden – z. B. »Growth Games« von *Lewis* und *Streitfeld* (1971) und »Mind games« von *Masters* und *Houston* (1972). Beide Bücher schildern viele Techniken, die ursprünglich von den Anwendern imaginativer Verfahren in Europa entwickelt wurden, und zusätzlich einige der Methoden des Rollenspiels und der Gestalttherapie, die oben zitiert wurden. Häufig werden diese Methoden durch verschiedene orientalische Meditationstechniken ergänzt. Vielleicht ist es gut so, daß beide Bücher tatsächlich das Wort »Spiele« (Games) in ihrem Titel haben, um somit der Verpflichtung wissenschaftlicher Validierung ihrer Ansätze zu entgehen.

Über ein frühes Beispiel für die Anwendung der Variante einer europäischen imaginativen Technik wird von *Hammer* (1967) berichtet. *Hammer* gehört zu den ersten amerikanischen Psychotherapeuten, die sich auf die europäischen Schulen imaginativer Methoden beziehen, und er hat unter anderem eine kurze Beschreibung der Methoden von *Desoille* und *Leuner* verfaßt. Sein eigener psychotherapeutischer Ansatz ist ein direkter Abkömmling des katathymen Bilderlebens von *Leuner*, ganz so wie es in diesem Buch beschrieben wird. *Hammer* hat Beispiele von Tonbandprotokollen zu Sitzungen veröffentlicht, in denen er diese Technik bei Patienten mit eindeutig ernsten psychischen Problemen benutzte.

Bei der Arbeit mit einer 30jährigen homosexuellen Gefängnisinsassin begann er z. B. in einer der therapeutischen Sitzungen mit der Wiesen-Szene. Nachdem die Patientin entspannt war, wurde sie aufgefordert, sich vorzustellen, sie befinde sich auf einem Feld und solle dies beschreiben. Die Patientin beschrieb ein ziemlich pathetisches Feld mit »vergilbtem Gras ... einem schwarzen, ziemlich traurigen Baum ...« (S. 177). Bald tauchte ein Pferd auf, und die Patientin versuchte vergebens, diesem Tier etwas Zuneigung zu schenken. Sie versuchte auf das Pferd zu steigen, aber hatte keinen Erfolg. Der Therapeut intervenierte mit dem Vorschlag, daß die Patientin ihm Zucker anbieten könnte; interessanterweise lehnte die Patientin dies spontan als einen »Bestechungsversuch« ab. Der Therapeut übernahm daraufhin eine stützende Rolle und machte den Vorschlag, daß die Patientin das Pferd als gutmütig akzeptieren und ihre Bemühungen und Liebkosungen nicht beenden solle. Es wurde ihr so lange Mut zugesprochen, bis sie schließlich in der Lage war, auf das Pferd zu steigen, und man zum nächsten Schritt der Therapie übergehen konnte. Der Therapeut intervenierte in diesem speziellen Fall ziemlich häufig, er bot Bilder an, wie eine Bergbesteigung im Rahmen einer Wanderung, und er ließ sich spezielle Szenen, die von der Patientin nur angedeutet wurden, genauer beschreiben.

In einer anderen Sitzung, die der Therapeut mit der Fortsetzung der Reise aus der vorherigen Sitzung beginnen wollte, machte die Patientin selbst deutlich, daß sie wegen ihres aktuellen Unbehagens lieber in eine andere Richtung gehen würde. Der Therapeut gab ihr unmittelbar die Gelegenheit, über ihre gegenwärtige Erfahrung anhand eines Bildes zu reflektieren, und dies führte zu dem Bild eines »Fisches«. Das eine Bild zog dann eine Folge von weiteren Bildern nach sich, die alle mit dem Fisch und dem Fischen zu tun hatten. Nach längerer Interaktion zwischen Patientin und Therapeut steuerte die Patientin schließlich selbst einen ausführlichen Monolog bei, in dem sie im Detail und auf sehr vitale Weise ihre Reise über das Wasser beschrieb, die sie schließlich zu einem Hausboot führte, auf dem eine Fischerfamilie wohnte. Die Geschichte wurde noch dramatischer, als die Mutter der Familie sich mit dem kleinen Fisch »Tochter« beschäftigte, und die Patientin erfuhr eine lebhafte und leidenschaftliche

Wiederbelebung und Neuüberprüfung der Beziehung zu ihrer Mutter einschließlich der Folgen für ihr Selbstverständnis.

Es ist erwähnenswert, daß *Hammer* der Patientin den Rat gab, langsam aus der Szene aufzutauchen, die Augen ganz allmählich zu öffnen und sich auf diese Weise wieder zu trennen von den lebhaften Imaginationen. Er vermied also einen abrupten Übergang von jenem extrem tiefen kognitiven und emotionalen Niveau der Erfahrung zurück in die Situation des Therapiezimmers. Am Schluß sagte die Patientin, daß sie sich irgendwie »vollkommen, vollkommener . . . reifer« fühlte. »Ich fühle die Gewißheit, daß ich das da draußen, das ich einst war, nicht mehr bin« (*Hammer*, 1967, S. 181).

Eine Anwendung europäischer imaginativer Verfahren im Rahmen psychotherapeutischer Bemühungen bei wiederkehrenden Ängsten wurde in einem spannenden Aufsatz von *Johnsgard* (1969) beschrieben. Diese dort geschilderte Methode enthält einige Elemente von *Jungs* Technik der aktiven Imagination, geht jedoch in der Form einer ausführlichen symbolischen Reise darüber hinaus. Auch bei *Johnsgard* spielt der Therapeut die Rolle eines hilfreichen Leiters. In einem Fall z. B. wurde ein unter immer wiederkehrender Toilettenangst leidender Patient aufgefordert, sich eine Situation vorzustellen, in der er, barfuß auf der Toilette sitzend, plötzlich von einem Skorpion angesehen wird. Im nächsten Moment steht das Zimmer auf dem Kopf und er hängt an der baufälligen Toilette gerade noch außer Reichweite des Skorpions. Der Therapeut interveniert daraufhin, indem er den Vorschlag machte, daß er in der Vorstellung das Zimmer wieder zurück in seine ursprüngliche Lage bringen sollte: jetzt konnte sich der Patient vorstellen, daß er das Zimmer verlassen würde. Später konnte er die Toilette wieder betreten, den Skorpion mit toten Fliegen füttern und dadurch eine Reihe von Veränderungen in der Phantasie möglich machen, die für ihn Durchbruchserlebnisse waren.

Johnsgard (1969) beginnt eine Sitzung in der Regel mit einer Entspannungsübung, an der er sich selbst beteiligt. Im Anschluß an die progressive Entspannung wird der Versuch unternommen, die sehr lebhaften, immer wieder auftauchenden Ängste wiederzubeleben. Nach einer lebhaften Schilderung des Alptraums löst der Therapeut eine ganze Folge von Bildern aus durch Verwendung des ursprünglichen Alptraummaterials. Dies führt zu einer ziemlich ausgedehnten Reise, in der sich der Patient schließlich selbst auf der Spitze des Mount Everest wiederfindet. Von dort geht die Reise weiter hinab in das Dorf, wo sowohl Interaktionen mit den Dorfbewohnern stattfinden als auch eine Beschäftigung mit Gegenständen oder Ereignissen, wie z. B. einer Quelle oder einem Badeerlebnis mit einer durchgehend positiven Wirkung, wie sie bei *Leuner* beschrieben wurde.

Die Patienten von *Johnsgard* gehen anschließend häufig zu Assoziationen über, wie sie bei der traditionellen Psychoanalyse üblich sind. Auf diese Weise konnte ein Patient, der immer wieder Angst vor einer schrecklichen, gesichtslosen menschlichen Gestalt hatte, die jeden tötete, der sich ihr zu nähern versuchte, erkennen, daß es sich bei dieser Destruktivität nicht nur um die Darstellung seines eigenen Vaters handelte, sondern vielleicht um seine eigene aggressive Seite. Als Ergebnis der Reise im Anschluß an das Ausphantasieren des Alptraums konnte er fühlen, daß er jetzt bereit war, den fraglichen Ärger als seinen eigenen zu betrachten und die Verantwortlichkeit dafür zu übernehmen. In der Tat war die Konsequenz der ausgedehnten therapeutischen Reise eine deutliche Verhaltensänderung, so daß sich der Patient in stärkerem Maße als vollkommenes Individuum fühlte und daß sein Ärger, den er stets wegen der damit verbundenen potentiellen Destruktivität gefürchtet hatte, in Wirklichkeit keineswegs gefährlich war, sondern ein echter Teil normalen, sich selbst behauptenden Verhaltens. Die Folge dieser symbolischen Transaktion war eine außergewöhnliche Persönlichkeits- und Verhaltensänderung, ähnlich wie sie in der europäischen Literatur berichtet wird.

Johnsgard weist darauf hin, daß sogar in Fällen, wo man keine klaren langfristigen Verhaltensänderungen feststellen kann, die Technik eine unmittelbare Angstbeseitigung zur Folge hat; er zitiert Beispiele dafür. Häufig verwendet man auch das Bild vom Füttern oder Nähren der angstmachenden Objekte, und gelegentlich, unter sorgfältiger Kontrolle des Therapeuten, läßt man den Patienten auch zum Angriff übergehen, obwohl man im allgemeinen versucht, Alternativen zur Gewaltanwendung zu finden. In einem Fall z. B. hatte der Patient in einer kleinen Hütte Feuer gelegt oder entdeckt. Als er damit anfing, es zu löschen, ermunterte der Therapeut auf der Grundlage früherer Arbeit den Patienten, dem Feuer zu erlauben, sich zu entwickeln. Der Patient vergewisserte sich, daß alle Gegenstände aus der Hütte geräumt waren, und begann dann unter größten Angstgefühlen, das Feuer so lange zu schüren, bis er die Hütte in seiner Phantasie lodernd niederbrennen sah. Ein riesiger geschmolzener Vogel tauchte aus der Asche auf und verwandelte sich schließlich vor den Augen des Patienten in eine symbolträchtige menschliche Gestalt; dies führte für den Patienten zu weiteren wichtigen Konfrontationen.

Johnsgard kam zu dem Schluß, daß diese symbolische Methode vorteilhaft sei, weil sie die Behandlungszeit verkürzt. Dies geschieht sowohl durch die Reaktion exzessiver Angst als auch durch die symbolischen Gebilde selbst. In diesem Sinne akzeptiert er die Vorstellung von *Leuner* und *Desoille*, daß die Reisen an und für sich als eine Komposition aus Bildern und symbolischen Darstellungen den wesentlichen heilenden Faktor ausmacht und daß die analytische oder intellektuelle Arbeit der traditionelleren Therapie keine entscheidende Rolle spielt.

Eine hochinteressante jüngere Anwendung des katathymen Bilderlebens wird von *Scheidler* (1972) in einem Behandlungsprogramm mit gemischten Gruppen 10- und 12jähriger Jungen und Mädchen berichtet. Typisch für die Kinder beider Gruppen waren unglückliche Familiengeschichten und häufig erfahrene Zurückweisung oder ein Bruch in der Familie, und bis zu einem gewissen Grad hatten sie prädelinquentes Verhalten gezeigt. *Scheidler* begann mit Entspannungsübungen, um auch bei den Kindern imaginative Techniken anwenden zu können. Die Kinder stellten sich z. B. vor, sie befänden sich an einem furchtbar kalten Tag mitten in einem Schneesturm mit Eiszapfen im Haar und an den Augenbrauen. Sie wurden aufgefordert, diese große Kälte so intensiv wie möglich zu erleben (diese Arbeit wurde in Maine gemacht) und schließlich in eine Hütte zu laufen, in der sie einen großen Kamin finden, der sehr schön warm macht, wo sie ihre schweren Mäntel und Stiefel ausziehen, sich dann hinsetzen, um dampfend heiße Schokolade zu trinken. In den wärmeren Zeiten des Jahres verwendete er die Phantasie, unter praller Sonne schwere Arbeit zu verrichten und dann in einen angenehm kühlen See zu springen, und erzielte damit die gleiche Wirkung. In Anlehnung an *Desoille* bittet *Scheidler* die Buben, sich ein Schwert vorzustellen und die Mädchen eine Vase. Er fordert jedes Gruppenmitglied auf, so intensiv wie möglich zu arbeiten an dem eigenen Bild, bis ein zufriedenstellendes Ergebnis vorliegt.

Scheidler vertritt im Gegensatz zu anderen Forschern nicht die Meinung, daß die symbolischen Manipulationen allein genügen. Er hat die Erfahrung gemacht, daß dadurch lediglich der Weg bereitet wird für weitergehende direktivere Gespräche, z. B. über die eigenen Erfahrungen des Kindes in der Beziehung zu den Eltern oder über das Familienleben überhaupt. Im allgemeinen fand er diese Technik in Kombination mit dem Rollenspiel als besonders nützlich für das Brechen von Widerstandsperioden oder von Redundanz. Spätere Kontakte mit den Kindern in beiden Gruppen zeigten nach nur sieben Sitzungen deutliche Besserungen. Sowohl Schuldirektoren als auch die Eltern wurden aufgefordert, Beispiele für Verhaltensänderungen anzugeben. Für *Scheidler* war ein entscheidender Faktor dieser Methode die gemeinsame Phantasie der Gruppe. Die symbolische Qualität der Phantasie verhinderte, daß der Konflikt zu offensichtlich wurde und das Kind plötzlich »psychologisch nackt« dastehen würde.

Es gibt eine ganze Menge ähnlicher Techniken, die man zitieren könnte – einige werden in Gruppen angewandt und andere in der

Arbeit mit Individuen. Besonders populär durch den Einfluß der Gestalttherapeuten und der humanistischen Ansätze sind die Methoden, die das »In den Körper Hineingehen« verwenden oder Varianten der »Wer bin ich?«-Vorstellung (*Crampton*, 1968; *Schutz*, 1967). Das Buch von *Schutz* »Freude« enthält viele Beispiele der angeleiteten Imagination, besonders bei Gruppen. Die Anwendung der Technik ist oft genug vom Zufall abhängig und steht und fällt mit der Stimmung des Therapeuten oder der übrigen Gruppe (*Alexander*, 1969).

Crampton (1968), der im Rahmen der Psychosynthese arbeitet, stellte die Bandaufnahme einer jungen Frau vor, die er aufgefordert hatte, in der Phantasie »eine Reise nach innen« zu machen, um mit ihrem inneren Selbst in Kontakt zu kommen. Sie wurde gebeten, damit anzufangen, sich die äußere Schicht ihrer Persönlichkeit vorzustellen, sie so lebendig wie möglich zu beschreiben und dann von da aus nach innen zu gehen. In diesem Fall war das erste, was der Patientin auffiel, ein Grinsen, das sie mit einer Katze in Zusammenhang brachte. Bei erneutem Hinsehen bemerkte sie jedoch zwei Gesichter, ein warmes und ein feindselig bis blasiert wirkendes. Sie stellte sich daraufhin vor, in das Innere ihres Mundes zu gehen, und ertappte sich dabei, »witzige Bemerkungen« zu machen. Dadurch wurde ihr bewußt, wie geschäftig ihre Zunge doch war. Sie stellte sich ihre Zunge als eine Schlange vor und erlebte sich, wie sie in ihre Nase hineinging, bis es ihr bewußt wurde, daß sie es tatsächlich genoß, »rotzig« zu sein. Schließlich drang sie in ihr Gehirn vor, wo sie einen merkwürdigen kleinen Mann traf, der ziemlich viel Ähnlichkeit mit einem *Freud*schen Zensor hatte. In der Folge schien sie immer tiefer in ihren Körper vorzudringen und die Phantasien wurden immer mehr angefüllt mit Symbolik und Mittelalterlichem oder Antikem. Als sie noch weiter in ihren Körper vorstieß, kam es zu mystischen Vorstellungen, die offenbar zu tun hatten mit einigen Erlebnissen, die sie mit Buddhismus hatte. Als sie in dem Dunkel verloren schien, schlug der Therapeut vor, daß sie ein Licht brauche, das sie durch das Dunkel führen würde. Durch dieses Licht entstand nun ein sehr lebendiges Bild aus der frühen Adoleszens, das sie als sehr real empfand und das starke Gefühle bei ihr auslöste. Am Ende der Sitzung berichtete die junge Frau, die zufällig keine Patientin, sondern lediglich eine Freiwillige zur Demonstration war: »Es ist irgendwie schwer, wieder auf die Erde zurückzukommen ... dieses Zimmer ist viel weniger real für mich als das Licht und alle anderen Dinge, die ich erfahren habe« (*Crampton*, 1969, S. 28).

Wie zu erwarten, sind viele der Bilder, die in diesen ausgedehnten Reisen auftauchen, Erinnerungen, und es zeigt sich, daß ein Großteil der symbolischen Reisen »regressiver Natur« ist. Ich habe schon darauf hingewiesen, daß allein die Situation des Liegens auf einer

Couch oder die Einnahme einer entspannenden Haltung in einer mehr oder weniger auf dem Rücken liegenden Position im Gegensatz zur aufrechten Sitzhaltung die Situation des Kindseins eher reproduzieren und es deshalb leichtmachen, mit der Kindheit verbundene Erinnerungen wieder wachzurufen. In dem Ausmaß, wie die meisten psychodynamischen Theorien die Fixierungen und Blockierungen verschiedener Stadien der Kindheit betonen und die Störungen im Erwachsenenalter darauf zurückführen, stützt die Bedeutung des bewußten Wiedererlebens dieser kindlichen Haltungen den Wert der regressiven Haltung. Während einige Existentialtherapeuten die Vorteile der Konzentration auf das Kind im Erwachsenen in Zweifel ziehen, ist der allgemein übliche Trend in der Psychotherapie, direkt mit dem »Kind« zu kommunizieren oder mit dem einverleibten Elternteil im Erwachsenen unter Heranziehung irgendeiner Form regressiver Phantasie. Dies hat unwillkürlich zu dramatischen Praktiken, wie z. B. *Janovs* »Urschrei«-Technik geführt, die bei entsprechender Wachstumsrate zu einer ernsthaften Lärmbelästigung werden kann.

Auf dieser Form regressiver Erfahrung basiert eine verhältnismäßig kontrollierte Technik, die aus einer Kombination von Imagination und Psychodrama besteht und von *Allen* (1969) angeboten wurde. *Allen* kommt von einem theoretischen Standpunkt, der die *Lewin*sche Richtung mit der von *Moreno* kombiniert, und er ist der Ansicht, daß eine systematische Erfahrung eines kindlichen Zustands durch bildhaftes Erleben und Rollenspiel dem Patienten helfen kann, die Zusammenwirkung von körperlicher und gefühlsmäßiger Entspannung zu erleben und damit die Barrieren zwischen verschiedenen Altersstufen, die wahrscheinlich rigide und undurchlässig sind, abzubauen. Eine solche Methode erlaubt die Befreiung von unterdrückten Dingen, einen besseren Zugang zur Bedeutung des Selbst und führt auch zur Bewußtwerdung der fundamentalen Möglichkeiten, die während des Wachstumsprozesses ignoriert worden waren. Darüber hinaus fördert *Allens* Methode Erlebnisse der Spontaneität, stärkt das Ausdrucksvermögen und stellt eine Möglichkeit dar, erlittenen Mangel an mütterlicher Fürsorge auszugleichen.

Das Zentrum der Imagination bildet die Erfahrung, als Kind in der Wiege zu liegen. Ähnlich wie bei einer hypnotischen Altersregression wird der Betreffende in der Sitzung aufgefordert, zum Alter von 6 Jahren, dann zum Alter von 3 Jahren, 2 Jahren zurückzugehen und dann schließlich ein Kind zwischen 3 Wochen und 3 Monaten zu sein, das in einer Wiege liegt und schläft. Häufig werden Schlaflieder als Hintergrundgeräusche verwendet zusammen mit einer beruhigenden mutterähnlichen Stimme. Die Patienten liegen entspannt am Boden oder auf der Couch und hören den Therapeuten folgende Dinge sagen: »So, das Baby schläft, warm und ruhig. Und die Mutter ... kommt und sorgt für das Baby. Streichelt das Baby. Deckt das Baby zu. Hält das Baby warm. Gibt ihm Milch ...« (*Allen*, 1969, S. 207).

Diese sehr lebendige imaginative Erfahrung ist eine, in der der Patient nicht aufgefordert wird, zu sprechen oder zu antworten, sondern einfach innerlich die Vorstellung zu erleben und erst später darüber zu sprechen; in der Zwischenzeit spricht der Therapeut weiter über die Fürsorge für das Baby.

Gerade auf der Grundlage einer Gedächtnistheorie sind die von *Allen* beschriebenen Ergebnisse besonders interessant. Die lebendigen Bilder führen häufig zu Erinnerungen an Verwandte, an Freunde der Familie oder an Spielzeug, an das man viele, viele Jahre lang nicht mehr bewußt gedacht hatte (vgl. *Tomkins* [1970], Diskussion einer Gedächtnistheorie, die diese Probleme behandelt). Die große Mehrheit der Reaktion auf das beschriebene Erlebnis ist sehr positiv, und in den meisten Fällen scheint die Technik dauerhafte Wirkungen zu zeigen. Leider liefert *Allen,* wie dies häufig in klinischen Berichten geschieht, keine systematisch erhobenen Daten über die Wirkungen seiner Methode, die er nach eigenen Angaben seit 17 Jahren anwendet.

Ein sehr junger und wohldurchdachter Ansatz imaginativer Verfahren in der Psychotherapie wurde von *Shorr* (1967, 1972) angegeben. *Shorr* versteht sich als existentiell phänomenologischer Psychotherapeut und bezieht seine theoretische Position u. a. besonders auf *Laing* und *May*. Die Lektüre seiner Arbeit, die sich mit der Deutung und dem Wesen der Psychopathologie befaßt, vermittelt den Eindruck, daß er ein Vertreter der interpersonellen Schule der Psychoanalyse im Sinne von *Sullivan* sei. Der große Wert, den er der therapeutischen Interaktion beimißt, hat mit der Frage der Selbst-Identifizierung zu tun und dem Problem, daß die eigene Ansicht über sich selbst nicht identisch ist mit dem zugeschriebenen Selbst, wie es von wichtigen Bezugspersonen der Kindheit definiert wurde. *Shorrs* Position erscheint als gelungene Synthese der Einflüsse von Sozialpsychologie, neofreudianischer Psychoanalyse und Existenzphilosophie. Sie scheint sehr viel direkter an beobachtbaren psychologischen Phänomenen orientiert zu sein als viele der anderen imaginativen Verfahren, und sie scheint kein Interesse an der geistigen Durchdringung des allerinnersten Selbst zu haben, wie es für die Psychosynthese und eine Vielzahl anderer imaginativer Richtungen charakteristisch ist. Die Methode umfaßt eine ziemlich organisierte Technik, die einige der Eigenschaften von *Leuners* systematischer Methode aufweist, obgleich sie nicht die gleichen Fragen und Bilder benutzt.

Einer wichtigen, von *Shorr* vorgeschlagenen Methode wurde von ihm selbst der Name »existentielle Frage« gegeben. Sie besteht aus etwa 30 spezifischen Fragen, die sowohl für den diagnostischen Fragebogen als auch zur Anregung des Fortgangs der Interaktion verwendet werden können. Diese Fragen werden hier nur kurz angeführt, da sie sich nicht speziell auf den Gebrauch imaginativer Verfahren beziehen. So soll der Patient einen Satz formulieren, in dem er sich selbst mit den verschiedensten Titeln belegen läßt, mit Ausnahme eines ganz bestimmten. Hier könnte ein Patient sagen: »Sie können mich alles nennen, nur nicht Betschwester.« Eine andere Frage ist: »Sind Sie jemals für jemanden wichtig gewesen?« Eine solche Frage löst einen aussichtsreichen Suchprozeß aus nach der Bedeutung des Patienten im Leben der Eltern, Verwandten, Freunde, Gesellschaft etc. Einige Fragen beziehen sich auf Ideale oder langfristige Ziele, wieder andere beziehen sich auf das Körperbild. Es gibt Fragen, mit deren Hilfe versucht wird, an das Erleben der Eltern heranzukommen, wie z. B.: »Was für eine Vorstellung hatte Ihre Mutter von Ihnen?« Manchmal enthalten sie vorherrschende Abwehrmechanismen: »Wie würden Sie jemanden zum Überschnappen bringen?« Einige der existentiellen Fragen umfassen Phantasien über zukünftige Ziele, speziell: »Was sind Ihre Vorstellungen über Ehe, Arbeit, Vergnügen etc.?« Es versteht sich, daß die Konfrontation mit Fragen dieser Arbeit bei einem relativ intelligenten und kooperativen Patienten mit Sicherheit sehr schnell bedeutungsvolles Material zutage fördern wird.

Von größerer Wichtigkeit für unser Anliegen in diesem Buch ist *Shorrs* ausgedehnte Nutzung der imaginativen Dimension. Für *Shorr* hat Imagination zu tun mit dem »Zentrum unseres Bewußtseins ...« (S. 11). Er legt großen Wert auf die ubiquitäre Natur des Tagträumens und verwendet dies, um den Patienten ihre eigenen Fähigkeiten zur Imagination und Phantasie zu demonstrieren. Nach und nach hat er eine Methode entwickelt, die das Individuum über seine eigene Phantasie in eine besondere Situation versetzt, eine Methode, die eine Reihe von Interaktionen initiiert und dabei nicht nur zur Aufdeckung von Hauptproblemen in bedeutenden Lebensbereichen des Patienten führt, sondern ihm auch neue Erfahrungen zugänglich macht. Die Methode wird nicht systematisch eingesetzt, sondern sporadisch in speziellen Einzel- oder Gruppentherapiesitzungen, wenn sie indiziert erscheinen. Im folgenden seien noch einige Beispiele von *Shorr* zitiert: »Stellen Sie sich vor, mit Ihrem Vater unter der Dusche zu stehen. Wie würden Sie sich fühlen? Was würden Sie zu ihm sagen? Was würde er zu Ihnen sagen?« Ein anderes Beispiel enthält das Bild von einer Wiege ähnlich wie bei *Allen:* »Stellen Sie sich vor, Sie erwachen als Baby. Wie würden Sie sich fühlen? Was würden Sie tun?« *Shorr* verwendet eine beinahe unendliche Vielfalt von Bildern, die stark nach den spezifischen Charakteristika des Patienten und nach den spezifischen Entwicklungsstadien in der Therapie ausgerichtet sind.

Beispiele für einige der von ihm verwendeten *imaginativen Situationen* (IS) sind: »Stellen Sie sich vor, Sie haben ein Gerät vor sich, das alles kann, bei dem ein Knopfdruck genügt, um irgend jemanden von irgendwoher aus der Vergangenheit oder der Gegenwart für Sie herbeizuholen. Wen würden Sie holen lassen? Und jetzt unterhalten Sie sich mit ihm oder ihr« (*Shorr*, 1967, S. 454). Im Rahmen der Konfrontation mit Konfliktsituationen benutzt er Bilder, wie das der beiden miteinander im Streit liegenden Teile der Persönlichkeit, oder: »Stellen Sie sich zwei große Kisten vor. Welche Person stellen Sie sich in jeder der Kisten vor?« (*Shorr*, 1972, S. 32). Diese Techniken werden gern mit folgenden Vorgehensweisen kombiniert: mit fokussierenden Methoden, mit der Verwendung oben genannter existentieller Fragen, mit der Verwendung unvollständiger Sätze, die der Patient beenden muß, und mit dem Gebrauch einer Methode, die vom Patienten verlangt, sich die am meisten oder am wenigsten angstmachenden oder die am meisten und am wenigsten gefährlichen Erlebnisse vorzustellen etc.

Besonders wertvoll ist die imaginative Technik, wie sie von *Shorr* dargestellt wird, für Patienten, die relativ viel Widerstand erkennen lassen und an einem Engpaß im therapeutischen Prozeß stehen. *Shorr* schildert den Fall eines solchen Patienten, und er fügte diesem Bericht ein ausführliches Tonbandprotokoll bei und die Notizen des ursprünglichen Therapeuten der Patientin, der sich zu der Überweisung an *Shorr* entschlossen hatte, um zu sehen, ob mit einer imaginativen Vorgehensweise ein Durchbruch geschehen könnte. Eine sorgfältige Durchsicht der Bandaufnahmen macht deutlich, daß die Art und Weise, wie *Shorr* imaginative Situationen gestaltet, sich ziemlich von derjenigen europäischer Therapeuten vergleichbarer Richtung unterscheidet. Während einige der von ihm verwendeten Situationen ähnlich sind, nimmt er den Patienten viel mehr »unter Beschuß«, es finden viel mehr Interaktionen zwischen dem Therapeuten und dem Patienten statt, wobei er sich letztlich doch auf eine im wesentlichen psychodynamische Einsichtstherapie konzentriert. *Shorr* verniedlicht keineswegs die Bedeutung der Imagination, und er zitiert einen tiefgründigen Kommentar von *William James* (1890), nämlich: »Jede Welt ist, solange man sie beachtet, auf ihre eigene Weise real ...« (S. 293). Gleichzeitig legt er besonderen Wert auf die Thesen von *Sullivan* über den »teilnehmenden Beobachter«, wobei es ihm speziell um die lebendige Interaktion zwischen Patient und Therapeut im Rahmen aktiver Imagination geht, und darüber hinaus auf andere

Techniken, wie z. B. die verschiedenen existentiellen Fragen eine Schlüsselrolle in dem Kommunikationsprozeß spielen.

Zum Abschluß unseres Abrisses der Anwendung imaginativer Verfahren in Amerika ist festzustellen, daß in den letzten zehn Jahren ein starker Anstieg in der klinischen Anwendung der Phantasie zu verzeichnen ist. Sehr viel zu diesem Trend trägt ein Teil einer locker organisierten, irgendwie etwas unkonventionellen »humanistischen« Richtung bei. Die Wirkung der betriebenen imaginativen Methoden als Gesellschaftsspiele dürfte jedoch nicht allzu nachhaltig sein. Es scheint wahrscheinlicher, daß das mutige Experimentieren im imaginativen Verfahren den Weg öffnen wird zu einer intensiveren Überprüfung persönlicher Vorgänge durch Psychotherapeuten, die sich an einer systematischen Vorgehensweise orientieren.

Kapitel VI

Die Rolle der Imagination im Rahmen der Verhaltensmodifikation: Desensibilisierung und aversive Techniken

Von dem »Utopia« der mit imaginativen Techniken arbeitenden psychodynamisch orientierten Therapeuten wende ich mich jetzt den »auf dem Boden der Tatsachen stehenden«, redlichen und »wissenschaftlich strengen« imaginativen Methoden der verhaltenstherapeutischen Schulen zu. Der Gegensatz zwischen den in den Kapiteln III, IV und V beschriebenen Methoden und den verschiedenen Techniken der Verhaltensmodifikation, die sich ebenfalls die Vorstellungskraft der Menschen zunutze machen, ist tief verwurzelt. Er hängt zusammen mit unterschiedlichen Auffassungen, was das Wesen wissenschaftlichen Vorgehens anbelangt, und mit Problemen soziologischer oder historischer Art bezüglich der Entwicklung von Theorien und Methoden in der Psychologie, vielleicht sogar auch mit der schwerwiegenden Frage nach der politischen Wertigkeit der Psychotherapie. Die Gegensätze zwischen den beiden Prinzipien therapeutischer Verfahrensweisen hinsichtlich Herkunft und Methodik konfrontieren uns zugleich mit widersprüchlichen Ansichten über die Natur menschlicher Erfahrung, und sie werfen die Frage auf nach den ethischen Aspekten psychotherapeutischer Intervention.

Während ich dies schreibe, fällt mir auf, daß ich niemanden kenne, der die kulturellen, kognitiven und persönlichen Unterschiede zwischen Psychologen oder Psychiatern systematisch untersucht hätte, und zwar unter dem Gesichtspunkt ihrer Zugehörigkeit zu den mehr psychodynamischen, mit imaginativen Verfahren (wie in diesem Buch beschrieben) arbeitenden Richtungen einerseits und den verhaltenstherapeutischen Richtungen andererseits. Die auftretenden Unterschiede sind sicher zu gravierend, als daß sie allein durch persönliche Faktoren erklärbar sind.

Ein offensichtlich signifikanter Faktor taucht allerdings bei der Durchsicht der umfangreichen Literatur in beiden Gebieten auf. Der Psychologe oder (weniger häufig) der Psychiater, der sich an Ansätzen der Verhaltensmodifikation orientiert, ist mit großer Wahrscheinlichkeit gut vertraut mit den experimentellen Methoden und deren systematischer Überprüfung. Die Praktiker der verschiedenen imaginativen Verfahren vertrauen trotz einer häufig sehr intensiven wissenschaftlichen Ausbildung weit mehr auf anekdotisches Fallmaterial oder eine sehr undifferenzierte Forschungsarbeit zur Stützung ihrer

Position. Welche Kritik auch immer man vorbringen mag gegenüber Intention, Spitzfindigkeit oder Persönlichkeitsstruktur der Verhaltenstherapeuten, steht es außer Frage, daß durch ihre Arbeit sehr viel formale Forschung in Gang gebracht wurde mit dem Ziel, jeden Parameter der angewandten psychotherapeutischen Techniken zu bestimmen. In diesem Sinne stellt die Verhaltensmodifikation einen großen Fortschritt in der wissenschaftlichen Untersuchung des psychotherapeutischen Prozesses der letzten 15 Jahre dar.

Wenn psychodynamisch arbeitende Psychotherapeuten die Fülle an Literatur auf dem Gebiet der Verhaltensmodifikation nicht beachten und die Sorgfältigkeit, mit der sowohl Fallmaterial als auch formale Forschung in diesen Artikeln behandelt werden, ignorieren, müssen sie es sich gefallen lassen, als überheblich und unseriös bezeichnet zu werden. Die Angewohnheit, verschiedene verhaltenstherapeutische Techniken als mechanistisch oder unmenschlich abzuklassifizieren – wie es einige Psychotherapeuten getan haben –, scheint mir eine Art bequemen Etikettierens zu sein, die all denen, die psychotherapeutische Hilfe suchen, sicher keine guten Dienste leistet. Von *Bandura* (1969) stammt eine meines Erachtens überzeugende Analyse der ethischen und sozialen Verantwortlichkeit, die in der Methode der Verhaltensmodifikation liegt. Obwohl er die Abhängigkeit therapeutischer Verfahren von den zugrundeliegenden gesellschaftlichen Wertsystemen unterschätzt, gelingt es ihm doch, deutlich zu machen, daß die Verhaltenstherapie den Bedürfnissen der Klienten im großen und ganzen gerecht werden kann. Außerdem versucht er durch Versorgung des Klienten mit genauer Information von vornherein jene eher magischen Erwartungen abzubauen, die bei den psychodynamischen Methoden sehr schnell über die Veränderungsmöglichkeiten der Persönlichkeit entstehen.

Historisch gesehen kann die Verhaltensmodifikation in einer ziemlich direkten Linie auf den Einfluß von *John B. Watson* zurückgeführt werden und seine *Pawlow*-Experimente zur Konditionierung. Während verschiedene Methoden der Verhaltensübung schon jahrhundertelang im Gebrauch sind zur Verhaltensänderung und Linderung emotionaler Not, gehen die meisten aktuellen Techniken der Verhaltensmodifikation zurück auf den Einfluß von *Watsons* Behaviorismus und dessen Überarbeitung durch führende Theoretiker in den Vereinigten Staaten wie *Clark Hull* und *B. F. Skinner*. Natürlich gab es auch in Europa Formen der Desensibilisierung, besonders bei der Behandlung von Phobien, aber die Verwendung einer formalen Lerntheorie bei der Behandlung irrationaler Ängste ist wahrscheinlich ein amerikanisches Produkt und nahm ihren Anfang mit einer Demonstration von *Watson,* in deren Verlauf ein kleiner Junge namens Albert so konditioniert wurde, daß er Angst vor

Kaninchen bekam. Kurz darauf konnte *Jones* (1924) ein dreijähriges Kind behandeln und ihm seine Angst vor Hasen durch eine Desensibilisierungstechnik nehmen.

Obwohl es nur wenige gab, die wie *Salter* (1949) in den 30er und 40er Jahren die Therapie konditionierter Reflexe praktizierten, muß doch der Hauptanstoß für die Entwicklung der Verhaltenstherapie sicherlich *Joseph Wolpe* (1954, 1958, 1961, 1969) zugeschrieben werden. *Wolpe* selbst ist Südafrikaner, wurde jedoch in seinem Denken stark von der Lerntheorie nach *Clark Hull* beeinflußt und hat selbst Beiträge zu der experimentellen Forschung auf diesem Gebiet geliefert. Verhaltenstherapie im weitesten Sinn läßt sich ebensogut auf *Skinner* und verschiedene Mitarbeiter zurückführen. Er war es, der in den 50er Jahren Techniken des operanten Konditionierens erstmals zur Behandlung von Schizophrenen benutzte. Da ja der Schwerpunkt dieses Kapitels speziell auf imaginativen Methoden liegt und operante Techniken im großen und ganzen von einer offenen motorischen oder verbalen Reaktion abhängen, werde ich nicht besonders auf diesen Entwicklungszweig in der Verhaltensmodifikation eingehen.

Die große Wirkung, die von *Wolpe* ausging, beruht vor allem auf der Entwicklung seiner Methode der *systematischen Desensibilisierung* – manchmal auch als Gegenkonditionierung oder als Methode zur Behandlung von Phobien oder Ängsten durch reziproke Hemmung bezeichnet. Die guten Ergebnisse, die er mit Hilfe dieser präzisen und gut wiederholbaren, für experimentelle Untersuchungen prädestinierten Methode erzielt hatte, inspirierte Psychologen in Amerika und Großbritannien, die sich an verschiedenen Formen der Lerntheorie und des Behaviorismus orientierten, zu verstärkter Beschäftigung mit diesem neuen wissenschaftlichen Instrument. Besonders beachtenswert unter den frühen Pionieren auf diesem Gebiet waren *Lazarus*, *Eysenck* und *Rachman*. Innerhalb weniger Jahre wurde die systematische Desensibilisierung zu einer der am meisten praktizierten therapeutischen Techniken, und bis zum heutigen Tag gilt sie als die am gründlichsten untersuchte psychotherapeutische Methode überhaupt. Im folgenden werde ich kurz auf den zugrundeliegenden Ansatz und seine Bedeutung für das bildhafte Erleben eingehen. Besonders erwähnenswert ist in diesem Zusammenhang, daß trotz des Schwergewichts, das die Behavioristen auf objektivierbare Reaktionen legen, die am weitesten verbreitete und die am gründlichsten untersuchte Methode doch von einem persönlichen Bild abhängig ist.

Imagination bei der systematischen Desensibilisierung

Die Methode

Die Popularität von *Wolpes* systematischer Desensibilisierung hängt zweifellos auch mit der Tatsache zusammen, daß sie extrem einfach zu lernen ist, sich als geeignete Methode für ein weitverbreitetes Problem erwiesen hat und außerdem recht plausibel erscheint. Für Psychologen mit Kenntnissen in der Lerntheorie war die offensichtliche Verwandtschaft mit den *Hull*schen Vorstellungen und der Lerntheorie ganz allgemein ein zusätzlicher Anreiz. Selbst wenn man der dahinterstehenden Theorie der reziproken Hemmung von *Wolpe* und gerade der Verwandtschaft dieser Methode mit der Lerntheorie (*Breger & McGaugh*, 1965) kritisch gegenübersteht, ist die Methode klinisch wertvoll, weil sie eine Genauigkeit bei der Erfragung der Symptomatik ermöglicht, deren Bedeutung heute aufgrund der Wertschätzung der »Spontaneität« oder des »Ausdrucks der Gefühle«, die so viele der dynamischen oder verwandter Therapieansätze kennzeichnet, vielfach unterschätzt wird.

Ein Schlüsselmerkmal der Methode von *Wolpe* ist die Aufstellung einer Hierarchie. Ein Patient mit irrationalen Ängsten vor verschlossenen Räumen z. B. muß so genau wie möglich eine ganze Reihe von Situationen beschreiben, in denen er mit dieser Angst rechnet. Diese Beachtung zufälliger, mit dem Auftreten des Symptoms einhergehender Ereignisse wurde leicht von jenen Therapeuten übersehen, die in der Phobie lediglich die symbolische Repräsentation eines dahinterliegenden Konflikts gesehen haben. Deren Ergebnis war, daß es in vielen Fällen unnötig erschien, das Verhalten des Patienten einschließlich der damit einhergehenden Ängste in einer Vielfalt von Situationen zu untersuchen. *Wolpes* Methode erfreute sich dementsprechend nicht nur aufgrund der theoretischen Implikationen großen Interesses, auch die ihr eigene Systematik der Befragung erweckte den Eindruck einer im Vergleich zu den ziellosen Interaktionen vieler psychotherapeutischer Sitzungen größeren Bedachtsamkeit und Verantwortlichkeit. [Ich beabsichtige hier weder die detaillierte Darstellung aller Aspekte der systematischen Desensibilisierung, noch will ich einen Gesamtüberblick über die relevante Literatur geben; die Darstellung der Technik und relevanter Forschung findet der Leser bei *Wolpe* (1958), *Rachman* (1959, 1965, 1968), *Paul* (1966) und *Wolpe & Lazarus* (1966)].

Die systematische Desensibilisierung eignet sich besonders für Patienten, die unter Phobien leiden, ihr Anwendungsgebiet wurde jedoch ausgedehnt auf eine große Vielfalt zwischenmenschlicher Schwierigkeiten, nicht zuletzt, weil sich dahinter oft Phobien irgendeiner Art verbergen. So kann man z. B. systematische Desensibilisierung bei einem Menschen anwenden, der äußerst schüchtern ist und sich in sozialen Beziehungen unzulänglich fühlt, wenn man die Schüchternheit auffaßt als Indikator für eine Reihe von Phobien, die sich beziehen können auf die Anwesenheit bei sozialen Ereignissen, auf die Situation, Angehörige des anderen Geschlechts zu einer gemeinsamen sozialen Aktivität aufzufordern, auf irrationale Ängste vor sozialen Sexual-Verboten etc. *Lazarus* (1971) hat darauf hingewiesen, daß in dem Ausmaß, wie man versucht, die Anwendung der Desensibilisierung auf eine größere Vielfalt von Bedingungen auszudehnen – *Wolpe* (1969) hat dies für möglich gehalten –, man Gefahr läuft, ungeheuer viele Hierarchien zu konstruieren und den Vorgang der Behandlung zwischenmenschlicher Schwierigkeiten zur Nebensache zu machen.

Konzentrieren wir uns zunächst auf die Anwendung der Desensibilisierung zur Behandlung von Phobien. Der Prozeß beginnt damit, den Patienten über Einzelheiten seiner irrationalen Ängste zu befragen, um daraufhin sehr sorgfältig eine Hierarchie über das Auftreten der phobischen Reaktion, angefangen bei der am wenigsten angstmachenden, erstellen zu können. Das Ganze hat den Zweck, bildhafte Vorstellungen beim Patienten zu erzeugen. Es folgen Übungen der tiefen Muskelentspannung, vor allem nach der Methode von *Jacobsen*, deren Ursprünge sicherlich zurückreichen bis zur Jahrhundertwende, als *Schultz* sein Verfahren des Autogenen Trainings entwickelte. Die Muskelentspannung ist vielleicht der eine gemeinsame Punkt zwischen imaginativen Verfahren und der Verwendung von Imagination bei der Verhaltensmodifikation.

Zeigt der Patient Anzeichen dafür, daß die Entspannungsübung Erfolg hatte, so wird er aufgefordert, sich so intensiv wie möglich das niedrigste Item aus der Hierarchie vorzustellen. Diese Vorstellung soll möglichst vollständig in einem Zustand tiefer Entspannung erlebt werden, der vermutlich einen Gegenkonditionierungseffekt gegenüber der mit dem Bild verknüpften Angst hervorruft. Wenn an irgendeiner Stelle die Angst in Verbindung mit einer Szene zu groß ist, soll der Patient dies dem Therapeuten signalisieren. Daraufhin werden weitere Entspannungsübungen durchgeführt, bevor das Bild erneut erzeugt wird. Da sich das Individuum durch die Hierarchie nach oben arbeitet, von der geringsten bis zu der am meisten angstmachenden Situation, erfährt er wahrscheinlich eine Reduktion jeglicher Angst, die er bei dem Betrachten der phobischen Situation erlebt. In dem Ausmaß, wie eine deutliche Reduktion von Angst im Zusammenhang mit der gefürchteten Situation stattfindet, wird der Patient lernen, aktuelle angstmachende Situationen zu bewältigen.

Wie *Bandura* (1969) in einer Übersicht über relevante Nachuntersuchungen hervorgehoben hat, scheinen alle Anzeichen dafür zu sprechen, daß zumindest im Falle von Phobien die meisten Formen von Desensibilisierung im Verlauf der Übungen mit verschiedenen hierarchisch aufgebauten Bildern zu einer Reduktion der Angst führen. Darüber hinaus entstehen deutliche Anzeichen für Annäherungsreaktionen in Richtung der gefürchteten Situation. In einer klassischen, sorgfältig und mit guten Kontrollen arbeitenden Untersuchung wies *Lazarus* (1961) nach, daß phobisches Verhalten bei einer großen Anzahl von Patienten durch systematische Desensibilisierung vollkommen gelöscht werden konnte; außerdem hielt die Löschung der Angst bei einer großen Anzahl von Fällen über einen ziemlich langen Zeitraum an. Untersuchungen von *Paul* (1966, 1967) lieferten auch den Nachweis für eine beträchtliche Besserung nicht nur der phobischen Reaktion, sondern auch verwandten emotionalen Verhaltens bei Patienten, die mit systematischer Desensibilisierung behandelt werden.

Bandura (1969) kam zu dem Ergebnis, daß die Desensibilisierung eine deutlich positive Wirkung auf das Annäherungsverhalten hat, daß es jedoch selten zu einer vollkommenen Löschung der Annäherungsvermeidung kommt, zumindest soweit dies in den formalen experimentellen Untersuchungen nachweisbar wäre. Aufgrund seiner Nachuntersuchungen von mehr als hundert (eigenen) Fällen, die *Lazarus* (1971) mit einer Vielfalt von verhaltenstherapeutischen Techniken oder aber primär mit Desensibilisierung behandelt hatte, erbrachte er den Nachweis einiger Rückfälle. Rückfälle fanden vor allem dann statt, wenn unerwartete Ereignisse auftraten, die in der Therapie selbst nicht vorausgesehen werden konnten. Es gab allerdings keine Anzeichen für nennenswerte Symptomverschiebungen, und in einem großen Prozentsatz der Fälle blieben die Besserungen dauerhaft, wenn die Lebensumstände des Patienten günstig waren, wenn auch ihre Ehepartner oder andere Familienmitglieder wohlwollend eingestellt waren oder eine Behandlung erhalten hatten, die ihre eigene Situation in Beziehung zu dem Patienten verbesserte.

Im großen und ganzen scheinen die Ergebnisse bei der Behandlung von Phobien und phobieähnlichen Symptomen durch die Methode der systematischen Desensibilisierung in der Tat für die Effektivität dieser Behandlungsweise zu sprechen. Wenn man in Rechnung stellt, daß die Behandlungsdauer einige Monate oder weniger beträgt und die Möglichkeit besteht, daß der Patient einige Techniken selbst praktizieren lernen kann, dann scheint die Desensibilisierung, besonders was die Behandlung von latenten, irrationalen Ängsten betrifft, und bei Individuen, die in vielen anderen Bereichen nicht ernsthaft gestört sind, jeder anderen bekannten Methode überlegen zu sein. Die Untersuchung von *Paul* (1966–1967), eine der am überzeugendsten und bestgeplanten Nachuntersuchungen in der breiten psychotherapeutischen Literatur, erbringt den deutlichen Nachweis des besonderen Vorteils der systematischen Desensibilisierung gegenüber einer eher dynamisch orientierten psychotherapeutischen Methode.

Die Bestandteile der Desensibilisierung im einzelnen

Wir wollen uns nun die wesentlichen Elemente der Methode etwas genauer ansehen. An erster Stelle steht die Entspannung. Dieser Vorgang, der wiederum eine Couch oder einen bequemen Stuhl voraussetzt, erinnert deutlich an die Schaffung von Bedingungen in anderen Therapieansätzen, wie z. B. der Psychoanalyse oder den imaginativen Techniken, bei denen die Möglichkeit zur Erzeugung von Phantasien maximiert wird. *Wolpe* hat die Ansicht vertreten, daß die Muskelentspannung entscheidend ist, um einen reziproken Hemmungseffekt zu erzeugen und die mit den Vorstellungen verbundene Angst zu reduzieren. Eine große Anzahl physiologischer Untersuchungen scheint dieser Interpretation der Wirkung von Entspannung zu widersprechen. So haben z. B. *Chapman* und *Feather* (1972), *Van Egeren* (1970) und *Van Egeren, Feather* und *Hein* (1971) übereinstimmend den Nachweis dafür erbracht, daß die »Entspannung« im allgemeinen die Intensität der affektiven Reaktion steigert; dies ergibt sich jedenfalls aus physiologischen Messungen und subjektiven Einschätzskalen für phobische Bilder.

In einer ziemlich ausgeklügelten Untersuchung haben *Chapman* und *Feather* (1971) die Theorie der Signal-Entdeckung angewendet, um zu analysieren, in welchem Maße der einzelne fähig ist, die Angst-Intensität einer neutralen Vorstellung aus der eigenen Angsthierarchie einzuschätzen. Darüber hinaus wurden auch physiologische Reaktionen, die mit diesen Angsteinschätzungen verbunden sind, erhoben. Die Ergebnisse dieser und anderer Untersuchungen dieser Gruppe machen deutlich, daß die geschilderten Vorgehensweisen es gestatten, Analysen sensorischer Entscheidungstheorie anzuwenden, und sie lassen vermuten, daß jemand, der entspannt ist, signifikant empfindsamer ist bezüglich *phobischer* Elemente der kontrollierten Vorstellung als jemand, der nicht entspannt ist. Das heißt mit anderen Worten, daß in entspanntem Zustand die angstmachende Emotion sogar noch intensiver erfahren wird. Das wäre ein deutlicher Widerspruch zu der theoretischen Position von *Wolpe* und der Theorie der reziproken Hemmung und zugleich ein Hinweis auf die Tatsache, daß Entspannung einen echten psychologischen Effekt haben kann, indem es dem Individuum hilft, lebhafte Imagination zu erzeugen und die mit der Erfahrung verbundenen autonomen Eigenschaften deutlicher zu unterscheiden. Es besteht die Möglichkeit, daß die

Behandlung nicht sosehr auf einer eher peripheren Lernerfahrung beruht, sondern vielmehr auf einer erhöhten Fähigkeit der zentralen kognitiven Diskriminations-Fähigkeit, die durch entspannte Beachtung dieser Situation im Laufe lebhafter Imagination entsteht.

Eine sehr gründliche Durchsicht der Literatur über psychophysiologische Messungen bei der Desensibilisierung führte *Mathews* (1971) zu dem Schluß: »Entspannung kann sowohl die Intensität als auch die autonomen Wirkungen der Imagination steigern, während mit wachsender Anzahl ihrer Wiederholungen die Reaktionen zurückgehen« (S. 88). Die Ergebnisse meiner eigenen Forschungsarbeit im Labor (*Antrobus*, 1968; *Antrobus* et al., 1971; *Singer*, 1966, 1970) legen die Vermutung nahe, daß verschiedene Phantasien oder »aufgabenirrelevante« oder »Stimulus-unabhängige« Gedanken spontan auftreten, wenn die Versorgung mit Information und Aufgaben von außen reduziert wird. Dies deutet darauf hin, daß Entspannung zunächst eine vermehrte Aktivierung von Imagination bewirkt, während weitere Wiederholungen solcher Entspannung die induzierten intensiven Reaktionen wirkungsvoll abbauen.

Auch die von *Wilkins* (1971, 1972) erhobenen Daten haben *Wolpes* ursprüngliche Sicht der Funktion der Entspannung in Frage gestellt und sogar die Frage aufgeworfen, ob die Entspannung überhaupt entscheidend für die Wirksamkeit der Desensibilisierung ist. Abgesehen davon, deuten die autonomen Daten nach *Bandura* (1969) und *Mathews* (1971) auf zumindest eine unterstützende Funktion der Entspannung bei der Methode der Desensibilisierung hin. *Rachman* (1968) hat darauf hingewiesen, daß die Gesamtentwicklung der Desensibilisierung darin liege, ein Gefühl der Ruhe zu schaffen, und daß es darum gehen müsse, Alternativen gegenüber den angstmachenden Bildern zu finden. Wie *Bandura* (1969) angedeutet hat, verbirgt sich hinter dieser Äußerung die Ansicht, daß auch zentrale oder vermittelte oder symbolische Komponenten an dem Prozeß der Desensibilisierung beteiligt sind und daß es lohnend wäre zu untersuchen, welche Möglichkeiten positive Imagination zur Linderung von Angst bietet. Ich werde auf dieses Problem, zumindest was die klinischen Aspekte anbelangt, später in diesem Kapitel eingehen.

Wenn wir uns jetzt mit jener Komponente des Verfahrens befassen, in der es um die Verwendung einer hierarchischen Darbietung von Bildern geht, dann finden wir wiederum wenig Bestätigung für die theoretischen Vorstellungen von *Wolpe*. *Wilkins* (1971, 1972) hat die Literatur bezüglich der Konstruktion von Hierarchien durchgesehen. Er kam zu dem Schluß, daß die Einstellung der Hierarchie eine nützliche Komponente der Behandlung ausmacht, aber nicht wesentlich ist. *Krapfl* (1967) z. B. konnte nachweisen, daß auch Individuen, die mit Hierarchie-Items in einer zufälligen Reihenfolge konfrontiert wurden, statt in einer Reihenfolge steigender Angstintensität, signifikante klinische Besserung zeigten. Sogar die Darbietung der Hierarchie in umgekehrter Reihenfolge, nämlich von dem am meisten angstmachenden bis hin zu dem am wenigsten angstmachenden, bewirkte signifikante Verhaltensänderungen, aber, wie nicht anders zu erwarten, kam es dazu, daß die betreffenden Personen ziemlich negativ auf den Behandlungsprozeß reagierten.

Im großen und ganzen kann man davon ausgehen, daß die Errichtung der Hierarchie zwar keine entscheidende Rolle bei der Desensibilisierung spielt, daß sie jedoch wahrscheinlich viele wertvolle klinische Vorteile mit sich bringt. Zunächst einmal dient sie als Basis für ein sorgfältiges Interview, und sie hilft dem Klienten, sich seiner eigenen Verhaltensmuster bewußt zu werden und die relevanten Kontingenzen, die mit den Verhaltensmustern verbunden sind, zu unterscheiden. Außerdem liefert sie dem Therapeuten ein sehr genaues Bild von der Struktur der Symptomatik. Schließlich gestattet der abgestufte Gebrauch der Hierarchie dem Patienten einen leichten Zugang zu dem Prozeß und reduziert gleichzeitig das Risiko eines vorzeitigen Therapieabbruchs aufgrund wachsenden Unbehagens des Patienten.

Was ist nun der eigentliche Schlüssel zum Prozeß der Desensibilisierung? Wie sagte doch *Wilkins* (1972) in einer Übersicht und Erwiderung auf die Kritik von *Davison* und *Wilson* (1972): »Die angeleitete Imagination von angsterregenden Szenen ist das einzige notwendige Element ...« (S. 34). Die Bedeutung der Imagination, die so lange von den Behavioristen geleugnet wurde, kann nicht mehr länger ignoriert werden; das heißt, die wirksamste Methode der Verhaltenstherapie hängt im wesentlichen von der Erzeugung visueller Vorstellung ab.

Verschiedene theoretische Erklärungen können vorgebracht werden, warum die Imagination in dem Verfahren eine entscheidende Rolle spielt. *Wilkins* (1972) zog zwei mögliche Erklärungsmodelle heran: das *respondente* und das *operante.* Das erstere geht von der Interpretation aus, daß die Phobie gelöscht wird, weil der vorgestellte konditionierte Stimulus nicht von dem unkonditionierten Stimulus gefolgt wird. Ergänzen ließe sich der Standpunkt von *Wilkins* durch die Zweifaktoren-Theorie (*Rescorla & Solomon*, 1967), wonach die konditionierte Hemmung eine Rolle in dem Prozeß spielt. Das operante Modell auf der anderen Seite, mit seinem eher zentral vermittelten Fokus (*Bandura*, 1969) betont die Tatsache, daß durch Imagination die Abwesenheit negativer Verstärker bewußtgemacht wird und vielleicht auch positive Verstärkungen für das nicht vermeidende Verhalten in der Phantasie wirksam werden. In diesem Sinne hat die operante Methode Qualitäten, die mit dem symbolischen Modellernen oder dem Beobachtungslernen vergleichbar sind.

Wenn wir uns allerdings die Situation des Individuums in dem typischen Desensibilisierungsexperiment anschauen, ist keine der genannten Erklärungen vollkommen zufriedenstellend. Das bestechende und zugleich aber auch das trügerische Moment der Technik der Desensibilisierung liegt in ihrer offensichtlichen Einfachheit. Das Individuum muß sich lediglich eine Reihe von Bildern, die in einer Hierarchie stehen, ins Gedächtnis rufen. Trotz der strengen Maßstäbe der verhaltenstherapeutischen Schulen ist die entscheidende unabhängige Variable – nämlich die Kontinuität der von dem Patienten selbst erzeugten Vorstellung – im wesentlichen kontrolliert. In der Tat wird sie in einer Weise als gewährleistet vorausgesetzt, die im Gegensatz zu stehen scheint zu der Art und Weise, wie menschliche Wesen Imagination und Phantasie erleben. Hierbei haben die Verhaltenstherapeuten dem berühmten Kapitel von *William James* (1890) über den Fluß der Gedanken in »Principles of Psychology« keine Beachtung geschenkt. *Weitzman* (1967) hat auf die Tatsache hingewiesen, daß es für einen Menschen äußerst schwierig ist, an einem spezifischen Bild festzuhalten, wie es bei der Desensibilisierung gefordert wird und wie es zur Erzielung präziser Ergebnisse unumgänglich ist. *Weitzman* (1967) verglich die fokussierende Methode von *Gendlin* (1969) mit der Methode von *Wolpe* in verschiedenen Untersuchungen und fand Anzeichen dafür, daß es beträchtliche Bewegung bei der Imagination während der Desensibilisierung gibt und daß vielleicht das entscheidende Kriterium wiederum die Intensität und das emotionale Erleben ist, das von dem Individuum während der Imagination assoziiert wird. Wenn ich in meiner klinischen Arbeit Varianten der Desensibilisierung angewendet habe, dann erzählten mir die Patienten häufig, daß es von Zeit zu Zeit zu einer Abschweifung ihrer Vorstellung von dem vorgegebenen Bild kam. In der Tat unterbrechen Patienten oft gerade dann ziemlich heftig, wenn man bei der Bearbeitung der Hierarchie ist. Der Grund für die Unterbrechung ist meist das Argument, man müsse ihnen Zeit lassen, damit sie selbst das Tempo bestimmen und die Bilder in voller Intensität auftauchen lassen können. Darüber hinaus berichten diese Patienten häufig über eine Abfolge von bildhaften Assoziationen, die zumindest einige dynamische Interpretationen notwendig machen.

Allein schon der gesunde Menschenverstand empfiehlt, daß man am Ende jeder Desensibilisierungssitzung sehr genau danach fragen sollte, ob dem Patienten eventuell während bestimmter imaginativer Abfolgen nicht dazugehörige Gedanken durch den Kopf gegangen sind. In dieser Vorgehensweise liegt u. a. der Vorteil, daß sich der Patient zunehmend darüber bewußt wird, daß er Phantasien hervorrufen und bis zu einem gewissen Grad lernen kann, sie zu kontrollieren. Der Therapeut muß sicher sein, daß der Patient nicht einfach mechanisch die Worte sagt, die mit dem angstmachenden Ereignis verbunden sind. Wenn der Patient einfach verbal denkt »kleiner bellender Hund« und dabei kein ziemlich vollständiges Bild des bellenden Hundes vor Augen und vielleicht zugleich das Bellen im Ohr hat, dann kann es passieren, daß der Effekt ein »Lippenbekenntnis« bleibt.

Sicher ist noch weitere Forschungsarbeit nötig, bis der Nachweis gelingt, daß die bildhafte Vorstellung durch eine parallele Prozeß-Methode funktioniert, wie *Paivio* (1971) dies behauptet. Im Unterschied zum sequentiell ablaufenden verbalen Satz erzeugt eine bildhafte Vorstellung eine simultan erweiterte Szene, um die Lernsituation der Patienten zu beeinflussen. Bis zur genaueren Erforschung der Zusammenhänge kann man von der Vermutung ausgehen, daß der Patient durch die Erzeugung bildhafter Vorstellung nicht nur den Vorteil einer möglichen Dekonditionierung oder des Lernens neuer Reaktionsmuster durch symbolisches Modellernen hat, sondern auch die Erfahrung der Kontrolle über Prozesse, die er in der Vergangenheit vielleicht nur zögernd entwickelt hat. Dieser Vorgang betrifft die Manipulation der Vorstellung, eine Fähigkeit, die viele Menschen für sich in Anspruch nehmen. In dem Ausmaß, wie der Patient sich einer Fähigkeit der Selbstkontrolle der Imagination bewußt wird, kann er sowohl eine Steigerung der Selbstachtung erleben als auch eine Verbesserung seiner Fähigkeit, angsterregenden Situationen zu begegnen.

Ein Vorteil der Desensibilisierung ist, daß die Anforderungen dem Patienten sehr konkret und verhältnismäßig explizit dargestellt werden können. Wie *Darwin* und *McBrearty* (1969) und *Bergin* (1969) nachgewiesen haben, kann der Therapeut tatsächlich eine Atmosphäre schaffen, in der der Patient beträchtliche Kontrolle über seine Vorstellung erlebt, wenn er sich an die Vereinbarungen hält. Selbst-Desensibilisierungstechniken sind von *Repucci* und *Baker* (1969) dargestellt worden; es hat sich gezeigt, daß diese Techniken mit guten Resultaten von Studenten privat genutzt werden konnten, besonders bei Persönlichkeitstypen, die aus sich herausgehen können. Klinische Untersuchungen über den Gebrauch von Desensibilisierung und Imagination, um den Patienten zu helfen, eine Erfahrung mit Angst zu machen, sind von *Goldfried* (1971) und *Singer* (1972) beschrieben worden.

Ich werde die Desensibilisierung und ihre Beziehung zu dem gesamten Prozeß der Imagination später erörtern. Es scheint jedoch schon an dieser Stelle klar zu sein, daß die zentrale Rolle der Vorstellungskraft des Menschen bereits ziemlich gut durch die Wirksamkeit der Desensibilisierungsmethoden bewiesen wurde. Was jetzt noch zu leisten wäre, ist eine viel sorgfältigere Erforschung der verschiedenen Manifestationen der Vorstellung im therapeutischen Prozeß, die Erscheinung, daß die Phantasie »steckenbleibt«, während der Patient eine hierarchische Sequenz verfolgt, die verschiedene Funktionen der Vorstellung in bezug auf den autonomen Arousal und verwandten Effekten und das Ausmaß, in dem die Imagination für den praktischen Gebrauch im Rahmen von »in vivo«-Situationen generalisiert wird.

Positive Imagination und Desensibilisierung

Im Jahre 1936 berichteten *Chappel* und *Stevenson* über eine bemerkenswerte Untersuchung von einer Patientengruppe mit Ulcus pepticum. Diese Patienten waren schon seit geraumer Zeit krank und unterzogen sich in einem Krankenhaus neben einer Diät auch einer medikamentösen Behandlung. In dieser Zeit erhielten 32 von diesen Patienten eine besondere Form von Gruppenpsychotherapie, die darin bestand, daß man sie anleitete, sich ihrer körperlichen Prozesse bewußt zu werden und positive Imaginationen in der Form von Vorstellungen über angenehme Erlebnisse immer dann zu benutzen, wenn sie sich ihrer Ängstlichkeit bewußt wurden. Die restlichen Patienten gehörten zu einer Kontrollgruppe. Am Ende eines Monats waren beide Gruppen aufgrund der medikamentösen Behandlung und der kontrollierten Diätmaßnahmen symptomfrei. Nach einem Monat der Meditation wurden die Kontrollpatienten ermuntert, ihre Diät zu erweitern – mit dem Ergebnis, daß innerhalb von 2 Wochen 18 von den 20 berichteten Fällen ein vollkommenes Wiederauftreten der Symptomatik zeigten. Die übrigen beiden Patienten hatten eine signifikante Symptomrückkehr nach zwei Monaten. Im Vergleich dazu erhielten die Teilnehmer der experimentellen Gruppe, die annähernd sechs Wochen lang täglich Positive Imagination übten, die Freiheit, alles zu essen. In einer Nachuntersuchung nach drei Jahren konnten 28 der experimentellen Patienten ausfindig gemacht werden. Nur zwei aus der Gruppe hatten wiederauftretende Symptomatik, die mit ihrer ursprünglichen langen Geschichte schwerer Ulcera verglichen werden konnte. Das Beispiel macht deutlich, welch bemerkenswerte Ergebnisse zu erzielen sind durch den richtig verstandenen Gebrauch von positiver Imagination. Es ist nur bedauernswert, daß diesem kurzen Bericht weder weitere Forschungsarbeit durch diese Autoren folgte, noch irgendwelche wesentlichen Einzelheiten über die Art der angewandten Technik positiver Imagination veröffentlicht wurden.

Ein Vierteljahrhundert später erforschten *Lazarus* und *Abramovitz* (1962) die Möglichkeit der Arbeit mit positiver Imagination bei einer Gruppe von Kindern, bei denen sich die Durchführung der Entspannungsübungen als schwierig erwiesen hatte. Sie entwickelten die übliche Hierarchie angsterregender Szenen, forderten aber die Kinder gleichzeitig auf, Szenen zu gestalten, die man neben die eher angstmachenden Szenen in der Hierarchie stellen konnte. Ihre Ergebnisse waren ziemlich positiv. Ein paar Jahre später, damals ohne Kenntnis der Untersuchungen von *Lazarus* und *Abramovitz* oder *Chappel* und *Stevenson,* habe ich begonnen, die Möglichkeiten positiver Imagination in der Psychotherapie zu erforschen. Dieses Interesse entstand ursprünglich aus meiner Erforschung des Tagträumens und auch aus der Beziehung zwischen positiver Imagination und Affekt im Anschluß an *Tomkins* (1962, 1963). Bei diesem Verfahren habe ich die Entspannungsmethode benutzt, dann für den Patienten sehr starke positive Bilder entwickelt, die für weitere Steigerung der Entspannung genutzt werden konnten, und schließlich habe ich systematisch die zunehmend angstmachenden Items der Hierarchie mit den von dem Patienten entwickelten positiven Bildern gekoppelt. In der Regel waren die von den Patienten produzierten positiven Bilder mit Szenen aus der Natur verbunden, z. B. am ruhigen Strand zu liegen und die Wogen eines Meeres oder eines Sees zu beobachten, in friedlichen Wäldern zu sein oder das Schneetreiben in einem angenehmen Gebirge zu beobachten. Diese positiven Bilder bezogen sich im allgemeinen nicht auf das Selbst, was bemerkenswert ist angesichts der jüngeren Forschungsarbeit von *Greene* und *Reyher* (1972), die berichteten, daß Vorstellungen über eine positive Naturerfahrung, die nicht am Körper orientiert ist, eine signifikante Wirkung auf die Linderung von Schmerzen haben können, die durch intensive elektrische Stimulation erzeugt wurden.

Lazarus (1971) hat auch die Verwendung »emotiver Imagination« (emotive imagery) für die Behandlung eines Kindes mit einer Zahnarztphobie beschrieben. In diesem Fall wurde das Kind aufgefordert, sich vorzustellen, daß das tapfere Schneiderlein und das Rumpelstilzchen mit auf den Zahnarztstuhl kommen, und über die beiden in dieser Situation nachzudenken. Wiederum waren die Ergebnisse vielversprechend. Obwohl *Ahsen* (1968) sich etwas mehr an den europäischen imaginativen Verfahrensweisen orientierte, hat er anscheinend ausgedehnten Gebrauch von positiver Imagination gemacht, die er als Eidetik bezeichnet. Einen an Verstopfung Leidenden, der sich von seiner Mutter nicht geliebt fühlte, forderte *Ahsen* auf, eine sehr lebendige Phantasie von körperlicher Nähe und Wärme bei seiner Mutter zu entwickeln und diese Phantasie regelmäßig zu praktizieren.

Das Ergebnis war ein allgemein verbessertes Selbstgefühl und speziell in diesem Fall eine gesteigerte Regelmäßigkeit der Darmbewegungen – eine tatsächlich bemerkenswerte Demonstration der Macht des positiven Denkens als Alternative zu Abführmitteln.

Bis zu weiterer experimenteller Forschungsarbeit, wie sie etwa von *Greene* und *Reyher* (1972) bekannt ist, bleiben die Bedeutung der positiven Imagination und ihre weitgestreute Wirksamkeit in der Psychiatrie noch zu erforschen. Bei der Erörterung klinischer Möglichkeiten und weiterer Forschung und Theoriediskussion werde ich auf diese spezielle Technik später zurückkommen.

Wolpin (1969) hat eine Form der Desensibilisierung beschrieben, die einige Elemente der europäischen Techniken angeleiteter Imagination mit positiver Imagination einerseits und Desensibilisierung andererseits verbindet. Im Fall einer Schlangenphobie z. B. forderte er den Patienten auf, sich eine weite Reise vorzustellen, bei der er schließlich auf eine Schlange zugeht, sie schließlich berührt und allmählich näher an sich zieht.

Einige Implikationen der systematischen Desensibilisierung für die Imagination

Wenn wir die gesamte Literatur ernst nehmen, so ist die systematische Desensibilisierung eine hervorragende Psychotherapieform für die Behandlung von Phobien, ob bei den ziemlich abgegrenzten kleineren Problemen von unauffälligen Patienten (Schlangenphobien) oder den etwas ernsteren Problemen, wie man sie bei stationär Behandelten findet (*Marks,* 1969). Der Hinweis von *Marks* ist sicher richtig, daß bei Patienten mit massiven phobischen Symptomen in vielen verschiedenen Bereichen und bei Patienten mit einem sehr hohen allgemeinen Angstniveau die Behandlung weniger erfolgreich ist – aber das trifft für alle Therapieformen in solchen Fällen zu. Die Ergebnisse sprechen deutlich dafür, daß die Desensibilisierung ein wesentliches Werkzeug für jeden Psychotherapeuten darstellt, gleichgültig welche Methoden er sonst benutzt.

Sicher ist, daß die systematische Desensibilisierung, obwohl nur begrenzt anwendbar, sogar innerhalb dieser Grenzen die große Macht und Bedeutung der Imagination für Verhalten verdeutlicht. Was für die Praktiker imaginativer Verfahren in Europa selbstverständlich war, ist jetzt eine wichtige Lektion, die von den Behavioristen gelernt werden muß. Die wachsende Forschung über die Rolle der bildhaften Vorstellung und andere Formen von Imagination bei der Informationsübermittlung und den kognitiven Kodierungsprozessen zeigt an, daß auch die experimentelle Psychologie diesen Themen große Bedeutung beimißt.

Der starke Einfluß der Imagination auf die therapeutische Praxis wurde in Verbindung mit Entspannung und positiver Suggestion von *Leitenberg, Agras, Barlow & Oliveau* (1969) untersucht. Diese Autoren fanden sehr klare Beweise dafür, daß wiederholte Suggestion positiver Veränderung seitens des Therapeuten sich durchaus im Therapieergebnis niederschlägt. Die Ergebnisse von *Howlett* und *Nawas* (1971) besagen, daß einzelne Besserungs-Suggestionen am Ende der Behandlung die Ergebnisse der systematischen Desensibilisierung ebensowenig signifikant beeinflussen wie die bloße gefürchtete Vorstellung. Diese Autoren haben ausdrücklich darauf hingewiesen, daß das von ihnen angewandte suggestive Verfahren im Vergleich zu den Vorgehensweisen vieler anderer Forscher weniger intensiv war; andere Studien deuten auf Placebo-Effekte bei der Behandlung von Phobien hin, obwohl sie im allgemeinen signifikant weniger wirksam sind als systematische Desensibilisierung. Sowohl *Howlett* und *Nawas* (1971) als auch *Mealia* und *Nawas* (1970) haben gezeigt, daß abgestufte Präsentationen von erschreckenden Vorstellungen in Verbindung mit Entspannung nachweislich zu deutlichen Besserungen einer spezifischen phobischen Reaktion führen, und zwar im Falle der Angst vor Spinnen. Die entsprechende Untersuchung macht auch deutlich, daß unsystematisches Denken an das angsterzeugende Bild noch nicht zu Habituation führen wird, sondern daß der Prozeß des allmählichen Ansteigens der Angst von sehr geringem Niveau zu höherem ein notwendiger Teil des Verfahrens ist.

Die besondere Beziehung zwischen Imagination und der Veränderung von nachfolgendem Verhalten eröffnet wichtige Wege für die Forschung, speziell z. B. zu klären, welche Rolle persönliches und verdecktes Wiederholen für viele menschliche Verhaltensweisen spielt; das heißt also nicht nur für die Beseitigung von Ängsten. Die ziemlich positiven Ergebnisse bei der üblichen Suggestion – erinnern wir uns, daß *Paul* (1966, 1968) ziemlich gute Ergebnisse bei seiner Placebo-Gruppe hatte; die Ergebnisse lagen nahe bei denjenigen der Kontrollgruppe, die eine dynamische Psychotherapie erhielt – werfen die interessante Frage auf, was wir mit Suggestion eigentlich meinen. Allzuoft führen die Ergebnisse in Kontrollgruppen, die Besserungen zeigen aufgrund von Suggestionen oder aufgrund harmloser Drogen, denen man günstige Wirkungen zuschreibt, einfach dazu, diese Effekte generell der »Suggestion« zuzuschreiben.

Um hier Klarheit zu schaffen, ist eine sorgfältige Untersuchung des psychologischen Prozesses, der den Effekten der Suggestibilität zugrunde liegt, notwendig. Geht man von der Möglichkeit aus, daß die positiven Ergebnisse der Suggestion einem Muster der von dem jeweiligen Individuum selbst antizipierten Bilder ähneln, die in der Phantasie positive Alternativen für den beklagten Zustand, dessentwegen man die Therapie wollte, darstellen, so läßt sich die interessante Hypothese aufstellen, daß jemand, der positive Suggestion erhalten hat, entweder im Laufe der Behandlung selbst oder in den Intervallen zwischen der Therapie positive Ergebnisse phantasiert. In diesen Phantasien und Bildern beschäftigt sich der Patient tatsächlich mit verdecktem Modellernen von Alternativen, die in der Art ähnlich sind wie bei *Banduras* symbolischem Modellernen oder die man mit emotiver Imagination vergleichen kann. In diesem Zusammenhang kann man auch die Frage stellen, ob es nicht ein ganzes Bündel von Einstellungen und persönlichen Gewohnheiten oder Orientierungen bezüglich der systematischen Desensibilisierung selbst geben könnte, das eine Rolle bei der Besserung des Patienten spielt. Sicher müßte in zukünftiger Forschungsarbeit der Tatsache Beachtung geschenkt werden, daß man Imaginationen nicht nur auf Anweisung hin in den speziellen therapeutischen Situationen erzeugen kann, sondern daß es auch möglich ist, zu anderen Zeiten an diese Behandlungen zu denken, indem man verschiedene Möglichkeiten im Geiste durchspielt und auf die neuen Bilder reagiert, die man erzeugt, wenn man sich erinnert oder über die Zukunft phantasiert.

Kamil (1970) führte eine Untersuchung durch, die einige interessante Fragen aufwarf über die mehr allgemeinen persönlichen Implikationen, die bei einer Behandlung mit systematischer Desensibilisierung von Interesse sind. Er nähert sich dem Problem von einem psychoanalytischen Standpunkt aus und schlägt verschiedene Erklärungsmöglichkeiten vor für das Wiederauftauchen eines Symptoms oder das Neuauftauchen eines anderen Symptoms, wenn die Wirkung der Desensibilisierung eine phobische Reaktion zum Verschwinden gebracht hat. Eine Möglichkeit ist, daß das Symptom funktionell autonom geworden ist, bevor die Behandlung einsetzte, und daß die ursprüngliche Dynamik der Persönlichkeit das Symptom nicht mehr braucht. Eine zweite Möglichkeit ist, daß die Desensibilisierung tatsächlich auf die Persönlichkeitsstruktur einwirkt, daß aber die angewandten Methoden keine tieferen Schichten der Persönlichkeit durchdrungen haben, was sich mit Hilfe von Techniken wie projektiven Verfahren feststellen läßt, und aus diesem Grunde eigentliche Veränderungen ausblieben. Natürlich gibt es eine signifikante Ausnahme zu dieser Vorstellung, und zwar in einer Untersuchung von *Baker* (1969), in der projektive Techniken im Anschluß an die Beseitigung des Symptoms durch Konditionierungsmethoden eine allgemeine Besserung für eine Gruppe von Patienten anzeigte, die an Enuresis litten. Die dritte Möglichkeit ist, daß die Beseitigung eines Symptoms in der Tat zu einer allgemeinen Veränderung des Musters der darunterliegenden Konflikte führt.

Kamil entwickelte eine ausgezeichnete Methode, um diese Möglichkeiten zu testen. Er verwendete die übliche Schlangenphobie mit der folgenden Modifikation. Versuchspersonen wurden für die systematische Desensibilisierung ausgewählt und zusätzlich eine nichtbehandelte Kontrollgruppe Freiwilliger, die deutliche Reaktionen einer abgegrenzten Schlangenphobie zeigten. Eine dritte Gruppe von Personen, die in vielen Bereichen Ängste zeigten, aber nicht spezifisch phobisch auf Schlangen reagierten, wurden in anderer Beziehung den Schlangenphobikern zugeordnet. Schließlich gab es eine Gruppe unauffälliger Versuchspersonen, die minimale Angstmaße in dem Fear Survey Schedule zeigten.

Ein entscheidender Punkt dieser Untersuchung war, von dem psychodynamischen Standpunkt aus den Nachweis erbringen zu können, daß Schlangenphobiker und allgemeine Phobiker eine gemeinsame zugrundeliegende Angst teilten, nämlich die Kastrationsangst, die im psychoanalytischen Denken eine zentrale Rolle spielt. Hierzu wurden verschiedene Karten des Rorschach-Verfahrens und Bilder aus dem Thematischen Apperzeptionstest (TAT) verwendet und nach spezifischen Kategorien eingestuft, die den Nachweis für Kastrationsängste erbringen. Auf Karte VI des Rorschach war z. B. die Offensichtlichkeit körperlicher Schädigung eines Organismus (Deformiertheit, offensichtliches Fehlen eines Teils, zerquetscht, aufgespalten, abgeschnitten) eine der zahlreichen Kategorien, die verwandt wurden, um den Nachweis der angenommenen Kastrationsangst zu erbringen. Beim TAT brachten die Kategorien der Karten Themen in der jeweiligen Geschichte der Versuchspersonen wie »genitale Verletzung; totale Körperverstümmelung bis zur Zerstörung«.

Kamil konnte den Nachweis erbringen, daß die einzelnen Beurteiler der Maße für Kastrationsangst sowohl im TAT als auch beim Rorschach etwa die gleiche durchaus vernünftige Reliabilität ermittelten. Er konnte auch nachweisen, daß die Kategorien für Kastrationsangst im Rorschach und TAT die phobischen Versuchspersonen, sowohl in bezug auf Schlangen als auch allgemeine Phobien, von den nichtphobischen Versuchspersonen unterscheidbar machten. Die Versuchspersonen mit allgemeinen Phobien und diejenigen mit Schlangenphobien hingegen unterschieden sich nicht signifikant in den Maßen für Kastrationsangst, was nach *Kamil* (1970) »die psychoanalytische Position stützt, daß die Kastrationsangst eine zentrale Rolle bei der Neurose spielt oder zumindest bei den Phobien im allgemeinen« (S. 201).

Nach der Behandlung mit systematischer Desensibilisierung zeigten die Versuchspersonen mit Schlangenphobie, die eine Behandlung erhalten hatten, eine größere Reduktion der manifesten Angst als die unbehandelte Gruppe der Schlangenphobiker, aber sie behielten immer noch einen etwas höheren Angstpegel als die nichtphobischen

Versuchspersonen. Was die Schlangenvermeidung anbelangt, hatte keiner der Schlangenphobiker anfangs gewagt, die harmlose lebendige Schlange, die bei der Untersuchung verwendet wurde, zu berühren. Die nichtphobischen Versuchspersonen in dem Experiment konnten alle die lebendige Schlange berühren. Bei einer Nachuntersuchung konnten neun von den zehn desensibilisierten Phobikern die Schlange berühren, während es keiner von den unbehandelten Schlangenphobikern wagte. Wiederum waren alle nichtphobischen Versuchspersonen bereit, die Schlange zu berühren. Es wird also deutlich, daß die systematische Desensibilisierung nicht nur die mit dem Symptom verbundene manifeste Angst reduziert, sondern auch die eng umschriebene phobische Reaktion beseitigt hatte, zumindest zu der Zeit der Nachuntersuchung.

Der entscheidende Test für die mehr allgemeine Frage in dieser Untersuchung hängt mit den Ergebnissen für die Rorschach- und TAT-Maßeinheiten für Kastrationsangst zusammen. Bei der Nachuntersuchung gab es keine signifikanten Unterschiede der Versuchspersonen mit Schlangenphobie in beiden Gruppen, und sie zeigten auch weiterhin ein viel höheres Niveau an Kastrationsangst als die Vergleichsgruppe. Zumindest bei dieser Art der Messung hatte die Beseitigung des Symptoms nicht die Anzeichen der Kastrationsangst als zugrundeliegenden Konflikt berührt. Im TAT allerdings zeigte die behandelte Gruppe der Schlangenphobiker tatsächlich eine signifikante Reaktion der Kastrationsangst, obwohl (im Vergleich zu der nichtbehandelten Gruppe der Schlangenphobiker) die Ergebnisse noch auf dem Niveau der nichtphobischen Versuchspersonen waren. *Kamil* interpretierte dieses Ergebnis in dem Sinne, daß die Beseitigung des Symptoms sich allgemein positiv für den Betreffenden auswirkt und sein Selbstwertgefühl steigert, wie es sich in den qualitativ veränderten Geschichten des TAT manifestiert; in einer tieferen Schicht (was mit dem Rorschach erfaßt werden soll) wurden die Kastrationsängste jedoch nicht modifiziert.

Man muß nicht unbedingt die Vorstellung teilen, daß die von *Kamil* benutzten Rorschach- und TAT-Maße nur einen ganz spezifischen Konflikt des Individuums berühren, nämlich die Kastrationsangst. Gerade seine Definition umfaßt mehr allgemeine Scores für Verstümmelung und Angst vor Zerstörung oder Haltungen gegenüber körperlicher Beeinträchtigung, die tatsächlich in der frühen Kindheit von übermäßig sensiblen Eltern gelernt sein können und nicht speziell auf den Genitalbereich dieser Menschen bezogen sein müssen. Es ist fast unmöglich, eine dermaßen spezifische Hypothese wie die des Kastrationskomplexes zu stützen, ohne daß einige gegenwärtig undurchführbare Nachfolgestudien über sorgfältig beobachtete Kinder vorliegen. Trotzdem bringen die Ergebnisse von *Kamil*, neben dem interessanten Nachweis über die Macht der Imagination und Entspannung bei der Beseitigung eines mächtigen Symptoms, weitere interessante Möglichkeiten über die Feedback-Wirkungen, wenn der Patient im Laufe der Behandlung Erfolgserlebnisse hat. Die Ergebnisse im TAT spiegeln wahrscheinlich den Grad der Selbstwahrnehmung größerer Beherrschtheit und gesteigerter Kompetenz wider; diese werden in den Geschichten generalisiert, die ein positives Ende haben und in denen heldenhaftere Personen auftauchen.

Man muß sich nicht auf Maße wie die aus den genannten projektiven Verfahren stammenden beschränken, um die Auswirkungen einer Behandlung auf Phantasie und Denken abschätzen zu können. Vielmehr scheint es angemessen, weitgehend von den Tagtraumphantasien, den Träumen in der Nacht und verschiedenen anderen Gedankenspielereien oder Erwartungen Gebrauch zu machen, um zu sehen, was sich im Innern eines Patienten im Laufe einer Behandlung wie der systematischen Desensibilisierung abspielt. Während eine solche Datenerfassung zur psychischen Aktivität notwendig das Ergebnis bis zu einem bestimmten Grade beeinflußt (eine Art psychologische Version des *Heisenberg*-Effekts in der Physik), könnten verschiedene Kontrollen dies möglicherweise vermeiden, und es könnte uns ein viel besseres Verständnis der Gesamterfahrung des Patienten bei einer Behandlung wie der systematischen Desensibilisierung geben. Natürlich gilt dieser Vorschlag für alle Formen von Psychotherapie. Er scheint besonders günstig für den Verhaltenstherapeuten, der sich dem Patienten in einer relativ festgelegten Weise nähert und nicht soviel Aufmerksamkeit wie andere Therapieformen auf die Übertragungscharakteristika der Patient-Therapeuten-Beziehung und auf die Erwartungshaltungen oder die verschiedenen verborgenen Antriebe, die die Patientin in die therapeutische Situation mitbringen, richtet.

Verdeckte Aversionstherapie und verwandte Verfahren

Bestrafungstechniken

Bislang haben wir uns mit Phobien und verschiedenen Formen sozialer Hemmung beschäftigt, für die systematische Desensibilisierung besonders indiziert erscheint. Die besprochenen Verhaltensschwierigkeiten, wenn sie auch für die Betroffenen selbst unangenehm sind, wirken sich störend auf Mitmenschen oder Gesellschaft aus. Dies erklärt auch die Tatsche, warum man gerne eine so sanfte Behandlung wie die Desensibilisierung anwendet. Wenn es dagegen um Verhaltensweisen geht, die starkes soziales Mißfallen erregen, wie z. B. verschiedene Formen sexueller Perversion und Fetischismus oder

Suchtverhalten, so werden von den Verhaltenstherapeuten andere Ansätze verwendet. Und zwar kommen hier vor allem Techniken aus dem Bereich der Bestrafungs- oder aversiven Therapie in Frage. Wenn man allerdings einige der ausgefeilten Methoden genauer betrachtet, die für die Behandlung von sexueller Perversion angewandt werden, so fühlt man sich erinnert an die Methoden mittelalterlicher Folterer. Alle Arten ausgeklügeltster chemischer und elektrischer Schockapparate und -verfahren wurden in einigen Fällen aktiviert, Methoden mit dem Ziel, den Patienten auf ziemlich systematische Weise zu erniedrigen. Eines der großen Mißverständnisse der Verhaltenstherapie, wie es z. B. in dem Film »A Clockwork Orange« dargestellt wird, entststeht wahrscheinlich durch die Reaktion aversiver Techniken in der Verhaltenstherapie. Diese Techniken werden bereits seit einigen Jahrzehnten praktiziert – vielleicht am weitesten bekannt ist die Anwendung der Droge Antabus in Verbindung mit Alkohol. In diesem Abschnitt werde ich mich allerdings vorwiegend mit imaginativen Verfahren befassen, wie sie bei verschiedenen Formen der Aversionstherapie angewandt werden. Außerdem werde ich einen Überblick geben über einige verwandte Anwendungen der Vorstellung, die ursprünglich im Bereich der Aversionstherapie entstanden sind.

Erwartungsgemäß haben viele Psychologen und Psychiater die Verwendung chemischer oder elektrischer Schocks im Rahmen der Therapie unerwünschter Verhaltensweisen in Frage gestellt. Typisch für einige der Aversionsmethoden, die vorwiegend bei sexuellen Abweichungen angewandt wurden, sind jene, wie sie von *Feldman* (1966) und *Feldman* & *McCulloch* (1965) berichtet wurden. Diese Forscher projizierten Dias von sexuell attraktiven Männern für junge Homosexuelle. Bei Erscheinen des männlichen Bildes wurde ein Schock verabreicht, und sowohl Bild als auch Schock wurden gelöscht dadurch, daß der Patient einen Schalter bediente. Konsequenterweise könnte man als Belohnung für die antizipatorische Zurückweisung des sexuell abweichenden Bildes dem Patienten das Bild einer attraktiven Frau zeigen, um damit eine heterosexuelle Reaktion positiv zu verstärken. Diese Methode soll erfolgreich sein, dennoch scheint die Problematik ziemlich komplex. Mit Sicherheit ist diese Methode nämlich lästig für viele Patiententypen, und speziell bei Homosexuellen scheint sie nicht so gut anzukommen, da diese häufig gesellschaftlichen Gruppierungen angehören, in denen viele Charakteristika der Homosexualität mit sozialem Akzeptiert-Werden einhergehen, mit beruflichen und sozialen Möglichkeiten und mit vielen anderen positiven Verlockungen des urbanen Lebens.

Wie *Rachman* und *Teasdale* (1969) ausgeführt haben, wirft die Verwendung chemischer oder elektrischer Therapieformen viele ethische und soziale Fragen auf. Sie haben z. B. auf ein Experiment von *Sanderson, Campbell* und *Leverty* (1964) hingewiesen, in dem man den Patienten eine Droge injizierte, die für 150 Sekunden Atemstillstand erzeugte. Diese äußerst angsterregende Erfahrung mag ihre Wirkung auf die Patienten gehabt haben, trotzdem ist es unwahrscheinlich, daß sie sich auf die Behandlung eingelassen hätten, wenn sie im voraus voll informiert gewesen wären, daß sie solch schreckliche Folgen mit sich bringen würde. *Rachman* und *Teasdale* sind der Meinung, daß es nicht sehr wahrscheinlich ist, daß Patienten motiviert werden können, über längere Zeit bei diesen angstmachenden Behandlungen mitzuarbeiten.

Aversive Methoden in der Vorstellung

Eine wesentlich tolerablere Alternative zu der mechanischen oder chemischen Therapie beruht gänzlich auf der Kooperation des Patienten und seiner eigenen Selbstkontrolle. Die Methode koppelt eine destruktive Vorstellung mit einem Verhalten, das der Patient nicht akzeptiert und aus seinem Verhaltensrepertoire eliminieren möchte. *Gold* und *Neufeld* (1965) haben ein frühes Beispiel für diesen Ansatz gegeben. Bei der Behandlung eines homosexuellen Jungen machten sie ausführlichen Gebrauch von seiner eigenen Phantasie, indem sie ihn dazu brachten, sich in verschiedenen Szenen vorzustellen, in denen er nahe Tuchfühlung mit Männern unterschiedlicher Attraktivität hatte, z. B. in öffentlichen Toiletten (wo er gewöhnlich seine homosexuellen Annäherungen durchführte). Anschließend sollte er sich entweder seine Abneigung oder den Auftritt eines Polizisten in der Nähe vorstellen. Nach einer Reihe von Kopplungen der angstmachenden Konsequenzen oder negativer Bilder mit den bislang attraktiven Szenen wechselte man über zu Szenen mehr heterosexueller Natur, die mit positiver Vorstellung assoziiert werden sollten. Die Einstellung des jungen Mannes besserte sich in dem Sinne sehr entscheidend, daß sein homosexuelles Verhalten stark nachließ; allerdings verlor er nicht ganz sein Interesse an Männern. Dennoch konnte er zu diesem Zeitpunkt eine adäquate Beziehung zu einem Mädchen eingehen.

Davison (1969) bringt eine sehr lebendige Fallgeschichte über die Behandlung eines Jungen, der immer wieder sadistische Phantasien hatte. In dieser Studie benutzte Davison eine Kombination imaginativer Techniken, bei denen er sowohl von der Vorstellungskraft des Patienten Gebrauch machte als auch von der Verwendung tatsächlicher Bilder provozierender nackter Frauen. Der Patient wurde aufgefordert, vor den Bildern der nackten Frauen zu masturbieren; immer dann, wenn er Bilder von mehr sadistischer Art heraufbeschwor, wurde er aufgefordert, ein sehr störendes Bild zu erzeugen, das in ihm eine Reaktion von Übelkeit hervorrief. Mit großer Sorgfalt wurde er zu dem Punkt gebracht, wo die sadistischen Masturbationsphantasien allmählich verschwanden aufgrund der Assoziation mit der störenden Phantasie, wohingegen die Masturbationsphantasien in Richtung Heterosexualität anstiegen, bis sie schließlich dominierten. Die Persistenz dieser Veränderung angesichts der zehnjährigen Praxis des früheren Musters ist eine überzeugende Leistung und wiederum ein Beweis für die Wirksamkeit einer sorgfältigen Manipulation der Imagination.

Kolvin (1967), der u. a. mit jugendlichen Fetischisten und Benzingeruchsüchtigen arbeitete, ließ die Betroffenen eine Liste unangenehmer Bilder aufzeichnen. Sobald es ein Anzeichen dafür gab, daß der Patient durch die Vorstellung des unerwünschten Verhaltens erregt war und es »ihn anmachte«, wurde er aufgefordert, sofort an die unangenehme Szene zu denken. Beide Patienten machten schnelle Fortschritte in 20 Sitzungen, in denen jeweils die unangenehme Szene mit der abzulehnenden Attraktion gekoppelt wurde. Es sollte hinzugefügt werden, daß auch psychotherapeutische Maßnahmen in die Therapie einflossen.

Joseph Cautela verwendete in großem Umfang die verdeckte Desensibilisierung, aber auch viele andere ähnliche imaginative Verfahren, um ungewünschte Verhaltensweisen zu löschen oder die Wahrscheinlichkeit für gewünschtes Verhalten zu vergrößern. In einer Reihe von Aufsätzen in der Mitte der 60er Jahre (*Cautela,* 1966, 1967) beschrieb er die Arbeit mit aversiven Vorstellungstechniken bei der Behandlung von nichtadäquatem »Annäherungs«-Verhalten wie Über-Essen, zwanghaftem Stehlen, Rauchen, Homosexualität und exzessivem Trinken. Im wesentlichen geht es bei dieser Methode darum, eine Reihe extrem destruktiver Bilder zu entwickeln, einige können im voraus, einige gemeinsam mit dem Patienten entwickelt werden. Diese werden dann eingesetzt parallel zu den Phantasien des Patienten über das gewünschte Verhalten selbst. Neben der Erlaubnis für den Patienten, das Bild zu erzeugen und die negative Phantasie daneben zu stellen, entwickelte *Cautela* eine Reihe von Musterszenen, die für spezielle Probleme genutzt werden können. Hier z. B. ist die Szene, die einem Patienten helfen soll, homosexuelle Anziehung zu überwinden:

»Sie befinden sich in einem Kerker. Es ist dunkel, muffig und alles in allem ekelhaft. Nachdem sich Ihre Augen an das Licht gewöhnt haben, können Sie in der Ecke des Kerkers einen attraktiven nackten Mann wahrnehmen. Er macht Ihnen Zeichen, näherzukommen. Als Sie sich ihm nähern, denken Sie bei sich, daß es gut werden wird. Während Sie dies denken, bekommen Sie ein Gefühl der Übelkeit in der Magengegend. Ein paar Bröckchen von der Mahlzeit kommen in Ihren Mund und schmecken bitter. Sie schlucken sie wieder runter. Ihre Kehle fühlt sich trocken an. Aber Sie gehen weiter auf den Mann zu. Je näher Sie kommen, um so kränker fühlen Sie sich. Ihre Augen werden feucht. Rotz und Schleim aus Ihrer Nase läuft Ihnen in den Mund. Es dreht sich Ihnen der Magen um. Gerade als Sie ihn berühren wollen, beginnen Sie sich zu übergeben, Sie erbrechen alles über ihn, über sich selbst und über den Fußboden. Sie sehen ihn über und über bedeckt mit gelblichen und bräunlichen Stückchen von schleimigem Erbrochenen. Sein ganzer Körper ist voll davon, vor allem sein Penis. Sie würgen weiter Ihre Innereien heraus. Ihr Hemd und Ihre Hose sind voll mit Erbrochenem. Sie fühlen sich immer kränker und erbrechen überall hin. Sie wenden sich ab von dem Mann und beginnen aus dem Kerker zu rennen. Er greift nach Ihnen, und Sie rutschen aus und fallen in einen tiefen Sumpf von Erbrochenem. Der Geruch überkommt Sie und Sie übergeben sich wieder, aber es kommt nichts mehr ... es geht Ihnen sehr schlecht. Irgendwie rappeln Sie sich auf, stoßen ihn weg und rennen aus dem Kerker. Wie Sie aus der Tür heraus sind, fangen Sie an, sich besser zu fühlen. Wie Sie draußen in der frischen Luft sind, fühlen Sie sich wunderbar. Sie gehen nach Hause und reinigen sich« (*Cautela*, unveröffentlichtes Manuskript).

Jeder Leser, der diesen Abschnitt gelesen und versucht hat, sich das beschriebene Geschehen sehr lebendig vorzustellen, kann tatsächlich eine empathische Übelkeit erleben. Sicherlich können solche Szenen einen großen Einfluß auf die Phantasie haben, und die wiederholte Arbeit damit soll nach *Cautela* beträchtlichen Erfolg bei der Behandlung von verschiedenen Verhaltensweisen haben, die die Leute trotz besseren Wissens praktizieren.

Cautela hat sehr viele Szenen dieser Art besonders für die Arbeit mit Alkoholikern entwickelt. Ich will hier nicht im einzelnen Beispiele für diese Szenen wiederholen, aber es geht zusammenfassend darum, daß ein Patient sich vorstellt, wie er in eine Bar geht, einen Drink bestellt, wie ihm übel wird, er sich übergeben muß, in die Bar und in sein Bier erbricht, dennoch versucht, es zu trinken, trotz des fließenden Schleims und der Nahrungsbröckchen.

Nachdem der Patient ungefähr 20 dieser Szenen in der Therapie durchlaufen hat, wird er aufgefordert, diese weiter zu üben. Es gibt tatsächlich auch Verhaltenstherapeuten, die Tonbänder für den Gebrauch zu Hause vorbereitet haben, neben Schock und aversiver Vorstellung (*Feingold*, 1969). Ziemlich dramatische Ergebnisse werden in verschiedenen Untersuchungen von der Arbeit mit verdeckter Desensiblisierung berichtet, die zumindest bis zu einem gewissen Grad besser kontrolliert sind als die üblichen klinischen Berichte. *Anant* (1967) benutzte verdeckte Desensibilisierung bei 26 Personen, die als Alkoholiker eingestuft wurden und dieses Verhalten schon lange zeigten. Er fand 100% Besserung nach nur relativ wenig Sitzungen, in dem Sinne, daß alle Patienten in den Nachfolgeuntersuchungen nach 8–15 Monaten abstinent waren – ein bemerkenswerter Bericht. In einer besser kontrollierten Untersuchung von *Ashem* und *Donner* (1968) wurden 23 männliche Alkoholiker 6 Wochen lang behandelt. Es sollte hinzugefügt werden, daß diese Männer keine größere allgemeine Psychopathologie zeigten und sich anscheinend in ziemlich stabilen Familiensituationen befanden. Sie wurden eingeteilt in eine Therapiegruppe, die die destruktive Szene nach der Trinkszene entwickelte, eine Therapiegruppe, die die Trinkszene im Anschluß an die Vorstellung der übelkeitserregenden Phantasie entwickelte und eine unbehandelte Kontrollgruppe. Die letzte Gruppe wurde gebildet, um die Möglichkeit zu prüfen, ob es sich um eine Pseudobehandlung oder Placebo-Gruppe handelte. In der Tat wurde deutlich, daß unabhängig davon, ob die Alkoholphantasie vor oder nach der Übelkeit erzeugt wurde, beide Bilder verschwammen und beide Gruppen begannen, in vergleichbarer Weise zu reagieren, so daß die Ergebnisse für beide Gruppen gemeinsam betrachtet werden können. Die Behandlungsgruppen zeigten, daß trotz einer durchschnittlich 18jährigen Alkoholgeschichte annähernd 40% der Patienten bei einer Nachuntersuchung nach 6 Monaten abstinent geblieben waren, wohingegen keiner aus der Kontrollgruppe eine Veränderung zeigte.

Obwohl es schwer zu glauben ist, daß verdeckte Desensibilisierung die Lösung unserer Alkoholprobleme darstellt – wenn man all die äußeren Attraktionen und sozialen Strukturen, die mit dem Trinken zusammenhängen, bedenkt –, sind die berichteten positiven Ergebnisse dennoch ein Nachweis der Effektivität einiger imaginativer Verfahren. Eine Untersuchung von *Weiner* (1965), die mehr im Stil eines Experiments durchgeführt wurde, hat im Zusammenhang mit operanter Konditionierung deutlich gemacht, daß die Vorstellung aversiver Konsequenz einer Reaktion und das tatsächliche Erleben der direkten aversiven Konsequenz derselben Reaktion beides zu einer Reduktion in den nachfolgenden Reaktionsraten im Vergleich mit einer Kontrollbedingung führen.

Cautela (1970) hat sich auch mit der Kontrolle von Rauchen befaßt und über einige klinische Fälle berichtet. Die Technik umfaßt im wesentlichen ebenfalls eine destruktive Vorstellung, gekoppelt mit Rauchen in der Phantasie, und daneben verwendet man Selbstinstruktionen und »Gedanken-Stop«. Der Patient wird häufig angehalten, »Stop« zu sagen, wenn er gerade dabei ist, mit dem Rauchen anzufangen, oder Lust zum Rauchen verspürt; an diesem Punkt soll er sich vorstellen, er müsse erbrechen. *Cautela* erwähnt eine unveröffentlichte Untersuchung von *Muller,* wo der durchschnittliche Zigarettenkonsum in der Gruppe mit verdeckter Desensibilisierung nach sechs Sitzungen von 15.3 auf 3.6 Zigaretten pro Tag herabfiel, während eine Kontrollgruppe keine spezielle Veränderung eines vergleichbar hohen Anfangs-Niveaus zeigte. *Cautela* berichtet über andere unveröffentlichte Untersuchungen, wie z. B. eine Studie von *Wagner* (1969), der Kontrollgruppen und eine Nachfolgeuntersuchung nach 90 Tagen einbezog. Die Ergebnisse deuteten darauf hin, daß kombinierte Desensibilisierung und verdeckte Sensibilisierung, gemeinsam angewendet, zu einer Reduktion des Rauchens führen.

Die vielleicht am besten kontrollierte Untersuchung in diesem Bereich wurde von *Berecz* (1972) durchgeführt. Seine Studie konzentrierte sich allerdings nicht sosehr auf die Arbeit mit destruktiven Bildern, vielmehr stand hier ein Vergleich von tatsächlichem Rauchen und vorgestelltem Rauchen gekoppelt mit einem tatsächlichen Schock im Mittelpunkt. Die ziemlich komplexe Untersuchung von *Berecz* umfaßte eine unbehandelte Gruppe, eine Placebo-Gruppe und eine Gruppe mit vorgestelltem Rauchen, und eine Gruppe, die tatsächlich rauchte. Die beiden letztgenannten verabreichten sich selbst schmerzhafte Schocks, wenn sie anfingen zu rauchen bzw. sich vorstellten, sie würden rauchen. Die Gruppen wurden weiter aufgeteilt in mäßige und starke Raucher. Ganz allgemein kam es zu folgenden Ergebnissen: Was die männlichen Versuchspersonen anbelangt, die bereit waren, sich genügend schmerzhafte Schocks zu verabreichen, so war in der Gruppe der mäßigen Raucher der Schock bei tatsächlichem Rauchen etwas effektiver als bei vorgestelltem Rauchen, obwohl in beiden Gruppen die Häufigkeit des Rauchens im Vergleich mit den Kontroll- und Placebo-Gruppen reduziert wurde. In der Gruppe der starken Raucher erwies sich der Schock als gänzlich ineffektiv, wenn er in Verbindung mit tatsächlichem Rauchen verabreicht wurde. Er war jedoch in dramatischer Weise effektiv, wenn er für das vorgestellte Rauchen gegeben wurde. Dieses Ergebnis war vielleicht das verblüffendste von allen in dieser Untersuchung. Wiederum beweist diese Untersuchung den entscheidenden Einfluß von Vorstellungen als einer menschlichen Funktion. Es würde sich lohnen, eine solche Untersuchung zu wiederholen, und zwar statt elektrischer Schocks die Verwendung von destruktiven Vorstellungen, um zu sehen, ob man in etwa zu ähnlichen Ergebnissen kommt. *Cautela* und *Wisocki* (1971) erarbeiteten eine Zusammenstellung der Literatur über die Arbeit mit verdeckter aversiver Vorstellung bei der Behandlung verschiedener sexueller Fehlhaltungen. Sie berichteten über verhältnismäßig gute Ergebnisse bei der Behandlung von Homosexualität durch diese Methode in Nachfolgeuntersuchungen von acht Patienten. Sie stellten besonders die Vorteile heraus, die sich aus der Kombination beider Techniken ergaben: einem aversiven Stimulus und dem Phantasieren des unerwünschten Verhaltens. Der offensichtlichste Vorteil ist, daß reale Stimuli nicht erforderlich sind; darüber hinaus gibt es viel mehr anbietbare Möglichkeiten, und die Patienten sind wesentlich bereitwilliger, sich der Behandlung zu unterziehen, zudem entwickeln sie weniger häufig Angstgefühle oder das Gefühl, künstlich manipuliert zu werden, außerdem haben wir es mit einer Methode zu tun, die man sehr gut selbst praktizieren und die in das Verhaltensrepertoire des Patienten eingegliedert werden kann. Die Autoren wiesen auch darauf hin, daß wegen der komplexen sozialen Zusammenhänge, die das homosexuelle Verhalten charakterisieren, und der häufig damit einhergehenden Angst und Hemmung in der Beziehung zu Frauen es notwendig erscheint, die Behandlung innerhalb eines größeren Rahmens durchzuführen und ein Selbstsicherheitstraining in Beziehung zu Frauen und eine Desensibilisierung gewisser Ängste gegenüber weiblicher Sexualität durchzuführen.

Eine besonders dramatische experimentelle Demonstration von Kontrolle über abweichende sexuelle Tendenzen durch destruktive Vorstellung wurde von *Barlow, Leitenberg* und *Agras* (1969) berichtet. Diese Autoren behandelten einen 25jährigen verheirateten Mann, der eine lange Geschichte pädophilen Verhaltens sowohl in der Phantasie als auch in einer Anzahl direkter Belästigungen zeigte. Der zweite Patient dieser Untersuchung war ein reifer verheirateter Mann mit einer langen Geschichte homosexueller Aktivität. Für beide Patienten wurde eine Hierarchie sexuell erregender Szenen konstruiert auf der Grundlage eigener Phantasien und Erlebnisse. Auf ähnliche Weise wurden auch destruktive Szenen vorbereitet. Die Vorgehensweise war ähnlich wie bei der von *Cautela,* mit dem Aufbau eines besonders aufregenden Kontakts mit entweder einem Kind in einer sexuellen Situation beim ersten Patienten oder einem anderen Mann im Falle des zweiten Patienten, worauf dann Erleichterung durch die Flucht aus der unangenehmen Situation folgt. Man führte sorgfältige physiologische Messungen durch, um neben der eigenen Selbst-Beobachtung den Grad an Erregung der Patienten anzuzeigen.

Die Ergebnisse für Selbstbeobachtung einerseits und physiologische Messung andererseits zeigten eine Abnahme des Wunsches nach pädophilen oder homosexuellen Erlebnissen bei beiden Patienten bereits nach einigen Tagen an, in denen man sie der destruktiven Vorstellung überlassen hatte. Die Forscher versuchten dann einen klugen Schachzug, nämlich die plötzliche Entkoppelung von Phantasie und destruktiver Szene. Was sie taten, war lediglich, die sexuell erregende Szene für 10 Sekunden darzubieten und dann die nächste Phase, die bislang mit der Übelkeit erregenden Szene angefüllt war, 30 Sekunden lang zu unterdrücken. Während dieser Periode, in der die destruktive Vorstellung nicht mit der ehemals gewünschten Phantasie gekoppelt wurde, gab es einen dramatischen Anstieg positiver Erregung in Verbindung mit pädophilen und homosexuellen Phantasien.

Nachdem 8 Tage lang auf diese Weise verfahren wurde, wurden die sexuell erregenden Szenen erneut mit der destruktiven Vorstellung gekoppelt. An diesem Punkt konnte man ein dramatisches Absinken des Erregungsaffekts der ehemals sehr erregenden sexuellen Szenen verzeichnen. Beide Patienten zeigten im Anschluß eine beträchtliche Veränderung dergestalt, daß es zu einem gesteigerten heterosexuellen Verhalten kam und zu gesteigerter Erregung bei heterosexuellen Phantasien.

Die Untersuchung von *Barlow* et al. (1969) versuchte herauszuarbeiten, daß verdeckte Sensibilisierung wahrscheinlich der signifikante Faktor in der Studie war, da die Autoren bei dem unvermittelten Abbruch der destruktiven Vorstellung dem Patienten sagten, daß diese plötzliche Beendigung ein regulärer Teil der Behandlung sei. Wenn Suggestion allein die Ursache für die positiven Ergebnisse bei der anfänglichen Koppelung der unerwünschten Vorstellung mit dem destruktiven Stimulus gewesen wäre, dann wäre es zu einem kontinuierlichen Anstieg gekommen, sogar dann, wenn die Koppelung nicht stattgefunden hätte, da der Therapeut klargemacht hatte, daß dies einen regulären Teil des von ihm als gültig erachteten Therapieprogramms ausmachte. Statt dessen kam es, nachdem die Koppelung nicht stattfand, zu einer dramatischen Veränderung sowohl der Bedürfnisse als auch des tatsächlichen offenen Verhaltens der Patienten. Als die Koppelungen wieder aufgegriffen wurden, setzte sich der Prozeß auf einem etwas höheren Niveau fort und offene Verhaltensänderungen wurden manifest.

Ein wesentliches Detail besteht darin, daß im Rahmen der gesamten Arbeit mit verdeckter Sensibilisierung der Patient mit der Methode der progressiven Muskelentspannung vertraut gemacht wird. Das ist besonders interessant, da man daraus ableiten kann, daß der primäre Fokus der Entspannung in der Tat mehr darin liegt, die Wahrscheinlichkeit für Erzeugung lebhafter Phantasien zu erhöhen, als darin, eine mit der Angst unverträgliche Atmosphäre zu schaffen. Wenn die Aufgabe der Entspannung in der Angstreduktion bestehen würde, würde das Auftreten der aversiven Stimuli in Verbindung mit dem Entspannungszustand lediglich die Macht der destruktiven Bilder reduzieren. Dies ist ganz offensichtlich nicht der Fall, es ist statt dessen wahrscheinlich, daß die Entspannung eine Situation schafft, die es dem Patienten ermöglicht, sich selbst tiefer in eine empathische Stimmung und in eine Situation lebendiger Vorstellungen zu begeben, damit die destruktive Stimulation effektiv funktionieren kann.

Die theoretische Grundlage für die Effektivität der verdeckten Sensibilisierung ist keineswegs geklärt. Es wurden wenige Untersuchungen durchgeführt, in denen technische Details und die Art und Weise der Koppelung mit genügender Sorgfalt geprüft worden waren, um eine Aussage darüber machen zu können, ob es sich dabei um ein reines Konditionierungsmodell handelt. Die begrenzten Möglichkeiten der Bestrafung zur Veränderung von Verhalten, nicht nur im Sinne einer vorübergehenden Unterdrückung bestimmter Reaktionen, sind allgemein bekannt. Es scheint, als wäre man am besten beraten, die Wirkung der Koppelung destruktiver Stimuli mit dem attraktiven, aber unerwünschten Verhalten als eine Möglichkeit zu betrachten, die Betroffenen die Situationen, die in der Phantasie auftauchen und fast unvermeidlich zu einer Abfolge offener Handlungen führen, die zunehmend an Attraktivität gewinnen, genauer beschreiben zu lassen. Ein wesentlicher Schritt bestünde bereits darin, dem Patienten Situationen unterscheiden zu helfen und ihm dann eine Reihe von Möglichkeiten an die Hand zu geben, um die weitere Entfaltung der Phantasie sehr schnell zu stoppen, bevor es zur Handlung kommen kann. Der Patient kann dann, wenn er genügend motiviert ist, dieses Verhalten zu ändern, auf die destruktive Stimulation zurückgreifen und die Phantasie allmählich weniger attraktiv und auffordernd gestalten, als sie es in den vergangenen Jahren war. Sicherlich muß auch ein Einüben und eine kognitive Umorientierung an andere Richtungen erfolgen, worauf die meisten Anwender dieser Technik hinweisen. (Einige Fallbeispiele aus meiner Praxis mit dieser Methode werden in Kapitel X dargestellt.)

Verdeckte Sensibilisierung erweist sich als ein ziemlich strukturiertes und formales Verhalten, das ein Experimentieren und Manipulieren bezüglich Variablen ermöglicht. Es gibt allerdings eine Menge anderer Ansätze im Umgang mit Imagination in der Verhaltenstherapie, die der Forschung weniger zugänglich sind, obwohl dies für die Zukunft nicht immer so bleiben muß. Ähnliche Überlegungen werden in Kapitel VII angestellt. Für den Leser wird der Unterschied zwischen dem Material, das im Zusammenhang mit den imaginativen Verfahren in Europa besprochen wurde, oder jener Varianten der Techniken, wie sie jetzt in den Vereinigten Staaten angewendet werden, und der Rolle der Phantasie in der Verhaltensmodifikation sicherlich instruktiv sein. Es ist klar, daß in einigen der imaginativen Verfahren in Europa sowohl Desensibilisierung als auch verdeckte Sensibilisierung eingebaut sind, aber vielleicht mehr oder weniger zufällig, was die Möglichkeit systematischer Effekte und darüber hinaus auch die Bewertung der Wirkung in einem gegebenen

Fall ausschließt. Gleichzeitig erheben sich bei der Komplexität des Materials, das in der eher locker kontrollierten imaginativen Methode auftaucht, ernsthafte Fragen bezüglich der vielleicht übermäßig vereinfachten Beschreibungen der Imagination, wie sie in der Verhaltensmodifikation üblich sind. Es scheint sehr wahrscheinlich, daß sogar während der ziemlich kontrollierten Darbietungen von Bildern und gekoppelten destruktiven oder positiven Stimuli, wie sie in den in diesem Kapitel beschriebenen Behandlungsformen vorkommen, Patienten in der Phantasie auch abgleiten oder eine Art inneren Monolog führen können und daß Rückkoppelungseffekte durch bestimmte Situationen auslösbar sind.

Die Tatsache, daß verdeckte Sensibilisierung und systematische Desensibilisierung offensichtlich zu guten Ergebnissen führen, unterstreicht, wie wichtig es ist, den Patienten systematisch an ihren eigenen Prozessen arbeiten zu helfen. Suggestive Effekte deuten sicherlich darauf hin, daß Patienten generell motiviert sind, ihren eigenen inneren Prozessen Bedeutung zuzumessen, und lernen, zwischen negativem und positivem Feedback zu unterscheiden und daß sie dabei sind, ihre kognitive Fähigkeit zu erweitern, von der sie dann auch in anderen Situationen außerhalb der Therapiestunde Gebrauch machen können. Wenn dies so ist, könnte man allgemeinere Besserungen erwarten, im Sinne der Steigerung von Kompetenz und Selbstwahrnehmung seitens jener Patienten, die ein Entspannungstraining absolviert und auf systematische Weise mit Imagination gearbeitet haben. Die Ergebnisse von *Kamil* lassen dies vermuten, dennoch wird in diesem Bereich noch viel Forschung nötig sein.

Kapitel VII

Symbolisches Modellernen, verdecktes Konditionieren und Implosionstherapie

Die in Kapitel VII dargestellten verhaltenstherapeutischen Methoden wirken insgesamt begrenzt und fast statisch, zumindest in ihrer Konzeption. Von der verwendeten Imagination erwartet man, daß sie mehr oder weniger »an Ort und Stelle« bleibt. Wenn wir uns im Gegensatz dazu den verschiedenen Methoden des symbolischen oder verdeckten Modellernens, der verdeckten Verstärkung, der Implosionstherapie, der verdeckten Löschung oder verschiedener Techniken zur Selbstinstruktion zuwenden, dann erlangt der Ansatz der Verhaltensmodifikation eine gewisse Ähnlichkeit mit der dynamischeren Sichtweise des Gedankenflusses, wie sie für die Psychoanalyse und die imaginativen Verfahren kennzeichnend ist. Durch die Anwendung ziemlich ausgedehnter Gedankenabläufe, die notwendig sind für verdeckte Löschung, Modellernen oder verschiedene Formen privaten Übens, erkennt nämlich der Therapeut tatsächlich das Ausmaß, bis zu welchem die Phantasietätigkeit des Patienten mehr oder weniger kontinuierlich und aktiv ist. In diesem Sinne besteht eine gewisse Ähnlichkeit mit den sonst viel freieren Ansätzen des psychodynamischen oder an imaginativen Verfahren orientierten Therapeuten. Wie zu Beginn dieses Kapitels erwähnt, bleibt für den Verhaltenstherapeuten der Fokus des symbolischen Verhaltens, ob in der Form von Wiederbelebung, Modellernen, Löschung oder Verstärkung, immer sehr nahe bei dem zu beeinflussenden spezifischen Verhalten. Darin liegt ein großer Unterschied zu anderen Verfahren. Obwohl *Leuner* gelegentlich auf sehr spezifische Symptome eingeht, wenn er den Patienten auffordert, sich vorzustellen, daß er sich mit magischen Tinkturen einreibt, oder wenn er vorschlägt, das Bild aus dem allgemeinen Motivationsbereich der konkreten Schwierigkeit entstehen zu lassen, so bleibt doch das oberste Ziel auch seiner Behandlung die Modifikation der breiten dahinterliegenden Komplexe in den Konfliktbereichen. Werden diese flexibleren Phantasieformen in der Verhaltenstherapie angewendet, dann dienen sie letzten Endes doch relativ spezifischen, bewußt intendierten Veränderungen im offenen Verhalten. Nirgendwo tauchen Vermutungen über zugrundeliegende Konflikte auf oder der Gedanke an die Veränderung einer unbewußten Ebene von Schwierigkeiten.

Symbolisches Modellernen

Mit seiner langen Reihe genialer experimenteller Untersuchungen, den durchdachten und verständlichen »Principles of Behavior Modification«, seiner ausgezeichneten Forschungsarbeit über soziales Lernen und psychologisches Modellernen, und schließlich durch seine öffentlichen Stellungnahmen zu aktuellen Problemen unserer Zeit, wie z. B. den Auswirkungen des Fernsehens auf Kinder, wurde *Albert Bandura* zu einer der wichtigsten Persönlichkeiten in der Psychologie der 60er Jahre. Von spezieller Bedeutung für die Theorie und Praxis der Verhaltensmodifikation war *Banduras* wachsendes Interesse an den Fragen über das Wesen der Phantasie und der Selbst-Repräsentation oder ähnliche innere Prozesse. *Bandura* war ein zu überzeugter Behaviorist, als daß er Begriffe wie Imagination oder Phantasie gebraucht hätte, aber er war auch ein zu genauer Beobachter menschlichen Verhaltens, um die Bedeutung zentraler kognitiver Prozesse zu leugnen; so hat er den Grundstein gelegt für ein systematischeres Verständnis der Natur persönlicher Erfahrungen, innerer Monologe und persönlicher Imagination als eines entscheidenden Teils des Lernprozesses.

Ein Hauptmerkmal des Einflusses von *Bandura* sowohl auf die Lerntheorie als auch auf die angewandte Psychologie war seine Hervorhebung des Beobachtungslernens oder Modellernens *(Bandura,* 1969, 1971). Den vielen Konditionierungstheorien stand er kritisch gegenüber aufgrund dessen, daß sie atomistisch und assoziativistisch bleiben und der großen Geschwindigkeit, mit der das Kind lernt, kaum gerecht werden. Es scheint offensichtlich, daß Kinder lernen, indem sie ihre Eltern nachahmen, allerdings war die Imagination bislang nie zum Gegenstand der Forschung gemacht worden. Einzigartig an der Position *Banduras* bezüglich der Imitation ist sein rein kognitiver Ansatz. Er ist noch über die Ansicht von *Sheffield* (1961) hinausgegangen, der die Meinung vertrat, daß die Anpassung des eigenen Verhaltens an eine andere Person oder Gruppe als Konsequenz einer bildhaften Wahrnehmung eines Modells, in der Regel einer visuellen Darstellung, zu interpretieren sei. Während *Sheffield* die Assoziation durch Kontiguität für das schnelle Lernen verantwortlich gemacht hat, sah *Bandura* die Funktion der symbolischen Meditation wesentlich komplexer:

> »Aus der Sicht des sozialen Lernens dienen die von dem Modell ausgehenden Stimuli weitgehend als Informationsquelle und weniger als Mittel automatischer Konditionierung, die Beobachter handeln oft nach Eingaben des Modells, wobei sowohl Transformations- und Organisationsprozesse als auch Assoziationen beteiligt sind: es wird weniger angenommen, daß strukturelle Entsprechungen zwischen den Gedächt-

niskodierungen und dem Originalmuster des Modells bestehen; der verbalen Darstellung wird eine größere Führungsfunktion für die Reaktion zugesprochen; und Verstärkung ... wird beim sozialen Lernen als ein Faktor behandelt, der das Beobachtungslernen erleichtern kann« (S. 2526).

Während kognitive Theoretiker, Psychoanalytiker und Kliniker im allgemeinen auf den oben zitierten Abschnitt vielleicht mit den Worten reagieren: »Was ist daran neu? *Bandura* hat das Denken entdeckt!«, gibt es doch ziemlich gravierende Unterschiede und Implikationen der Theorie, die man nicht übersehen sollte. *Bandura* hat versucht, die spezifischen Prozesse beim Beobachtungslernen genauer zu schildern; und diese Prozesse könnten die Grundlage bilden für einen operationalen Test spezifischer Komponenten, auf eine Weise, wie dies bislang noch nicht durchgeführt wurde. Es ist sicher richtig, daß unter den dynamischen Theoretikern *Sullivan*, der von der Soziologie von *Mead* beeinflußt war, seiner Zeit insofern voraus war, als er die interaktiven Prozesse während der Entwicklung und deren Rolle für die spätere Persönlichkeitsstruktur in den Vordergrund stellte. Aber *Sullivan* war z. B. nicht in der Lage, bei der Beschreibung, wie das Kind auf elterliches Verhalten reagiert, Begriffe wie *Empathie* genauer zu fassen. *Bandura* hingegen bewegte sich mit seinem theoretischen System in eine Richtung, die eine Untersuchung der Komponenten von Empathie und Imitation zuläßt.

Modellernen kann man nicht einfach als direktes Nachahmen offener Reaktionen betrachten, es handelt sich vielmehr um deren Imitation in symbolischer Weise durch das Kind. Modellernen hat auch enthemmende und reaktionserleichternde Wirkungen. *Bandura* wie übrigens auch *Paivio* (1971) berufen sich auf das separate Kodierungssystem, das verbalen und imaginativen Repräsentationen zur Verfügung steht. Er hat besondere Aufmerksamkeit auf die Tatsache gelenkt, daß erfolgreiches Lernen zumeist eine effektive Interaktion zwischen symbolischen Repräsentationen in visueller Form und dem hochverdichteten verbalen Kodieren dieser Repräsentationen einschließt. Eine Reihe von Untersuchungen von *Bandura*, *Grusec* & *Menlove* (1966), *van Hekken* (1969) und *Bandura* & *Jeffrey* (1973) verdeutlichen, welche Bedeutung den symbolischen Reaktionen beim Erlernen und Behalten von Verhaltensweisen des Modells oder von Beobachtungen zukommt.

Für unsere Zwecke besonders interessant ist die Untersuchung von *Gerst* (1971), in der durch Studenten eine komplexe motorische Reaktion (Bewegungen aus der Taubstummen-Sprache) auf eine ganz bestimmte Weise imitiert wurde. Eine Gruppe imitierte einfach die ursprüngliche Reaktion mittels einer Imagination der Mitglieder. Eine zweite Gruppe übersetzte die Reaktion durch konkrete verbale Beschreibung. Eine dritte Gruppe versuchte, kurze Etiketten zu finden, um die einzelnen Bestandteile der Reaktion zu integrieren; zum Beispiel das Beschreiben einer Reaktion, die viele Armbewegungen enthält, mit dem Dirigenten eines Orchesters, der am Ende einer Symphonie seinen Stock schwingt. Die Kontrollgruppe führte unwesentliche Aufgaben durch, die sie am symbolischen Kodieren hinderten.

Es stellte sich heraus, daß knappes Etikettieren und die visuelle Vorstellung gleichermaßen wirksam für die sofortige Reproduktion waren. Die Methode des Etikettierens erwies sich als besonders günstig, wenn die Reaktionen erst nach einiger Zeit reproduziert werden sollten und vor allem dann, wenn die Darbietung der Reaktionselemente in der exakt gleichen Reihenfolge gefordert wurde, wie sie vorgestellt worden war. Es ist allerdings möglich, daß das knappe Etikettieren oder die verbale Methode, wie sie hier angewendet wurden, etwas beeinflußt war durch die Art visueller Bilddarstellung, die *Paivio* als die allen anderen Erinnerungsarten überlegene hervorgehoben hat. Die Verwendung des Bildes vom Dirigenten z. B. ist eine lebhafte visuelle Vorstellung, die nicht unähnlich ist den Techniken, wie sie Gedächtniskünstler bei der Erinnerung an Sequenzen gekoppelter Elemente verwenden. Während die rein informativen Aspekte der Stimuli, die in symbolischer Form von dem Modell ausgehen, generell hervorgehoben wurden und am ausführlichsten von *Bandura* und seinen Mitarbeitern untersucht wurden, bleibt zum persönlichen Üben der Reaktion des Modells zu sagen, daß es wahrscheinlich affektive und sehr entscheidende Implikationen mit sich bringt, die auch das Erwerben neuer Verhaltensweisen oder das Wiederholen bereits vorhandener Verhaltensweisen beeinflussen kann (*Bandura*, 1971). Ich werde die Implikationen dieser Position im Zusammenhang mit der später dargestellten kognitiv-affektiven Theorie diskutieren.

Symbolisches Modellernen bei der Verhaltensmodifikation und der Änderung von Einstellungen

Eine der wesentlichen Erkenntnisse, an der sich die symbolischen Techniken für die Verhaltensmodifikation orientieren, besagt, daß starke Emotionen gerne mit imaginativen Darstellungen assoziiert werden. Während dies für viele Kliniker selbstverständlich erschien, gibt es so gut wie keinen experimentellen Nachweis für die Richtigkeit dieser These. Untersuchungen von *Barber* und *Hahn* (1964) und von *Grossberg* und *Wilson* (1968) kamen allerdings zu ähnlichen Aussagen für eine vergleichbare Situation. Sie fanden heraus, daß vorgestellte schmerzliche Stimulation bei der Visualisierung von angstmachenden Szenen autonome Reaktionen hervorrief, die man grob mit denjenigen vergleichen kann, die durch den destruktiven Stimulus selber hervorgerufen würden. Die Bedeutung der verdeckten Selbstverstärkung wurde in einer Untersuchung von *Weiner* (1965) hervorgehoben. Er fand, daß Versuchspersonen, die einem tatsächlichen Erleben negativer Ereignisse ausgesetzt waren, ohne Verstärkung ihre Reaktionsbereitschaft reduzierten; dasselbe geschah allerdings auch dann, wenn sich die Versuchspersonen die unangenehmen Szenen vorstellten. Die Wirkung bei der Vorstellung war weniger gewaltig, aber sie deutete dennoch darauf hin, daß Repräsentation und Feedback zum Einüben neuer Verhaltensweisen genutzt werden können.

Die große Anzahl experimenteller Untersuchungen, durch die die verschiedenen Parameter des Modellernens bei Kindern veranschaulicht werden, sollen an dieser Stelle unberücksichtigt bleiben. Die Wirksamkeit des Modellernens, was relativ einfache Verhaltensänderung anbelangt, wird in einer Untersuchung von *Luchins* und *Luchins* (1966) demonstriert, mit der sie in der Lage waren, nachzuweisen, daß Studenten bei der Ausführung einer sehr komplexen Verhaltensabfolge ungeheuer viele Fehler machten und das gewünschte Verhalten nicht wirklich erlernen konnten, wenn das Feedback eingeschränkt wurde auf einfache verbale Bestätigungen richtiger und falscher Antworten. Durch die Beobachtung von Modellen, die für korrekte Reaktionen verstärkt wurden, konnten diese Studenten die ganze Verhaltenssequenz schnell erlernen, mit einem Minimum an *trial and error* und der begleitenden Frustration.

Die Implikationen für die Arbeit mit Kindern beim stellvertretenden Modellernen in der Psychotherapie, speziell um selbstzerstörerische Verhaltensmuster zu verändern, war einer der Hauptbeiträge der Gruppe um *Bandura.* Lange vor dieser Entwicklung hatte eine nur wenig bekannte Untersuchung von *Chittenden* (1942) schon den Nachweis erbracht, daß Vorschulkinder, denen man kurze Stücke zeigte, in denen Puppenkinder entweder körperlich aggressive oder kooperative Konfliktlösungen zeigten, auch in ihren eigenen Auseinandersetzungen weniger aggressiv wurden. Imitierende Reaktionen führten entweder zu gesteigerter Aggression oder Kooperation im Vergleich zu dem Verhalten vor der Behandlung; die Ergebnisse waren ziemlich nachhaltig und überdauerten einen Monat. Wirkungen des Modellernens, die andeuten, daß extrem zurückgezogene Vorschulkinder zu einem vernünftigen Niveau sozialer Interaktion gebracht wurden, nachdem sie einen Film gesehen haben, in dem ein Kind zunächst zurückgezogen ist und sich dann allmählich mit ziemlich viel Freude zu Interaktionen beteiligt, wurden von *O'Connor* (1969) berichtet. Beweise dafür, daß verschiedene Formen des Modelllernens und systematisches Üben von Rollenspielen das Niveau eines solchen Spiels in der Vorschule, im Kindergarten und auch bei älteren Kindern heben können, wurden von *Marshall* und *Halm* (1967), *Smilansky* (1968), *Freyberg* (in *Singer*, 1973) und *Gottlieb* (in *Singer*, 1972) erbracht.

Durch sorgsam skalierte Untersuchungen wurde der Nachweis erbracht, daß Modellverhalten die Wirksamkeit der Psychotherapie erhöhen oder das Interviewverhalten verbessern kann. *Schwartz* und *Hawkins* (1965) fanden z. B. heraus, daß in einer Gruppe von erwachsenen Schizophrenen durch die Anwesenheit von zwei Patienten, die beim Verbalisieren ihrer Emotionen als Modell dienten, ein größeres Ausmaß an Affekt ausgelöst wurde, als wenn die der Gruppe beiwohnenden Modelle irgendwelche neutralen Reaktionen zeigten. *Meichenbaum* (1971, a, b) hat zur Verbesserung der Fähigkeit des betreffenden Menschen, die Patientenrolle in der Psychotherapie zu spielen, verschiedene exemplarische Verfahren angewendet. *Truax* und *Carkhuff* (1967) haben den Beweis dafür erbracht, daß Patienten von Beispielen profitieren können, wenn es darum geht, noch vor dem therapeutischen Interview ein Patientenbewußtsein zu entwickeln.

Banduras Arbeitsweise enthält sehr viel von dem, was man stellvertretendes Konditionieren oder Löschen durch die Verwendung von Filmen oder Dias nennen könnte. Eine vortreffliche Untersuchung von *Bandura* und *Menlove* (1968) demonstrierte, daß man Kindern mit einer großen Angst vor Hunden relativ schnell helfen konnte, indem man ihnen kurze Filme zeigte, in denen Modellkinder unbefangen und fröhlich mit Hunden spielten. Wenn die Kinder mehrere Modelle beobachten konnten, dann war die Wirkung günstiger als bei der Beobachtung eines einzelnen Modells, das mit Hunden spielt. Ein besonders interessantes Merkmal dieser Untersuchung war, daß am Ende der Behandlung die unbehandelte Kontrollgruppe ihrerseits mit derselben Methode behandelt wurde und es auch hier dramatische Besserungen gab. Während *Bandura* darauf hinwies, daß symbolisches Modellernen unter Umständen etwas weniger ist als direktes Modellernen, scheint es doch den Vorteil zu haben, daß es sich aus der Sicht des Kindes für eine größere Vielfalt von Modellen anbietet und aus diesem Grund längerfristig besser generalisiert und außerdem in regelmäßigen Therapiesitzungen besser verwendet werden kann.

In einer berühmten Untersuchung konnten *Bandura, Blanchard* und *Ritter* (1969) erfolgreich die Wirksamkeit von symbolischem Modellernen im Vergleich zur Desensibilisierung bei der Behebung von schweren Schlangenphobien bei Jugendlichen und jüngeren Erwachsenen nachweisen. Das symbolische Modellernen wurde realisiert mit Hilfe einer Filmvorführung. Gegenübergestellt wurde dieser Methode eine Technik der direkten allmählichen Annäherung an eine

Schlange, wobei ein Modell jede Bewegung des Patienten auf die Schlange hin verstärkte. Für unser Anliegen ist besonders die Tatsache wichtig, daß mit der Methode des symbolischen Modelllernens ziemlich gute Ergebnisse erzielt wurden, sogar etwas bessere als mit der Desensibilisierung, obwohl beide Formen der Behandlung einer Unterlassung von Behandlung weit überlegen waren. Positive Ergebnisse konnten zumindest bei der einmonatigen Nachuntersuchung festgestellt werden.

Bandura schlug die nachstehende Formulierung zur Beschreibung der Möglichkeiten des Modellernens, zu signifikanten Verhaltensänderungen und zur Reduktion aversiver Reaktionen vor:

»Das Annäherungsverhalten des Modells senkt das Erregungspotential der aversiven Stimuli unter die Schwelle, oberhalb der Vermeidungsverhalten aktiviert wird, und ermöglicht somit den Patienten, Annäherungsverhalten zu zeigen. Der direkte Kontakt mit scheinbar bedrohlichen Dingen, deren Bedrohlichkeit sich objektiv nicht mehr länger halten läßt, sorgt für viele neue Erfahrungen, die, wenn sie günstig verlaufen, zurückgebliebene Angst und Vermeidungstendenzen weiter löschen. Ohne den Vorteil früherer stellvertretender Löschung macht die Wiedereinsetzung schwer gehemmten Verhaltens ein ermüdendes und langwieriges Programm erforderlich. Nachdem das Annäherungsverhalten gegenüber bislang vermiedenen Objekten voll wiederhergestellt ist, veranlassen die resultierenden neuen Erfahrungen die substantielle Neuorganisation von Einstellungen« (S. 192).

Meine eigene Erfahrung als Patient in einer psychoanalytischen Behandlung bestätigt den therapeutisch nutzvollen Effekt einer zufälligen modellhaften Erfahrung, die dem Leser vielleicht einige der von *Bandura* genannten Punkte veranschaulichen mag. Im Laufe meiner Behandlung kamen einmal meine Analytikerin und ich aus dem Büro in die Vorhalle des Apartmenthauses herunter, wo sie voranging, um nach der Post zu schauen. Als ich an dem Tisch mit der Post vorbeiging, bemerkte ich eine Zeitschrift mit einem besonders interessanten Thema im Inhaltsverzeichnis, und ich machte eine Bemerkung darüber. Meine Analytikerin sagte: »Nun, warum nehmen Sie die Zeitschrift nicht mit?« Ich war ziemlich überrascht über solch abscheulichen Diebstahl, da die Zeitschrift sehr deutlich an einen Hausbewohner adressiert war. »Ach, gehen Sie weiter«, sagte sie, ergriff die Zeitschrift und reichte sie mir. »Diese Leute sind nie da. Sie wohnen in Texas, und die Post liegt hier monatelang und wird oft weggeworfen.«

Ich zögerte immer noch, mich auf dies Vergehen gegen die Post der Vereinigten Staaten einzulassen, aber als ich sah, mit welcher Unbefangenheit sie mir die Zeitschrift reichte, ergriff ich diese und eilte aus dem Gebäude. Anschließend war ich in der Lage, meine Hemmung in dieser Angelegenheit in Verbindung zu bringen mit einer langen Geschichte, »ein guter Junge« sein zu wollen, und ich entdeckte eine gewisse befreiende Fähigkeit, in vielen verschiedenen Situationen freier zu sein. Ich sollte darauf hinweisen (und dies wird vielleicht in der verhaltenstherapeutischen Literatur nicht genügend betont), daß meine Selbstanalyse und die Verallgemeinerung dieses Vorfalls weit über ein relativ eingegrenztes Verhaltensmuster hinausging, wie es von dem Analytiker modellhaft gezeigt wurde. Ich war schnell in der Lage, diese Hemmung mit einer großen Anzahl anscheinend vorgeschriebener Verhaltensweisen in meiner Vergangenheit in Zusammenhang zu bringen, und während ich mir die Implikationen der Situationen überlegte, begann ich zu erkennen, wie viele von diesen Verhaltensweisen nichts anderes waren als der Gehorsam gegenüber einer angstmachenden Autorität.

Einen Großteil dieser Zusammenhänge erarbeitete ich mir in relativ kurzen Zeiträumen nach der Sitzung und sprach im einzelnen mit meiner Analytikerin darüber, die sich wahrscheinlich gar nicht bewußt war, welch gewaltigen Einfluß dieses besondere Beispiel des Modellernens auf den analytischen Prozeß hatte. Es erübrigt sich zu sagen, daß das Modellernen sicher eine Kombination von Enthemmung einerseits und bis zu einem gewissen Grad wegweisender Wirkungen andererseits war. Sicherlich wurde ich nicht zum Dieb oder Kriminellen. Man wundert sich trotzdem, wie viel von dem, was tatsächlich in vielen Psychotherapieformen geschieht, letztendlich ein fortgesetztes Modellernen in verschiedenen Situationen ist, wobei der Therapeut, wie ich anzudeuten versuchte, sich keineswegs des Ausmaßes bewußt sein muß, in dem imitierende Reaktionen stattfinden.

Die Wirksamkeit von Modellernen bei der Reduktion von Hemmungen wird im Zusammenhang mit einem Experiment von *Lefkowitz, Blake* und *Mouton* (1955) graphisch dargestellt. Diese Forscher kamen zu dem Ergebnis, daß eine wohlsituierte gutgekleidete Person, die gegen Verkehrsregeln verstößt, mit größerer Wahrscheinlichkeit Nachahmer bezüglich des Begehens von Verkehrssünden finden wird als ein nachlässig gekleidetes Individuum. In jüngster Zeit werden immer wieder Rufe nach der Wiedereinführung der Todesstrafe für verschiedene Verbrechen laut, und zwar seitens des Präsidenten der Vereinigten Staaten und verschiedener Gouverneure oder Lokalpatrioten. Es entbehrt nicht einer gewissen Tragik, daß diese führenden Persönlichkeiten sich nicht bewußt sind, daß ihr Rufen nach Gewalt zwar formal legalisiert ist, daß sie damit jedoch eine positive Einstellung zur Gewalt überhaupt fördern und denen recht geben, die Gewaltwendung als Mittel zur Konfliktlösung propagieren.

Eine möglicherweise wichtige Konsequenz der Macht des symbolischen und stellvertretenden Modellernens steht in Zusammenhang mit der Frage der Einstellungsänderung und der Entwicklung von Faktoren der Selbstregulation oder inneren Kontrolle. *Carlin* (1966) konnte zum Beispiel den Nachweis erbringen, daß Kinder ihre Vorliebe für aufgeschobene Gratifikation steigern konnten, nachdem sie ein erwachsenes Modell beobachtet hatten, das auf verzögerte Belohnung warten konnte, während es gleichzeitig eine positive emotionale Reaktion zeigte. *Bandura* (1969) hat auf sehr beeindruckende Weise mögliche Anwendungen des Modellernens und verdeckter Verstärkungsmethoden bei der Entwicklung von Selbstkontrolle und (bis zu einem gewissen Grad) Erleben von Macht und Selbstachtung beschrieben. Er lenkte die Aufmerksamkeit auf die sog. »intrinsischen sensorischen Konsequenzen«, wonach einmal von dem Kind gelernte Fertigkeiten durch selbsterzeugte visuelle oder auditive Stimuli positives Feedback erfahren. Es gibt auch antizipatorische Konsequenzen, die in der Form von Phantasien oder manchmal Illusionen gegenwärtig sein können. Eine dritte Möglichkeit, in der Verhalten frei von situativer Abhängigkeit werden kann, hängt zusammen mit der Internalisierung von Selbstbelobigungs- und Selbstbestrafungsphantasien in Verbindung mit speziellen Ereignissen, die vorher beobachtet und vielleicht durch nachfolgende persönliche Erfahrung gemäßigt wurden. *Bandura* hat einige der selbsterzeugten Konsequenzen beschrieben, die im Zeichen der Angst oder des Gewissens stehen, jene beiden Faktoren, die aus psychoanalytischer Sicht eine Entsprechung in dem Begriffspaar Scham und Schuldgefühl haben. Allerdings wies er mit Nachdruck darauf hin, daß solche internalisierten Maßstäbe selten vollkommen frei von äußeren Einflüssen sind. In vielen Fällen suchen die einzelnen Personen Verbündete in kleineren Bezugsgruppen, die ähnliche Ansichten vertreten, und diese Gruppen können internalisierte Werte nicht nur explizit verstärken, sondern sie können auch als internalisierte Modelle dienen durch die Vorstellung von zu erwartendem selbstverstärkenden oder selbstbestrafenden Verhalten. Diese internalisierten Bezugsgruppen beeinflussen zweifellos die Reaktionen der Patienten in der Theorie, nicht nur gegenüber ihrem Therapeuten, sondern in gewissem Sinne gegenüber der ganzen Klasse der Patienten, von der bekannt ist, daß sie zu diesem oder jenem Therapeuten derselben Schule gehen. In New York oder Los Angeles können tatsächlich Studenten der klinischen Psychologie oder Psychiatrie auf ihre Kommilitonen Druck ausüben, die sich keiner Psychoanalyse oder einer anderen Therapieform unterzogen haben oder keine bestimmten Erfahrungen als Ergebnis der Therapie vorweisen können.

Verdecktes Modellernen, Löschung und selbstregulative symbolische Methoden zur Selbstkontrolle

Cautela und Methoden des verdeckten Konditionierens

Während *Bandura* sich primär mit der Entwicklung eines theoretischen Systems und der Untersuchung verschiedener Komponenten aus dem System von Parametern beim Beobachtungslernen beschäftigte, haben andere Forscher sich direkter den verschiedenen psychotherapeutischen Methoden des Modellernens in der Verhaltenstherapie zugewandt. Einige der Techniken des symbolischen Modellernens, die schon seit längerer Zeit einen festen Platz in der Psychotherapie einnehmen, brauchen hier nicht weiter ausgeführt zu werden. Sicher sind auch viele Aspekte des Rollenspiels und die Methoden des Psychodramas nach *Moreno,* aber auch die Technik des Rollentauschs, Manifestationen des Modellernens unter dem speziellen Aspekt, daß ein großer Teil ihrer Effektivität auf dem Wege über symbolisches oder imaginatives Nachspielen der Erfahrung durch den Patienten in Situationen außerhalb der Therapie bewirkt wird. Einige Techniken der Rollenübernahme, die *Kelly* (1955) in seiner Therapie der persönlichen Konstrukte anwendet, stellen in ähnlicher Weise solche Übungen verdeckten Modellernens dar. In der Gestalttherapie gibt es viele vorzügliche Einführungen zu Verfahren, die dem Modelllernen sehr ähnlich sind und die es dem Individuum ermöglichen, sich von zwei Seiten seiner selbst zu zeigen und sich beim Spielen konfligierender Haltungen mit der einen oder anderen Seite seiner selbst zu identifizieren. Eine Vorgehensweise dieser Art wird im allgemeinen zunächst einmal von dem Therapeuten oder anderen Patienten in der Gruppe oder in dem Workshop demonstriert, um dann in privaten Übungsperioden verinnerlicht zu werden. Ausgehend von einem Experiment über die Modellwirkung von Erwachsenen und Gleichaltrigen bei Schlangenphobien haben *Bandura* und *Barab* (1973) die Meinung vertreten, daß einige Formen der systematischen Desensibilisierung Spezialfälle stellvertretenden Modellernens seien.

Eine ausdrücklichere Verwendung des Modellernens wurde von *Cautela* (1972) vorgeschlagen. Wie von *Cautela* erwähnt, wurde Modellernen schon vor langer Zeit von *Mary Cover Jones* (1924) in ihrer klassischen Studie über Angstreduktion bei Kindern angewandt. Er schlägt vor, dem Patienten offen zu begegnen, ihm die Vorteile des Modellernens klarzumachen, gestützt auf *Banduras* Forschungsergebnisse, und ihn aufzufordern, ausgedehnte Phantasien zu entwickeln, die zur Veränderung bestimmter Verhaltensweisen einsetzbar sind. In Interviews mit dem Patienten versucht man eine Reihe von Szenen zu konstruieren, speziell um dem Patienten eine

Alternative zu dem Verhaltensmuster zu präsentieren, das ihm Schwierigkeiten bereitet und das er gerne ändern möchte. Diese Szenen wurden in der Sitzung selbst geprobt und sollten von dem Patienten zu Hause gründlich geübt werden.

Im Falle eines homosexuellen Patienten, der darüber klagte, daß er gleichzeitig mit beiden Geschlechtern sexuellen Verkehr haben will, schlug *Cautela* (1972) das folgende Bild vor:

»Ich hätte gerne, daß Sie sich vorstellen, einen Film zu sehen, in dem der Mann in einem Arm eine Frau, im anderen einen Mann hält. Er geht mit beiden in Richtung Schlafzimmer. In dem Moment, als er das Schlafzimmer erreicht, stößt er den Mann von sich und sagt: ›Geh weg; ich will dich nicht!‹ Dann nimmt er das Mädchen mit ins Schlafzimmer, legt seinen Arm um sie, küßt sie zärtlich und sieht sehr glücklich aus« (S. 7).

Einer Patientin, die berichtete, daß sie sehr schnell in einen eskalierenden Streit mit ihrem Mann geriet, sobald dieser schrie oder fluchte, machte *Cautela* den Vorschlag, daß sie sich einen Film vorstellen sollte, in dem ein Ehemann seine Frau anschrie und tobte. Die Frau in dem Film blieb allerdings bewundernswert ruhig und schien keineswegs verärgert. Die Patientin wird aufgefordert, diese Vorstellung zunächst während der Sitzung konsistent zu wiederholen und später zu Hause in regelmäßigen Übungssitzungen. Es sollte noch darauf hingewiesen werden, daß die in der Phantasie vorkommenden Eheleute nicht identisch sind mit der Patientin und ihrem realen Gatten.

Wie *Cautela* andeutete, wird beim verdeckten Modellernen die Betonung vor allem darauf gelegt, daß eine nicht mit dem Patienten identische Person sich auf eine Art und Weise verhält, die dem Patienten vorbildlich erscheint. Es ist möglich, daß diese Methode dem Patienten auch zu etwas größerer Distanz von der Szene behilflich ist und ihm das Üben dieser Vorstellung dadurch erleichtert, daß sie ihm das Gefühl gibt, als sei er selbst das Subjekt und befinde sich in einer Situation, die beträchtlich größere Angst auslösen könnte. *Cautela* und seine Mitarbeiter *(Cautela*, 1974) haben in einer knapp gehaltenen Untersuchung offenes Modellernen bei Schlangen- und Rattenphobien mit verdecktem Modellernen verglichen; die Kontrollgruppe diskutierte lediglich die Angst vor Ratten. Nach drei Behandlungssitzungen zeigten die beiden mit Modellernen arbeitenden Gruppen bei sechs unterschiedlichen Nachtests bezüglich der Reduktion der Rattenangst signifikante Verbesserungen. Die Kontrollgruppe zeigte Besserung nur in ihrer Bereitschaft, einige Schritte näher an die Ratte heranzugehen. Die Gruppe mit offenem Modellernen, die einen Untersucher beim Streicheln der Ratte beobachten konnte, unterschied sich nicht signifikant von der Gruppe mit verdecktem

Modellernen, die sich vorstellte, daß ein Untersucher die Ratte streichelte. Bei fünf von den sechs angewendeten Maßen war die offene Gruppe nur in den selbsteingeschätzten Angstmaßen überlegen.

Während diese Untersuchung auf einer relativ kleinen Skala basierte und einige wichtige Kontrollen vermissen ließ, macht sie doch deutlich, daß verdecktes Modellernen tatsächlich äußerst wirksam ist. Es ist relativ leicht erlernbar, und das Aufkommen von Angst ist weniger wahrscheinlich. Da es viele Menschen schwierig finden, Bilder von der eigenen Person zu entwerfen, ist es für sie einfacher, Szenen zu entwickeln, die in Gruppensitzungen und in der häuslichen Situation wirken. Die Technik des verdeckten Modellernens bietet sich an für Kombinationen mit anderen Methoden wie z. B. der verdeckten Verstärkung. In einigen der zitierten Beispiele erlebt der Patient, daß das Modell nicht nur der verlockenden, aber sozial unerwünschten Handlung widersteht, sondern auch im Anschluß Lob entgegennimmt oder sich insgesamt beträchtlich besser fühlt.

Cautela (1974) wies darauf hin, daß man auch durch andere Kombinationsformen, z. B. verdecktes Modellernen mit verdeckter Sensibilisierung, eine zunehmende Generalisierung des Effektes erreichen kann, beispielsweise durch Alternieren von verdecktem Modellernen mit Szenen, in denen der Betreffende selbst das signifikante Modell ist. Viele in psychotherapeutischer Behandlung befindliche Patienten berichten, daß sie mit gewissen unangenehmen Situationen fertig werden oder sich selbst helfen, unerwartete Schwierigkeiten durchzustehen, indem sie sich vorstellen, daß ihr Therapeut bei ihnen ist oder daß es ihm gelingt, in der Situation zurechtzukommen. Ich selbst habe diese Technik verwendet. Dazu gehört, daß man die Patienten auffordert, sich vorzustellen, daß man in schwierigen Situationen bei ihnen ist oder daß irgend jemand anders, den sie akzeptieren, zur Verfügung steht und daß sie auf diese Weise einen Gesprächspartner für innere Dialoge haben und dadurch in der Lage sind, sich von großer plötzlicher Furcht oder der Versuchung zu einer impulsiven Handlung ablenken zu können. Eine ähnliche Methode kann auch dazu dienen, alternative Reaktionsmöglichkeiten zu vermitteln.

Etwas verschieden von der spezifischen Methode des Modellernens, jedoch verwandt damit, ist die von *Cautela* vermehrt eingesetzte »verdeckte Verstärkung«. Verfahren, die auf diesem Prinzip basieren, beginnen meist mit der Entwicklung einer Reihe von Bildern, die sich als wirksam für den Patienten erweisen. *Cautela* und *Kastenbaum* (1967) haben einen sog. Verstärkerfragebogen (Reinforcement Survey Schedule) entwickelt, der sich dafür eignet, bestimmte Verstärker für einen Menschen zu ermitteln. Dieser Fragebogen umfaßt (1) eine Gruppe von Verstärkern, die dem Betreffenden entweder direkt präsentiert werden oder für imaginative Präsentation zur Verfügung stehen; (2) bestimmte für den Betreffenden verstärkende Situationen; und (3) häufig vorkommende Verhaltensweisen, die sich für eine Handhabung nach dem *Premack*-Prinzip eignen. Der Fragebogen macht sich die Auffassung zu eigen, daß irgendein Verhalten, das für ein Individuum sehr wichtig ist, als Verstärker auch auf einer ganz anderen Erlebnisebene dienen kann. Wenn jemand mitteilt, daß eine besondere Art Musik oder eine ästhetische Erfahrung ganz oben in der Verstärkerliste steht – etwas, was er bei vielen Gelegenheiten genießt –, kann der Betreffende aufgefordert werden, sich diese Szenen regelmäßig vorzustellen, so daß er daran gewöhnt ist, sie so ziemlich auf Wunsch in der Sitzung zu produzieren. Entscheidend ist, wie schnell es dem Patienten jeweils gelingt, das Bild zu produzieren. Außerdem sollte der zeitliche Abstand zwischen Erzeugung des Bildes und der zu verstärkenden Situation so klein sein, daß eine assoziative Verbindung gewährleistet ist. *Cautela* hat auch Typen von Imaginationen untersucht, die nicht unmittelbar in seine Strategie paßten, um sicherzustellen, daß er eine genügend große und unterschiedliche Anzahl potentieller Stimuli von einem möglichen Patienten erfaßt. Es ist wichtig, die Verstärker zu variieren, damit sie nicht durch die Wiederholung an Effektivität verlieren.

Die verdeckte Verstärkung ist in vieler Hinsicht verwandt mit der Technik der emotiven oder positiven Imagination, wie sie in Kapitel IV beschrieben wurde. Möglicherweise fällt es dem Patienten schwer, eine bestimmte Handlungssequenz einzuhalten, die für ihn sehr fremd ist. Zunächst wird er darin trainiert, eine Reihe verstärkter Bilder verfügbar zu haben, die immer dann aktiviert werden, sobald der Therapeut sagt: »Verstärkung!« Im nächsten Schritt soll der Therapeut jeden einzelnen Schritt der schwierigen Handlungsabfolge durchgehen, z. B. ein Mädchen um ein Rendezvous bitten, beim Tanzen Tuchfühlung suchen, ein Mädchen zum Tanzen auffordern etc. In jeder Phase dieser Handlungsabfolge soll der Patient mit dem Finger ein Zeichen machen, sobald das Bild klar ist. An diesem Punkt gibt der Therapeut Anweisung zur Verstärkung, und der Patient reagiert durch unmittelbare Aktivierung der entsprechenden Vorstellung. Im Falle der verdeckten Verstärkung sollte auch zu Hause in dieser Weise geübt werden.

Bei dem Versuch, sozial unerwünschtes Verhalten zu kontrollieren, wird verdeckte Verstärkung kombiniert mit Gedankenstop, verdeckter Sensibilisierung und verdecktem Modellernen. Wird die verdeckte Sensibilisierung z. B. herangezogen im Fall der Homosexualität, so könnte man den Patienten auffordern sich vorzustellen, daß er schwer krank wird, wenn er sich einem nackten Mann nähert; umgekehrt soll die Vermeidung des entsprechenden Kontaktes und die Bereitschaft, ihn aufzugeben, mit der Vorstellung verbunden werden, sich besser zu fühlen, was wiederum unterstützt werden kann durch die Gedanken an das verstärkende Bild. Je weiter er sich von der eigentlichen Situation entfernt, desto mehr wird er aufgefordert, zu sich selbst zu sagen: »Warum zum Teufel bin ich nur so verrückt, etwas so Abscheuliches zu tun?«, worauf unmittelbar das verstärkende Bild folgt. Dieselbe Technik kann man verwenden, um z. B. im Fall von Homosexuellen positive Einstellung gegenüber Mädchen zu fördern. *Cautela* (1970) gab ein Beispiel: »Ich möchte, daß Sie sich vorstellen, Sie sehen ein knackig aussehendes Mädchen auf der Straße und sagen zu sich: ›Oh Mann, ich möchte ihre zarte Haut an meinem Körper spüren‹« (S. 11). Daraufhin wird dann die Anweisung zur Verstärkung gegeben, und der Patient aktiviert eine intensive verstärkende Phantasie. Als nächstes wird der Patient aufgefordert, sich auszumalen, daß Mädchen tatsächlich sexuell mehr Spaß machen als Männer; an diesem Punkt erhält er wieder das Signal für Verstärkung und widmet sich der positiven Vorstellung.

Diese Technik wurde von *Cautela* auch in Anlehnung an das Konditionierungsprinzip nach *Premack* (1959) angewendet, um eine Gedankensequenz von vorwiegend negativer und selbsterniedrigender Natur in eine eher positive umzuwandeln. Konkret zum Einsatz kam dieses Verfahren im Falle von zwanghaftem Grübeln. So wurde z. B. ein junger Mann, der sich mit der sexuellen Beziehung zu Mädchen befaßte, aufgefordert, ganz im Gegensatz zu seinen üblichen Gedanken sich immer wieder folgendes vorzusagen: »Ich bin im Bett genausogut wie andere Männer.« Diese Vorstellung sollte wiederum unmittelbar gefolgt werden von einem verstärkenden Stimulus. Wenn die Klienten sich intensiv mit den neuen positiven Gedanken beschäftigen, auf die unmittelbar verstärkende Vorstellungen folgen, dann scheint dies sehr wirksam zu sein für eine Veränderung ihrer Einstellung sich selbst gegenüber. Dieses Ergebnis ist in der Tat bemerkenswert und eröffnet, vorausgesetzt es wird durch weitere Forschung bestätigt, eine neue Möglichkeit, an eine äußerst störende und schwierige Symptomatik neurotischer Patienten heranzukommen – nämlich das endlose Grübeln über potentielles Versagen verbunden mit Selbstvorwürfen.

Die Verwendung verdeckter Verstärkungen geht vielfach einher mit der Entwicklung eines Repertoires an Techniken, so daß ein Patient zunehmend darauf vertrauen kann, die häufige Erfahrung von Hilflosigkeit oder Machtlosigkeit angesichts festgefahrener neurotischer Verhaltensweisen zu überwinden. *Cautela* hat versucht, eine Verbindung herzustellen zwischen der sog. »gelernten Hilflosigkeit«, die man im Tierversuch entdeckt hat, und jener, die man bei Kindern beobachten konnte (*Repucci* & *Baker*, 1969; *Dweck*, 1972). Dies ist ein wichtiger Beitrag für die Arbeit über verdecktes Modelllernen und verdeckte Verstärkung. Im wesentlichen handelt es sich dabei um Techniken, die dem Patienten in dem Maße helfen, sein Leben zu meistern und ein Selbstwertgefühl zu entwickeln, als er sich bewußt wird, daß er über Fähigkeiten verfügt, die er zu seinem Besten anwenden kann.

Wiederum wird deutlich, daß einige der kritischen Argumente, die man seitens der Psychoanalytiker oder anderer Gruppen, wie z. B. der klientzentrierten Therapeuten, gegenüber der Verhaltensmodifikation vorbringt, ungerechtfertigt sind in Fällen, wo sich der Therapeut tatsächlich bemüht, dem Patienten Methoden an die Hand zu geben, mittels derer er schließlich größere Selbstkontrolle und Unabhängigkeit erlangt, weil er auch anders kann, als bei auftauchenden Ängsten oder Zweifeln »sofort zum Therapeuten zu rennen«. Ganz im Einklang mit seiner Orientierung an der Lerntheorie machte *Cautela* (1969) auf die Tatsache aufmerksam, daß Verstärkung, die ja zunächst in den Übungssitzungen auf dem 100%-Niveau angewandt wird, allmählich auf eine teilweise Verstärkung reduziert werden sollte, und zwar derart, daß der endgültige Verstärkerplan, wenn eine Reaktion einmal gut etabliert ist, in etwa eine verstärkende Vorstellung auf fünf zu verstärkende Vorstellungen enthält.

Cautela hat einige experimentelle Untersuchungen durchgeführt, um den Beweis zu erbringen, daß vorgestellte Verstärker tatsächlich Einstellungen oder Überzeugungen verändern können. So überprüften z. B. *Ascher* und *Cautela* (1972) die Behauptung, daß durch die Koppelung einer destruktiven Vorstellung mit einem neutralen Stimulus und der anschließenden Reduktion dieser destruktiven Vorstellung der neutrale Stimulus schließlich genutzt werden konnte, um die Größeneinschätzung von einfachen geometrischen Figuren zu modifizieren. Die Resultate stützten im großen und ganzen frühere Ergebnisse und bestätigen *Cautela* darin, diese Techniken der verdeckten Verstärkung im großen Stil anzuwenden. Auch Untersuchungen von *Cautela, Walsh* und *Wish* (1971) haben die möglichen Wirkungen verdeckter Verstärkung hinsichtlich der Veränderung von Überzeugungen und Einstellungen nachgewiesen. In dieser Untersuchung wurde die Einstellung von Versuchspersonen gegenüber mental Retardierten in positiver Richtung verändert durch die Koppelung von Gedanken über Retardierte mit verstärkenden Szenen. Eine Untersuchung von *Cautela* und *Wisocki* (1971) konnte den Nachweis erbringen, daß Einstellungen gegenüber älteren Menschen auch in positiver Richtung beeinflußt werden konnten durch die Koppelung von Bildern von alten Menschen mit verstärkenden Szenen. Eine weitere Studie von *Cautela, Steffen* und *Wish* (1974) deutete darauf hin, daß verdeckte Verstärkung sich als wirksam erwies für die Veränderung von Urteilen über die Größe.

An dieser Stelle sollte gerade im Zusammenhang mit *Cautelas* Arbeit doch eine kurze kritische Anmerkung gemacht werden. Obwohl wenig Zweifel an den Ergebnissen seiner Arbeit zu bestehen scheinen, erstreckten sich die experimentellen Untersuchungen von *Cautela* und seinen Mitarbeitern über einen relativ kleinen Bereich, außerdem kommen sie mit bescheidenen Mitteln aus und es mangelt an wesentlichen Kontrollen. Alternative Modelle müßten untersucht werden, um letztendlich überzeugend zu sein. *Cautela* hat eine große Anzahl verdeckter Techniken vorgeschlagen. Eine davon ist vergleichbar mit verdeckter negativer Verstärkung: die Versuchsperson malt sich zunächst eine noch schrecklichere Szene aus als diejenige, die sie zu überwinden versucht, und dann erst die weniger erschreckende. Sobald die Vorstellung der schlimmeren Szene wieder gewichen ist, entsteht bei dem Gedanken an die weniger schreckliche Szene ein Gefühl der Erleichterung. Ein Beispiel dafür wäre ein Mann, der an seiner eigenen sexuellen Fähigkeit zweifelt und aufgefordert wird, sich eine weitaus schlimmere Szene vorzustellen, die vielleicht darin besteht, von seinem Chef angeschrien und gefeuert zu werden. Er beginnt mit der Vorstellung dieser schlimmeren Szene und wird dann aufgefordert, dafür die weniger angstmachende Szene im Bett mit seiner Frau einzusetzen; im Anschluß daran erlebt er Erleichterung. Viele dieser Methoden klingen wie »faule Tricks« und wurden bislang noch nicht so gründlich erforscht, wie dies bei den obengenannten Methoden der Fall war. Es soll hier nicht die Wahrheit der Aussage irgendeines Klinikers über die Effektivität einer speziellen Technik angezweifelt werden. Dennoch ist es die Frage, ob die Techniken auch von anderen Therapeuten nutzbringend angewendet werden können und tatsächlich nach den von *Cautela* vorgeschlagenen Kriterien funktionieren. Jedenfalls scheint auf diesem Gebiet weitere Forschungsarbeit erforderlich zu sein, besonders was die speziellen Verfahren oder verdeckten Techniken anbelangt.

Trotzdem muß man *Cautela* beglückwünschen zu seiner eigenen Vorstellungskraft bei der Erforschung der vielfältigen effektiven Anwendungsmöglichkeiten der Imagination unter den verschiedensten Bedingungen. Seine Arbeit deutet auch darauf hin, daß viele Patienten, wie z. B. Alkoholiker oder sexuell gestörte Menschen, durchaus in der Lage sind, mit entsprechender Unterstützung eine Vielfalt von Imaginationen zu erzeugen, die man zu ihrem eigenen Besten nutzbar machen kann. Es eröffnen sich hier neue Möglichkeiten für den Therapeuten, der in der Vergangenheit zu oft auf einfachen verbalen Austausch vertraut hat. Außerdem ist es *Cautelas* Forschung zu verdanken, daß der Verhaltenstherapeut auf die Entwicklung mechanischer Apparate verzichten kann, die geeignet sind, Schocks auszuteilen oder Bilder zu projizieren oder eine Art von Laboratoriumsatmosphäre zu vermitteln, die vielleicht im Anfang beeindruckt, auf längere Sicht jedoch für die meisten Patienten nicht gerade günstig ist, da sie lernen sollen, in möglichst vielen sozialen Situationen auf ihre eigenen Kräfte zu vertrauen.

Meichenbaums Techniken der Selbstregulation

Meichenbaum hat (1972) eine sehr interessante Reihe von Techniken des verdeckten Modellernens und der Selbstverstärkung entwickelt als Ergänzung zu Methoden der Entwicklung innerer Kontrollen, die zum Teil von der Desensibilisierung abgeleitet sind. Er begann mit einer interessanten Untersuchung über die Veränderung des operanten Niveaus in der Sprache von Schizophrenen, in dessen Verlauf er nachweisen konnte, daß Schizophrene lernten, das Niveau ihres »Gesprächs« mehr und mehr dem *(Meichenbaum,* 1969) als gesund geltenden anzupassen. Diesen Erfolg führte er zurück auf die von ihm praktizierten Methoden des Selbstgesprächs in vielen klinischen und quasi-edukativen Situationen und verwandter innerer Vorstellungsmethoden. *Meichenbaum* (1971) konnte z. B. nachweisen, indem er die von *Kagan* (1966) entwickelten Maße für den kognitiven Stil benutzte, daß bei der direkten Untersuchung von impulsiven und abwägenden Kindern die Verbalisation der impulsiven Kinder insgesamt weniger ausgereift und kontrolliert war als die der eher abwägenden Kinder. Sie neigten dazu, Geräusche oder Tierlaute oder wiederholte Worte zu imitieren, aber sie organisierten ihre Sprache nicht und steuerten den Sprachfluß nicht bewußt, ganz im Gegensatz zu den eher reflektierenden Kindern.

In einer zweiten Untersuchung konnten *Meichenbaum* und *Goodman* (1969) zeigen, in welch unterschiedlichem Maße Kinder im Kindergartenalter aufgrund von verbalen Anweisungen in der Lage waren, verschiedene Aufgaben auszuführen, die motorische Kontrolle erforderten. Die impulsiven Kinder schienen dabei weniger in der Lage zu sein, ihre Sprache im Sinne einer Selbstinstruktion zu organisieren, und neigten lediglich dazu, die Worte ohne ein klares Verständnis der Bedeutung zu sagen, wohingegen die reflektierenden Kinder die Worte umsetzten zur Regulierung ihres Verhaltens.

In einer anschließenden Untersuchung entwickelten *Meichenbaum* und *Goodman* (1971) spezielle Übungsverfahren für Kinder, in denen der Versuchsleiter eine Aufgabe vormachte, um der Versuchsperson als Modell zu dienen. Während die Versuchsperson dann dieselbe Aufgabe durchzuführen begann, instruierte der Versuchsleiter die Versuchsperson sehr sorgfältig laut über die Aufgabe. Als nächstes wurde die Versuchsperson systematisch darin trainiert, die Aufgabe durchzuführen und *sich selbst dabei laut Anweisungen zu geben;* der nächste

Schritt besteht darin, diese Instruktionen durch Flüstern allmählich zu internalisieren, bis schließlich die Instruktionen verdeckt ablaufen. Die Selbstinstruktionen umfaßten Fragen über die Art der Aufgabe, Antworten auf die Fragen (einschließlich einer gewissen Anzahl antizipatorischer Übungen), dem Gebrauch dieser Selbstinstruktion zur Selbstanleitung und schließlich eine gewisse Verstärkung in dem Sinne, daß man etwa sagt: »Das ist gut!« Die Untersuchung wurde nach ziemlich sorgfältigen experimentellen Kriterien mit Placebo- und Einschätz-Kontrollgruppen durchgeführt und resultierte in der verbesserten Erledigung vieler kognitiver Aufgaben. Aus Nachfolgeuntersuchungen ergab sich, daß die Verbesserung einen Monat lang anhielt.

In einer Untersuchung von *Meichenbaum* und *Goodman* (1971) konnte auch nachgewiesen werden, daß das Modellverhalten des Versuchsleiters in der Untersuchung nicht entscheidend war, sondern daß die Verhaltensübung selbst speziell wichtig war. Die Autoren wiesen darauf hin, daß in der neueren klinischen Arbeit der Einsatz imaginativer Methoden seinen festen Platz hat, wie z. B. »Ich werde nicht schneller gehen als eine langsame Schildkröte, eine langsame Schildkröte« *(Meichenbaum,* 1972, S. 101). Herausgestellt wird auch die Bedeutung eines solchen in einem bestimmten Rahmen stattfindenden Trainings, womit eine Brücke geschlagen ist zu dem eigentlichen Forschungsgegenstand, nämlich der Bedeutung der Selbstkontrolle bei Kindern *(Singer,* 1973). In diesem Sinne beschrieb *Meichenbaum* (1972) das impulsive Kind, das mit dem Therapeuten spielt und dem man sagt: »Ich muß mein Flugzeug landen, langsam, sorgfältig auf dem Flughafen.« Das Kind wird dann aufgefordert, in diesem Bild zu bleiben, jedoch für den Kontrollturm zu sprechen und dem Piloten die Anweisung zu geben, langsam hereinzukommen. Auf diese Weise lernt das Kind allmählich seine eigenen Bewegungen zu verlangsamen, indem es Imagination und Selbstinstruktion miteinander verbindet.

Eine vom Prinzip her ähnliche Methode wurde von *Meichenbaum* und *Cameron (Meichenbaum,* 1972) beim Training hospitalisierter Schizophrener angewendet, mit dem Ziel, die Durchführung verschiedener kognitiver Aufgaben zu verbessern und die Konzentrationsfähigkeit durch Selbstgespräche zu steigern. Wie die Autoren richtig erkannt haben, ist der wirksame Einsatz von Selbstgesprächen in Verbindung mit motorischen Aufgaben zwar ein wichtiger erster Schritt, der allerdings nichts an der Tatsache ändert, daß die meisten schizophrenen Symptome die Folge gefürchteter sozialer Interaktionen sind und es aus diesem Grunde wichtig wäre, allmählich zu einer Ausdehnung auf eine Vielfalt sozialer Situationen und damit zu vollständiger Wirksamkeit zu kommen. Nach *Meichenbaum* eignen sich imaginative und phantasierte Spiele zur Unterstützung von Patienten bei der Durchführung bestimmter Arten kognitiver Aufgaben, z. B. sich vorzustellen, ein von ihnen wahrgenommenes Licht sei tatsächlich das Radarsignal für ein sich näherndes Flugzeug. Man nimmt an, daß solche Methoden den Patienten dazu bringen könnten, mehr »aufgabenbezogene Vorstellungen« zu entwickeln.

Ein zweiter Hauptansatz von *Meichenbaum* und seinen Mitarbeitern wurde praktisch erprobt sowohl bei phobischen und sprach- oder prüfungsängstlichen Menschen als auch bei Patienten, die das Rauchen unter Kontrolle bringen wollen. Wiederum wurden selbstinstruktive Methoden angewandt mit dem Ziel, negativ gefärbte Selbstbeurteilungen unter Kontrolle zu bringen und sie teils durch eine Reihe positiver Selbstbeurteilungen zu ersetzen, teils durch ziemlich klar umrissene Alternativen, wie Imagination oder inneren Monolog in verdeckter Form. *Meichenbaum* (1972) zeigte in einer kleinen Untersuchung, daß sich für die Therapie von Studenten mit Prüfungsangst eine kognitive Modifikationstechnik, bestehend aus »wetteifernder« Vorstellung, wie man mit Angst umgehen kann, und Training mit Selbstinstruktion, als effektiver erwies als Desensibilisierung. Nachfolgeuntersuchungen und Notendurchschnitte bestätigten dieses Ergebnis. Es hatte sich anscheinend tatsächlich eine allgemeine Reduktion von Angst auf breiter Front ereignet. In einer ähnlichen Untersuchung über Redeangst zeigten die Desensibilisierungsgruppen reduzierte Redeangst; dennoch war die Desensibilisierung weitgehend begrenzt auf eine sehr spezifische Situation, wohingegen die von *Meichenbaum* benutzten selbstinstruktiven Techniken in der Regel bei allgemeiner Angst erfolgreicher waren.

Die von *Meichenbaum* und seinen Mitarbeitern verwendete Methode der wetteifernden Vorstellung kombiniert einige Elemente des verdeckten Modellernens, der emotiven Imagination und der verdeckten Verstärkung. Ein entscheidender Teil dieser Methode ist, daß sie dem Patienten eine Reihe von Vorschlägen macht, die dieser mit »nach Hause nehmen kann«, um in schwierigen Situationen auf sie zurückgreifen zu können. In einer besonders bemerkenswerten Untersuchung von *Meichenbaum* wurde einer Gruppe von Studenten, die man für nicht besonders kreativ erachtete, eine Reihe selbstinstruktiver Techniken angeboten. Eine andere Gruppe erhielt ein Training in Selbstanweisung, das sowohl Imagination als auch einige der Konzentrationstechniken von *Gendlin* (1969) umfaßte. Es gab auch Kontrollgruppen. Die Versuchspersonen wurden zunächst darin geübt, die vielen negativen Selbstaussagen zu identifizieren, die sie in einem inneren Monolog über ihre Leistungsfähigkeit machten. Dann wurden sie aufgefordert, inkompatible positive Selbstbeurteilungen zu aktivieren und außerdem eine Reihe aufgabenbezogener Problemanalysen und Beschreibungen ihrer fortlaufenden Leistungen zu geben. Schließlich sollten sie versuchen, verschiedene Phantasien aufkommen zu lassen und Träumereien mit einbezogenen Imaginationen. Eine Gruppe, in der man sich einfach auf die Erzeugung und Entfaltung eigener Gefühle konzentrierte, jedoch ohne die zusätzliche Selbstinstruktionen, wurde als Kontrollgruppe verwendet. Die Versuchspersonen zeigten signifikante Verbesserung sowohl bezüglich Originalität als auch Flexibilität in Tests über divergentes Denken. Sie zeigten mehr Interesse an komplexen Materialien, die sehr deutlich mit kreativen Tendenzen in Beziehung stehen, und sie zeigten auch signifikante Häufung von Menschliche-Bewegungs-Antworten im Rorschach-Test, ein Antwort-Typ, der häufig mit Imaginationsfähigkeit assoziiert wird. Nicht zuletzt zeigten sie positive Veränderungen bezüglich ihres Selbstverständnisses. Die Versuchspersonen, die lediglich das Konzentrationstraining mitmachten, wurden sich zwar ihrer Körpergefühle besser bewußt und fühlten sich aufgrund dieser Erfahrung auch kreativer, aber sie zeigten in den verschiedenen Tests keine tatsächliche Verbesserung. Die Bedeutung des speziellen Musters imaginativen Trainings und der selbstinstruktiven Techniken zur Hebung der Kreativität der Versuchspersonen scheint seit diesem genialen Experiment unbestritten zu sein.

Meichenbaum hat, von diesen Methoden ausgehend, auch eine Reihe von Streß-Einimpfungs-Techniken (stress inoculation techniques) entwickelt, die geeignet sind, Menschen darin zu üben, ihre Selbstaussagen zu modifizieren, insbesondere negative durch eher instrumentelle und positive Vorstellungen zu ersetzen. In einer Reihe ziemlich gut kontrollierter Experimente konnte er die Vorteile dieser Verfahren nachweisen. Ganz allgemein scheint dieser relativ junge Forschungsgegenstand und die Entwicklung der entsprechenden Techniken sehr beeindruckend und vielversprechend, weil sich hier zur therapeutischen Wirksamkeit eine Reihe gutformulierter und weiter erforschbarer Verfahren gesellt.

Implosionstherapie und Techniken des Floodings

Eine Behandlungsmethode, die in den vergangenen 6–7 Jahren beträchtliche Aufmerksamkeit erregte und eine Flut von Forschungsarbeiten in Gang brachte, wurde zum ersten Mal von *Stampfl* (*Stampfl* & *Levis*, 1967) vorgestellt; wir sprechen von der Implosionstherapie. Hierbei geht es um eine Mischung von psychoanalytischer Katharsis und einem Ansatz, der von der Löschungstherapie herkommt und mit massiver aversiver Stimulation oder »Flooding« (*Malleson*, 1959; *Rachman*, 1968; *Wolpe*, 1958) arbeitet. Dieses Verfahren beruht auf folgendem Prinzip: Wenn jemand in der Vorstellung einer Reihe extrem angstmachender Folgen einer gefürchteten Situation ausgesetzt wird, ohne diese Konsequenzen real zu erleben, wird die ursprüngliche Angst aus Mangel an Verstärkung gelöscht werden.

Nehmen wir an, daß jemand an einer übertriebenen Angst vor Schmutz leidet, in dem Ausmaß, daß er weder den Sitz im Bus noch die Haltegriffe in der U-Bahn anfassen will aus Angst vor Ansteckung, oder er fürchtet sich, den Küchenabfall auszuleeren, aus Angst, schmutzige Hände zu bekommen. Gegen diese Phobie wird ein massiver Angriff in der Vorstellung gestartet. Man könnte den Betreffenden zu der Vorstellung veranlassen, daß beim Angreifen des Abfalleimers ein riesiger Schwarm von Insekten herausstiebt. Als nächstes könnte er sich vorstellen, daß jemand das ganze Klo mit Urin und Kot verschmutzt hat, daß Fäkalien von Tieren herumliegen und die Hände voll davon werden. Beim lebhaften Vorstellen dieser angstmachenden Konsequenzen und den damit verbundenen affektiven Ausdrücken erlebt der Betreffende doch nicht real die Konsequenzen dieser Furcht. Es versteht sich von selbst, daß das Ausleeren des Abfalleimers oder das Berühren von Gegenständen nicht im entferntesten so viel Streß bedeutet wie die im Verlauf der Sitzung durchlebten Vorstellungen. *Bandura* (1969) zitiert den Kommentar von *Stampfl:* »Wenn jemand in einem fäulniserregenden Tank gelebt hat, braucht er sich nicht vor dem Schmutz in einem Abfalleimer zu fürchten« (S. 402).

Hogan und *Kirchner* (1967) haben die Meinung vertreten, daß der symbolische oder imaginative Ausdruck der Schlüsselreize, auf die die ursprüngliche Angstreaktion konditioniert worden war, mit großer Wahrscheinlichkeit zur Lösung der gelernten phobischen Reaktionen führt, weil (1) der unkonditionierte Stimulus, der für den betreffenden Menschen tatsächlich sehr schädlich sein könnte (die schrecklichen Gerüche und kriechenden Wesen auf dem Körper), die entsprechenden Reaktionen nicht zur Folge hat, wenn er gekoppelt mit dem konditionierten Stimulus auftritt; und (2) der Angsteffekt als eine zweite Verstärkerquelle geschwächt wurde durch den wiederholten Gebrauch ohne das Auftreten des anfänglichen unkonditionierten Stimulus.

Im allgemeinen beginnt die Implosionstherapie mit einer genauen Erkundung der Besonderheit der zu behandelnden Phobie, worauf der Imaginationsapparat aktiviert wird, der in intensiver Form die schrecklichsten Konsequenzen der Furcht heraufbeschwört. Der größte Teil des hierfür in Frage kommenden Materials wird in Gegenwart des Therapeuten durchgespielt, der den Patienten auffordert, das Material so dramatisch wie möglich auszuagieren und soviel Ausdruck hineinzulegen, wie es in dem klinischen Rahmen überhaupt möglich ist. Aus individuellen Fallberichten über die Beschreibung der Reaktionen des Patienten kann man sich ein Bild von der hier ablaufenden Dramatik machen (*Boulogouris* & *Marks*, 1969; *Boulogouris, Marks* & *Marset*, 1971; *Hogan* & *Kirchner*, 1967, 1968; *Levis* & *Carrera*, 1967).

Ein Literaturüberblick von *Ayer* (1972) macht deutlich, daß die eher experimentellen Untersuchungen des Prozesses der Implosionstherapie wenig überzeugend sind und häufig theoretischen Positionen zu widersprechen scheinen, trotz individueller Fallberichte mit gutem Erfolg. In der Praxis sind die Implosionsmethoden sehr vielfältig; jede Methode steht in einer unterschiedlichen Beziehung zur Lerntheorie und hat auch unterschiedliche mögliche Konsequenzen. Eine der Methoden läßt sich eindeutig auf das Prinzip von *Wolpe* zurückführen, welches besagt, daß eine Hierarchie intensiver imaginierter Szenen unter Bedingungen der Entspannung zu einer Angstlöschung in dem angesprochenen Bereich aufgrund reziproker Hemmung führt. Ein zweiter Ansatz, der näher an das *Rachman*sche (1969) Konzept des *Flooding* herankommt, verlangt die imaginative Rekonstruktion einer sehr großen Anzahl angsterregender oder gefährlicher Szenen, ohne daß jedoch ein spezifisches Beteiligtsein des Patienten selbst erforderlich wäre. Für diese besondere Behandlung ist kein Entspannungstraining erforderlich. Enger mit der ursprünglichen Implosionstherapie verwandt ist die dritte Variante, in der es darum geht, den Patienten selbst in die imaginative Situation einzubeziehen als Opfer von äußerst unwahrscheinlichen Konsequenzen der angstmachenden Situation.

Ein Hauptproblem bei dieser dritten Form der Implosionstherapie besteht darin, spezielle Erwartungen und Therapeutenvariablen in der Therapie zu eliminieren. *Kirchner* und *Hogan* (1966) versuchten, dieses Problem im Rahmen der Therapie einer Rattenphobie zu umgehen, indem sie ihre Anweisungen auf Tonband sprachen. Ihre Ergebnisse konnten jedoch in keiner Weise überzeugen. Die Kontrollbedingung, die darin bestand, Musik zu hören und an angenehme Dinge zu denken, konnte bei den Versuchspersonen kaum die Antizipation von Besserung schaffen, die man in diesem Fall von einer weitaus dramatischeren Implosionsmethode erwarten konnte. Kaum jemand *erwartet* ja eine Besserung seines Wohlbefindens, wenn ihm lediglich die Instruktion gegeben wird, Musik zu hören. Trotzdem zeigte mehr als ein Viertel der Veruchspersonen Besserung unter dieser Kontrollbedingung. Obwohl dieser Prozentsatz signifikant niedriger war als der Prozentsatz der Personen, die nach der Implosionstherapie symptomfrei waren, kann man sich doch fragen, ob die klinische Situation in diesem Fall so realistisch war, daß man dieses Experiment als einen Vergleichsmaßstab für die Wirksamkeit der Implosionstherapie heranziehen kann. Untersuchungen von *Borkavec* (1972), *Fazio* (1970),

Hodgson & *Rachman* (1970) und *Watson* & *Marks* (1971) haben die Theorie und den praktischen Wert der Implosionstherapie ernsthaft in Frage gestellt. *Morgenstern* und *Zachary* (1974) kamen auf der Basis von theoretischen Berichten und relevanter Forschung zu dem Ergebnis, daß der Schlüssel zum Verständnis implosiver Techniken in ihrer Beziehung zu einer kognitiven Erwartungssituation liege.

Zachary (1974) schlägt z. B. folgendes Modell für die Beschreibung der in der Literatur berichteten Ergebnisse der Implosionsmethode vor:

1. Implosive Verfahren hatten gemischte Ergebnisse, mit zumindest einigen positiven, aber auch mit vielen negativen Resultaten.
2. In einigen Situationen kann es tatsächlich zu einer Verschlechterung des Zustands des Patienten kommen, und zwar dann, wenn er sich auf eine Überflutung mit negativen Vorstellungen einläßt *(Bandura,* 1969; *Rachman,* 1969).
3. In vielen Fällen kann Reduktion von Vermeidungsverhalten erreicht werden durch Imagination von irrelevanten Szenen als auch von Szenen mit einer direkten Relevanz für die anfänglichen Beschwerden *(Watson* & *Marks,* 1971).
4. *Watson* und *Marks* fanden auch heraus, daß irrelevante Vorstellung wirksamer war als Bilder, die mit dem angstmachenden Ereignis direkt verwandt sind, sofern man als Kriterium die tatsächliche Reduktion des autonomen Erregungsniveaus oder der berichteten Angst heranzieht.
5. In mindestens einer Untersuchung *(Fazio,* 1970) hatte eine rationale Überprüfung der phobischen Situationen bessere Erfolge für das offene Verhalten der Versuchspersonen als die Vorstellung angsterregender Ereignisse, gleichgültig ob sie für die tatsächlich gefürchtete Situation Relevanz hatten oder nicht.
6. Der zeitliche Abstand zwischen dem Erregungsanstieg und dem Auftreten der Vorstellung, die mit dem gefürchteten Objekt in Beziehung steht, ist ebenfalls ein nachweislich kritisches Indiz *(Hodgson* & *Rachman,* 1970) in dem Sinne, daß Versuchspersonen, bei denen der emotionale Erregungsanstieg und die phobische Vorstellung eng aufeinanderfolgen, mit größerer Wahrscheinlichkeit nachfolgende Verhaltensverbesserung zeigen.

In *Abbildung 1* hat *Zachary* (1974) auf der Basis dieser empirischen Resultate eine Reihe möglicher unterschiedlicher Ergebnisse bei einer implosionsartigen Behandlungssituation zusammengestellt.

Die Betrachtung von *Abbildung 1* macht deutlich, daß unter Bedingungen, in denen der Patient ein hohes Ausmaß an Überflutung durch negative Vorstellung, verbunden mit einer speziellen Angst,

Abbildung 1: Ein kognitiv-affektives Modell (von *Zachary*, 1974).

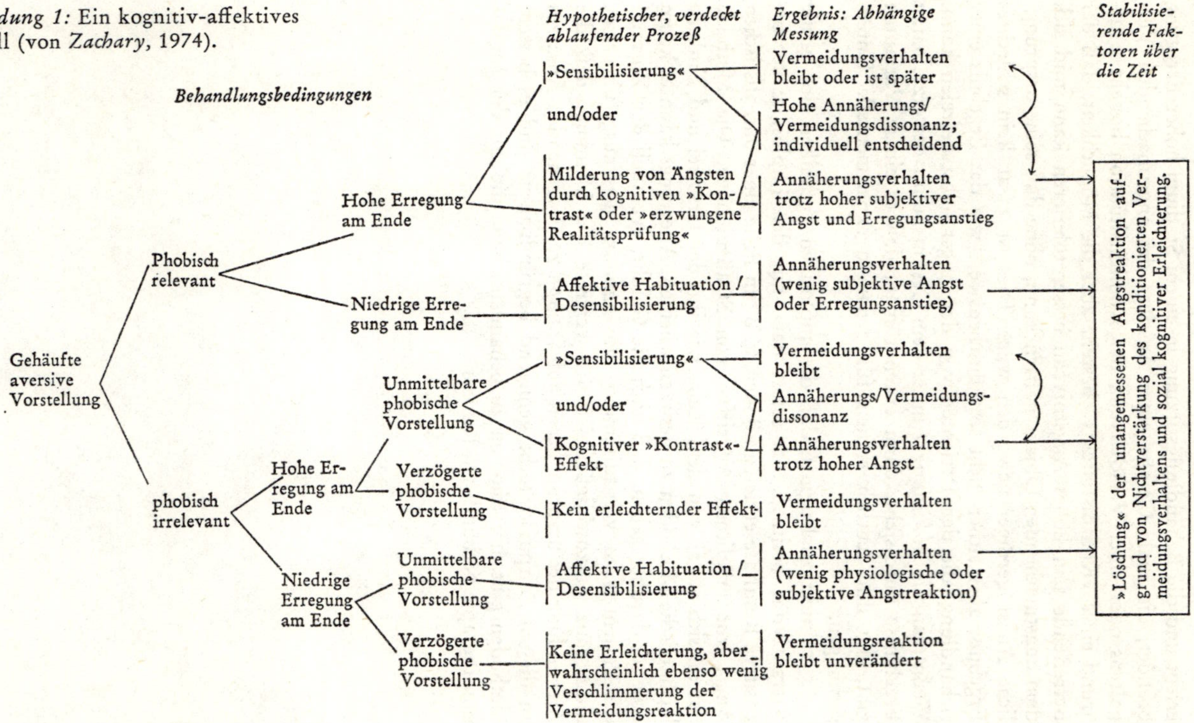

erlebt und die Behandlungssitzung in einem Stadium hoher Erregung beendet, die reale Gefahr eines Anstiegs des angstmachenden Verhaltens oder einer Verschärfung der Konfliktsituation besteht. Aufgrund eines »Kontrasteffekts« besteht aber die Möglichkeit, daß der Betreffende sein hohes Angstniveau besser tolerieren kann und sich dem angstmachenden Objekt nähern kann, ohne daß seine ursprüngliche Angst geringer geworden wäre. Dies ist zwar kein schlechtes Ergebnis, aber sicher nicht so wünschenswert wie das Ergebnis einer Behandlung, die den Patienten von der Angst selbst befreien kann. Wenn man die *Abbildung 1* unter dem Gesichtspunkt der erzielbaren Ergebnisse durchsieht, dann erkennt man, daß es einige Varianten gibt, die sich deutlich eignen für genauere experimentelle Untersuchungen.

Es ist nicht zu leugnen, daß die implosiven Techniken eine große Attraktivität besitzen. Ich selbst habe mit der Implosionstherapie positive Resultate erzielen können, z. B. im Falle einer unrealistischen Angst vor möglichen Angriffen von Straßenjungen. Die Methode hat an sich etwas von dem Reiz, wie ihn der Urschrei und ähnliche kathartische Methoden zu besitzen scheinen. Allerdings kann es kaum Zweifel darüber geben, daß auch die Gefahr, eventuell den Zustand des Patienten zu verschlimmern, wie *Bandura* dies ausgeführt hat, nicht ganz auszuschließen ist. Ich vertrete die Meinung, daß die Anwendung des ursprünglichen auf *Stampfl* zurückgehenden Ansatzes zu diesem Zeitpunkt nicht genügend begründbar ist und es bessere Methoden gibt, um Phobien zu behandeln, ohne die mit der Implosionstherapie verbundenen Risiken.

Kapitel VIII

Wissenschaftliche Untersuchung von Imagination und Tagtraum

Auf der Suche nach imaginativen Verfahren zur Behebung emotionaler Schwierigkeiten oder zur Veränderung der Persönlichkeit haben wir einen weiten Weg durch die unterschiedlichen psychotherapeutischen Schulen und Werkstätten zurückgelegt. Der Leser möge sich hier an den Turm-von-Babel-Effekt auf dem Gebiet psychischer Gesundheit erinnern, auf den ich ganz zu Anfang dieses Buches hingewiesen habe. Sind wir jetzt in der Lage, zumindest bruchstückhaft allmählich das weite Gebiet der Anwendungen imaginativer Verfahren in der Psychotherapie in Beziehung zu setzen zum Wesen und zur Funktion der Imagination und des Bewußtseinsstroms sowie zu Material von wissenschaftlicher Relevanz?

Das Bruchstückhafte unserer Erkenntnismöglichkeiten wird verständlich, wenn wir bedenken, daß wir uns in einer Zeit aufregender Neuentdeckungen in den Verhaltenswissenschaften befinden und vielleicht der gesamten experimentell arbeitenden Psychologie in den Bereichen Lernen, Gedächtnis und ganz allgemein der Kognition. Die experimentell arbeitenden Wissenschaftler benutzen ihre methodologische Begabung für das Studium der verdeckten Prozesse, die die Kliniker für gewährleistet halten. Meines Erachtens dürfen Imagination und Phantasie nicht auf das Feld der Mystik oder des Spiritismus abgedrängt werden, da die Ähnlichkeit mit motorischen und kognitiven Verhaltensweisen nicht zu übersehen ist. Bedauerlicherweise haben es die experimentellen Psychologen bislang versäumt, sich der systematischen Untersuchung verschiedener verdeckter Verhaltensweisen zu widmen, von denen die meisten Menschen einfach berichten, daß sie »in« ihnen stattfinden, und die niemand als entscheidende Faktoren menschlicher Erfahrung leugnen wird. Die verzögerte Einbeziehung von Imagination, Tagtraum oder Phantasie in das Programm der wissenschaftlichen Psychologie schlägt in der Lückenhaftigkeit des Erkenntnisstandes zu Buche. Für uns ist es wohl das beste, uns den Ergebnissen der allerjüngsten Forschung zuzuwenden sowie den neueren theoretischen Konzeptionen, die das eigentliche Verständnis dessen ermöglichen, was in der Vielfalt therapeutischer Nutzung von Imagination geschieht.

Trend zur wissenschaftlichen Erforschung von Imagination

Wie schon erwähnt, beruht das wiederauflebende Interesse an Imagination auf der Zusammenwirkung verschiedener Forschungsrichtungen. Da ist einmal jener Zweig der Forschung zu erwähnen, dem wir wichtige Fortschritte in unserem Verständnis von der Psychophysiologie des Schlafs und des Träumens verdanken *(Kleitman,* 1963; *Oswald,* 1962). Genannt werden muß hier auch die beeindruckende interdisziplinäre Arbeit, die charakteristisch war für die Mitglieder der Association for the Psychophysiological Study of Sleep *(Chase, Stern* & *Walter,* 1972).

Von besonderer Bedeutung unter den vielen Erkenntnissen, die die Erforschung des Schlafs mit sich brachte, ist der überzeugende Nachweis, daß der schlafende Mensch während der Nacht sehr komplexe Information verarbeitet. Obwohl der Kopplungsmechanismus zwischen der Lebendigkeit der Traumberichte einerseits und der gleichzeitig beobachtbaren Stufe 1 – Rapid Eye Movement-(REM)-Phase des Schlafzyklus andererseits im Vordergrund des Interesses steht, muß man davon ausgehen, daß beträchtliche Inhalte auch aus anderen Schlafstadien stammen können. Die Annahme liegt nahe, daß sogar in dem tiefsten Stadium des Rückzugs von äußerer Stimulation gewisse Vorgänge der Selbststimulation in Form von Bildern oder inneren Monologen abzulaufen scheinen.

Auch die Beziehung zwischen Schlafzyklus und dem wachen Verhalten während des Tages ist noch nicht ausreichend untersucht worden *(Johnson,* 1973). Die nachgewiesene Implikation beträchtlicher innerer Aktivitäten während des Schlafs ist u. a. vermutlich darauf zurückzuführen, daß bei Erwachsenen und Kindern fast immer verschiedene Formen persönlichen Wiederholens auf imaginative oder verbale Art geschieht. Es ist durchaus möglich, daß sogar das Wachverhalten charakterisiert ist durch vergleichbar komplexe verdeckte Prozesse, die zu tun haben mit gesteuertem Denken oder kognitiven Aktivitäten, die wir gewöhnlich als Teil des Bewußtseins ansehen. Die Wahrnehmung dieser Prozesse oder ihre Intensität bzw. ihre Häufigkeit scheinen allerdings gewissen Schwankungen als Funktion des täglichen Zyklus zu unterliegen (*Krippke* & *Sonnenschein,* 1973).

Wenn die erwähnten Prozesse tatsächlich stattfinden, dann werden jene experimentellen Psychologen, die untersuchen, wie wir die Welt begreifen lernen oder welche Rolle die Erinnerung beim Sortieren neuer Erfahrungen im Bereich der Umwelt spielt, oder die sich mit der Untersuchung der Rolle der Imagination in speziellen Lernsituationen befassen, Notiz nehmen müssen von den vielen laufenden und in der Entwicklung befindlichen praktischen Übungen und von der Tatsache, daß die in dem üblichen kognitiven Experiment eingeführten experimentellen Manipulationen vor dem Hintergrund dieser komplexen Prozesse gesehen werden müssen. In Untersuchungen, die ich mit Mitarbeitern über den permanenten Gedankenstrom (*Antrobus* et al., 1971; *Singer*, 1966, 1970) durchgeführt habe, wurde immer wieder deutlich, daß sogar bei Aufgaben, die beträchtliche Aufmerksamkeit erfordern, um exakte Reaktionen zu bringen, Versuchspersonen, die einmal aufgabenirrelevante Gedanken wahrnehmen sollten, über erstaunlich viele derartige Gedanken berichten werden, sogar dann, wenn sie ihre Aufgaben exakt durchführen.

Ein zweiter Hauptzweig der Forschung, der die Notwendigkeit verdeutlicht hat, daß sich kognitive experimentelle Psychologen mit Imagination und Phantasie befassen, stammt von Untersuchungen über sensorische Deprivation. Diese Untersuchungen wurden ursprünglich vermutlich durchgeführt, um Aufschlüsse über das Wesen der Gehirnfunktion in Abwesenheit sensorischen Inputs zu erhalten (*Hebb*, 1960). Allerdings wurden nach und nach immer mehr Beweise dafür geliefert, welch zentrale Bedeutung die ständige Imagination für menschliche Erfahrung hat, besonders wenn reduzierte Forderungen an den Wahrnehmungsapparat gerichtet werden, um die komplexe Stimulation, die gewöhnlich in der physikalischen Umgebung des Individuums zur Verfügung steht, zu bearbeiten (*Holt*, 1972). Ohne Zweifel haben die ziemlich dramatischen Ergebnisse der in diesem Zusammenhang durchgeführten genialen Experimente über die Reduktion sensorischen Inputs einen besonderen Einfluß auf die eher am Verhalten orientierten Psychologen gehabt und es notwendig erscheinen lassen, bei den Beschreibungsversuchen menschlicher kognitiver Prozesse die Erforschung der Imagination einzubeziehen.

Holt (1972), der besonders aktiv bei der Dokumentation des auftauchenden Interesses an Imagination war, machte auf die »psychedelischen« Wirkungen von halluzinogenen Drogen aufmerksam, die in den letzten zehn Jahren nicht nur bei den jungen Leuten, sondern auch bei Wissenschaftlern (von denen einige zu dieser jüngeren Generation gehören) zunehmend Beachtung gefunden haben. Sicherlich sind die Ähnlichkeiten der Sprache, wie sie im Zusammenhang mit einem LSD-Trip, oder einer imaginativen Reise unter Anleitung, wie sie bei den imaginativen Verfahren angewendet werden, alles andere als zufällig. Aus den verschiedensten Gründen, die selbst schon Anlaß sind für sehr gründliche soziologische Analyse, herrscht unter den jungen Leuten und intellektuellen Gruppen in der westlichen Zivilisation ein neuerwachtes Interesse an Bewußtsein als einer spezifischen Erfahrung und an Versuchen, sich selbst zu verstehen und zu analysieren. Diese Entwicklung hat Tausende von Studenten in Vorlesungen über Psychologie gelockt (häufig nur, um dann operantes

Konditionieren bei Ratten und Tauben demonstriert zu bekommen). Von diesem Trend haben auch Praktiker verschiedener Formen der Bewußtseinserweiterung und Selbstwahrnehmung profitiert, die vielfach Autodidakten sind und ihre angelernten Kenntnisse weiterreichen wie abgepackte Portionen tiefgefrorener Kost.

In den 60er Jahren haben viele junge Leute, insbesondere radikale oder liberale Wortführer, sehr verächtlich von den »mind fucking«-Tendenzen der Psychoanalyse gesprochen und die Selbstanalyse grundsätzlich als einen Rückzug aus den sozialen Verantwortlichkeiten gebrandmarkt. Das neue gesteigerte Interesse an persönlichen Prozessen könnte eine Reaktion auf das manifeste Fehlschlagen direkter Aktionen zur Veränderung der Strukturen unseres sozialen Systems oder der für unsere Gesellschaft charakteristischen, groben sozialen Ungerechtigkeiten in der Rassenfrage oder im ökonomischen Bereich sein. Dennoch scheint die Reaktion gegen sozialen Radikalismus kein ausreichender Grund zu der gesteigerten Begeisterung für Imaginationen, Phantasien oder für die damit verbundenen neuen Dimensionen des menschlichen Daseins zu sein, die in der Vergangenheit als unwissenschaftlich abgetan oder primär mit Religion und Aberglaube assoziiert wurden. Das wiederauflebende Interesse an Phantasie in der Literatur (wie z. B. die Reaktion auf die Bücher von *J. R. R. Tolkien)*, das Interesse an Science Fiction, Geschichten über Zauberei und Besessenheit, und die wachsende Aufmerksamkeit gebildeter Menschen für die verschiedenen Formen von Hexerei, Astrologie und PSI-Phänomenen (außersinnliche Wahrnehmung), für Gedankenübertragung oder Reinkarnation ist erstaunlich. Von welcher Dauer dieses Interesse sein wird in einer Zeit, in der durch intensiven Gebrauch verschiedenster Kommunikationsmittel sehr schnell das Interesse an speziellen Dingen erlischt (wie z. B. populäre Schlager schnell an die Spitze der Listen klettern, um dann beinahe genauso schnell wieder zu verschwinden), bleibt abzuwarten. Dennoch hat diese Bewegung – und das ist typisch für derartige Strömungen – größeres Interesse seitens ernsthafter Wissenschaftler an den mit Imagination und Tagtraum zusammenhängenden Prozessen bewirkt, denen systematische Genauigkeit nur zugute kommen und von denen, wenn man es richtig anfängt, eine Erweiterung des Horizontes unseres Verständnisses der gesamten menschlichen Erfahrung ausgehen kann.

Nach der Schilderung der verschiedenen Einflüsse, die die Erforschung von Imagination und verwandten Prozessen den experimentellen Psychologen interessant gemacht haben, sollen im folgenden kurz einige der Hauptrichtungen dargestellt werden, in denen sich dieses neu entstandene Interesse in den Bereichen systematischer Forschung in der Psychologie bemerkbar machte. *McKellar* (1957) hat die bis dahin veröffentlichte Literatur speziell unter den Aspekten der Imagination und des freien Denkens zusammengefaßt. Er führte die Unterscheidung zwischen dem sog. A- und R-Denken ein, d. h., dem stark persönlichen, nach privaten Bedürfnissen ausgerichteten Denken (A) soll das Denken gegenübergestellt werden, das sich an der realistischen Interaktion mit der Umwelt orientiert (R). Diese Dichotomie an sich war kein wesentlicher Fortschritt gegenüber *Freuds* früher Unterscheidung von primärprozeßhaftem und sekundärprozeßhaftem Denken oder gegenüber dem Entwurf von *Jackson* (1958), der zwischen *proportionalem* und *referentiellem* Denken unterschied. *McKellar* konnte allerdings eine große Anzahl menschlicher Erfahrungen systematisieren, die zwar im einzelnen in einschlägiger Literatur bereits beschrieben worden waren, für die es jedoch noch kaum so etwas wie eine integrierte Darstellung gab. Seine Klassifikation der großen Vielfalt hypnagogischer und halluzinatorischer Erfahrungen bildete die Basis für die nachfolgenden Versuche, wie z. B. die von *Richardson* (1969) und *Horowitz* (1970). Wenn wir zu noch jüngeren Arbeiten in diesem Bereich übergehen – z. B. *Paivios* (1971) beeindruckendem Überblick oder die Schriftensammlung von *Segal* (1972) oder *Sheehan* (1972) –, befinden wir uns plötzlich inmitten eines ungeheuer aktiven Bereichs, der eine Fülle neuer Erkenntnisse hervorbringt und sich vor allem verdient macht um eine systematischere Darstellung der Phänomene und Parameter der Imagination in ihrer Relation zu den verschiedenen Anpassungsfunktionen, wie z. B. Lernen und Gedächtnis.

Imagination

Ein Beispiel für den bisher in diesem neuen Forschungszweig erzielten Fortschritt ist die relativ gut abgesicherte Erkenntnis, daß Imagination und Wahrnehmung nichts anderes als Manifestation eines gewöhnlichen Vorgangs im Gehirn *(Segal,* 1971) sind und wahrscheinlich auch die üblichen Wege im Gehirn nehmen. Hypothesen dieser Art steigern unsere Bereitschaft, die imaginativen Aktivitäten ohne die für den wissenschaftlichen Psychologen früher typische Skepsis betrachten zu müssen. Dadurch wird die Imagination in höherem Maße zugänglich für genaue experimentelle Untersuchung in den verschiedensten Situationen (siehe z. B. *Segal* mit seinen Experimenten), und es wird diesen verdeckt ablaufenden Prozessen der letzte Hauch von Geheimnis genommen. Die Tatsache, daß die Ergebnisse sehr verschiedener experimenteller Methoden zu einem gemeinsamen Schluß führen bezüglich der funktionalen Rolle der Imagination in Beziehung zur Wahrnehmung, ist zugleich ein Hinweis auf die potentielle Aussagekraft der experimentellen Methoden in diesem Bereich.

Einer der Forschungsgegenstände von *Segal* (1971) war das sog. *Perky*-Phänomen. Wie bereits erwähnt, geht es hier um folgenden Sachverhalt: Wenn sich jemand einen besonderen Gegenstand auf einer leeren Leinwand vorstellt und wenn dann ein Bild des Gegenstandes oder irgendein Signal schwach, aber normalerweise wahrnehmbar auf die Leinwand projiziert wird, dann kommt es dazu, daß die Versuchsperson diesen »realen« Stimulus in seinem Gesichtsfeld nicht wahrnehmen kann. *Segal* untersuchte eine große Vielfalt von Parametern des *Perky*-Phänomens und konnte in zahlreichen Experimenten nachweisen, daß man es hier mit einer allgemeinen menschlichen Erfahrung zu tun hat. Er konnte zeigen, daß die Entdeckbarkeit des äußeren Signals davon abhängt, ob es der gleichen Modalität (visuell oder auditiv) angehört, in der sich der imaginative Vorgang abspielt. Ein Abblocken äußerer Signale aufgrund von Imagination erfolgt offenbar nur innerhalb der jeweils spezifischen Modalität. Dieses Ergebnis läßt vermuten, daß Imagination und Wahrnehmung gemeinsame Wege im Gehirn benutzen. Zu einem ähnlichen Ergebnis kamen *Antrobus* et al. (1970) auf ganz andere Weise. Sie fanden heraus, daß Versuchspersonen, die sich auf visuelle Signale konzentrierten, mit geringerer Wahrscheinlichkeit gleichzeitig über visuelle Tagträume berichteten, während ihre Berichte über auditive Phantasien unverändert blieben. Konzentrierten sie sich hingegen auf auditive Signale, so berichteten die Versuchspersonen über wenige auditive Tagträume, jedoch über eine gleichbleibende Menge visueller Phantasien.

Äußerst wichtige Untersuchungen über die Rolle der Imagination beim Lernen und für das Gedächtnis und über ihre Beziehung zu der Art der Sachprozesse selbst wurden sehr ausführlich von *Paivio* (1971) beschrieben. Zum Beispiel ist es aufgrund vieler Experimente klar, daß eine Funktion der Imagination darin besteht, bestimmte Erinnerungen zu unterstützen, wobei Worte, die besonders lebendige Vorstellungen hervorrufen, die Wahrscheinlichkeit des Erinnerns und des Wiedererkennens erhöhen im Vergleich zu abstrakteren Worten, die in der Regel keine Bilder entstehen lassen. *Paivio* zitierte Dutzende von Untersuchungen, die sich mit der Frage der Wechselbeziehung eines konkreten Bildes zu der Erinnerung an Vorgänge beschäftigen, außerdem lenkte er die Aufmerksamkeit auf jene Wechselwirkung, die zwischen Bedeutung und Imagination in den verschiedensten verbalen Prozessen besteht. Er vertrat dabei einen heute in der Psychologie zunehmend akzeptierten Standpunkt: bei der Anwendung verschiedener Kodierungsstrategien und Lernprinzipien ist es üblich, zwischen konkretem und abstraktem Material zu unterscheiden oder Materialien, die visuelle gegenüber verbalen Vorstellungskomponenten enthalten.

In einer sehr gründlichen Arbeit über die verschiedenen Implikationen der visuellen Imagination und verbaler Vermittlung in unterschiedlichen Lernsituationen vertrat *Paivio* (1970) die These, daß das höher entwickelte Gedächtnis stärker angewiesen ist auf verschiedene Kodierungssysteme für effektive Speicherung und das Wiederauffinden von wahrgenommenen Dingen. *Paivio* (1971) stellt fest:

»Die Überlegenheit von imaginativen und verbalen Vermittlern im Vergleich zur Routinewiederholung kann wahrscheinlich ganz allgemein den visuell-räumlichen oder verbal-sequentiellen Einheiten höherer Ordnung zugeschrieben werden, die zu assoziierende Items als Komponenten enthalten und deren Reaktion durch einen Vorgang des impliziten Benennens oder des assoziativen Reagierens entschlüsselt werden. Das Entschlüsseln kann ein Suchprozeß sein, bei dem angemessenes Reagieren vom Wiedererkennen abhängt, wenn der Vermittler einmal die Erzeugung möglicher Alternativen zugelassen hat. Visuelle Vorstellung, wenn sie leicht hervorgerufen werden kann, wird effektiver sein als verbale Vermittlung, da die Information in dem Bild räumlich organisiert ist und ein schnelles Auffassen der relevanten Komponenten erlaubt, wohingegen die Information im verbalen Speicher sequentiell organisiert ist als ein Strang »mentaler Wörter«, die mehr Raum im Gedächtnis einnehmen oder längere Zeit zum Suchen erfordern und das Wiederauffinden der relevanten Reaktion beim Erinnern erschweren. Außerdem kann eine symbolische motorische Komponente ihren Beitrag leisten zu der transformierenden Wirkung der vermittelnden Vorstellung. Wo allerdings beide Systeme für eine Aufgabe relevant sind, interagieren sie vermutlich dauernd in ihren vermittelnden Funktionen, und das imaginative Gedächtnis kann besonders wirkungsvoll sein, weil es die Wahrscheinlichkeit erhöht, daß beide symbolischen Systeme bei der Lernaufgabe ins Spiel gebracht werden« (S. 391).

Ich habe *Paivio* ausführlich zitiert, um dem Leser zu zeigen, in welchem Maß die Auseinandersetzung mit kognitiven Prozessen auch Imagination in ihre Betrachtungen einbezieht. Der Rolle von Imagination kommt substantielle Bedeutung zu im Rahmen der Methode, durch die wir etwas über unsere Umwelt lernen und Information speichern für effektives Wiederauffinden, das notwendig wird, wenn die äußeren Situationen eine sorgfältige Suche nach gespeichertem Material erforderlich machen.

Jüngere Experimente sind sogar noch weiter gegangen bei dem Versuch, zu verstehen, wie Imaginationen funktionieren, um die Effektivität bestimmter Lernaktivitäten zu steigern (*Bower*, 1970, 1973). Das Wissen um die Verschiedenartigkeit von verbalen und visuellen Prozessen als separates Repräsentationssystem im Gehirn hat äußerst interessante neue Information über Lernprozesse geliefert und stellt auch eine unübersehbare Herausforderung dar für die Theoretiker, die sich mit der Art der zugrundeliegenden neurophysiologischen Strukturen beschäftigen. So zeigte *Bower* (1970) z. B., daß eine Versuchsperson, die Wortpaare lernen soll, sich an diese Paare besser erinnert, wenn sie sich Vorstellungen über die Paare macht, wie z. B. Hund und Lokomotive, und dann die beiden zu lernenden Dinge in eine Wechselwirkung bringt. So führt dann z. B. die Vorstellung eines Hundes, der eine Lokomotive fährt, zu einer besseren Erinnerungsmöglichkeit der beiden Wörter *Hund* und *Lokomotive* als einfach der Versuch, die beiden Wörter ohne die Erzeugung von Bildern zu erinnern oder die voneinander unabhängigen Vorstellungen eines Hundes und einer Lokomotive. Die in diesem Zusammenhang laufenden Forschungen, die an anderen Experimenten weiterentwickelt werden *(Seamon,* 1972; *Sternberg,* 1969), scheinen im allgemeinen die Vorstellung zu stützen, daß Sprachprozesse sequentiell ablaufen und aus diesem Grunde Zeit brauchen zur Speicherung und Vergegenwärtigung, während Bilder parallel laufen, also die Möglichkeiten, alle Einzelheiten eines Bildes auf einen »Blick« wahrzunehmen, statt jedes einzelne nacheinander erzeugen zu müssen, wie es für die Erinnerung eines Satzes notwendig ist. Die interaktive Vorstellung profitiert von den besseren Möglichkeiten der parallelen Abtastung, die dem visuellen Vorstellungssystem eigen sind.

Ohne weitere Einzelheiten zu erörtern bezüglich der vielen technischen Implikationen bei der Erforschung der Imagination beim Lernen, will ich noch einmal darauf hinweisen, daß sich nur einmal das wissenschaftliche Interesse auf das Problem der Imagination zu richten braucht, um neue Entdeckungen über die Struktur der Imagination in Beziehung zu den kognitiven Kapazitäten der Menschen zu ermöglichen. Tatsächlich resultierten äußerst wichtige, kaum erwartete neue Erkenntnisse aus den Untersuchungen über die Augen-Aktivität während der Imagination und der Phantasie *(Singer,* 1966; *Greenberg* & *Antrobus,* 1971; *Meskin* & *Singer,* 1974), aus Untersuchungen über interaktive imaginative Repräsentation (*Seamon,* 1972; *Bower,* 1970) und aus Untersuchungen von Augenbewegung während kognitiver Aktivitäten *(Day,* 1967; *Bakan,* 1969, 1971; *Kinsbourne,* 1971; *Kocel, Galin, Ornstein* & *Merrin,* 1972). Die Forscher vertraten die These, daß erstens das Gehirn unterschiedlich spezialisiert sei für die Repräsentation von verbalem und visuellem Material oder das Speichern von verbal kodiertem Material oder imaginativen Repräsentationen. Darüber hinaus vertraten sie die Meinung, daß es interessante individuelle Unterschiede in der Tendenz von Menschen gebe, sich bei gewöhnlichen Reaktionen auf Fragen stärker auf verbale oder imaginative Prozesse zu verlassen, und daß dies vielleicht als ein Resultat der verschiedenartigen Entwicklung der beiden Gehirnhälften anzusehen sei. Der beginnende neue Entwicklungsabschnitt ist gerade für die Wissenschaft interessant geworden und kann richtungweisend sein für die Erforschung von imaginativen Prozessen, für deren Beziehung zu der Struktur des zentralen Nervensystems und für die Bedeutung individueller Unterschiede in der Wirksamkeit ihrer Anwendung.

Die Frage nach individuellen Unterschieden bei Imagination und Phantasie ist auf der Grundlage dieser neuen Ansätze für den kognitiven Prozeß neu diskutiert worden. Auf diese Weise hat *Bakan* (1971) viele Beweise dafür gesammelt, daß Versuchspersonen, die ihre Augen beim Nachdenken gewöhnlich nach links richten, mit größerer Wahrscheinlichkeit phantasiebegabte Menschen sind, mit viel ästhetischer Sensibilität, wohingegen Versuchspersonen, die ihre Augen beim Nachdenken relativ häufig nach rechts wenden, bevorzugt in verbalen oder qualitativen Kategorien denken, objektiver und weniger leidenschaftlich sind und »logischer« in der Organisation ihrer Gedanken. *Meskin* und *Singer* (1974) fanden auch heraus, daß Versuchspersonen, die man als innerlich aufmerksam bezeichnen könnte, mit größerer Wahrscheinlichkeit zu der Gruppe gehörten, die ihre Augen nach links richteten, während sie über Antworten auf komplexe Fragen nachdachten oder bei dem Versuch, sich an frühe Kindheitserlebnisse zu erinnern; auf der anderen Seite gehörten Menschen, die selten Tagträume haben und geringe innere Sensibilität, wahrscheinlich zu der Gruppe, die in solchen Situationen die Augen nach rechts wenden. *Seamon* (1973) berichtet, daß Versuchspersonen, die sich beim Lernen von Wortpaaren in interaktiver Imagination übten, mit größerer Wahrscheinlichkeit schneller auf Material reagierten, das von der Erregung der rechten Gehirnhälfte abhing, und sie kamen deshalb zu der Vermutung, daß die rechte Hemisphäre tatsächlich mehr mit imaginativen Vorgängen und die linke Hälfte mit verbalen Prozessen zu tun haben.

Neben der speziellen Frage der Gehirnasymmetrie gibt es aufgrund dieser neuen Ansätze immer mehr Beweise für wichtige Unterschiede in der Orientierung bezüglich der Verwendung von Bildern oder verwandten Vermittlungsprozessen. *Dunn, Bliss* und *Siipola* (1958) fanden heraus, daß Menschen, die sog. extrazeptive Fähigkeiten zeigten – d. h. größeres Interesse an Objektivität, unpersönlichen und praktischen Problemen –, sich gewöhnlich beträchtlich von denen mit hohen intrazeptiven Werten unterscheiden, d. h. Menschen, die subjektiv urteilen, zarten Gemüts sind und sich an ästhetischen, religiösen und sozialen Werten orientieren. Die erstgenannte Gruppe reagierte in verschiedenen Situationen schneller und produzierte mehr Assoziationen, die Kontraste enthielten und auch in weit geringerem Maße die Verwendung vermittelnder Prozesse einzubeziehen schienen. Die intrazeptiven Menschen brauchten länger für ihre Antworten, produzierten mit größerer Wahrscheinlichkeit deskriptive Assoziationen und führten zu Reaktionen, die auf komplexe vermittelnde Aktivitäten hindeuten, speziell auf visuelle Vorstellungen. Dieses Ergebnis entspricht den Befunden von *Meskin* und *Singer* (1974), daß die innerlich aufmerksamen Menschen, die gewöhnlich zu der Gruppe von Versuchspersonen zählten, die beim Nachdenken ihre Augen nach links richteten, in ausführlicheren Antworten auf Fragen mit größerer Wahrscheinlichkeit die visuelle Erinnerung an komplexes Material aus der Vergangenheit oder irgendwelches anderes Phantasiematerial aktivierten. Derartige Ergebnisse sollten letztlich auch Implikationen für psychotherapeutische Techniken haben, die bis heute die Disposition des Patienten zur Erzeugung von Vorstellungen oder die Bereitschaft, seinen eigenen Phantasien zu folgen, fast völlig unberücksichtigt gelassen haben.

Die Kraft der Imagination, physiologische Veränderungen hervorzubringen, wurde vor nicht allzu langer Zeit in einer Reihe von Untersuchungen bewiesen. *Simpson* und *Paivio* (1966) haben die Veränderung der Pupillengröße registriert bei Vorstellungen, die sowohl durch abstrakte als auch konkrete Wörter erzeugt wurden. *Schwartz* (1971) entwickelte eine ausgeklügelte Technik: den Versuchspersonen werden Schlüsselwörter angeboten, die persönliche Bilder entstehen lassen. Gemessen wurde durch eine direkte Koppelung mit den zeitlich begrenzten Signalen. *May* und *Johnson* (1973) haben den Herzschlag und den galvanischen Hautwiderstand bei Versuchspersonen gemessen, die in einer zeitlich begrenzten, durch Signale vorgegebenen Sequenz an Bilder von erregender, neutraler oder hemmender Wirkung denken sollten. Zur Erregung erhielten die Versuchspersonen Wörter wie z. B. »ermordet«, »massakriert«, »verstümmelt«, zur Hemmung »friedlich«, »still«, und »geruhsam«, und neutrale Wörter waren »Teil«, »Triangel« und »Regen«. Die Ergebnisse des Herzschlags zeigten ziemlich erstaunliche Veränderungen. Der Herzschlag beschleunigte sich bei den erregenden Wörtern im Vergleich zu den neutralen Wörtern und verlangsamte sich (obgleich nicht signifikant) im Falle der hemmenden Wörter.

Dieser sehr bruchstückhafte Überblick über einige Entwicklungen auf dem Gebiet der Imaginationsforschung wurde vor allem in der Hoffnung angefertigt, den ernsthaften Leser zu ausführlicher Forschungsarbeit auf diesem Sektor anzuregen. Es ging mir weniger darum, meinerseits ausführliche Beschreibungen zu liefern, als vielmehr auf die sehr detaillierte, in der Entwicklung befindliche Literatur zu verweisen, die einen wesentlichen Beitrag zu dem Verständnis dessen, was in der Psychotherapie geschieht, liefern kann. Der Leser wird auch feststellen, daß die von den Wissenschaftlern wie *Paivio* verwendete Sprache zwar etwas trockener, gleichzeitig jedoch viel präziser und mehr im Einklang ist mit der den Informationsprozeßaufgaben des Organismus adäquaten Terminologie. Die Bedeutung der Termini wie *Kodierungsstrategie*, *Wiedergewinnungsprozesse* und *Einübung* beruht auf der Tatsache, daß diese im allgemeinen im Rahmen experimenteller Versuchsordnungen ziemlich exakt definiert werden können und sogar noch einigermaßen genau in therapeutischen Situationen. Der wesentliche Punkt in diesem Zusammenhang ist, daß Imagination zu den kognitiven Prozessen zählt.

Wir sind jetzt ganz gut in der Lage, die Bedeutung der Imagination nachzuweisen, ohne uns lediglich auf verbale Berichte über das Auftreten oder Nichtauftreten einer Vorstellung zu stützen. Einige Lernexperimente haben den Nachweis erbracht, daß keine nicht auf die Vorstellung abhebende Methode der Darbietung das spezielle Lernergebnis hätte erzeugen können. Die Experimente der Signalentdeckungstheorie von *Segal* (1971) und *Fusella* (1972) und deren Nutzbarmachung, bis hin zu der Untersuchung der Imagination in den *Perky*-Experimenten, haben zudem verdeutlicht, daß der Einfluß der Imagination auch ohne spezifische verbale Berichte nachweisbar ist. Wenn wir heute auch immer noch weit davon entfernt sind, genau zu wissen, wie man mit objektiven Methoden sicherstellen kann, daß eine Versuchsperson in einer gewöhnlichen sozialen Situation eine Vorstellung oder eine Phantasie produziert, so gibt es doch zunehmend zuverlässige Beweise dafür, daß etwa eine Wendung des Blicks und ein Fixieren der Augen ziemlich adäquate Hinweise dafür sind, daß irgendeine »ausführliche Durchsuchung« des Langzeitgedächtnisses stattfindet oder daß die Versuchsperson einer Phantasie nachgeht (siehe z. B. *Antrobus* et al. 1964; *Day*, 1967; *Marks*, 1972; *Meskin* & *Singer*, 1974 und *Singer* & *Antrobus*, 1965). Es scheint, als wären wichtige Siege im Kampf um die Anerkennung der Imagination als fundamentaler Bestandteil menschlichen Verhaltens errungen worden; wir müssen jetzt dazu übergehen, das zu tun, was *Paivio* fordert, nämlich die verschiedenen Parameter der Imagination in einer Reihe kognitiver Prozesse zu untersuchen.

Dynamische Imagination und der Gedankenstrom: Strukturelle Faktoren und individuelle Unterschiede

Bislang wurde der Schwerpunkt systematischer Erforschung immer primär auf das einzelne Bild oder auf die relativ eng abgegrenzte Szene gelegt. Wie *William James* sagt, ist unser Bewußtsein jedoch bedeutend besser durch das Bild eines Stromes zu charakterisieren, der ähnlich dem Fluß von Heraklit an den Stellen, wo wir in ihn eintauchen, niemals derselbe bleibt. Man kann tatsächlich davon ausgehen, daß der große Wert, der einer einzelnen Vorstellung beigemessen wird, etwa in den Arbeiten von *Paivio* oder *Bowers* oder auch in von den Verhaltenstherapeuten postulierten relativ fixierten Vorstellungscharakteristika (*Weitzman*, 1967), dem Problem des sich ständig verändernden Wesens der spontanen Bewußtseinswahrnehmung nicht gerecht wird. Die meisten experimentell arbeitenden Forscher, die die Imagination untersucht haben, sind in der Position von Portrait- oder Landschaftsmalern oder auch Photographen, wenn vielleicht das Phänomen, das sie zu verstehen suchen, noch am besten in dem flüssigen Stil eines *James Joyce* in der Literatur oder durch die Kunst der Cinematographen in Filmen wie »The Pawnbroker« oder »Midnight Cowboy« zu fassen ist.

In einer Reihe von Untersuchungen, die ich mit *John Antrobus* und anderen durchführte, haben wir versucht, den Tagtraum oder verschiedene Manifestationen des Gedankenstroms zu erforschen, bislang mit bescheidenem Erfolg. Auch andere wissenschaftliche Untersuchungen in diesem Bereich stehen noch ganz am Anfang (*Klinger*, 1970; *Krippke* & *Sonnenschein*, 1973; *Singer*, 1971). In einer Untersuchungsreihe z. B. haben *Antrobus* und ich Situationen konstruiert, in denen ein Individuum die primäre Aufgabe hatte, einige Signale zu entdecken oder die ganze Aufmerksamkeit auf einen Lichtschein oder einen Ton zu lenken. Der Versuch wurde zu einer Zeit und unter Bedingungen durchgeführt, die ablenkende äußere Reize ausschlossen. Unter diesen Bedingungen ließen wir die Versuchsperson ununterbrochen und laut frei assoziieren, so daß wir den fortlaufenden Wortfluß beobachten konnten. Als Variante zu dieser Vorgehensweise unterbrachen wir regelmäßig (alle 15 Sekunden) und erhielten dadurch Berichte darüber, ob Stimulus-unabhängiges Denken oder aufgabenirrelevante Imagination über längere Zeiträume aufgetreten war oder nicht. Die Ergebnisse einer ziemlich großen Anzahl von Untersuchungen scheinen deutlich zu machen, daß unter den genannten Bedingungen der Untersucher den schlagenden Beweis dafür erhält, daß viele Gedanken auftauchen, die nicht in Beziehung stehen zu der aktuellen Beachtung des Signals oder dem Selbstfeedback über die eigene Leistung bei der Aufgabe. Man sollte in Erinnerung behalten, daß die Versuchspersonen üblicherweise für korrekte Reaktionen bezahlt werden und in den meisten Experimenten die Versuchspersonen 90% Treffer erzielten. An dem Beweis für die Häufigkeit der mit der eigentlichen Aufgabe in keinem Zusammenhang stehenden Gedanken ist also nicht zu rütteln. Man mag einräumen, daß andere perzeptuelle Attraktionen begrenzt waren durch die experimentellen Bedingungen und daß das Experiment selbst zu den sog. »unterstimulierten Aufgaben« zählt in dem Sinne, daß es nichts schrecklich Interessantes außer der bezahlten Aufmerksamkeit auf Lichter gab. Die Tatsache der subjektiven Genauigkeit macht allerdings klar, daß die Phantasien, die unter diesen Umständen produziert wurden, nicht nur einfach eine Folge großer sensorischer Deprivation sind. Tatsächlich sind viele der Umgebungen, in denen wir uns im täglichen Leben befinden – Fahren im Bus oder der U-Bahn, das Zurücklegen längerer Strecken auf einer gut bekannten Autobahn, das Sitzen in der häuslichen Umgebung oder am Arbeitsplatz, inmitten von Gegenständen, die man schon tausendmal gesehen hat –, auch relativ unterstimulierende Umgebungen, und es ist wahrscheinlich, daß die Laborsituation gar nicht so verschieden davon ist, wie es auf den ersten Blick scheinen mag.

Unsere Ergebnisse und die Befunde von *Klinger* (1970) sowie von *Krippke* und *Sonnenschein* (1973) und jüngeren Untersuchungen von *Filler* und *Giambra* (1974) oder *Horowitz* (1970) deuten alle darauf hin, daß wir uns über lange Zeiträume hinweg mit komplexen imaginativen Sequenzen und mit ziemlich detaillierten Gedankenketten beschäftigen, die häufig ohne Bezug sind auf spezifische Aufgaben oder soziale Situationen, in denen wir uns befinden. Unsere Befunde lassen vermuten, daß es nicht einfach ist, diese fortlaufenden Gedanken zu unterdrücken. (*Antrobus, Singer* & *Greenberg,* 1966; *Antrobus* et al., 1970; *Drucker*, 1969).

Die Hinweise aus einer ziemlich großen Anzahl solcher Untersuchungen über Signalentdeckung und gleichzeitigen aufgabenirrelevanten Gedanken lassen vermuten, daß sowohl im Wachverhalten als auch während der Nacht das Individuum während der meisten Zeit irgendeine Art aktiver Prozesse unterhält. Die entsprechenden Gedanken umfassen einen sehr vielfältigen Bereich. Obgleich viele der damit befaßten Experimente etwas künstlich erscheinen in dem Sinne, daß sie die Versuchspersonen in einer Zelle isolieren, hat sich der Inhalt der Berichte von diesen Experimenten als thematisch vergleichbar erwiesen mit den Berichten über Nachtträume derselben Versuchspersonen (*Starker*, 1974).

Die Untersuchungen über individuelle Unterschiede in der Prädisposition zur Wahrnehmung des angebotenen Materials oder in der Art, darüber zu berichten, gehen über die Versuche hinaus, in den permanenten Gedankenstrom einzugreifen. *Antrobus, Coleman* und *Singer* (1967) fanden heraus, daß Versuchspersonen, die in Fragebogen angaben, daß sie begabt sind für innere Phantasien und Tagträumereien, mit größerer Wahrscheinlichkeit bei einer Signalentdeckungsaufgabe über eine beträchtliche Menge stimulusabhängiger Gedanken berichten. Die betreffenden Personen unterscheiden sich auch in dem Muster ihrer Reaktionsfähigkeit in dieser Situation von anderen.

Das Tagträumen kann sowohl parallel zu der Konzentration auf äußere Information geschehen (paralleles Vorgehen), als auch, wofür es Hinweise gibt, in einer einzigen Sequenz mit dieser, d. h. die Aufmerksamkeit wechselt zwischen persönlichem Material und laufender extremer Information. Dieses Wechseln kann zu gewissen Verschlechterungen bei der Signalentdeckung führen. Da viele Informationen aus unserer Umwelt redundant sind, ist es möglich, sich zahlreichen Tagträumen zu widmen, ohne notwendigerweise allzu viele Signale aus unserer Umgebung zu verpassen. Sicherlich kann es teuer werden, wenn man sich bei der Erledigung verschiedener Aufgaben mit Tagträumen befaßt oder sich derer bewußt wird (*Antrobus* & *Singer*, 1964; *Antrobus* et al., 1966; *Antrobus* et al., 1970). Die Verluste an Wachsamkeit können allerdings wettgemacht werden durch die Aufrechterhaltung des Interesses, der allgemeinen positiv-emotionalen Reaktionsfähigkeit und eines gemäßigten Zorns angesichts langer Wartezeiten und langweiliger Aufgaben. Es gibt auch Hinweise dafür, daß viele Leute Phantasien zur Planung benutzen. Einige dieser Pläne mögen explizit sein und umfassen die Antizipation von unmittelbar bevorstehenden Ereignissen, wie z. B. ein Interview laufen soll oder die Vorbereitung auf eine Prüfung. In vielen Fällen jedoch scheint es wahrscheinlich, daß das Planen subtilere und komplexere Funktionen hat und viele der Charakteristika aufweist, die schon für das Tagträumen genannt wurden, soweit es um die Überprüfung wichtiger unerledigter Geschäfte im Leben des Individuums geht und eine langfristige Antizipation der vielen Möglichkeiten des Umgangs mit diesen »aktuellen Geschäften« (*Breger, Hunter* & *Lane*, 1971; *Klinger*, 1971; *Singer*, 1966).

In einer ziemlich ausführlichen Reihe von Untersuchungen hat man den Versuch unternommen, die individuellen Muster oder Eigenarten der Aufmerksamkeit auf inneres Erleben oder das Wahrnehmen fortlaufenden Tagträumens hin genauer zu überprüfen (*Fusella*, 1972; *Singer* & *Antrobus*, 1963, 1972; *Starker*, 1974). Im wesentlichen schienen einzelne Ergebnisse darauf hinzudeuten, daß sich die Individuen in den jeweiligen Eigenarten des Tagträumens in drei Dimensionen unterscheiden. Eine dieser Dimensionen enthält die Tendenz, sehr lebendige und detaillierte Inhalte mit einer allgemeinen positiven Schattierung zu produzieren und zeichnet sich aus durch die Akzeptanz des Tagträumens und verwandten inneren Erfahrungen. Eine zweite Dimension, die in einer Reihe von Faktorenanalysen identifiziert wurde, bedeutet bei Versuchspersonen mit einem hohen Wert in diesem Faktor die Tendenz, über viele negativ gefärbte innere Aktivitäten zu berichten, die häufig fest verbunden sind mit Schuldphantasien und mit Erfahrungen quälenden »Mit-sich-selbst-Beschäftigt-Seins«. Ein drittes Muster ist charakterisiert durch Furchtsamkeit und Ängstlichkeit, Ablenkbarkeit, Langeweile und flüchtige statt ausführliche Tagträume mit minimal entwickelten Inhalten.

Es gibt zunehmende Evidenz dafür, daß Selbstberichte über fortlaufendes Tagträumen, wie sie in Fragebogen dieser Art erhoben werden, eine Einstellung verraten, die weit über die Haltung, nur Testperson zu sein, hinausgeht. So fand *Fusella* (1972) z. B. heraus, daß Versuchspersonen, die einen hohen Score sowohl beim positiven lebendigen Tagträumen haben als auch bei anderen Messungen über »innere Akzeptanz«, sich als wesentlich lebendiger in ihrer Darstellung von Imaginationen in einer experimentellen Situation erwiesen. Sie neigten sogar dazu, das Vorhandensein eines äußeren Signals zu übersehen, wenn sie in Experimenten zum *Perky*-Phänomen ihren lebhaften Vorstellungen nachhingen. *Antrobus* et al. (1967) lieferten auch den Nachweis dafür, daß Berichte und Entdeckungsgenauigkeit im Rahmen des Experiments zum Signalentdecken Unterschiede deutlich werden lassen, die vergleichbar sind mit denjenigen der Fragebogenuntersuchungen über Tagträumen. *Meskin* und *Singer* (1974) fanden interessante Unterschiede sowohl in den Mustern der Augenbewegung als auch in der Art des von Versuchspersonen erzeugten Gedächtnismaterials, je nach unterschiedlicher Vorliebe für Phantasiemuster gemäß den Fragebogendaten. *Feldstein* (1972) fand ferner heraus, daß Versuchspersonen, die sich im Stil des Tagträumens unterschieden, auch unterschiedlich auf die Deprivation von REM-Schlafstadien reagierten.

Die Untersuchungen der individuellen Unterschiede lassen keine zuverlässige Aussage darüber zu, ob unterschiedliche Berichte über die Häufigkeit oder den Stil des Tagträumens auf allgemeine Unterschiede in der *Aufmerksamkeit* gegenüber den fortwährenden Erfahrungen schließen lassen oder auf gänzlich unterschiedliche *Inhalte* dieser Erfahrungen oder auf ein unterschiedliches Maß an *Bereitschaft*, bestimmte Erlebnisse *zu beschreiben*. Es scheint allerdings wahrscheinlich, daß sogar im Falle von Versuchspersonen, die relativ seltener tagträumen oder nur vage Inhaltsangaben machen, während der ganzen Zeit permanente innere Prozesse stattfinden. Ich möchte die Behauptung aufstellen, daß die meisten Leute, wenn sie während der Ausführung der gewöhnlichen alltäglichen Routineaufgaben, in periodischen Abständen, nach »stimulus-unabhängigen Gedanken« gefragt würden, eine große Menge an derartigen Aktivitäten nennen könnten. Wahrscheinlich wären die Ergebnisse vergleichbar mit denjenigen der Untersuchungen des Nachttraums in den Laboratorien, wo praktisch jede untersuchte Versuchsperson beim Aufwecken große Mengen an Material produziert – trotz der Tatsache, daß viele Leute behaupten, sie träumen überhaupt nicht oder sie könnten sich an keinerlei Träume erinnern.

Ich habe mich noch einmal mit diesem Bereich befaßt, um zu zeigen, daß die gegenwärtige Technologie eine wesentlich exaktere Datenerfassung bezüglich der verschiedenen Parameter der ständigen imaginativen Prozesse und des Gedankenstroms ermöglicht. Detaillierte Berichte über diesbezügliche Forschungsarbeit ist an anderem Orte zu finden (*Klinger*, 1970; *Singer*, 1966, 1970; außerdem sind viele Untersuchungen noch im Gange). Als wesentlich für den klinisch orientierten Leser erscheint uns die Feststellung, daß die Werkzeuge sich zunehmend eignen zur Schaffung einer wissenschaftlichen Basis in der Bewertung imaginativer Prozesse, wie sie in der Psychotherapie genutzt werden, und daß es allmählich gelingt, sie gegenüber allgemeineren Prinzipien über die Natur von imaginativen Sequenzen und dem normalen Prozeß des Tagträumens einzuschätzen.

Die Interaktion von affektiven Prozessen und Informationsverarbeitung

In diesem Kapitel richtete sich bisher unser Hauptaugenmerk auf die Aktivitäten der Informationsverarbeitung des Organismus. Damit wurde jedoch den offensichtlich dramatischen und persönlich bedeutsamen Ergebnissen nicht Rechnung getragen, die bei der psychotherapeutischen Verwendung von Imagination auftauchen. An welcher Stelle kommt die Dimension der menschlichen Emotionalität ins Spiel? Meines Erachtens hat die Psychologie der Emotion oder des Affekts erst in jüngerer Zeit eine ihr gemäße Bedeutung gewonnen. Psychologen und Psychoanalytiker haben stets sehr ausführlich über das Gefühl gesprochen und gegenüber der Imagination geltend gemacht, daß es »Gefühle« sind, die in der Psychotherapie zählen, dennoch hat man bis Anfang der 60er Jahre die Entwicklung einer systematischen Theorie des Affekts auf diesem Gebiet vermissen müssen. 1959 veröffentlichte *Schachtel* seine Arbeit über die enge Beziehung zwischen Gedächtnis und einem differenzierten Affektsystem. *McClelland, Atkinson, Clark* und *Lowell* (1953) hatten schon aufmerksam gemacht auf die bedeutende Rolle der Emotion als ein elementares, noch über die Triebe hinausgehendes Motivationsmuster. Heute richtet man immer mehr Aufmerksamkeit auf das Affektsystem des Menschen als einen entscheidenden Schlüssel zum Verständnis der Antriebe, die Verhaltensmuster entweder fortführen oder beenden, wie dies beispielsweise durch folgende Affekte geschieht: neugierig sein, zornig werden oder friedliche Reaktionen zeigen.

Die vielleicht am weitesten entwickelte und detaillierte Theorie der Beziehung von Affekt oder Emotion zur Informationsverarbeitung wurde von *Tomkins* angegeben (1962–1963). Er geht von einem *Darwin*istischen Standpunkt aus, daß nämlich der Mensch eine ziemlich große, aber begrenzte Anzahl von Emotionen entwickelt hat, die ihn mit Informationen über seine Motivationsstruktur versorgen und die durch Manifestationen zunächst vom Gesichtsausdruck und des weiteren von allgemeinen Körperreaktionen auch anderen ihr emotionales Erleben und mögliche motivierende Information mitteilen.

Tomkins stellt im Rahmen seiner Theorie die These auf, daß Affekte oder Emotionen eines von fünf Basissystemen darstellen, die gemeinsam das menschliche Verhalten bestimmen; dies sind: das autonome Regulationssystem, das Triebsystem, das Affektsystem, das kognitive System und das motorische System. Obwohl die Triebe in den meisten Fällen für das Überleben wesentlich sein mögen, ist doch ihre primäre Rolle in der menschlichen Motivation, das Vorhandensein von Deprivationszuständen zu signalisieren. Es ist das Affektsystem, das in *Tomkins* Theorie als das Hauptmotivationssystem angesehen wird. Affekte können Triebsignale erweitern oder können selbständig den Organismus mit belohnenden und bestrafenden Erlebnissen versorgen. Die Affekte selbst sind allerdings von den informationsverarbeitenden Aktivitäten des Gehirns abhängig und vor allem von der Rate und der Komplexität, mit der neues Material bearbeitet werden muß.

Nach *Tomkins* Auffassung gibt es eine begrenzte Anzahl unterschiedlicher Affekte, die man durch ziemlich spezifische Unterschiede in den Informationsverarbeitungs-Aufgaben, denen der Mensch gegenübersteht, auslösen kann. So erzeugen z. B. umfangreiche Inputs neuer oder unassimilierbarer Information Aufregung oder Angstreaktionen; niedrige Raten neuer Information erwecken Interesse oder Aufregung, also positive Affekte; und die plötzliche Reduktion hoher Niveaus von offensichtlich unassimilierter Information (wie bei dem verzögerten Erkennen eines alten Freundes, die Pointe eines Witzes kapieren oder das Lesen guter Nachrichten beim Öffnen eines Briefes) führt zu den positiven Erfahrungen von Freude oder Lachen. Hohe Raten unassimilierbarer oder komplexer Information, die über lange Zeit andauern, führen zu den negativen Affekten wie Ärger, Verzweiflung und Traurigkeit. In diesem Sinne spielen der Informationsfluß, die Bereitschaft des einzelnen aufgrund vergangener Erfahrung, der kognitive Stil, die Antizipation oder Vorausplanung der Situation eine wichtige Rolle dabei, ob negative strafende Affekte auftauchen oder ob die positiven, verstärkenden Affekte des Interesses (ein allmählich ansteigender Gradient an neuer Information) oder der Freude (ein allmählich abfallender Gradient von einem hohen Niveau an Neuheit) dominieren.

Die Betrachtung von *Abbildung 2*, die aus *Tomkins* (1962) »Affekt, Information und Bewußtsein« stammt, wird dem Leser helfen zu verstehen, was hier in sehr verdichteter Form dargestellt wird. *Tomkins*

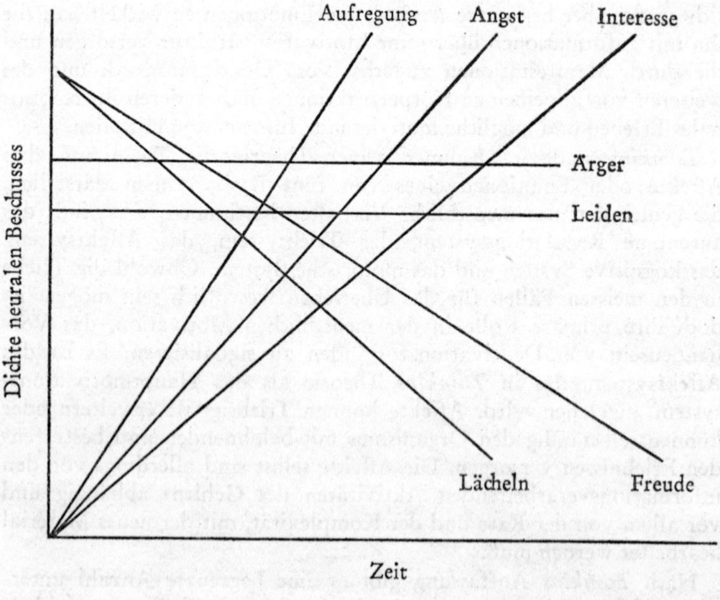

Abbildung 2. Graphische Darstellung einer Theorie angeborener Affektaktivatoren. (Von *Silvan Tomkins,* Affect, Imagery and Consciousness, S. 251. Copyright 1962 Springer Publishing Company, 200 Park Avenue South, New York, N. Y. 10003.)

verwendet den Begriff »Dichte des neuralen Beschusses«, der sich auf den Grad bezieht, in dem massive neurale Aktivität von den verschiedenen Zentren im Gehirn ausgeht. Da dies keine leicht zu messende Variable ist, habe ich es vorgezogen, sie in Assimilierbarkeit der Information zu übersetzen. Wenn die Türglocke läutet und man zur Tür geht und es das Kind ist, das zur üblichen Zeit von der Schule nach Hause kommt, dann ist diese Information leicht assimiliert, da sie schon im voraus weitestgehend antizipiert war. Wenn auf der anderen Seite die Türglocke läutet und ein lange aus den Augen verlorener Verwandter, ein Gorilla oder zwei Polizisten da stehen, wird man höchstwahrscheinlich mit einer Schreckreaktion reagieren. Im erstgenannten Fall würde nach der anfänglichen Schreckreaktion das Wiedererkennen des Verwandten Freude und Lächeln auslösen. Im Falle des Gorillas und der Polizisten hängt es davon ab, was auf die Situation folgt; die Chancen für eine fortdauernd hohe Dichte des neuralen Beschusses und demzufolge für das Auftreten negativer Affekte sind jedoch viel größer.

Die Kombination der Affekte und die gelernten Muster der manifesten Affekte sind natürlich von großer Bedeutung und hängen sehr stark von speziellen gesellschaftlichen und familiären Erfahrungen ab. Wie *Abbildung 2* verdeutlicht, ist dennoch das angeborene Auslösen der Affekte eng verbunden mit der Informationsverarbeitung und der umgebungsspezifischen Stimulation. Man kann diese Konzeption ergänzen durch die Möglichkeit, daß der permanente Gedankenstrom eines Menschen einen alternativen Stimulus zu dem aus der äußeren Umgebung hervorgehenden darstellt (*Singer*, 1966). Manchmal können wir z. B. im Laufe einer Aktivität die beträchtliche Aufmerksamkeit für die äußere Umgebung erfordert, plötzlich an irgendeine unerledigte Angelegenheit in unserem Leben erinnert werden.

Nehmen wir als Beispiel einen Mann, der in der Arbeit von einem Kollegen gebeten wird, ihm bei der Suche nach dem Schlüssel zum Lager zu helfen. Plötzlich bemerkt der Mann, daß er seine eigenen Wagenschlüssel in seiner Tasche hat, daß er sie von zu Hause mitgenommen und vergessen hat, sie seiner Frau zu geben, und sie jetzt weder das Auto zum Einkaufen benutzen noch mit den Kindern zum Arzt fahren kann. Die Vorstellung trifft ihn, und er sieht in Gedanken das Auto vor dem Haus stehen und seine wütende Frau verzweifelt nach dem Schlüssel suchen. Er kann sich aufregen und sich ziemlich elend fühlen, da er im Augenblick wenig tun kann, um diese neue Information zu reduzieren oder zu assimilieren. Sein Kollege kann vielleicht seine Unruhe bemerken und verwirrt sein, da er ihn ja lediglich um die Schlüssel für den Lagerraum gebeten hatte. In der Tat kann also ein privates Ereignis und das Anrollen einer Erinnerungssequenz, die vielleicht durch einen äußeren Signalreiz ausgelöst wurde (obwohl dies nicht notwendigerweise so sein muß), dieselbe psychologische Wirkung haben und dieselben Affekte auslösen wie komplexe, von außen stammende Information.

Ein ähnliches Beispiel soll zeigen, wie positive Affekte aufgrund einer Abfolge privater Ereignisse entstehen können. Nehmen wir an, daß unser Mann einige Minuten lang seinem erstaunten Kollegen diese Verzweiflung gezeigt hat, die Stirn in Falten gelegt hat und vielleicht die Fäuste ballt vor Ärger, Selbstvorwürfen und Frustration. Plötzlich erinnert er sich, daß er einmal für Notfälle einen Schlüsselbund unter einem Blumentopf im rückwärtigen Lichthof versteckt hat. Als ihm das Bild von dem Blumentopf in den Sinn kommt, aber ohne daß sein erstaunter Kollege davon wußte, erlebt er plötzlich ein dramatisches Absinken des bestehenden Niveaus unassimilierten Materials und fängt an zu grinsen oder kichert oder schnalzt vielleicht mit dem Finger. Jetzt zeigt er einen stark positiven Affekt, und all dies mag dem Arbeitskollegen äußerst merkwürdig erscheinen.

Ich glaube, der Leser kann selbst viele Beispiele finden für den Ablauf persönlicher Abfolgen, die sowohl positive wie auch negative Konsequenzen nach sich ziehen, manchmal mehr, manchmal weniger offensichtlich, abhängig von der individuellen Affektkontrolle, der sozialen Situation usw. Es erübrigt sich zu sagen, daß der soziale Kontext eine entscheidende Rolle spielt für die Konsequenzen einer affektiven Erregung. Nehmen wir den Fall, daß eine junge Frau im Laufe eines Liebesaktes eine Bemerkung mit einer Stimme macht, die fast aus einem Kitschfilm sein könnte. Ihr Liebhaber hört die Bemerkung und bricht daraufhin in Gelächter aus, nur um dann den Vorwurf zu hören, daß er bei der wunderbaren gemeinsamen Erfahrung nicht wirklich leidenschaftlich empfinde.

Eine Formulierung permanenter Gedanken

Speicherung und Wiedergewinnung

Die von *Tomkins* (1962–1963) geleistete Integration der Informationsverarbeitungsaufgaben des Organismus mit dem affektiven System und die Weiterführung, die ich aufgrund der Neuheit und differentiellen Assimilierbarkeit *privater* Ereignisabfolgen und von außen kommender Information vorgeschlagen habe, führen zu einer komplexeren Feedbackvorstellung bezüglich der währenden Erfahrung, als sie den üblichen Stimulus-Reaktion-Formulierungen gewöhnlich zugrunde liegt. Angesichts der extremen Komplexität und der sich verändernden Qualität verfügbarer äußerer Stimulation und der Tatsache, daß die Augen oder der Körper sich in beiden Situationen ziemlich aktiv bewegen, muß eine Kombination antizipatorischer Modelle mit einem Filtersystem, das von einer »zentralen Exekutive« im Gehirn gesteuert wird, vorausgesetzt werden. Diese Vorstellung, die von *Miller* et al. (1960) sehr wirkungsvoll zur Geltung gebracht wurde, hat auch viele andere kognitive Theoretiker zur Forschung angeregt. *Neisser* (1967) hat die Behauptung aufgestellt, daß die Vorstellung einer Exekutive gut belegbar ist durch die Analogie mit dem Computer, bei dem u. a. eine Haupt/Unter-Programmstruktur dazu verwendet wird, hierarchische Strukturen und das Aufrollen bestimmter Sequenzen zu ermöglichen, die gespeichert werden, um den jeweils auftretenden Mengen neuer, dem sensorischen System verfügbarer Inputs zur Bearbeitung zur Verfügung zu stehen. Die Entwicklung des Menschen macht das Erlernen verschiedener antizipatorischer Haupt- und Unterprogrammvarianten notwendig, damit wir, sobald neue Information zur Verfügung steht, schnell damit umgehen, sie den entsprechenden Kategorien zuordnen, überflüssiges

Material löschen können und dann vielleicht immer noch Zeit haben für adäquate körperliche Aktivitäten oder freie Kanäle für das persönliche Durcharbeiten der fortlaufenden Aktivität *(Singer,* 1966).

Aber diese kognitive Sichtweise der Haupt- und Unterprogramm-Struktur wäre irreführend, wenn wir sie auf die Vorstellung hoch organisierter Gedankensequenzen beschränken müßten. Unglücklicherweise gibt es tatsächlich eine derartige Begrenzung vieler Computermodelle und vieler älterer Sichtweisen. *Freuds* Einsicht in die Natur des primär- und sekundärprozeßhaften Denkens oder *McKellars* (1957) A- und R-Denken müßten in diese Art System eingegliedert werden. *Neisser* (1967) stellte die These auf, daß viele der Informationen, die wir aufnehmen, gespeichert oder kontinuierlich bearbeitet werden in mehr oder weniger der Modalität, mit der sie ursprünglich in Zusammenhang stehen, ganz speziell gilt das für die visuelle Modalität. Damit empfiehlt es sich für die parallele Bearbeitung (wie *Paivio,* 1971, ausgeführt hat) und ist offenkundig vorhanden in den vielen diffusen visuellen Vorstellungen oder Konversationsphrasen, die unsere bewußte Erfahrung ausmachen. Gleichzeitig unternehmen wir Versuche, diese Sequenzen mehr im Rahmen der besser organisierten verbalen Kodierungssysteme abstrakt zu klassifizieren oder zum Zwecke effizienteren Kodierens und Erinnerns zu schematisieren. Diese Prozesse enthalten vorwiegend sequentielle Systeme, in denen ein verbaler Code dem anderen folgen muß, im Gegensatz zu den eher »chaotischen« Parallelstrukturen von Vorstellungen, die in unser Bewußtsein treten, während wir uns unterhalten oder auf eine Sache dringen.

Als ein Beispiel dieser Kombination des parallel-bearbeiteten Vorstellungsmaterials gegenüber dem mehr sequentiell bearbeiteten, hoch organisierten Material, das wir bei der Kommunikation verwenden oder im Rahmen höchst formaler Gedankengänge, kann ich meine eigene Reaktion zitieren, während ich diesen Abschnitt schreibe. Während ich versuche, mir *Neissers* Standpunkt zu vergegenwärtigen und meine Erinnerung auffrische, indem ich Passagen seines Buches nachlese, kommen mir Bilder von meiner Begegnung mit *Neisser* selbst. Ich habe die Vorstellung eines Gesprächs mit ihm bei einer Forschungskonferenz, an der wir beide teilgenommen haben. Auch Bilder von anderen Personen, gemeinsamen Freunden und das Bild eines Kollegen, der tragisch ums Leben gekommen war, kommen mir dann in den Sinn. Vieles von dieser Information ist nicht formal von Nutzen für die Darstellung von *Neissers* Standpunkt.

Auch *Neisser* erinnerte an das Zusammentreffen von Bildern und Satzfolgen oder anderen Ereignissen, die parallel laufen zu dem Entfaltungsprozeß angeleiteter Gedanken oder dem Vorgang der Mitteilung dieser Gedanken, um eine breitere Basis zu schaffen für die Eingliederung des *Freud*schen Konzepts der Versprecher in das allgemeine kognitive System. Da ein Sprecher nicht nur der Routinier ist, als den ihn sein Publikum erlebt, sondern auch er sich einer Menge mehr oder weniger relevanter Bilder flüchtig bewußt wird, muß man mit der Möglichkeit rechnen, daß etwas von diesen latenten Dingen sich Eingang in den Kommunikationsprozeß verschafft. Ein Versprecher, der besonders auffällt, mag nur ein Beispiel für viele mögliche Ausrutscher sein, die auftreten aufgrund der besonderen Gewalt dieser Hintergrundprozesse und der Betroffenheit, mit der ein Sprecher die von ihm gewünschte Kommunikation als konflikthaft erlebt.

Zu einer ziemlich verblüffenden Begebenheit kam es kürzlich bei einer öffentlichen Veranstaltung einer regionalen psychologischen Vereinigung. Ein Antrag der etwas radikaleren Mitglieder stand im Mittelpunkt einer heißen Diskussion. Der Vorsitzende der Versammlung versuchte zwar, unparteiisch zu sein, konnte aber von Zeit zu Zeit seinen Ärger über die offensichtliche Impulsivität einiger radikaler Sprecher nicht verbergen. Schließlich, als die Zeit für die Abstimmung kam, sagt er: »Alle, die für die Revolution sind, sagen ›Ja‹.« Was geschah, liegt auf der Hand: er verfolgte zwei parallel laufende Vorstellungsprozesse, wahrscheinlich bezugnehmend auf eine junge Frau, die kurz zuvor gesprochen hatte und sich selbst als Revolutionär bezeichnet und ihre Position im Zusammenhang mit der Resolution in sehr ungemäßigten Termini dargestellt hatte. Zweifellos hatte der Vorsitzende an all diese unmittelbar zuvor aufgetretenen Ereignisse gedacht, als er seinen eigenen formalen Beitrag vorbereitete, während er anscheinend nicht bereit war, seinen Standpunkt offen zu sagen, haben sein Ärger und die Lebendigkeit der Imagination der gerade erlebten Szenen ihm erlaubt, seine wahre Ansicht, die hinter der Resolution steckte, zu enthüllen.

Die wesentliche Erkenntnis *Neissers* (1967) bezüglich der Primär- und Sekundärprozesse ist, daß beide für effektives Denken wesentlich sind. Das Primär-Prozeß-Material, das anfänglich vielleicht ohne komplexe Etikettierung gespeichert wird und etwas vage ist, kann durch Übung und Neuüberprüfung immer wieder überarbeitet werden, bis es schließlich in einer mehr sequentiellen Art und Weise gespeichert wird. Statt diese Vorstellung auf den Spezialfall des kreativen Denkens zu beschränken, ging *Neisser* davon aus, daß die gesamte visuelle und auditive Wahrnehmung wie auch das angeleitete Denken von den Ausgangsformen eines eher ganzheitlich gruppierten Inputs abhängig sind.

Durch die Herausforderung der Ähnlichkeiten zwischen visueller Wahrnehmung und Erinnerungsvorgängen schaffte *Neisser* die Basis für die in diesem Buch und in einer früheren Veröffentlichung über das Tagträumen eingenommene Position *(Singer,* 1966), daß nämlich der eigene Gedankenstrom einen mit dem Material aus der äußeren Umgebung rivalisierenden Stimulusbereich darstellt und daß darüber hinaus unsere Verarbeitungsroutinen die Aufgabe haben, sowohl die aus der Umgebung kommende Information zu filtern und zu verarbeiten als auch jene Imaginationen herauszufiltern, die aus dem fortwährend parallel dazu fließenden Stimulationsstrom des Langzeitgedächtnisses stammen. Das Überlegen hängt in aller Regel davon ab, den äußeren Informationsquellen die größere Aufmerksamkeit zu schenken und den Informationen aus dieser Richtung eine größere Priorität einzuräumen. Nach *Rapaport* (1960) gibt es eine permanente Bereitschaft äußeren Geschehnissen gegenüber. Auf der anderen Seite manifestiert sich die Bedeutung des Materials aus dem Langzeitspeicher vielfach in Form von Routinemaßnahmen und Prädispositionen, die unter besonderen Umständen auch eine adaptive Funktion übernehmen können.

Bei einem langweiligen förmlichen Empfang einer Tee- oder Cocktailparty kann sich ein Professor oder ein Geschäftsmann dabei ertappen, wie er sich durch die Konversationsthemen müht, während er aktiv mit den Dingen beschäftigt ist, die für seine Arbeit relevant sind. Er mag sogar bei irgendeiner wichtigen Erkenntnis schmunzeln oder vor Freude über eine persönliche Entdeckung lachen, um dann seine Reaktion durch irgendeine soziale Rationalisierung zu verdecken. Der routinierte Schriftsteller oder Dramaturg ist vielleicht in ähnlicher Weise geistig damit beschäftigt, Szenen und Alternativen durchzuspielen, während er gleichzeitig in einer sozialen Situation aktiv ist. Er hört z. B. einen Satz eines Gesprächs oder bemerkt eine bestimmte Geste und wird davon nicht mehr losgelassen, bis er diese Vorfälle geistig kodiert hat für spätere Erinnerung und möglichen Einsatz in einer dramatischen oder fiktiven Form.

Viele Schriftsteller tragen Notizbücher bei sich und unterbrechen nicht selten die normale Konversation, um Notizen niederzuschreiben. In Wirklichkeit ist das Notizbuch jedoch nichts anderes als ein wirksameres Speichermedium; psychologisch gesehen geht es hier nämlich darum, bestimmte Bilder oder Ereignisse für die Einweisung in besondere Kategorien oder für spätere persönliche Überarbeitung festzuhalten. Wir alle tun ähnliches bei einem Großteil unserer tagtäglichen Wahrnehmungsaktivität – wir kodieren, ordnen in bestimmte Kategorien, die für die Wiederauffindung bei besonderen Gelegenheiten etikettiert werden. Manchmal, wenn es um besonders wichtige Dinge geht, sagen wir zu uns selbst: »Daran muß ich mich erinnern!«, aber häufig genug beschäftigen wir uns nicht bewußt damit, sondern führen diesen Verarbeitungsvorgang relativ automatisch durch, in der Art etwa, wie wir Auto fahren oder mit vielen komplexen motorischen, fast automatisch ablaufenden Aktivitäten umgehen, die keine bewußte gedankliche Konzentration für die einzelnen Schritte erfordern.

Gerade durch das System des Etikettierens und Kodierens errichten wir nach und nach die verschiedenen Haupt- und Unterprogramm-Hierarchien, die wir später für die Verarbeitung neuer Information verwenden. In der beinahe automatischen Errichtung verschiedener Kodierungs- und Wiederauffindungssequenzen für neue Information liegt einer der wesentlichen Schlüssel für die Ursprünge von Imagination und Phantasie. Die geschilderte Abfolge kann noch überlagert werden von speziellen Etikettierungs- und Bearbeitungsmustern, die spezifisch sein mögen für bestimmte Inhalte oder sich durch ganz spezielle generalisierte Charakteristika auszeichnen. So wird z. B. ein Spezialist auf einem bestimmten Gebiet oder jemand mit einem besonderen Sinn für Ästhetik mehr Gespür für ganz bestimmte Erfahrungen haben und Dinge registrieren, die andere nicht bemerken. Ohne Zweifel hört der geübte Mechaniker aus dem Geräusch eines Automotors kleine Schläge oder Surren heraus, die den meisten von uns gar nicht auffallen würden, und er kann sich eines dieser Geräusche für zukünftige Inspektionen merken, auch einfach in Bereitschaft sein für eine mögliche Panne, allein aufgrund dessen, was er gehört hat. Der Vogelkenner wird in einem Waldgebiet auf Farben und Klänge achten, die ihm das Vorhandensein einer bestimmten Art anzeigen, während die meisten Leute in den Wäldern nur irgendwelche grünen Farbtöne und undefinierbares Zwitschern oder Pfeifen wahrnehmen.

Kognitive Stilunterschiede der Speicherung und Wiederauffindung

Es gibt verschiedene Persönlichkeitsstrukturen, die sich für ganz bestimmte Formen des Etikettierungsvorgangs eignen. Eine mögliche Ursache für den Charakterzug Introversion kann darin liegen, daß dieser Mensch generell funktioniert wie ein *Langzeit-Prozessor,* ein Begriff von *Broadbent* (1958). Bei jeder neuen Eingabe vergleicht dieser Mensch das neue Material mit früher bewertetem Material, bevor er es schließlich entweder in den Speicher bringt oder zu einer offenen Reaktion verarbeitet. Der *Kurzzeit-Prozessor* oder der Extravertierte kann im Gegensatz dazu neues Material einfach dem kurz zuvor aufgenommenen Material gegenüberstellen und deshalb wesentlich mehr Material verarbeiten, aber er speichert es weit weniger effektiv. Der Introvertierte wird, nachdem er einen komplexen Interaktionszusammenhang hergestellt hat, mit größerer Wahrscheinlichkeit die Information wieder herbeiholen können, und ihm wird es möglich sein, auch allgemeine damit in Zusammenhang stehende Information in Betracht zu ziehen. Der Kurzzeit-Prozessor ist in starkem Maße abhängig davon, daß ein sehr spezieller äußerer Rahmen wiederhergestellt wird, bevor ihm die früher wahrgenommene Information wieder verfügbar wird.

Jede dieser beiden Adaptationsweisen hat Vorteile und Nachteile. Wesentlich dabei ist jedoch, daß die Art und Weise, wie das Individuum Material kodiert, mit großer Wahrscheinlichkeit ziemlich konsistent bleibt und ein sehr unterschiedliches Muster erzeugt wird, das nicht der Auffindung und der formalen Wiederauffindung des Materials dient, sondern auch für dessen persönliche Wiederholung von Bedeutung ist.

Die übliche klinische Unterscheidung zwischen der hysterischen Persönlichkeit, die man im allgemeinen als eher extravertiert betrachtet, und der zwanghaften Persönlichkeit, die im allgemeinen eher als introvertiert anzusehen ist, kann man ebenfalls von dieser Auffassung her begreifen. Der Zwanghafte wird gequält von fast zu vielen Assoziationen und komplexen Interaktionen, wenn er sich einer bestimmten Fragestellung gegenübersieht oder wenn er über ein besonderes Problem nachdenkt. Seine Kodierungsstrategie ist von Anfang an einfach zu komplex. Der Hysteriker auf der anderen Seite kann sich wahrscheinlich nicht an viele bedeutende Ereignisse erinnern, wenn sie nicht in direktem Zusammenhang mit der Erinnerung stehen, da er zwischenzeitlich wahrscheinlich nicht daran gedacht hat. Dies mag erklären, warum Methoden wie z. B. Hypnose oder verwandte regressive Techniken besonders bei hysterischen Patienten wirksam scheinen für die Produktion von Erinnerungen. In der Tat ähnelt der Kontext demjenigen, in dem die ursprüngliche Informationsaufnahme stattfand, weshalb die Informationswiedergewinnung hier leicht möglich ist.

Dimensionen der Imagination

Die Unterschiede zwischen Primär- und Sekundärprozeß oder parallelen und sequentiellen Aspekten beim Denken und bei der Imagination sowie die Unterscheidung von *McKellar* (1957) zwischen A- und R-Denken liefern doch alles in allem relativ grobe Klassifikation der Imagination. *McKellar* (1972) hat eine differenziertere Überprüfung und Kategorisierung der Imagination auf der Grundlage eines introspektiven Standpunktes versucht. Die *Traumimagination* wird vielfach als der lebhafteste und dramatischste Aspekt menschlicher Vorstellung beschrieben. Man darf jedoch nicht vergessen, daß die Untersuchungen in Schlaflaboratorien deutlich gezeigt haben, daß die meisten Träume nicht erinnert werden und uns nur ein Bruchteil der geistigen Aktivität, die während der Nacht stattfindet, am Morgen zurückbleibt. Eine zweite Form von Vorstellung ist nach *McKellar* die sogenannte *Gedächtnisimagination,* die gewöhnlich in die Kategorie der normalen Form der alltäglichen Vorstellung paßt und aus der Erinnerung an verschiedene Erlebnisse in verschiedenen sensorischen Modalitäten besteht.

Die Daten von *McKellar,* von Hunderten von Versuchspersonen erhoben, besagen, daß 97% der Versuchspersonen über visuelle Imagination, 93% über auditive Imagination und ein etwas geringerer Prozentsatz über andere Arten von Imagination berichten, daß jedoch alle Hauptmodalitäten von mindestens zwei Drittel seiner umfassenden Stichprobe geteilt werden. Die meisten dieser Ergebnisse lassen vermuten, daß Gedächtnisimagination, abgesehen von den seltenen Fällen von Eidetikern *(Haber & Haber,* 1964), charakterisiert ist durch beträchtlich weniger Präzision, Klarheit und Bestimmtheit. Außerdem müssen die Berichte über diesbezügliche Methodologien besonders sorgfältig überprüft werden, da die persönlichen Kriterien, die jemand anwendet, um eine Imagination als relativ lebhaft zu beurteilen, sehr verschieden sein können. Im Falle einiger weniger Individuen, die, nach Imaginationen befragt, meinten, sie hätten überhaupt keine visuellen Vorstellungen, vermute ich die Wirksamkeit zu hoher selbstgesetzter Standards. Möglicherweise erwarten diese Leute, daß visuelle Imagination, die nicht mit etwa derselben Lebendigkeit auftritt wie der Nachttraum, nicht als solche erwähnenswert ist.

Ein dritter Typus von Imagination kann als *halluzinatorisch* betrachtet werden. Hier stehen wir wiederum vor der Schwierigkeit der Unterscheidung zwischen einer sehr lebendigen Form der Imagination und Halluzination, wobei die Imagination so lebendig werden kann, daß den Leuten scheint, es handele sich um ein aktuelles Geschehen in der »realen Welt«. Es gibt zunehmend mehr Evidenz dafür, daß eine ziemlich große Anzahl von Menschen, manchmal 10% der untersuchten Populationen, über Geschehnisse berichtet, in denen die Imagination so lebendig war, daß sie von ihnen für Realität gehalten wurde. *McKellar* (1972) zitierte die Beispiele vieler bekannter Persönlichkeiten, die über halluzinatorische Erfahrungen berichteten, ohne dabei irgendwelche Anzeichen von Geistesstörung aufzuweisen. Gleichzeitig wies er auf verschiedene physikalische Bedingungen, unter denen ein antizipiertes Ereignis wahrscheinlich wird, das die Charakteristika einer Wahrnehmung besitzt. Der Arbeit von *Segal* (1971) über das *Perky*-Phänomen verdanken wir ebenfalls einen Hinweis darauf, wie perfekt die Ähnlichkeit zwischen lebendiger Imagination und einem von außen erzeugten Stimulus sein kann. All diese Experimente enthalten beträchtliche Implikationen hinsichtlich der Sicherheitsrisiken, denen man beim Fahren auf den Straßen oder beim

Fliegen ausgesetzt ist, wenn unbefriedigender Schlüsselreizeffekt oder unklare äußere Differenzierungsmöglichkeiten bestehen. Unter derartigen Bedingungen können *antizipatorische* Bilder von Kurven, Lichtern oder anderen Signalen, die an sich nützlich sind, zu groben Einschätzfehlern und in der Folge auch zu Unfällen führen.

McKellar veröffentlichte einen ziemlich detaillierten Bericht, der sich mit einer großen Anzahl verschiedener, in bestimmter Beziehung zur Imagination stehender Erfahrungen befaßt. U. a. wird in diesem Bericht eingegangen auf die verschiedenen hypnagogischen oder hypnopompischen Vorstellungen und die damit verwandten Erfahrungen, wie sie entweder beim Einschlafen oder beim Aufwachen auftreten. Viele dieser Erfahrungen scheinen besonders eng verwandt zu sein mit der Arbeitsweise verschiedener sensorischer Organe, da sie in bezug auf Einschlafen oder Aufwachen funktionalen Veränderungen unterliegen. Häufig haben derartige Erfahrungen wenig »dynamische« Bedeutung. Dennoch kann bei vielen Menschen, die unerfahren sind, was die Introspektion oder das Achten auf die Vielfalt persönlicher Erfahrungen anbelangt, für die man gewöhnlich empfänglich ist, eine Störung aufgrund falschen Etikettierens eintreten. Das Problem der Attribution verschiedener Ursachen zu solchen privaten Erahrungen ist bislang noch nicht in dem erforderlichen Ausmaß untersucht worden. Es scheint wahrscheinlich, daß viele Formen persönlicher Erfahrungen, wie z. B. Schläfrigkeit, Aufwachen oder die Wahrnehmung außeroptischer Phänomene – die Lichter und Farbspiele, die auf Phosphoreszenz oder Zufallsaktivität der optischen Nerven zurückführbar sind, die bei geschlossenen Augen auftritt, für viele Menschen erschreckend sein können (*Horowitz*, 1970; *Singer*, 1966). In derselben Weise können auch die Auswirkungen von Drogen, die die Wahrnehmungsfähigkeit in bestimmter Weise verändern oder die Intensität spezieller Wahrnehmungstypen steigern, dazu führen, daß Schwierigkeiten bei der Etikettierung auftreten. Besonders beunruhigend war für viele Menschen, die Drogen genommen haben, speziell LSD, der erschreckende »Rückblende«-Effekt einiger angsterregender Bilder, die im Laufe eines »schlechten Trips« wahrgenommen worden waren (*Horowitz*, 1970; *Matefy*, 1973).

Attribution und Etikettierung persönlicher Erfahrungen

Der neue systematische Ansatz der Attributionstheorie in bezug auf die Identifikation von Imagination ist bislang relativ wenig überprüft worden. *Sarbin* und *Juhasz* (1970) haben uns einen Schritt vorangebracht in dem Verständnis, wie Imagination und Rollenspiel zusammenhängen können; dennoch gibt es bisher relativ wenig systematische Untersuchungen, die der Frage nachgehen, warum Imagination und verwandte Phantasien auf bestimmte Weise beschrieben werden oder auf welche Ursachen man sie jeweils zurückführt. Die Attributionstheorie, wie sie von *Jones, Kanouse, Kelly, Nisbett, Valins* und *Weiner* (1972) ausgearbeitet wurde, hebt besonders den resultierenden Einfluß auf das Verhalten hervor, der sich als eine kausale Attribution auswirkt auf spezielle Muster sozialer Interaktionen und sogar auf die eigenen automatischen Reaktionen.

Eine Erweiterung dieser Forschungsrichtung hinsichtlich unseres Verständnisses der verschiedenen kausalen Attributionen zu einer Vielfalt von imaginativen Erfahrungen scheint durchaus wünschenswert. *Piaget* war der erste, der sich in einer hochinteressanten Arbeit damit befaßte, wann Kinder entscheiden, was ein Traum ist und »woher« er kommt. Weitere Forschungsarbeit dieser Art über die verschiedenen imaginativen Phänomene und die Tagträume wird notwendig sein, um festzustellen, inwieweit der Etikettierungsprozeß selbst nachfolgende Verhaltensmuster provoziert. Ich erwähne dies hier und werde im Rahmen der Diskussion noch einmal auf die spezifischen therapeutischen Anwendungen von Imagination zurückkommen, weil ich glaube, daß die hier betrachtete Kodierung ein wichtiger Faktor in vielen Formen der Psychotherapie ist und ganz spezielle Bedeutung dort hat, wo imaginative Verfahren einbezogen werden. Viele Patienten lernen bei einer solchen Behandlung eine Vielfalt von Bildern zu identifizieren, die entweder mit angstmachenden oder positiven Affekten assoziiert sind, und sie beginnen auch die entsprechenden Erfahrungen in einer Form zu benennen, die ihrer wachsenden Selbstkontrolle entspricht. In der Tat können die sogenannten »ungebetenen Imaginationen«, mit denen sich *Horowitz* (1970) befaßt hat, häufig deshalb beträchtliche Ängste auslösen – wie es übrigens auch bei Halluzinationen vorkommt –, weil sie von den Patienten nicht angemessen identifiziert und etikettiert werden. Zumindest einige Forschungsergebnisse scheinen darauf hinzuweisen, daß viele Formen halluzinatorischer Erfahrungen, die von psychotischen Patienten berichtet werden, die Folgen inadäquat bearbeiteter früherer Erfahrungen im Zusammenhang mit dem Gewahrwerden von Tagträumen und Phantasien sind. Unter dem Druck von sehr starken Bedürfnissen, unter dem Einfluß von Träumen oder unter Bedingungen sozialer und sensorischer Isolation wird die Wahrnehmung einer bestimmten Phantasie oder Imagination plötzlich noch wesentlich lebhafter. Es wird dann auch viel wahrscheinlicher, daß man sie äußeren Ursachen zuschreibt als ganz natürlichen, für geübte Tagträumer leicht erkennbaren inneren Abläufen.

Horowitz (1970) hat den Versuch unternommen, Imagination im Verhältnis zu verschiedenen Formen gedanklicher Repräsentation genauer zu charakterisieren. Seine *Tafel III* wird hier abgebildet, weil

Tafel III
Gedankenrepräsentation

Modus	Einheiten	Rahmen von Einheiten	Schemata	Beziehungen von Einheiten
Enaktiv	Antizipatorische Bewegungen, Spannungen, Kinästhetik	Handlungen Gesten Posen Gesichtsausdruck	Richtung und Kraft	Dies verursacht das.
Bilder	Bilder: Taktil Geschmacklich Olfaktorisch Visuell Auditiv	Zeichen: Körperbilder Phantasien Introjekte	Raum: Volumen Simultaneität Zeichen und Signale	Dies ist dort. Dies ist wie das. Dies und das geschieht zusammen
Lexikalisch	Morpheme	Grammatik: (Ausdruck, Sätze, Absätze)	Linearität Sequentielle Schemata Syllogismen	Zuerst X dann Y dann Z! X führt zu Y falls W, aber nicht falls nicht W

Aus: *Horowitz*, Image Formation and Cognition, 1970. Courtesy of Appleton – Century – Crofts, Publishing Division of Prentice-Hall, Engelwood Chiffs, N. Y.

sie dem Leser helfen kann, die Hauptunterschiede, die von den im kognitiven Bereich tätigen Forschern bezüglich der verschiedenen Formen von Imaginationen und Denkprozessen gemacht wurden, zu erkennen. Außerdem enthält diese Darstellung einige Hinweise zur Charakterisierung der verschiedenen Inhalte des Gedankenstroms und der verschiedenen beteiligten Repräsentationssysteme; diese Repräsentationssysteme sind nicht allein durch unterschiedliche strukturelle und funktionale Gehirnsubstrate zu charakterisieren, sondern ebenso durch unterschiedliche funktionale Konsequenzen bezüglich ihrer praktischen Anwendung im Verhaltensrepertoire des Individuums.

In *Tafel III*, die zum Teil auf *Bruner* (1964), *Neisser* (1967) und besonders *Piaget* (1930) zurückgeht, begegnet uns wiederum die Unterscheidung zwischen parallelen und sequentiellen Prozessen, die wir sowohl von *Neisser* als auch von *Paivio* her kennen. Von besonderem Interesse bezüglich der imaginativen Therapietechniken ist natürlich die Tatsache, daß die zur Darstellung von angeblich auftauchenden Bildern verwendeten Zeichen Symbole, Gestalten, Phantasien usw. umfassen, die in der Sprache von *Piaget* wiederum als antizipatorische Bilder beschrieben würden, d. h. als Kombination von Material, das der Gedächtnisimagination entstammt und in neue Schemata einzuordnen ist auf der Basis verschiedener Transformationen, je nachdem, ob es um wahrgenommene Ereignisse geht oder um antizipierte, sich von diesen unterscheidende Ergebnisse. Durch die Darstellungsform der *Tafel III* wird man erinnert an *Neissers* (1972) Warnung, daß Imagination keineswegs als einfache bildliche Reproduktion einer Reihe von Ereignissen gesehen werden darf. Die Imagination beansprucht nach *Neisser* Platz und will einen bestimmten Raum ausfüllen, außerdem zeichnet sie sich aus durch ein Maß an Komplexität, das in vieler Hinsicht mit der Komplexität, die wir in der äußeren Welt erleben, vergleichbar ist.

Die Aussage einer Darstellung nach der Art von *Tafel III* bleibt begrenzt, da es in einem solchen Rahmen nicht möglich ist, die dynamische Qualität der Gedanken befriedigend zum Ausdruck zu bringen. Die Aufgabe einer solchen Klassifikation, mit der ich mich nur am Rande auseinandergesetzt habe (*Singer*, 1966), muß dennoch als notwendig betrachtet werden – sofern sie überhaupt bewältigbar ist. Allerdings sollten wir am Ende in der Lage sein, zwischen dem, was man das angeleitete und das unangeleitete Denken nennt (*Berlyne*, 1965), zu unterscheiden, einer Klassifikation, die *Antrobus* und ich (*Antrobus* et al., 1970) in unseren verschiedenen Experimenten über den Gedankenstrom, über das *stimulus-unabhängige Denken* oder über die *aufgabenirrelevanten Überlegungen* benutzt haben.

Viele Wissenschaftler plädieren dafür, daß es nützlich sei, zwischen

Phantasie, Tagtraum, Planung und anderen Varianten des Denkens zu unterscheiden. Meine eigene Forschungsarbeit hat mich noch nicht davon zu überzeugen vermocht, daß diese Unterscheidungen uneingeschränkt sinnvoll seien, besonders aufgrund meiner Vorliebe dafür, viele Merkmale des sog. Tagträumens unter dem Aspekt antizipatorischer Planungsimplikationen zu betrachten, ähnlich wie wir es im Falle bewußt orientierten Planungsverhaltens tun. Wir wissen immer noch nicht, wie stark das Eindringen von Gedächtnisbildern die normal ablaufenden Gedankensequenzen beeinflußt. Können wir denn sicher sein, daß phantastische Neuanordnungen von Material aus dem Langzeitgedächtnis in Szenen, die unmöglich eintreten können (z. B. meine Phantasie, ein großer Fußballspieler zu werden oder zum Mars zu fliegen, wo ich die Rolle des Kriegsgottes übernehmen kann), sich im wesentlichen unterscheiden von Phantasien, ein attraktives Mädchen, das vorübergeht, zu umwerben und zu gewinnen oder zu planen, ein Mädchen, das man ziemlich gut kennt, zu umwerben und zu gewinnen, oder einfach Urlaubspläne zu schmieden oder das Abendessen zu organisieren? Die von Fragebogen und Interviews (*Singer,* 1966) gesammelten Daten lassen nicht vermuten, daß aufgrund der »phantastischen« Natur der Tagträume eine signifikante Unterscheidung zwischen normalen Individuen möglich sei. Es scheint wahrscheinlicher, daß einige Menschen einfach mehr zu Tagträumen neigen als andere und deshalb auch mit größerer Wahrscheinlichkeit von mentalen Möglichkeiten Gebrauch machen.

In einer Untersuchung von *Hariton* und *Singer* (1974) über die Phantasien der Frau beim Geschlechtsverkehr kristallisierte sich ein Faktor besonders deutlich heraus, daß nämlich Frauen, die allgemein zum Tagträumen neigen, beim Verkehr mehr Phantasien produzierten, unabhängig davon, ob sie Befriedigung erleben oder welcher Art ihre spezielle Erfahrung ist.

In Übereinstimmung mit *Sarbins* (1972) Sicht der Imagination als wechselseitiger Rollenübernahme scheint es angebracht zu sein, alle oben zitierten Beispiele zu betrachten sowohl in ihrer Abhängigkeit von der Möglichkeit des Individuums zur Attribution als auch in ihrer Bezogenheit auf die jeweilige Praxis mit den verschiedensten Imaginationen und dem vorherrschenden Umgang mit dem produzierten Material. Bislang haben wir nicht die Möglichkeit, um objektiv festzustellen, ob die Imagination eines guten Schriftstellers tatsächlich lebendiger ist als diejenige eines relativ unbeholfen artikulierenden ungelernten Arbeiters. Sicherlich haben wir guten Grund anzunehmen, daß beide in ihren Träumen ziemlich lebhafte persönliche Erfahrungen haben. Es ist schwer zu beurteilen, ob die kommunikativen Fertigkeiten des Schriftstellers, die er sorgsam pflegt, ihn befähigen, ein im Grunde äquivalentes Erleben in mehr Einzelheiten und mit größerem Bilderreichtum zu beschreiben oder ob die Konzentration des Schriftstellers auf seine Imagination und deren Ergänzung durch verschiedene spezifische Etikettierungsverfahren zu einer tatsächlichen Steigerung der Qualität und Lebendigkeit seiner persönlichen imaginativen Erfahrungen führt. War die Vorstellungskraft von *Shakespeare,* wie sie von *Spurgeon* (1935) so eindrucksvoll dokumentiert wurde, speziell auf seine verbale Differenzierungsfähigkeit beschränkt? Wie *Spurgeon* in ihrem Vergleich zwischen *Shakespeare* und Dramatikern seiner Zeit bemerkt, machte er wesentlich mehr Gebrauch von »urbanen« Bildern oder einer Lebendigkeit der Imagination bezüglich verschiedener Modalitäten unter Einbeziehung von Geruch, Berührung und Geschmack, in einer Weise, die nicht so vornehm war wie die visuelle oder abstrakte Imagination, die der »erhabene« *Marlowe* bevorzugte. Es scheint so, als habe *Shakespeare* auch privat diese Erfahrungen wiederholt erlebt und außerdem versucht, sie in seiner Dichtung und in den Charakteren seiner Figuren weiterzugeben.

Die persönlichen Erfahrungen der großen sinnlichen Schriftsteller, wie z. B. *Shakespeare, Keats, Proust* oder *Joyce* sind uns nicht zugänglich, und so muß es eine offene Frage bleiben, inwieweit ihre eigenen Imaginationen und Phantasien im ganzen gesehen lebendiger waren als diejenigen eines durchschnittlichen, weniger wortgewaltigen Sterblichen. *Mark Twain,* der als einer der ersten Schriftsteller in der Lage war, das Phantasieleben von Kindern in der Literatur zu erfassen, schrieb eine Geschichte von dem Riverboat-Kapitän, der in den Himmel kommt und eine große Prozession aller Würdenträger nicht nur der menschlichen Geschichte, sondern auch anderer Planeten an sich vorbeiziehen sieht. An der Spitze dieses Aufmarsches, gefolgt von Moses, Jesus, Shakespeare und verschiedenen drei-köpfigen Herren vom Saturn, geht ein junger Ladenbesitzer aus Tennessee, der das Zeug gehabt hätte, der größte unter Gottes Kreaturen zu werden, wenn er nur die Gelegenheit hätte wahrnehmen können und nicht vorzeitig gestorben wäre. In diesem Sinn ist es möglich, daß unsere nach neueren Forschungsergebnissen prinzipiell extrem große Speicherkapazität *(Kagan & Klein,* 1973) für die vielfältigen Imaginationen und Erfahrungen in der Praxis zum Teil abhängt von der sehr unterschiedlich effektiven Aktivierung dieses Speichers durch die Einstellung oder Orientierung gegenüber Kodierung und Etikettierung von persönlichen Erfahrungen.

Eines scheint sicher zu sein, daß nämlich die imaginativen Ansätze in der Psychotherapie, ob es sich um streng symbolische handelt wie im Falle der imaginativen Verfahren in Europa, oder um die eher profanen wie in den verhaltenstherapeutischen Richtungen, es einer großen Anzahl von Menschen ermöglichen, unter entsprechenden

Umständen ihre eigene Imaginationskraft zu erleben, interessante und nutzbringende Sequenzen solcher Imagination zu erfahren und letzten Endes auch diese Imagination unter Kontrolle zu bringen oder für die Kontrolle ihre affektiven Reaktionen zu nutzen. Vom Standpunkt unserer imaginativen Fähigkeiten aus betrachtet, gibt es wohl mehrere unter uns, denen man als in ihrer psychologischen Heimat verkannten Propheten jahrelang kein Gehör im allgemeinen schenkte, wenn sie von der Bedeutung persönlicher Erfahrung sprachen.

Soweit der Überblick über das, was man als wissenschaftliche Basis für die Untersuchung von Imagination und Phantasie betrachten könnte. Der Grund für diese Darstellung war unter anderem die Betrachtung, daß viele Kliniker dazu neigen, die Imagination ihrer Patienten als gegeben hinzunehmen. Viele von ihnen haben nie versucht, die verschiedenen kognitiven und affektiven Implikationen persönlicher Imagination im spezifischen Detail zu untersuchen, und haben deshalb auch wichtige Gelegenheiten, zu einem besseren Verständnis der von ihren Patienten beschriebenen Phänomene zu kommen, verpaßt. Wie ich in Kapitel IX zeigen werde, lösen sich viele der Geheimnisse im Zusammenhang mit persönlicher Erfahrung auf, wenn wir Imagination und Phantasie als natürliche Konsequenzen der Informationsverarbeitung des Menschen ansehen und dabei nicht vergessen, wie eng das Affektsystem und das kognitive System miteinander verbunden sind.

Obwohl die Forschung über Imagination und Tagtraum noch weitgehend in den Kinderschuhen steckt, haben wir doch guten Grund für die Annahme, daß wichtige Ziele bereits erreicht wurden. Wir können sehen, daß Wahrnehmungen und Vorstellungen beide dem gleichen allgemeinen Prozeß versuchter Repräsentation von Erfahrung angehören, der sowohl einen Großteil an Antizipation der neuen Situationen einbezieht als auch das Filtern äußerer Information, das Kodieren ankommenden Materials, die »Berichte« aus dem Langzeitgedächtnis, die Aufrufe von Auffindungsprogrammen und das Attributieren verschiedener Bedeutungen oder Ursachen zu den praktischen Erfahrungen. Diese Attributionen selbst müssen kodiert und etikettiert werden, und auf diese Weise entwickeln wir bald komplexe Hierarchien und Unterprogramme, die zu einem späteren Zeitpunkt in unserem Gedankenstrom und unseren Träumen wieder auftauchen.

Sowohl die Inhalte unseres Langzeitspeichers als auch die Information aus der äußeren Umgebung zeichnen sich aus durch Neuartigkeit und Komplexität. In beiden Fällen kann die Verarbeitung Interesse oder Freude bzw. Angst oder Unbehagen auslösen.

Kapitel IX

Eine theoretische Formulierung des Ursprungs und der Funktion des Gedankenstroms

Ursprünge der Imagination und Phantasie in der Kindheit

Konkretheit, Abstraktion und Imagination

Die Fähigkeit des Menschen, Information zu speichern, wird zunehmend als ein weitaus komplexerer und umfassenderer Aspekt unseres Verhaltensrepertoires angesehen, als dies unter dem Eindruck der Forschungsarbeit, die sich auf die *Ebbinghaus*schen Experimente gründete, jemals vermutet worden war. Die Arbeiten von *Haber* (1970) und *Kagan* (1972) und die spannenden Begleittexte von *Tulving* und *Donaldson* (1972) lassen einen Eindruck entstehen von der außergewöhnlichen Komplexität und dem riesigen Spielraum menschlicher Gedächtnisprozesse. Wir haben besonders viel erreicht auf dem Gebiet des verbalen Lernens und in der Beherrschung einiger Regeln, nach denen die Wörter miteinander verbunden und in Hierarchien der Vertrautheit oder der Nutzungshäufigkeit gespeichert werden. In der Frage der Speicherung von Bildern in den verschiedenen Modalitäten stehen wir noch ganz am Anfang, aber es sieht so aus, als würde in den nächsten zehn Jahren enorme Forschungsarbeit in dieser Richtung geleistet werden.

Eine Frage, die schon viele Theoretiker beunruhigte, deren Beantwortung aber bislang der formalen Wissenschaft nicht möglich war, lautet, ob denn das frühe Denken des Kindes sich in Form von Bildern vollziehe, selbst ohne die Verfügbarkeit passender verbaler Etiketten. Die meisten Entwicklungspsychologen neigen zu der Annahme, daß dies der Fall sei, und Imagination wird aus dieser Sicht häufig als eine Basisfunktion angesehen. *Rohwer* (1970) hat bei den frühen Nachweisen über Imagination die Frage aufgeworfen, ob damit eine hinreichende Erklärung für das adäquate Lernen bei Kindern gegeben sei. Er vertrat die Meinung, daß nur in dem Maße, wie verbale Beziehungen und Sprache oder andere abstraktere Kodierungsprozesse verfügbar werden, auch Bilder im Rahmen des Lernprozesses wirksam werden. Auch wenn man *Rohwers* Position nicht voll akzeptiert (und sicherlich ist auf diesem Gebiet noch viel Arbeit nötig), machen die Ergebnisse von *Paivio* (1971) und *Bower* (1970) deutlich, daß das menschliche Gedächtnis zumindest zwei oder mehr Hauptorganisationssysteme umfaßt, die voneinander unabhängig arbeiten können, aber auch in ihrer Interaktion das höchst wirksame System des Etikettierens, Kodierens und der Speicherung mit geeigneten Erinnerungs- oder Wiederauffindungsroutinen hervorbringen.

Der Mensch kann im Bereich der Ästhetik oder der Wissenschaft zu bemerkenswerten Kombinationen zwischen Imagination und Abstraktion fähig sein. Betrachtet man *Shakespeares* Mischung von psychologischer und philosophischer Einsicht in die Situation des Menschen in Sätzen wie »eine Geschichte, von einem Idioten erzählt, voller Gewalt und Raserei, die nichts bedeutet«, oder die Aussage von *Keats* über die Wahrheit und Schönheit, die er verdeutlicht, indem er den Charakteren auf einer griechischen Urne Leben verleiht. In der Wissenschaft ist die Kombination der bemerkenswerten räumlichen Vorstellung mit der enormen Integrationskraft durch die Mathematik, einem Charakteristikum des Werks von *Einstein,* ein weiterer Beweis für die Macht, die durch die Interaktion beider Systeme entsteht. Auf manche bescheidene, aber nicht minder wunderbare Weise enthalten alle die Lernprozesse und die Erfahrungsspeicherung des täglichen Lebens einen Teil derselben Interaktion, und viele unserer nützlichsten zwischenmenschlichen Kommunikationen in den unterschiedlichsten Lebenslagen enthalten ähnliche Kombinationen zwischen Imagination und verbaler Kodierung. Viele der Aussagen, die »Anklang finden«, und schließlich zu »abgedroschenen Phrasen« werden, waren ursprünglich lebhafte Kombinationen von Imagination und abstrakten Summen von Erfahrungen.

Ein Mann, der von der Arbeit nach Hause kommt und sagt, er habe einen »höllischen Tag« gehabt, wird wohl nicht unbedingt dermaßen unangenehme Auseinandersetzungen und dermaßen harte körperliche Arbeit vor Augen haben, daß das Bild von Sündern auf glühenden Kohlen in der Hölle, die von gabelschwingenden Dämonen gequält werden, genau passen würde. Ein Jugendlicher, der über die Konsequenzen einer Reihe von Eskapaden erzählt und sagt »dann traf den Fan die Scheiße«, verwendet wohl kaum den Bruchteil einer Sekunde dafür, um über die gewaltige Synthese dieses Bildes nachzudenken. Im abstrakten Sinne macht dieser Satz die Aussage, daß die Verletzung von Regeln ernsthafte disziplinarische Konsequenzen nach sich zog. Wieviel nötigender ist aber die Implikation der gräßlichen Konsequenzen, die durch die Vorstellung selbst provoziert werden? Wie *Schachtel* (1959) nachgewiesen hat, neigen wir allzuoft dazu, in relativ gängigen Phrasen zu kommunizieren, ohne dabei den Versuch zu machen, uns der impliziten lebhaften Erfahrung und der damit verbundenen Emotion, die jeden Moment unseres Lebens aufregender machen, voll bewußt zu werden. Ich habe anläßlich meiner Beschäftigung mit der Zen-Philosophie den Eindruck gewonnen, daß es durchaus einen Versuch wert wäre, die Konkretheit der Wahrnehmungserfahrung wiederzuerlangen. Ich würde daraus nicht die Konsequenzen ziehen, die Kodierungssysteme gleichzeitig zu verwerfen, wie es einige Zen-Ausleger vorzuschlagen scheinen.

Akkommodation, Assimilation und frühe Entwicklung der Imagination

Um die Wirkungsweise der imaginativen Prozesse in der Psychotherapie besser verstehen zu können, wollen wir uns eingehender damit befassen, wie Bilder und Phantasien entstehen. Da ich mich an anderer Stelle wesentlich ausführlicher mit diesem Problem auseinandergesetzt habe (*Singer,* 1973), will ich versuchen, mich hier kurz zu fassen. Wir können beginnen mit *Piagets Assimilation* und *Akkommodation* als zwei fundamentalen Prozessen, mittels derer das Kind seine Erfahrung organisiert (*Piaget,* 1962). Das Kind ist anfangs motorisch orientiert und wird auch wahrnehmungsmäßig durch bewegte Stimuli angezogen. Das Kind versucht in gewisser Weise seinen verfügbaren kognitiven und motorischen Apparat zu benutzen, um mit der »riesigen, anwachsenden Konfusion« seiner neuen Umgebung umzugehen. Seine Augen folgen einem sich bewegenden Mobile, und allmählich greifen seine Hände in zunehmend koordinierter Weise nach Gegenständen innerhalb seiner Reichweite. Diese groben motorischen und perzeptuellen Aktivitäten spiegeln den Versuch der Kinder wider, auf die neue Umwelt zu akkomodieren, und sind anfangs verbunden mit der angeborenen Affekt-Erregung von Interesse und Überraschung (*Tomkins,* 1962).

Das Kind versucht darüber hinaus, alle Dinge, denen es begegnet, in einer Art permanenter Struktur zu assimilieren. Zunächst wird diese Assimilation offensichtlich durch einfaches Greifen oder bei verbesserter Gewandtheit durch In-den-Mund-Nehmen der Gegenstände. Hier hat *Freud* vielleicht die rein orale Sensualität dieser Erfahrung überbewertet, ohne zu sehen, daß die Oralität selbst vielleicht nur eine Phase des allgemeinen assimilativen kognitiv-affektiven Verarbeitungsprozesses ist, der dem Kind für die neue Stimulation zur Verfügung steht. Die vorwiegend cephalocaudale Richtung der Entwicklung erklärt die Konzentration auf die Oralität bei dem sehr kleinen Kind, aber die Assimilationsprozesse müssen insofern als komplexer angesehen werden, als sie sowohl Speicherungsprozesse des Gedächtnisses umfassen als auch die »orale Einverleibung«, die seitens der Psychoanalyse stark hervorgehoben wird. Diese etwas reduktionistische Auffassung eines wesentlich komplexeren Kodierungsprozesses entstammt offensichtlich der Formulierung eines grundlegenden Modells der psychoanalytischen Theorie von *Rapaport* (1960) über die

Grundzüge einer Hunger-Metapher, in der das Kind immer dann ein Bild der mütterlichen Brust halluziniert, wenn der Trieb auftaucht und durch die sich nähernde Mutter befriedigt wird. Ich glaube, daß viel mehr Information organisiert und in das Kodierungssystem assimiliert wird, das seinerseits unabhängig von speziellen Triebbefriedigungen ist. Vielmehr hängt es zusammen mit den allmählich sich entwickelnden Fähigkeiten des Kindes, früher gelerntes Material mit neuen Erfahrungen zu verbinden, einschließlich der daraus sich ergebenden freudigen Erregung. Dieser Vorgang ist nicht einfach dadurch zu erklären, daß ein hohes Niveau komplexen Materials auf kleine verdauliche Happen reduziert worden wäre.

Da das Kind den Prozeß der Akkommodation und Assimilation in der Mannigfaltigkeit einer zunehmend komplexer werdenden Umgebung durchläuft, ausgestattet mit zunehmend verbesserten motorischen Fertigkeiten, kommt es mit einer größeren Anzahl von Bereichen in Berührung und lernt verschiedene Umgebungen sowohl körperlich als auch wahrnehmungsmäßig zu unterscheiden. Die komplexen gespeicherten Materialien werden allmählich in verschiedenen Programmen und Hierarchien organisiert. Wahrscheinlich findet diese Organisation zunächst speziell im Umfeld der motorischen Aktivitäten des Kindes statt, wobei natürlich besonders die bedürfnisbefriedigenden Aktivitäten, wie z. B. die Verfügbarkeit von Nahrung, Reduktion von Schmerzen usw., einbezogen sind. Relativ schnell jedoch findet die Befriedigung der Grundtriebe auf wirksame Weise statt, und es bleibt genügend Zeit für aktive Exploration übrig. Diese Exploration umfaßt mehr als nur die direkte Interaktion mit der physikalischen Umgebung. In Perioden relativer Ruhe oder während der Reduktion äußerer Reize nimmt sie die Form der Wiederholung von Erinnerungen an, mit Versuchen der Assimilation früherer Erfahrungen in verfügbare Schemata. Die Rückmeldung, die das Kind über seinen eigenen Vokalismus empfängt, und seine Versuche, die Bewegungen, Geräusche und visuelle Charakteristika der Erwachsenen um es herum zu imitieren, alles dies kommt jetzt mit ins Spiel und wird wahrscheinlich in einer Vielfalt von Bezügen erprobt und immer wieder durchgespielt. Der Begriff Speicher ist wahrscheinlich ein zu statischer Terminus und zu sehr geprägt von der Assoziation mit dem Computer, von dem sich die Speicherung im menschlichen Gehirn dadurch unterscheidet, daß sie ein aktiver Prozeß konstanten Durchspielens und Wiederholens von zum Teil assimiliertem Material ist, das zunehmend neue Umgebungen erschließt, die dann wiederum mit anderen bereits vorhandenen Programmen gekoppelt werden müssen.

Ich glaube, daß vieles von dem Assimilationsprozeß von intrinsischem Interesse für das Kind ist, da auf diesem Wege die Schaffung einer ziemlich neuen Umgebung durch das wiederholte Durchspielen von bislang unassimiliertem Material erreicht wird. Diese »innere« Umwelt ist nicht so komplex, daß sie negative Affekte wie Unruhe und Angst erzeugen könnte. Statt dessen führt die Kontrolle des Kindes über das Material zu dem eher positiven Affekt des Interesses, das charakterisiert ist durch einen allmählich ansteigenden Gradienten neuer Stimulation. Diesem Stadium folgt (da das Material schließlich mit etablierten Strukturen verbunden wird) der Affekt der Freude, der sich ziemlich bald im Lächeln und Lachen des Kindes äußert.

Obwohl es sich bei dem von mir beschriebenen Prozeß um eine grundlegende kognitive Fähigkeit handelt, ist er wahrscheinlich nicht unabhängig von sozialen Erfahrungen. Die bewußten Bemühungen der das Kind umgebenden Erwachsenen, dieses durch Kitzeln oder Liebkosen oder durch gesprochene Sätze anzusprechen, sind erste wichtige Teilerfahrungen des Kindes, die es assimilieren muß. In dem Ausmaß, wie das Kind in der Lage ist, sich an den Erwachsenen zu akkommodieren, indem es lächelt, produziert es eine Reihe positiver Reaktionen, die im allgemeinen Freude machen. Die tragische Erfahrung des autistischen Kindes, das das Lächeln der Eltern nicht erwidern kann, ist ausführlich beschrieben worden. Wir wissen allerdings immer noch wenig über die Bedeutung des Elternersatzes und viele der Interaktionen, die sich beim Kind auf spielerische, positiv affektive Weise abspielen.

Der Versuch des Kindes, das komplexe neue Material zu assimilieren, sei es aus der physikalischen Umwelt oder aus sozialen Wechselbeziehungen, ist äußerst schwierig und kompliziert, da das Kind mit einem sehr begrenzten Repertoire von Schemata beginnen muß. In diesem kritischen Zeitpunkt müssen wir wahrscheinlich die Anfänge der symbolischen Vorgänge sowie der Phantasie oder der »Als ob«-Prozesse datieren. *Sarbins* (1972) Folgerung, daß Imagination gegenseitige Rollenübernahme ist, würde vermuten lassen, daß die versuchte Assimilation von Erwachsenenverhalten von dem kleinen Kind, oft mit nur begrenztem Vokabular und Organisationschemata, die Basis für die seltsamen Ausdrücke der frühen Kindheit bildet, was aus der Erwachsenenperspektive sich als bemerkenswerter Scharfsinn des Kindes darstellt.

Die Versuche des Kindes, Erwachsenenverhalten zu imitieren, werden durch verschiedene Dinge erschwert: die vokale Kapazität ist inadäquat, die motorischen Fertigkeiten sind undifferenziert, und hinzu kommt eine nur sehr begrenzte Erfahrung, um die Handlungen der Erwachsenen verstehen zu können.

Das Kind, das versucht, ein Elternteil, das am Telefon spricht, zu imitieren, kann relativ ähnliche Sätze sagen, besonders solche, die sich recht häufig wiederholen, wie z. B. »Hallo« oder für japanische Kinder »Moshi, moshi«. Das Kind kann nach einer Weile sogar die Intonation richtig treffen und den Hörer ungefähr in der gleichen Position halten, obwohl es wahrscheinlich nicht in der Lage ist, die Sprech- und die Hörmuschel des Telefonapparates zu unterscheiden. Für das Kind ist es viel schwerer, die Vorstellung zu begreifen, daß die Person, an die die Wörter gerichtet werden, meilenweit weg sein kann und nicht in dem Telefon selbst sitzt.

Wir wollen den Bemühungen des Kindes nachgehen, dieses aufregende Geschehen, dem Kinder häufig ausgesetzt sind, zu assimilieren; z. B. dieses schrill klingelnde Geräusch, von Mama wird man abgesetzt, damit sie hinübergehen kann, sie nimmt dieses schwarze Instrument und beginnt hineinzusprechen. Das Kind kann versuchen, diese Erfahrung zu assimilieren entweder mit dem realen Telefon, wenn die Erwachsenen nicht zuschauen und der Hörer in Reichweite steht, oder mit einem Spielzeugtelefon, das es von einem lieben Verwandten bekommen hat. Es beginnt damit, die motorischen und verbalen Komponenten ziemlich gut zu imitieren, aber mit dem reizenden »Falschhalten« des Hörers und vielleicht auch mit der Wiederholung der Schlüsselsätze ohne den effektiven Sinn einer vollwertigen Konversation. Im persönlichen Bereich kann das Kind bei dem Versuch der Assimilation zusätzlich eine bedeutungsvolle Komponente hinzufügen, wenn es sich eine vertraute Person im Innern des Telefons vorstellt. Diese seltsame Vorstellung kann assimiliert und gespeichert werden als eine Art kognitives Schema, das oft erst nach Monaten oder Jahren korrigiert wird.

Ich habe eine Situation beobachtet, in der ein aus einer Kinderserie im Fernsehen bekannter Mann, Mister Rogers, einen Besuch in dem Kinderforschungszentrum an der Yale Universität machte, gerade als Kindergartenkinder den Vormittag hinter sich gebracht hatten und auftauchten. Einer der Dreijährigen rannte auf ihn zu und sagte sofort: »Mister Rogers, Du bist nicht im Fernsehen, Du bist ja wirklich!« Nach allem, wie sollte das Kind zu diesem Zeitpunkt wissen, daß Mister Rogers irgend jemand anders als ein Bild auf einem Bildschirm war und vielleicht lebendig in dem seltsamen Kasten saß. Ich vermute, daß einiges von der Aufregung, die die meisten von uns überkommt, wenn sie Filmstars oder Fernsehpersönlichkeiten im »wirklichen Leben« sehen, dieselben Charakteristika hat wie die Reaktion dieses Kindes, da die meisten von uns kaum ein besseres Verständnis von jener Technologie besitzen, mit der Filme oder Fernsehbilder erzeugt werden.

Ich neige zu der Vermutung, daß ein großer Teil der Assimilation von Material aus der Umgebung des Aufwachsenden neue Kombinationen umfaßt, die nicht mit den Standards Erwachsener bezüglich der Schlußfolgerung übereinstimmen und deshalb später als lustig, seltsam, dumm oder merkwürdig bezeichnet werden, daß sich dahinter jedoch die einzigen verfügbaren Konstrukte verbergen, die wir im frühen Alter speichern können. Diese gespeicherten neuen Kombinationen werden von dem Kind immer wieder durchgespielt und bei dieser Gelegenheit natürlich gegenüber neuen Erfahrungen geprüft und modifiziert. Es ist jedoch fragwürdig, ob die ursprünglichen Materialien, die die eher »kindlichen« Bilder oder Repräsentationen formen, die auch mit ziemlich spezifischen verbalen Kodierungen verbunden sind, vollkommen verlorengegangen sind. Wahrscheinlicher ist es, daß diese weiterhin vom Gehirn aktiv verfolgt werden, in einer der Speicherung entsprechenden Form.

Ich vermute, daß die Speicherung im Gehirn nicht einfach ein Stapeln von Material ist. In diesem Punkt ist die Computeranalogie unbefriedigend, da der Computer abschalten kann und weiter funktioniert, wenn er wieder angeschaltet wird. Ich vertrete die Meinung, daß die Speicherung im Gehirn einen aktiven Prozeß darstellt und daß die Tatsache, daß viel frühes Kindheitsmaterial nicht erinnert wird, wahrscheinlich die Konsequenz einer Reihe von Faktoren ist, die dem natürlichen Entwicklungsprozeß eigen sind. Dazu gehört auch die Tatsache, daß die Vielfalt der Umgebungen oder Bezüge des Erwachsenen keine Bedingungen schaffen, unter denen Bildmaterial erzeugt werden könnte, für das sich Assoziationen mit den in der frühen Kindheit assimilierten Bildern ergeben, die vielleicht vom Erwachsenenstandpunkt aus grundsätzlich nicht mehr nachvollziehbar sind. Außerdem ist es gut möglich, daß ein großer Teil des Materials durch erneutes Durchspielen und neue Informationen modifiziert wurde, so daß die frühesten Formen des Materials assoziiert oder gespeichert sind in Verbindung mit sehr kindlichen Worten und Sätzen; es ist auch aus diesem Grunde sehr unwahrscheinlich, daß sie von dem normalen Erinnerungsprozeß erreicht werden. Derartige Situationen können allerdings verändert werden durch die Schaffung von Bedingungen des Erinnerns, die dem Erwachsenen entsprechen.

Wie bereits in früheren Kapiteln erwähnt, schafft die an einen Erwachsenen gerichtete Aufforderung, sich in Gegenwart eines anderen Erwachsenen auf die Couch zu legen, so etwas wie die psychologische Situation des Kindseins und erhöht deshalb die Wahrscheinlichkeit, daß man sich an Bilder und Phantasien erinnert, die man bislang in eher kindlicher Form gespeichert hat. Da der aktive Speicherungsprozeß wahrscheinlich zu einem großen Teil Material erzeugt, das auch in Träumen auftaucht, besteht eine andere Erinnerungsmöglichkeit in der Aufforderung von Erwachsenen, über ihre Träume nachzudenken und sie zu erinnern, wodurch diese Erwachsenen dazu gebracht werden, sich ihrer kindlichen Bilder und des früher assimilierten Materials bewußt zu werden. Das Zurückgehen, sei es in der Erinnerung oder über aktuelle Ereignisse auf Szenen der Kindheit, kann weitere

Sequenzen und Programme neu erschließen, die jahrelang aus dem Bewußtsein verdrängt waren.

Als ich beispielsweise dies niederschrieb, hat mich mein Versuch, die Erfahrung des Kindes beim Hören des Telefons oder beim Fernsehen zu rekonstruieren, dahin gebracht, mir viele frühe Erinnerungen zu vergegenwärtigen und falsche Assimilationen, die einen Teil meiner Kindheitserfahrungen ausmachten. Dazu gehörte die Vorstellung, daß bestimmte Charaktere im Innern des Plattenspielers oder des Radios lebten – »Uncle Don« lebte im Innern des Kastens im Wohnzimmer, aus dem seine Stimme schallte, oder der humorvolle gälische Akzent von Sir Harry Lauder kam von einem wunderlichen kleinen Mann, der in dem geheimnisvollen Grammophon meiner Tanten hauste. Ich schlage dem Leser vor, es mir gleich zu tun und zu versuchen, die Stimmung seiner frühen Kindheit zu vergegenwärtigen, indem er sich vielleicht einen bestimmten Bereich vornimmt, um zu sehen, ob er tatsächlich eine Reihe vergleichbarer »falscher« Assimilationen und Bilder reaktivieren kann. Imaginationen und viele der seltsamen Bilder, die die Kindheit charakterisieren, resultieren vielfach aus Versuchen, seltsame Stimmen und Geräusche in einer verständlichen Form zu erfassen. Möglicherweise wurde diese Vorgehensweise in besonderem Maße gefordert, durch das Radio oder das Grammophon, wobei das Kind die visuellen Komponenten aktiv ergänzen mußte. Es bleibt abzuwarten, ob wir jemals entdecken können, welchen spezifischen Einfluß die Allgegenwart des visuellen Materials des Fernsehens auf die Entwicklung der Imagination des Kindes hat.

Ursprünge von Symbolen und Metaphern

Die frühen falschen Assimilationen von Kindern sind fraglos sehr idiosynkratisch in dem Sinn, daß keine zwei Leute dieselbe Erfahrung haben, an identischen Unterhaltungen teilnehmen, mit identischen Eltern in identischer Umgebung aufwachsen etc. Trotzdem kann man in einem gewissen Ausmaß nach bestimmten universelleren oder zumindest kulturell verbreiteten Erfahrungen und Assimilationsmustern suchen, die schließlich zur Grundlage von Symbolen und Metaphern werden und als solche in unseren Träumen auftauchen und die Basis für unsere religiösen, kulturellen und ästhetischen Erfahrungen bilden. Ich will nicht darauf hinaus, daß Archetypen im Sinne genetisch festgelegter Strukturen mit gleichbleibender symbolischer Bedeutung über die Kulturgrenzen hinweg unvermeidbar wären. Vielmehr vermute ich, daß es gewisse Erfahrungsmuster gibt, die allen Menschen gemein sind (offensichtlich der Ausdruck eng begrenzter, aber unterschiedlicher Affekte und die Befriedigung der Grundbedürfnisse wie Hunger, Durst, Sexualität und Schmerzvermeidung), und daß innerhalb bestimmter Bedingungen die Kombination von Umgebung und unsere konstitutionelle Struktur interagieren und sich gemeinschaftsbildend auswirken.

Werner und *Kaplan* (1963) haben sehr ausführliche Untersuchungen angestellt über die Art und Weise, in der die Natur kindlicher Gestik, die verschiedenen Ausdrucksformen von Emotion bei Erwachsenen und bestimmte Gestaltstrukturen, die sich für unsere perzeptuellen Reaktionen anbieten, mit den regelhaft assoziierten Affekten in die Imagination einverleibt werden. Die Versuche seitens des Kindes, komplexe Muster von Objekten durch besondere Gesten nachzuahmen, wurden von *Muchow* und *Werner* (*Werner & Kaplan*, 1963, S. 97) beschrieben. Es zeigt sich, daß es eine ganze Menge von Bewegungen und imitativen Aktionen gibt, anhand derer komplexe Situationen symbolisiert werden, und zwar nicht ausschließlich in einer für bestimmte Kulturen spezifischen Weise. Die Zeichensprache ist natürlich ein evidentes Beispiel, außerdem kann die Entwicklung einer solchen Zeichensprache zu einer großen Perfektion führen, wie z. B. beim Hindu-Tanz, der auf komplexen Gesten aufbaut, die für bestimmte Verhaltenssequenzen stehen. Das Erlernen dieser Gesten ist relativ einfach, im Vergleich zum Erlernen der jeweils vorherrschenden menschlichen Sprache.

Die Wurzeln des Symbolismus scheinen in dem Versuch der Assimilation zu liegen, der angesichts eines begrenzten kognitiven Schemas oder unzureichender verbaler Kodierungsprozesse stattfindet und einhergeht mit dem Versuch imaginativer Repräsentation oder Imitation, im Rahmen kommunikativer Annäherungen. Aber selbst diese Art der Imitation unterliegt den Einschränkungen sowohl hinsichtlich des Erfahrungsschatzes der beteiligten Subjekte als auch bezüglich der Gestalteigenschaften der einzubeziehenden Objekte. In diesem Sinne können die meisten Kulturen vergleichbare Muster von Imagination für bestimmte Erfahrungen erzeugen – zumindest soweit es sich um weitverbreitete Erfahrungen handelt. Phallische Bilder, die in Traumsymbolen auftauchen, sind z. B. ein offenkundiges Beispiel für derartige Symbole, die ganz deutlich mit einem speziellen natürlichen Phänomen verbunden sind, das in allen Gesellschaften eine bestimmte Form annimmt. Das Lächeln oder ein ärgerlicher Blick sind nahezu universell und können als Symbole für positive oder negative affektive Bedingungen benutzt werden. Die zum Schlafen geschlossenen Augen und der aus Scham gesenkte Kopf haben ebenfalls universellere Charakteristika; diese Gesten fungieren auch als Basis für Symbole und Assimilationen sogar in der frühen Kindheit.

Die frühen Erfahrungen des Kindes von Geschmackswahrnehmungen, die unangenehm sind und nicht assimiliert werden können, bilden die Grundlage sowohl für eine breite Vielfalt verbaler Imagination als auch symbolischer Repräsentation in vielen Ländern. In China wird »leiden« durch »Bitteres essen« dargestellt; eine ähnliche Wendung wird benutzt in den Texten zum hebräischen Passah-Abend, wo es darum geht, die Erfahrung der Juden in ägyptischer Gefangenschaft mittels des Essens »bitterer Kräuter« zu beschreiben.

Wir wollen nicht mehr länger bei diesem Problem verharren, da sich dahinter ein eigener komplexer Bereich verbirgt, der spezielle detaillierte Untersuchungen erforderlich macht als Fortsetzung der ausgezeichneten Arbeit von *Werner* und *Kaplan* (1963). Es ist wichtig zu sehen, daß es gewisse Erfahrungen gibt, die allen Kindern gemeinsam sind, wenn sie versuchen, zu einer imaginativen Repräsentation komplexen Materials zu kommen in Abwesenheit von adäquaten verbalen Kodierungssystemen, die allmählich mit dem assimilierten Material zusammen gespeichert werden. Stellen wir uns ein Kind vor, das versucht, konditionale oder temporale Abfolgen darzustellen, für die sein imaginatives Vokabular noch unzureichend ist. *Werner* und *Kaplan* (1963) ließen in interessanten experimentellen Versuchen Erwachsene mit imaginativen Mitteln und auf eine für alle gleiche Weise Sätze produzieren und stellten fest, daß sich daraufhin bestimmte Merkmale der Einheitlichkeit in der Vorstellung zu zeigen begannen. Die Versuche, in der Vorstellung die Tatsache darzustellen, daß ein Ereignis vor einem anderen stattfindet, oder die *Hoffnung*, daß ein Ereignis nicht stattgefunden habe, oder den Wunsch, daß ein Ereignis nicht stattfinden möge, führen allesamt zu einer komplexen und im allgemeinen idiosynkratischen Repräsentation. Gelegentlich können derartige Vorstellungen auch universelle Charakteristika annehmen.

Es kann vorkommen, daß in der uns eigenen Struktur Gegebenheiten auftreten, die einen gemeinsamen Bezugsrahmen erforderlich machen. Wie *Freud* in bezug auf Träume beobachtet hat, gibt es keine Negationen im Unbewußten. Wenn wir versuchen, uns in symbolischer Form vorzustellen, etwas nicht zu tun, so ist es notwendig, sich gerade das vorzustellen, was man nicht tun will. Man kann dann schließlich eine Reihe Formulierungen entwickeln darüber, wie Bilder und besonders jene speziell allgemeinen Erfahrungen organisierbar sind. Eine Interpretationsmöglichkeit der *Jung*schen Theorie der Archetypen, wenn man davon ausgehen will, das Material sei genetisch kodiert und würde deshalb immer wieder in der gleichen Form in Träumen vorkommen, besteht darin, anzunehmen, daß auch in den verschiedensten Kulturen bestimmte Symbole dem Menschen in einem frühen Entwicklungsabschnitt verfügbar sind aufgrund ihrer Ähnlichkeit gegenüber bedeutenden Objekten oder Handlungsabfolgen unserer Erfahrung. Es scheint vernünftig, daß in den meisten Kulturkreisen, in der die Kinder gestillt werden, die Bereitschaft besteht, irgendwelche gekrümmten, aber mäßig ausgedehnten Formen oder Parabeln als im ästhetischen Sinne angenehmer zu erfahren.

Frühe Ängste und angstmachende Vorstellungen

Bislang habe ich mich auf die mehr allgemeinen alltäglichen Aspekte unserer Umgebung konzentriert, die die Kinder versuchen zu verstehen, zu imitieren oder in ihr begrenztes kognitives Repertoire zu assimilieren. Natürlich müßte man die Situation in Abhängigkeit von den verschiedenen Altersstufen und den unterschiedlichen kognitiven Kapazitäten und den jeweiligen Anforderungen betrachten. (Dies ist jedoch ein eigenes Thema, mit dem wir uns an dieser Stelle nicht ausführlich beschäftigen wollen.) Für das Kind im Vorschulalter, aber auch noch in den etwas späteren Phasen der Kindheit gibt es viele Ereignisse und Erfahrungen, die besonders schwierig zu assimilieren und zu verbinden sind mit bereits etablierten Strukturen. Für das Kleinkind kann die Tatsache, nachts im Bett zu liegen und die Schattenspiele auf der Wand zu verfolgen, eine gewisse Bedeutung erlangen. Vielleicht werfen die Lichter der vorbeifahrenden Autos verschiedene Muster auf die Wand oder vielleicht erzeugen aufleuchtende Neonlampen merkwürdige Schatten. In der Nacht bemerkt man viel mehr Geräusche, die im Vergleich mit dem normalen Hintergrundgeräusch während des Tags richtig Gestalt annehmen können. Diese Erfahrungen sind schwer zu assimilieren für das Kind und erzeugen mit großer Wahrscheinlichkeit Bedingungen, die zu negativen Affekten wie Angst führen können.

In der psychoanalytischen Literatur hat man immer wieder die kindliche Angst vor Trennung, Ablehnung oder vor Verlust des äußeren Objekts beim Schließen der Augen und den Vorbereitungen zum Schlafen hervorgehoben. Mir scheint, daß diese speziellen objektbezogenen Ängste uns eine Phase des allgemein schwierigen Assimilationsprozesses darstellen, mit dem das Kind während der Nacht zu tun hat. Zum einen gibt es, wie schon erwähnt, die äußeren Geräusche und das Spiel von Licht und Schatten, die nicht einfach in etablierte Schemata eingeordnet werden können. Wegen der reduzierten sensorischen Eingabe beim Einschlafen erfährt das Kind zudem ein größeres Gewahrwerden der mit der Verarbeitung verbundenen Aktivierung des Gehirns, der Bilder und des teilweise assimilierten Materials, das dem angehört, was *Freud* den *»Tagesrest«* nannte, wofür ich allerdings den Ausdruck *»Unerledigtes«* besser fände und wo all das wiederzufinden ist, was zu den verschiedenen ungelösten Problemen oder unvollständig assimilierten Materialien aus dem alltäglichen Leben des Kindes gehört. *Klinger* (1970) hat über die Vorstellung der »aktuellen Geschäfte« gearbeitet, die zu den Hauptcharakteristika sowohl von Erwachsenen als auch von Kindern gehören, über Träume und Phantasien und den Gedankenstrom. *Breger* et al. (1971) haben die Aufmerksamkeit auf die Rolle von ungelöstem Streß bei der Erzeugung von Traum- und Phantasieinhalten gelenkt.

Kurz vor dem Einschlafen begegnet das Kind, wie auch der Erwachsene, wie man aus unseren Forschungsergebnissen erkennen kann (*Singer,* 1966), einer lebhaften Vorstellung, deren Inhalt die wichtigsten ungelösten Probleme vom selben Tag oder einem weiter zurückliegenden Zeitraum sind und die Antizipationen des folgenden Tages. Die meisten Menschen erlernen einfache Techniken, um dieses lebhafte Auftauchen von Phantasien genügend unter Kontrolle zu bekommen, so daß sie einschlafen können. Beim Kind kann es eine Weile dauern, bis es gelingt, dieses Material zu meistern. Selbst wenn es nicht sehr erschreckend ist, kann es doch so komplex sein, daß sich das Kind in dem Moment, wo noch das Assimilationsproblem der geheimnisvollen nächtlichen Bilder und Geräusche hinzukommt, auf einem höheren Angstniveau befindet und darum kämpft, die seltsamen Ereignisse in Verbindung mit einem Schema zu bringen. Wahrscheinlich sind die dem Kind verfügbaren Schemata diejenigen, die ihm von den Erwachsenen dargeboten werden. Dazu gehören sowohl Geschichten von längst vergangenen Zeiten, religiösen und übernatürlichen Kräften, alles Dinge, mit denen Erwachsene leicht umgehen können, die für Kinder jedoch schwer zu assimilieren sind, als auch die Konsequenzen, die ein Kind sich ausmalt, dem mit den verschiedensten Dingen gedroht wird. Es ist anzunehmen, daß sich all dies in derselben Weise auswirkt und es deshalb wahrscheinlich erscheinen läßt, daß das Kind anfängt, neue Strukturen im Umfeld dieser merkwürdigen Schatten und Geräusche zu bilden. Hier finden wir die Grundlage für die vielen mythologischen und mysteriösen Gestalten und Märchenfiguren, die in unseren Phantasien und besonders in unserem Träumen auftauchen. Für das mit dem Fernsehen aufwachsende Kind gibt es diverse Cartooncharaktere, sprechende Tiere, seltsame Klänge und Bilder, die täglich über den Bildschirm huschen. Diese können mit den nächtlichen Schatten in Beziehung gebracht werden und die Grundlage für spätere »symbolische Phantasien« bilden.

Meine Vermutung geht dahin, daß die mythologischen und symbolischen Kombinationen und komplexen metaphorischen Charakteristika, die in Träumen von Erwachsenen oder in den imaginativen Reisen auftauchen, die in den verschiedenen psychotherapeutischen Methoden provoziert werden, ihren Ursprung in den komplexen Assimilationsprozessen der frühen Kindheit haben. Ein solcher Prozeß ist für uns nie vollkommen abgeschlossen. Wir begegnen immer wieder neuen Reizmustern oder neuen sozialen Situationen, die nicht einfach mit unseren wohletablierten kognitiven Strukturen in Einklang gebracht werden können. Wir müssen sie deshalb enträtseln oder zumindest der Kategorie des »Unerledigten« zuordnen, so daß sie mit größerer Wahrscheinlichkeit in unsere flüchtigen Phantasien, hypnagogischen Träumereien und unsere nächtlichen Träume abgedrängt werden. Im Erwachsenenalter besitzen wir viele komplizierte Symbolmuster, von denen einige aus der frühen Kindheit übernommen wurden, aber viele als Teil der verschiedenen Allegorien und Metaphern gelernt wurden, die einen festen Bestandteil unserer Kultur ausmachen. Die historischen Gestalten, die bedeutende Aspekte unserer religiösen und historischen Erziehung darstellen, wie auch die mythologischen und übernatürlichen Aspekte unseres speziellen kulturellen Erbes stehen uns jetzt alle zur Verfügung, wenn es um die Einordnung neuer Probleme oder unassimilierbarer Information geht.

Die uns heute verfügbare Komplexität des Symbolismus ist in unserer Sprache und unseren Kommunikationsmitteln integriert und auf diese Weise ständig gegenwärtig. Die Annahme einer genetischen Kodierung oder der Existenz von Archetypen ist also zur Erklärung der vielschichtigen Symbolismen, die bei den imaginativen Verfahren und der entsprechenden Psychotherapie auftauchen, nicht erforderlich. Welche Rolle kommt etwa einem kollektiven Unbewußten zu, wenn wir uns von suggestiven Verkäufern mit phallischen Automobilen versorgen lassen, in denen symbolische Frauengestalten sitzen und einem so viel Mut machen, daß man sich hinter dem Steuer so mächtig fühlt wie ein Puma oder so kraftvoll wie Mustangs? Symbolismen durchziehen unser Leben als Teil unseres kulturellen Erbes und als Teil der sehr metaphorischen Charakteristika, die der Mensch seiner sozialen Organisation verleiht. Das Auftauchen dieser Symbolismen in unseren Phantasien, dessen wir gewahr werden, wenn wir uns einmal die Mühe machen, sorgfältig darauf zu achten, sollte unter diesen Umständen nicht mehr überraschend sein.

Die Parameter der erwachsenen Phantasie und Imagination

Das Kodieren und Durchspielen des Gedankenstroms

Man kann sich nun fragen, warum die Berichte über symbolische imaginative Reisen so merkwürdig und unglaubwürdig sind. Warum wir überrascht sind über die Art des auftauchenden Materials, oder warum es uns so selten gelingt, einige der offensichtlichen Symbolismen in unseren eigenen Träumen zu erkennen? Ich glaube, daß dies sehr wahrscheinlich damit zusammenhängt, daß viele der Ereignisse, die täglich unseren Gedankenstrom durchlaufen, nicht aktiv als solche etikettiert oder kodiert werden. Ich vermute, daß wir uns nicht über das

Ausmaß im klaren sind, indem wir in unseren täglichen inneren Monologen über verschiedene unerledigte Dinge nachdenken oder über aktuelle Angelegenheiten oder vielleicht sogar über ausprobierte symbolische Transformationen davon, weil wir Übung darin gewonnen haben, ihnen keine große Aufmerksamkeit zu schenken. Deshalb erstellen wir keine formalen Etikettierungs- oder Wiederauffindungsprogramme, die es uns erlauben, uns zu erinnern, wieviel Tagträumerei tatsächlich im Laufe eines Tages stattgefunden hat. Das Ergebnis ist, daß viele der aktiven internen Prozesse, mit denen wir beschäftigt sind, nicht als solche identifiziert worden sind und deshalb plötzlich überraschend auftauchen, wenn wir kurz vor dem Einschlafen sind, oder eine Weile später in den bizarren Formen unserer Träume in Erscheinung treten.

Im Falle der nächtlichen Träume muß berücksichtigt werden, daß der Inhalt, an den wir uns erinnern, ganz allgemein gesprochen, der Traum, mit dem wir am Morgen aufwachen, nicht repräsentativ ist für das ganze komplexe Material, das man erhält, wenn man während der Nacht periodisch in den verschiedenen Schlafstadien geweckt wird. Die lebhafteste Erinnerung an Träume kommt bei den meisten Leuten vom Stadium 1 des EEG bei auftauchender REM-Phase. Diese Träume haben eher Freudianischen Charakter als die in Stufe 2 erhobenen, die in der Regel besser organisiert sind und eher an »Gedanken« erinnern (*Foulkes*, 1966; *Arkin, Antrobus, Toth* & *Sander*, 1972). Für einen geübten Tagträumer, d. h. für jemand, der seinem Gedankenfluß bewußt Aufmerksamkeit schenkt, ist die Verfügbarkeit des symbolischen Materials wahrscheinlich größer. Ein solcher Mensch kann wahrscheinlich auch relativ schnell Einsicht gewinnen in die Transformationen von normalen Sätzen, die in den Traumbildern vorkommen. Ich glaube, daß man bislang zuwenig geachtet hat auf die Fähigkeit des Individuums, sich aktiv auf die eigenen inneren Prozesse zu konzentrieren sowie auf seinen aktiven Umgang mit diesem Material und die Frage, welche Priorität er ihm zubilligen möchte für die Erinnerung (*Singer*, 1966). In einem gewissen Sinn spiegeln die imaginativen Verfahren dem Individuum in einer deutlicheren Wahrnehmung seine eigenen Verarbeitungstendenzen wider.

Man könnte mir vorhalten, daß ich bislang zu sehr die allgemeinen Aspekte von Phantasieprozessen, Imagination und Träumen betont habe. Die Attraktivität dieser Prozesse sowohl für den Kliniker als auch für die breite Öffentlichkeit hängt sicherlich mit der Tatsache zusammen, daß sie Repräsentationen der wichtigsten menschlichen Motive zu sein scheinen. Wenn auch eine Aussage dieser Art evident ist, so entstehen doch Schwierigkeiten im Zusammenhang mit der Frage, welches nach allgemeiner Übereinkunft die hauptsächlichen menschlichen Motive seien. Es gibt keinen Zweifel darüber, womit die Phantasien unserer Träume zu tun haben, nämlich mit Sex, Erfolg, Leistung, Flucht aus aktuellen Unannehmlichkeiten des Lebens usw. *McClelland* (*McClelland, Atkinson, Clark* & *Lowell*, 1953; *McClelland, Davis, Kalin* & *Wanner*, 1972) und seine Mitarbeiter haben wunderschön die vielen Implikationen verfolgt, die aus den aktuellen, für viele von uns so charakteristischen Leistungs- oder Machtphantasien erwachsen. Meine Absicht besteht keineswegs darin, die Bedeutung von Wünschen und Motiven im Phantasieleben von Individuen zu leugnen, sondern vielmehr darin, unsere Erkenntnis zu sichern, daß der Phantasie- und Imaginationsprozeß über genügend Allgemeinheit verfügt, um eine große Anzahl menschlicher Motive und Erfahrungen einzufangen.

Meines Erachtens basiert menschliche Motivation primär auf dem Affektsystem (*Tomkins*, 1962) und auf dem Prinzip, daß die meisten Menschen einen positiven Affekt der Freude und des Interesses zu maximieren und die negativen Affekte von Ärger, Unruhe, Angst und Schmerz zu minimieren suchen. Umgekehrt ist Motivation an dem Versuch zu erkennen, so viel Affekte wie möglich frei innerhalb der Grenzen der persönlichen Sicherheit in der Gesellschaft auszudrücken, und an der Fähigkeit, die eigenen affektiven Reaktionen zu kontrollieren. Typisch für diese Position ist es, daß nicht spezielle Triebe oder Motive als besonders grundlegend menschlich deklariert werden. Worauf es hier besonders ankam, war, zu beachten, daß die Welt der Phantasie und der Vorstellung einem besonderen, von Individuen entwickelten Muster von Plänen und hierarchischen kognitiven Strukturen zur Verfügung steht und daß die unerledigten Dinge, das unassimilierte Material des Tages und nicht nur des Tages, sondern eines ganzen Menschenlebens offensichtlich in Beziehung stehen zu den gewaltigen Themen, die für das betreffende Individuum die Funktion von Hauptprogrammen angenommen haben.

Eines steht fest: Wenn wir in der Lage wären, viele Beispiele individueller Träume und Tagträume von verschiedenen Personen zu sammeln und diese systematisch zu kategorisieren, dann könnten wir auch ein Bild ihrer Motivhierarchie aufzeichnen. Dies wäre allerdings immer noch ein etwas unvollständiges Bild von der Persönlichkeit und sogar von der Quelle ihres Traum- und Phantasieinhaltes. Vieles, was in Träume und Tagträume einfließt, ist dem ungelösten oder unassimilierten Material zuzurechnen, das einfach kognitiv komplex ist und nicht notwendigerweise etwas zu tun haben muß mit ungelösten Problemen in Verbindung mit den Hauptmotiven. Auf der anderen Seite wird die Analyse eines Traumlogbuches auf der Basis der Motivhierarchie (*Hall* & *Nordby*, 1972) nicht genügen, um eine Voraussage darüber zu machen, was das Individuum in sehr speziellen Situationen mit ganz spezifischen Anforderungen tun wird. Mein Anliegen ist, die generellen Funktionen des Gedankenstroms herauszuarbeiten und den Imaginationsprozeß in Beziehung zu dem Affektsystem zu bringen und es anderen Forschern und Wissenschaftlern zu überlassen, eine detaillierte Erklärung der Hauptmotivsysteme der Individuen in bezug auf die situativen Kontingenzen zu liefern, die man in Betracht ziehen muß, wenn man individuelles Verhalten wirksam vorhersagen will (*Singer* & *Singer*, 1972).

Imagination und Bewusstseins-Niveaus

Wir wollen als nächstes die komplexe Frage der Beziehung von Imagination bzw. Phantasieerfahrungen zu den sogenannten *veränderten Bewußtseinszuständen* betrachten. Vielleicht mehr als jemals zuvor in unserer Geschichte, zumindest in den Vereinigten Staaten, erleben wir ein Interesse seitens der jungen Leute an den verschiedenen sogenannten Bewußtseinszuständen. Dieses neue Interesse reicht von den verschiedenen Formen der Selbstwahrnehmung in den eher traditionellen Psychotherapieformen über religiöse Sensitivität für das Selbst, die jahrtausendelang Teil des menschlichen Erbes war, bis hin zu den noch komplexeren Formen des Umgangs mit Bewußtseins- oder Dämmerzuständen durch die verschiedenen orientalischen Philosophien, angefangen bei Yoga über Zen und Sufi. Wir beobachten auch ein Interesse an Zuständen der Körpertranszendenz, mystischer oder extrasensorischer Erfahrungen und an den verschiedenen bewußtseinsfördernden Stadien des Aricaprogramms von *Ichazo* (*Smith,* 1973).

Es würde wirklich eine eigene Untersuchung erfordern, um zu ergründen, woher dieses neue Interesse an der Vielschichtigkeit persönlichen Bewußtseins kommt. Wahrscheinlich repräsentiert es zum Teil die Erkenntnis der jungen Leute, daß der extravertierte politische Radikalismus der 60er Jahre versagt hat, und die Erfahrung, daß viele der radikalen Führer sich selbst auf Ego-Trips begeben haben. Auf einer Linie mit einem größeren Trend nach persönlicher Sicherheit und persönlicher Entwicklung angesichts sozialer Systeme, die zu komplex sind, als daß man sie radikal ändern könnte, versuchen viele junge Leute, »ihre Köpfe zusammenzustecken« oder neue Anschauungen und Werte zu finden. Als Beweggrund kommt ferner in Betracht eine Reaktion auf das offensichtliche Versagen der eher traditionellen religiösen Bewegungen. Es mag auch wichtige positive Merkmale bei dieser Entwicklung geben, wenn man z. B. bedenkt, in welch starkem Maße die persönliche Imagination des Menschen bisher vernachlässigt worden ist.

Während *Freud* den Weg bereitete für mögliches Verständnis von Konflikten durch Analyse, macht sich heute die Erkenntnis breit, daß die Analyse dessen, was man selbst produziert, und die verschiedenen

Transformationen, die stattfinden, die Wahrscheinlichkeit für vielfältige ästhetische und sogar affektive Erfahrungen erhöhen können. Ich frage mich allerdings, ob dieses neue Interesse an der Erforschung unseres eigenen Bewußtseins exzessiv mystische oder »absonderliche« Charakteristika angenommen hat. Bedenken Sie die ausgeklügelte Strategie des *Da Silva*-Systems zur Gedankenkontrolle oder die kommerziellen Maßnahmen, die der heitere Bericht von *Smith* (1973) über einen Aufenthalt an dem Arica-Institut impliziert.

Trotz unserer beeindruckenden Information über die komplexen Muster des EEG und die damit verbundenen autonomen und motorischen Zustände beim Schlafen haben wir sehr wenig konkretes Beweismaterial über die Existenz wahrhaft veränderter Bewußtseinsstadien. Was wir wissen, ist, daß Menschen über verschiedene Arten von Gedanken, Phantasien und Imagination berichten aufgrund von verschiedenen experimentellen Versuchsrahmen oder bei verschiedenen Graden der Reduktion äußerer Stimulation. Sie liefern auch verschiedene Geschichten zu jeder dieser Situationen, und das Ergebnis ist, daß sie mehr oder weniger vorbereitet sind für besondere Arten imaginativer Reisen. Von einem ähnlichen Ergebnis berichtet die ausführliche Literatur über die Wirkungen verschiedener Drogen: der Hauptanteil der Varianz stellt sich immer wieder heraus als eine Kombination der früheren Erfahrungen des Individuums und der Motivationen und Erwartungen mit der Gruppenatmosphäre, in der die Drogen gebracht werden (*Barber*, 1970).

Ich tendiere zu der Position, die Barber bei der Untersuchung der populärsten der veränderten Bewußtseinszustände, der *Hypnose*, einnimmt. Der hier erreichbare dramatische Zustand offensichtlicher Unterwürfigkeit, der dem Schlaf zu ähneln scheint, erweist sich bei eingehender Prüfung als in keiner Weise vergleichbar mit dem, was wir aus vielen Messungen über den Schlafvorgang wissen. Hinzu kommt, daß der hypnotische Zustand am besten durch eine Reihe psychologischer Variablen beschreibbar ist, die eher etwas mit sozialen Erfahrungen zu tun haben. Die von *Barber* (1970) angeführten, sehr ausführlichen Berichte ließen ihn folgende Hypothese aufstellen:

»Drei Arten des Konsequenz-Verhaltens *(Reaktionen auf Testsuggestionen, Berichte über Erfahrungen mit Hypnose und hypnotische Erscheinungen)* besitzen eine elementare Beziehung zu mindestens acht Typen antezendenter Variablen, nämlich *der Wortwahl und des Klangs der direkten Suggestionen, den aufgabenmotivierenden Instruktionen, der Definition der Situation, den Suggestionen zum Entspannungsschlaf, der Wortwahl und der Stimmung des Interviews, der Einstellung der Versuchsperson gegenüber der Testsituation, den Erwartungen der Versuchsperson hinsichtlich ihrer eigenen Leistung und schließlich dem Rollenverhalten des Untersuchers«* (S. 307).

Es ist z. B. gut möglich, daß selbst die Definition einer besonderen Situation, die Suggestionen zur Entspannung oder zum Schlaf und das Verhalten des Untersuchers subsumiert werden können unter Aufgabeneinstellung, Aufgabenerwartung, Aufgabenmotivation, Wortwahl bzw. Klang der direkten Suggestionen und Wortwahl bzw. Stimmung des Interviews. Diese Position impliziert, daß man keinen veränderten Bewußtseinszustand annehmen muß, um irgendwelche Besonderheiten des Verhaltens in hypnotischen Situationen zu verstehen, sondern daß man diesen Verhaltenstyp sehen kann als eine Veränderung im Rollenmuster der betreffenden Individuen (*Sarbin* & *Anderson*, 1967).

Ich würde hier die Ergänzung vornehmen, daß das Muster von Instruktionen und die zwischenmenschliche Situation, die in einem angenommenen hypnotischen Trancezustand entsteht, es ermöglichen kann, daß das Individuum in die Lage versetzt wird, auf drastische Weise viele äußere Stimuli zu reduzieren, auf die es normalerweise achten würde, und sich deshalb zunehmend mehr seiner zerebralen Prozesse und seiner imaginativen Fähigkeiten bewußt wird. Diese wiederum werden in der speziellen hypnotischen Situation per Definition (als sog. veränderter Bewußtseinszustand) herausgefiltert. Für den therapeutischen Gebrauch der Imagination allerdings sind die hypnotischen Aspekte nicht so wesentlich; vielmehr ist die Hauptaufgabe die Konzentration auf den freien Fluß der Imaginationen. Aus diesem Grund vermute ich, daß es etwas gibt, das so privat abläuft, daß man dem Betreffenden einfach nicht mehr abnimmt, dem Untersucher auf einer rein verbalen Ebene zu folgen. Ich glaube, daß er sich auch gerade anläßlich eines solchen Musters an Instruktionen zunehmend persönlicher Erfahrung bewußt wird, die normalerweise nicht zu dem von ihm etikettierten Repertoire gehören – außer eben unter solchen speziellen Umständen. Entspannung auf der Couch, das Akzeptieren der Autorität des Therapeuten, das Akzeptieren der leicht regressiven Situation, in der man eine kindlichere Rolle spielt, all dies führt zu der Wahrnehmung der Imagination und liefert auch Schlüsselreize zur Wiederauffindung früher Erinnerungen und der Art kindlicherer Assimilationsaktivitäten, die normalerweise im erwachsenen Wachzustand vermieden werden. Eine solche Sicht der Variationen im kognitiven Kanalraum scheint kompatibel zu sein mit *Hilgards* (1973) moderner Auffassung von der Hypnose.

Aufgabenanforderungen und Theorie mentaler Imagination

Ich gebe zu, daß hier eine vielleicht weniger dramatische oder aufregende Position vertreten wird, aber ich vermute, daß sie vielleicht viele faszinierende Ergebnisse erklären kann, die man durch psychotherapeutische Methoden, wie z. B. die Psychosynthese von *Assagioli*, erzielen kann. In einem solchen Ansatz schafft der Therapeut auf den verschiedensten Wegen, in der Vorbereitung auf die Erfahrung und durch viele Formen subtiler Suggestionen, eine Art kontemplative Atmosphäre und erhöht die Wahrscheinlichkeit, daß der Betreffende eine besondere Art symbolischer Imaginationsreise unternimmt. Die Schaffung eines weitgehend entspannten oder regressiven psychischen Zustands und die Reduktion äußerer Reize lassen den Betreffenden zunehmend seiner persönlichen Erfahrungen gewahr werden. Diese mentalen Ereignisse werden im Falle imaginativer Therapien nicht sosehr der Hypnose oder anderen geheimnisvollen Erfahrungen zugeschrieben, sondern als Konsequenz der besonderen therapeutischen Orientierung, der jemand ausgesetzt wird, betrachtet.

Der Aspekt der auf diesen Prozeß bezogenen Attributierung sollte nicht zu kurz kommen. Dennoch würde ich wiederum behaupten, daß man für eine vollständige Theorie diese persönlichen Ereignisse als Repräsentationen einer inneren Stimulationsquelle und nicht einfach als verbale Kommunikationsmuster mit dem Therapeuten betrachten muß. Die Neuheit dieser Erfahrungen steigert den positiven Affekt des Interesses bei der Versuchsperson, und wenn erst einmal Verbindungen hergestellt sind oder symbolische Transformationen entziffert wurden, so daß sie den vorherigen Erwartungsmustern oder sogar den Erwartungen, die auf Suggestionen des Therapeuten beruhen, gerecht werden, dann kann die assoziierte Erfahrung zum Zuge kommen, nämlich der Affekt der Freude. Die Versuchsperson hat offensichtlich den Wunsch, die Erfahrung eines solchen positiven Affekts zu machen, und ist deshalb motiviert, diese Art symbolischer Reise fortzusetzen und sich durch eine Phase von bisweilen mehr oder weniger zufälliger Imagination durchzukämpfen, um Bedeutungen und Mustern auf die Spur zu kommen. In der Tat kann gerade diese Art der Motivation mit Hinweisen darüber, für welche Bedeutungen und Muster der Therapeut sich besonders interessieren sollte, eine Art Vorlage liefern für das Programmieren neuer Routinen zur Verarbeitung eingehender Information, um dadurch die zukünftigen imaginativen Sequenzen für das allgemeine theoretische Modell eines speziellen Therapeuten interpretierbar zu machen.

Ich will hier keineswegs die Vermutung äußern, daß die Therapeuten nur das als Output bekommen, was sie vorher als Input eingegeben haben. Dies würde den Patienten ihre komplexen individuellen Unterschiede absprechen, nicht nur bezüglich Stil und Wahrnehmungsfähigkeit für Phantasieprozesse, sondern auch bezüglich einer gewissen Urteilsfähigkeit, was ihre persönlichen Erfahrungen betrifft. Es scheint allerdings sehr wahrscheinlich, daß angesichts der großen Probleme, uns selbst in einer komplexen Rolle zurechtzufinden, wir alle nach einfacheren Formeln suchen oder nach Methoden, um diese Erfahrung auf etablierte Erwartungen zu reduzieren. In diesem Sinne ist durch den Therapeuten vermittelte Verfügbarkeit über ein System, das diese Komplexität privater Erfahrung übersetzt, erleichternd. Auf diesem Wege wird dem Betreffenden auch ein Gefühl der Kontrolle über eigene persönliche Prozesse verschafft, das ihm bis dahin fremd gewesen ist.

Zusammenfassung der theoretischen Position

Lassen Sie mich jetzt versuchen, kurz meine theoretische Vorstellung über die Ursprünge und Implikationen der Imagination und Phantasieprozesse zusammenzufassen. Imagination über spezifische sensorische Modalitäten wird betrachtet als eines der Hauptkodierungssysteme, die dem Gehirn zur Verfügung stehen, um die Erfahrung zu organisieren und zu speichern. Dies hat ganz spezielle Eigenschaften, wie z. B. die Fähigkeit der parallelen Verarbeitung und der besonders lebendigen Wiederbelebung früherer Ereignisse, wahrscheinlich mit einem größeren Affektanstieg als das verbale Kodierungssystem. Das Letztgenannte hat verschiedene Vorteile bezüglich des Etikettierens von Material und der größeren Abstraktheit und Generalisierbarkeit. Das optimale Funktionieren sowohl beim Kind als auch beim Erwachsenen erfordert die Interaktion zwischen diesen beiden Systemen und die Möglichkeit, daß den interaktiven Kombinationen von Imagination und des verbalen Kodierens separate Qualitäten für Speicherung und Abrufung zur Verfügung stehen (*Seamon*, 1972).

Imagination und Phantasieprozesse, die als eine Ausdehnung spezifischer Imagination auf zusammenhängende Sequenzen aufgefaßt werden können, entwickeln sich ursprünglich aus dem Zyklus der Akkommodation und Assimilation, in dem das Kind versucht, Information zu verarbeiten. Typisch für diesen Zyklus ist, daß das assimilierte Material in seiner Wiederholung Interesse erzeugt und damit verbundene positive Affekte der Freude, wenn Koppelungen mit bereits etablierten kognitiven Schemata gelingen. Die Art der Verarbeitung im Gehirn selbst ist keine statische Speicherung, sondern läuft auf ein ständiges Widerhallen hinaus, dessen wir uns in Augenblicken reduzierter äußerer Stimulation oder natürlich beim Schlafen in der Form von Träumen bewußt werden.

Ein Großteil des Symbolismus und die bizarre und mythische Qualität unserer Imagination stammt von der »falschen Assimilation«, die charakteristisch ist für das Kind, dem nur eine begrenzte Reihe von Schemata zur Verfügung steht. Symbolismus entsteht durch die Integration neuer Erfahrungen, wie z. B. durch Einordnung verschiedener unerklärbarer Ereignisse, in Schemata, die von der Erwachsenenwelt in der Form religiöser und mythologischer oder kulturell bedingter Surrogate angeboten werden. Dieses Material wird, obwohl es zunehmend weniger verfügbar ist, weil es vom situativen Kontext nicht abgerufen wird, im späteren Leben nicht für immer verloren sein und kann aufgespürt werden, vorausgesetzt, die äußeren Umstände liegen nahe genug an der Generalisationskurve der Zusammenhänge, in denen das Material ursprünglich gespeichert wurde (*Tomkins*, 1970).

Der spezielle Inhalt, dessen wir uns primär bewußt werden, wenn wir den Gedankenstrom oder unsere nächtlichen Träume verfolgen, ist in der Regel Material, das deshalb unter einem nach baldiger Wiederauffindung verlangenden Etikett gespeichert wurde, weil es in etablierte Strukturen nicht assimilierbar war. Dieses Material umfaßt, ganz allgemein gesagt, die unerledigten Dinge unseres täglichen Lebens und noch allgemeiner die unerledigten Anteile unserer Motivhierarchien und breiterer Phantasiestrukturen. Die Orientierung des Individuums an Bewußtwerdung und spezieller Aufmerksamkeit seinen inneren Abläufen gegenüber spielt eine Schlüsselrolle für das Ausmaß, in dem diese Materialien bewußt verarbeitet und in andere kognitive Strukturen reassimiliert werden. Die spezifische Einstellung eines Individuums gegenüber der routinemäßigen Verarbeitung bzw. erstmaligen Verarbeitung dieser Erfahrungen kann stark abhängen von dem sozialen Lernen in der Familie oder der kulturellen Einstellung gegenüber solcherlei Aktivitäten. Der Umgang mit dieser Art von Selbstwahrnehmung kann viele verschiedene Formen annehmen, so können daraus kreative Bestrebungen, wie z. B. Schreiben oder Malen, erwachsen, oder einfach ein verstärkter Sinn für Ästhetik und die Fähigkeit zum Planen und zur Rollenübernahme.

Wegen häufig in jungen Jahren erfahrener Demütigung im Zusammenhang mit Mogel- und Phantasiespielen, die in bestimmten Gesellschaften oder subkulturellen Gruppen üblich sind, und wegen der praktischen Notwendigkeit, sich primär auf die Stimuli der äußeren Umgebung zu konzentrieren, einschließlich der Kommunikation mit anderen, ist mit zunehmendem Alter und ganz besonders während einer Periode der bewußten Übernahme von Verantwortlichkeiten ein starker Abfall der Konzentration auf persönliche innere Vorgänge festzustellen. Aus diesem Grund findet man häufig die Tendenz, seine eigenen Phantasien nicht als solche zu benennen und deshalb auch später keinen der Erinnerung dienenden Erkennungscode zur Verfügung zu haben, der besagt, daß man sich heute oder in der Vergangenheit mit diesen Prozessen befaßt hätte. Eine der Implikationen dieses allgemeinen Herausfilterns derartiger Erfahrungen ist, daß, wenn spezielle äußere Umstände die Bewußtwerdung vorantreiben, wie z. B. beim Einschlafen, Träumen während der Nacht oder Erfahrungen sensorischer Deprivation (natürlicher Art wie z. B. eine lange Zugfahrt, oder künstlich erzeugter Art wie jene in der psychologischen Forschung), bis zu Erschrecken und Ängstigung durch die Wahrnehmung der eigenen inneren Vorgänge führen kann. Es kann dann passieren, daß Ursachen dieser Bilder äußeren Quellen zugeschrieben werden – wie im Falle der Halluzinationen bei psychisch erkrankten Menschen.

In der spezifischen psychotherapeutischen Situation werden die äußeren Bedingungen so geschaffen, daß sie die Aufmerksamkeit auf eben jene Vorgänge lenken; dazu kommt die verstärkende Wirkung des Therapeuten. Auf diese Weise erlangt die Wahrnehmung dieser Prozesse insgesamt eine positivere Qualität. Zunächst spielt das formale Trainieren der Aufmerksamkeit und des symbolischen Dekodierens eine große Rolle im therapeutischen Prozeß. Außerdem ist wichtig, daß die Fähigkeit, Imaginationen zu erzeugen und über die Vorstellungen zu berichten, durch das offenkundige Interesse seitens des Therapeuten verstärkt wird, so daß das Individuum nicht nur Befriedigung durch die Unterstützung des Therapeuten erfährt, sondern auch ein eher persönliches Gefühl der Kontrolle über diese anfangs seltsam erscheinenden Prozesse gewinnt. Auf diese Weise entsteht eine positiv affektive Situation in bezug auf die ablaufende Phantasie, und dies erweist sich für die meisten Anwendungen mentaler Imagination zu psychotherapeutischen Zwecken als äußerst nützlich.

Wie *Strupp* (1970) nachweisen konnte, ist die Erfahrung der Kontrolle in diesem Zusammenhang äußerst wichtig, da eine der Hauptkomponenten affektiver Psychotherapie die Erfahrung des Patienten ist, daß er zunehmend Kontrolle über Emotionen und offenes Verhalten gewinnt. In diesem Sinne steigert die erhöhte Wahrnehmung seiner eigenen Phantasie auch bis zu einem gewissen Grad das Ausmaß der Kontrolle über diese Prozesse, so daß sie weniger fremd erscheinen und auch benutzt werden können, um mit speziellen Schwierigkeiten oder momentanen Bedürfnissen besser umgehen zu können. Ein besonderer Vorteil der Imagination als parallel arbeitendes Transformationssystem ist es, daß sie eine genaue Prüfung ziemlich spezieller Ereignisse ermöglicht. In der therapeutischen Situation sind diese Ereignisse meist zwischenmenschlicher Natur. Rechnen muß man z. B. mit dem Wiederaufleben eines besonderen Affekts, der mit dem anfänglichen Bild gespeichert war. Dies gibt dem imaginativen Transformationssystem spezielle Vorteile in der Psychotherapie, deren Erfolg zu einem großen Teil von ›in vivo‹-Reproduktionen jener Situationen abhängt, die für das Individuum störend und angstmachend in seinem Leben außerhalb des Behandlungsraumes sind. Die Erwähnung des Intellektualisierens bei vielen Klinikern gegenüber den echt gefühlsmäßigen Erfahrungen spiegelt wahrscheinlich die Tatsache wider, daß sich das verbale Kodierungssystem gerade durch seine sequentielle Natur primär für die Kommunikation allgemeiner Ereignisse eignet, für schnelle Transformation oder zur Wiederauffindung. Es ist allerdings weniger wahrscheinlich, daß die Speicherung in diesem Fall mit dem speziellen emotionalen Kontext erfolgt, mit dem die imaginativen Transformationen gespeichert werden. Deshalb werden auch die betreffenden Erfahrungen entsprechend seltener mit äußeren Situationen verallgemeinert. In den verschiedenen verhaltenstherapeutischen Ansätzen hat die Kraft der Imagination folglich zu tun mit der Tatsache, daß sie das Subjekt näher an die Generalisationskurve jener Ereignisse bringt, die vermieden oder als Teil des therapeutischen Ziels systematisch kontrolliert werden. In Kapitel X werde ich auf dieses Thema im Zusammenhang mit der Diskussion spezieller therapeutischer Methoden eingehen.

Den Schwerpunkt unserer Arbeit bilden also die entwicklungsgeschichtlichen Aspekte der altersspezifischen Sequenzen und Fähigkeiten, die Möglichkeiten sozialen Lernens und die kulturellen Forderungen, die dem Individuum auferlegt werden. Imagination und Phantasie müssen als fundamentale kognitive Fähigkeiten des Organismus betrachtet werden, die ihre besonderen, mit der wiederholten aktiven Bearbeitung zusammenhängenden Speichereigenschaften haben, deren wir uns aber nur bewußt werden, wenn wir bis zu einem gewissen Grad die aktive Verarbeitung neuer äußerer Stimuli ausschalten. Diese intern durchgeführten Verarbeitungsprozesse verlaufen dennoch auf grundsätzlich dieselbe Weise wie die der äußeren Stimuli. In dem Ausmaß, wie sie assimilierbar sind oder unterschiedliche Komplexität und Zusammenhang in etablierte kognitive Schemata einbringen, erzeugen die internen Vorgänge positive Affekte wie z. B. Interesse und Freude, oder negative Affekte wie z. B. Ärger, Unbehagen und Angst. Praktische Notwendigkeiten des täglichen Lebens zwingen uns dazu, viele der inneren Vorgänge zu ignorieren, wenn wir in unseren zwischenmenschlichen Beziehungen funktionsfähig oder in unserer physikalischen Umgebung manövrierfähig bleiben wollen. Dennoch ist es wahrscheinlich, daß wir einen viel größeren Teil der Stimuli, die uns durch unser Langzeitgedächtnis geliefert werden, benutzen können, um positive Affekte zu etablieren und auch um uns unserer tiefsten Beweggründe, unserer wichtigsten unerledigten Vorhaben und unzähliger Möglichkeiten des Rollenspiels und der Vorausplanung bewußt zu werden.

Kapitel X

Theoretische und praktische Implikationen der Imagination in der Psychotherapie

Psychotherapeutische Anwendungsformen der Imagination

Ziele und Wesen der Psychotherapie

Bevor ich mich den Implikationen der imaginativen Verfahren für die Psychotherapie zuwende, will ich kurz meine Sichtweise der Psychotherapie darstellen. Meine Position ist eng verwandt mit dem von *Strupp* (1970) in einem Aufsatz ausgeführten Standpunkt. *Strupp* vertritt die Meinung, daß man bei der Überprüfung des gesamten Rüstzeuges der Verhaltensmodifikation und der psychotherapeutischen Techniken den Eindruck gewinnt, daß das primäre Ziel dieser Behandlung im wesentlichen in der Entwicklung von Selbstkontrolle, Kompetenz und Autonomie besteht. Bei der Untersuchung der Vielfalt neurotischer Symptome, die dem Psychotherapeuten angeboten werden, kam er zu dem Schluß, daß die meisten auf irgendwelche zentral ablaufenden Prozesse zurückgeführt werden können, einschließlich Meinungen oder Selbsteinschätzungen, die implizit oder häufig aus symbolischen Transformationen entstanden sind. Nach *Strupp* ist die Psychotherapie im wesentlichen eine Technik zur Veränderung der Persönlichkeit und des Verhaltens, und er stellt diese Position einigen humanistischen Anschauungen gegenüber, die die Aufgabe der Psychotherapie in der zwischenmenschlichen Begegnung betonen, mit dem Ziel der Selbstfindung und der Erlangung größerer innerer Kraft. Für mich krankt diese letztgenannte Zielvorstellung an einer gewissen Vagheit, Arroganz und vielleicht sogar an dem Selbstbetrug der Therapeuten hinsichtlich ihrer philosophischen Fähigkeiten.

Ich würde *Strupp* darin recht geben, daß psychotherapeutische Prozesse aus subtilen Interaktionen zwischen Patient und Therapeut bestehen und gerade der Umgang mit diesen Interaktionen häufig ein entscheidendes Merkmal für diese Beziehung ist. Der Therapeut hat die Aufgabe, das Problem des Patienten immer genauer zu *spezifizieren,* so daß man es mit ziemlicher Präzision mittels verfügbarem psychologischen Wissen und entsprechenden Techniken angehen kann. Am Anfang sollte der Therapeut das Vertrauen des Patienten gewinnen, was eine Untersuchung des Widerstands des Patienten oder der

Grenzen der Direktheit, Offenheit und Ehrlichkeit erforderlich macht. Es ist allerdings die Frage, wie Kooperation ohne einen starken Einfluß des Therapeuten bei Beginn der Therapie erreicht werden kann.

Das Ziel der Psychotherapie oder der Verhaltensmodifikation besteht nun darin, dem Patienten auf ziemlich systematische Weise Methoden der Verhaltenskontrolle zu vermitteln, die er auch im häuslichen Bereich anwenden kann. Das heißt, das oberste Ziel des therapeutischen Prozesses ist die Autonomie des Patienten und die Entwicklung eines Repertoires an Fertigkeiten, um mit den verschiedenen Situationen unangenehmer Art umgehen zu lernen, die in der Vergangenheit vielleicht erst durch eigene verzerrte Vorstellungen oder Konditionierungen entstanden sind. Einen großen Anteil an der Evidenz für die Effektivität der Psychotherapie hat die relative Spezifität der Ergebnisse und die Art der dargebotenen Probleme (*Strupp* & *Bergin*, 1969; *Meltzoff* & *Kornreich*, 1970). Diese Spezifität der Ergebnisse bedeutet nun keineswegs, daß es keinerlei Generalisierungen auf andere Lebensbereiche des Patienten geben soll. Vielmehr scheint es naheliegend, daß der Patient durch die Beseitigung ziemlich spezifischer Symptome oder voll kontrollierter Verhaltenstendenzen zunehmend mehr positives Feedback von anderen Menschen seiner Umgebung erhalten wird und sich gleichzeitig der größeren Effektivität im Umgang mit Menschen und spezifischen Situationen bewußt wird. Dies wird unweigerlich zu größerer Selbstachtung und positiver Selbstsicht führen.

Ein entscheidendes Kriterium für die Beurteilung der Effizienz der Psychotherapie sind die Verhaltenskonsequenzen in der therapeutischen Interaktion und die darauffolgende Reaktion des Patienten. Das heißt nicht, daß die persönlichen Erfahrungen des Patienten irrelevant sind. Man muß allerdings bedenken, daß Selbstwahrnehmung und Kommunikationsgewohnheiten sich langsamer verändern als offene Verhaltensreaktionen und die offene Verhaltenssituation eine schnellere Veränderung im persönlichen Bereich provozieren kann. Das beschneidet keineswegs den Wert, den bestimmte Techniken, wie z. B. Imagination, für die Herbeiführung einer Verhaltensveränderung haben. Der Therapeut kann allerdings nur dann sicher sein, daß zufriedenstellende Verhaltensmodifikation geschieht, wenn er vernünftige Evidenz für Änderung offenen Verhaltens in Bereichen hat, die dem Patienten vor der Behandlung echten Kummer bereitet haben. Zu viel Zeit wird im Bereich der Psychotherapie auf die Erarbeitung intrapsychischer Ausgeglichenheit und auf Feinheiten verschwendet, ohne deutlich darauf zu achten, ob der Patient sein Verhalten im täglichen Leben aktiv verändert.

Die Behauptung, daß Psychotherapie einen hochbegabten klinischen Techniker verlangt, leugnet weder die Menschlichkeit der Therapeut-

Klienten-Interaktion noch impliziert sie, daß irgendein mechanischer Verstärkungsroboter bald den individuellen Kliniker ersetzen kann. Wie *Strupp* (1970) bemerkt: »... man kann den klinischen Beobachter und seine Fähigkeit, sich einzufühlen, nicht eliminieren (*Polanyi*, 1966), d. h. im Kontext einer zwischenmenschlichen Beziehung, die frei ist von Scham, Enttäuschung und Fassade, die innere Welt des Patienten – seine Phantasien, Überzeugungen, Arbeitshypothesen über sich selbst und andere – zu verstehen« (S. 401).

Das Vertrauen auf den Therapeuten, sei es aufgrund einer positiven Übertragung oder einer realistischen Anerkennung seiner Fähigkeiten und seines guten Rufs, sind wichtige Komponenten, um am Anfang eine Atmosphäre individueller Kooperation zu etablieren. Die therapeutische Situation hängt einerseits in großem Maße davon ab, wie der Patient, sei es in der therapeutischen Situation selbst oder im Anschluß daran, mit dem in der Therapie herausgefundenen Material umzugehen versteht (*Leitenberg*, 1970), und andererseits auch sehr stark von dem Ergebnis, das der Therapeut erwartet und implizit oder hoffnungsvoll explizit zum Ausdruck bringt.

Die Behauptung, daß Suggestion und direkte Befehle (*Barber*, 1970) einen wichtigen Einfluß auf menschliches Verhalten haben, kann nicht einfach als »Suggestion« oder »Placebo-Effekt« abgetan werden. Wir müssen uns selbst fragen, welches psychologische Prinzip oder welche Operationen hinter den direkten Suggestionen stehen, und den Patienten zu einer signifikanten Verhaltensänderung bringen. Meine Vermutung ist, daß der Patient diese Suggestionen ähnlich wie in der Hypnosesituation als Hilfe benutzt, um sich besser auf seine Imaginationen, das Pläneschmieden und seine Fähigkeiten der Rollenübernahme konzentrieren zu können. Wenn der Therapeut selbst verschwommene Gedanken hat oder seine theoretischen Vorstellungen in die falsche Richtung gehen, dann hätte dies zur Folge, daß seine direkten Suggestionen dem Patienten keine Hilfe sind, sondern ihm vielleicht eher schaden (*Bergin*, 1967). Als das wichtigste Element in der Psychotherapie erweist sich immer noch das freiwillige Engagement zweier Individuen oder einer Gruppe und eines Therapeuten unter vernünftigen, expliziten, vertraglich geregelten Umständen. Wenn neben persönlicher Begabung ein harmonisches Einvernehmen zwischen Therapeut und Patient besteht und die Kommunikation fördert (*Witkin, Lewis* & *Weil*, 1968), dann wird der Patient sehr viel leichter bestimmte Verfahrensmuster organisieren, die er systematisch als Alternativen zu den bislang wenig kontrollierten oder ungeordneten Verhaltensmustern zu praktizieren beginnen kann.

Wenn wir die imaginativen Verfahren in der Psychotherapie unter diesem Gesichtspunkt betrachten, dann können wir die verschiedenen Komponenten dieser in diesem Buch zusammengestellten Methoden untersuchen. Mit wenigen Ausnahmen werden immer wieder Bedingungen geschaffen, in denen das Vertrauen auf den Therapeuten und das Verständnis für die eingeschlagene Richtung eine entscheidende Rolle spielen. Der unruhige und feindselige Patient ist wahrscheinlich nicht bereit, sich auf die Couch zu legen, um sich Entspannungsübungen zu unterziehen oder imaginative Assoziationen zu produzieren. *Locke* (1971) hat in ausgezeichneter Weise dokumentiert, wie sogar *Wolpe* sich aktiv um die Herstellung einer Beziehung bemüht, die die Kooperation zu Beginn eines Verhaltenstherapieprogrammes gewährleistet.

Entspannung, Meditation und Biofeedback

Ganz am Anfang der meisten imaginativen Verfahren in der Psychotherapie steht das Erreichen eines entspannten Zustands. In einigen Fällen ist diese Entspannung eng verbunden mit der tatsächlichen Produktion von Imaginationen oder dem Rollenspiel, wie im Fall des Autogenen Trainings (*Schultz* & *Luthe,* 1959) oder der Hypnose (*Barber* & *Hahn,* 1964). Die bekannteste aller Methoden, die im wesentlichen auf kinästhetischem Feedback beruht, ist natürlich die Methode der *progressiven Muskelentspannung* nach *Jacobsen* (1938). Theoretisch betrachtet, scheinen die Entspannungsübungen nur in Verbindung mit *Wolpes* Theorie der *reziproken Hemmung* oder der *Gegenkonditionierung* wirksam. Bei der *Desensibilisierungsmethode* sollte das Ausmaß der Entspannung vermutlich ein hemmendes Element für die durch phobische Vorstellungen erzeugte Angst darstellen. Der Nachweis darüber, daß die Methode nach *Jacobson* tatsächlich einen sog. entspannten Zustand von einiger Konsistenz erzeugt, ist ziemlich zweifelhaft. Die Originaluntersuchungen von *Jacobsen* sind methodisch wenig befriedigend, vor allem aufgrund statistischer Unzulänglichkeit, dem unterschiedlichen interpersonellen Kontakt zwischen Experimentator und Klienten und der Kontrollgruppe (*Mathews,* 1971).

Ganz allgemein haben die von *Mathews* (1971) zusammengefaßten Daten über Entspannungsmethoden ziemlich unterschiedliche Ergebnisse geliefert hinsichtlich der Konsistenz und dem Grad möglicher Entspannung in der klinischen Situation. Die von *Wolpe* & *Flood* (1970) und *Van Egeren, Feather* & *Hein* (1971) und anderen gelieferten Nachweise scheinen im ganzen gesehen der ursprünglichen Vorstellung von dem Effekt der Gegenkonditionierung bei der Entspannung zu widersprechen. Wenn die Daten eine Vermutung zulassen, dann im Sinne von *Mathews* (1971), daß nämlich die »Entspannung sowohl die Lebendigkeit und die autonomen Effekte der Imagination steigert, während sie gleichzeitig die Abnahme der Reaktion bei wiederholten Präsentationen maximiert« (S. 88). Mit anderen Worten, es wird die Tatsache gestützt, daß es autonome Veränderungen gibt, die mit verschiedenen Entspannungsübungen und Methoden des Autogenen Trainings verbunden sind (*Geissman* & *Noel*, 1961), aber die Erfordernisse der Situation und die Beziehung zu dem Therapeuten scheinen gleichermaßen entscheidend. Hinzu kommt, daß die Konzentration und die für Entspannungsinstruktionen charakteristische Reduktion der äußeren Stimulation eine Situation erzeugen, die das Auftreten und das Wahrnehmen von Imagination und Tagtraum fördert (*Antrobus*, 1968; *Antrobus* et al., 1966).

Es gibt Anzeichen dafür, daß Versuchspersonen, die zum erstenmal in einer hypnotischen Situation sind (*Barber*, 1970), oder Versuchspersonen, die lebhafte Imagination produzieren, bis zu einem gewissen Ausmaß ein Anwachsen der autonomen Reaktionsfähigkeit verzeichnen, ein Ergebnis, das wiederum im Widerspruch zu dem angenommenen Entspannungseffekt stehen würde (*Chapman* & *Feather*, 1971; *Van Egeren* et al., 1971). *Grossberg* und *Wilson* (1968) haben vielleicht die umfangreichste Untersuchung auf diesem Gebiet durchgeführt und darauf hingewiesen, daß die Korrelation zwischen Herzrate und Lebendigkeit der Imagination R = . 60 war. Die allgemeinen Ergebnisse dieser Untersuchung ließen darauf schließen, daß die phobische Imagination in der Tat vorhersagbare autonome Reaktionen erzeugen kann, allerdings nehmen diese autonomen Reaktionen vor allem mit der Wiederholung und nicht notwendigerweise nur in Verbindung mit dem entspannten Zustand ab. Die Untersuchung von *May* und *Johnson* (1973) über den Anstieg der Herzrate bei der Darbietung erregender Begriffe deutete auch darauf hin, daß Versuchspersonen lebendigere Imagination auf Wörter wie »verstümmeln« oder »Massaker« anzeigten.

Die erforderlichen Charakteristika der Situation und der Prozeß der Attribution (es gibt Hinweise dafür, daß die Habituation der autonomen Reaktionen wie z. B. PGR tatsächlich der Angstreduktion vorangeht [*Leitenberg*, *Agras* & *Barlow*, 1969]) stellen die spezifische Theorie der Desensibilisierung in Verbindung mit Entspannung ernsthaft in Frage. Gleichzeitig scheint die Vermutung angebracht, daß eine Hauptkonsequenz der Entspannungsinstruktionen die Schaffung von Bedingungen ist, unter denen die Aufmerksamkeit auf imaginative Prozesse gelenkt wird. Der Entspannungszustand sollte auch dafür sorgen, daß äußere Stimuli weniger beachtet werden, da sie die Lebendigkeit der Imagination stören und zu einer Überlastung des visuellen Systems führen würden, das sowohl Imaginationen aus dem Langzeitgedächtnis als auch die aktuelle Stimulation verarbeiten muß. *Wilkins* (1971) neigt zu der Annahme, daß ein Modell der Attribution, basierend auf Selbstwahrnehmung und neuer Etikettierung der Erfahrung, entscheidender für die Reduktion phobischer Reaktionen ist als die Hemmung der Angst durch Entspannung. Die Entspannungsübungen bereiten den Patienten allmählich auf Zustände vor, in denen er Imagination lebendig erfahren kann. Hinsichtlich phobischer Imagination hat der Patient schon massive Vermeidungstendenzen entwickelt, um den Kontakt mit dem eigentlichen phobischen Objekt oder der phobischen Situation zu vermeiden oder auch schon zur Vermeidung der imaginativen Betrachtung der betreffenden Sache oder Situation. Die Erfahrung der Entspannung erlaubt nun dem Patienten, sich unter kontrollierten Bedingungen mit der Vorstellung zu befassen und die Erfahrung zu machen, daß er sich dieser Situation tatsächlich stellen kann.

Bandler, Madaras und *Bern* (1968) konnten in einer Untersuchung über die erlebte Intensität eines Schocks, der direkt erfahren wurde oder dem man mit knapper Not entkam, nachweisen, daß eine Erfahrung, die man »durchlebt«, als weniger schmerzhaft eingeschätzt wird als eine Erfahrung, die man gerade noch vermeiden konnte. In diesem Sinne erfährt der Patient unter Entspannungsbedingungen reduzierte äußere Stimulation, kann sich intensiver auf eigene Imaginationen einlassen und das Bild des phobischen Objekts herbeiholen. Diese Möglichkeit spielt zweifellos eine entscheidende Rolle dabei, die Attribution hoher Angstintensität auf das Bild zu reduzieren, und es ist wahrscheinlicher, daß sich der Patient wieder mit der Vorstellung auseinandersetzen wird. Dies ist ein notwendiger Schritt in Richtung auf das Ziel, nämlich die direkte Konfrontation mit der angstmachenden Situation.

In diesem Zusammenhang liegt der besondere Wert der Entspannungsübungen in ihrer Funktion als Initiatoren für die Erzeugung von Imaginationen, und sie helfen dem Patienten, ein Gefühl der Kontrollierbarkeit der Imaginationen zu entwickeln. Hinzu kommt, daß die Entspannungsmethoden von dem Druck äußerer Stimulation durch die wiederholte Wahrnehmung besonders angstmachender innerer Botschaften befreien. Sie setzen ein alternatives Ritual an die Stelle des zwanghaften, das der Patient in der Form von Gedanken, wie z. B. »Ich darf nicht näher an die Sache herangehen, ich sollte sicherstellen, daß kein Ereignis eintritt, das es notwendig machen würde, nahe an diese Stelle heranzugehen, etc.«, mit sich herumträgt. Diese Form von Entspannung kommt somit nahe heran an die Zielvorstellungen verschiedener Meditationsübungen. Wenn wir für einen Moment den komplexen Überbau des religiösen Glaubens und der Mystik außer acht lassen, dann können wir erkennen, wie die systematische Beobachtung der eigenen Atmung, die Wiederholung bestimmter Aussagen und die Übung in verschiedenen Meditationsformen zu einer systematischen Reduktion innerer, wiederkehrender

Angst- und Vermeidungsreaktionen führen wird. *Fischer* (1971) versuchte eine detaillierte Beschreibung der Beziehung zwischen meditativen Zuständen und dem allgemeinen Bewußtheitsgrad mit den sog. »hypererregten« und »hypoerregten« Zuständen, und er bezog diese Erfahrungen auf das Sensibilitätsniveau der inneren Erfahrung und auf die Gehirnrhythmen.

Obwohl die präzisere Korrelation von Gehirnstrommessungen und psychophysiologischen Messungen mit diesen Zuständen weit davon entfernt ist nachgewiesen zu sein, deutet sie doch auf die Kontinuität verschiedener meditativer Zustände und Entspannung hin. Weniger einleuchtend ist, warum er die Halluzination ganz am Ende des Kontinuums ansiedelt, auf der gleichen Stufe wie Kreativität und Sensibilität, während es durchaus möglich ist, daß viele Aspekte des Gewahrwerdens eigener Erfahrungen und Phantasien unter Bedingungen niederer autonomer Reaktionsbereitschaft geschehen. Außerdem ist es richtig, daß die meditativen Zustände bei Zen und Yoga im allgemeinen Versuche zur Vermeidung von Grübeleien oder Phantasien zu sein scheinen. Allerdings gibt es noch immer keine systematisch durchführbaren Tests und Kontrolluntersuchungen, um diese Bewußtseinsreduktion und die persönliche Erfahrung in diesen Zuständen zu analysieren. *Maupin* (1965) fand Hinweise dafür, daß Versuchspersonen mit großer Phantasiebegabung und bewußter Wahrnehmung eigener Imagination mit großer Wahrscheinlichkeit gute Kandidaten für die Zenmeditation sind. Darüber hinaus kam *Linden* (1971) zu dem Ergebnis, daß in Meditation trainierte Schulkinder in größerem Maße feldunabhängig reagierten.

Ich habe den Eindruck gewonnen, daß die eigentliche Bedeutung der Entspannung, neben der förderlichen Auswirkung auf Imagination und Kontrolle von Gedankenprozessen, darin besteht, daß sie verantwortlich ist für die gesteigerte Beachtung eigener Feedbackprozesse des autonomen und muskulären Systems. Wie schon früher angedeutet, ist die Wahrscheinlichkeit groß, daß *Schultz* eines Tages Anerkennung als Vorläufer der Biofeedback-Bewegung erfährt. Die Kontrollierbarkeit autonomer Reaktionen und die Beeinflußbarkeit von Gehirnrhythmen, z. B. der Alpha-Wellen, stehen offensichtlich in Zusammenhang mit Entspannungszuständen und bei bestimmten Menschen auch mit dem Auftauchen von Imagination (*Antrobus* et al., 1964). Aber es bleibt eine Tatsache, daß wir noch weit davon entfernt sind, konsistente Daten über die Selbstkontrolle psychophysiologischer Reaktionen zu haben. Das Forschungsprogramm von *Green, Green* und *Walters* (1970) bleibt trotz beachtenswerten technologischen Fortschritts ein Programm mit wenigen individuellen Fallstudien zur Stützung des breit gefächerten Potentials der Methode.

Nichtsdestoweniger sollten Psychotherapeuten darauf achten, daß sie dem Patienten durch Entspannungsübungen oder ähnliche Techniken helfen können, verschiedene affektive Zustände bewußt unterscheiden zu lernen (*Izard*, 1972) und darüber hinaus die Art imaginativer Prozesse. Meiner Meinung nach besteht keine Notwendigkeit, die vielen sehr differenzierten mystischen Vorstellungen der orientalischen Philosophie oder pseudowissenschaftliche Arbeiten heranzuziehen, um diese relativ einfache Übung in der Selbstwahrnehmung zu rechtfertigen. Einige der philosophischen Implikationen dieser verschiedenen Ideologien oder quasireligiösen Richtungen und deren ästhetischer Beitrag zu Kunst und Kultur ist durchaus anerkennenswert, aber es ist etwas ganz anderes, den ohnehin schon verwirrten Klienten mit dieser Art philosophischen Überbaus zu konfrontieren, wenn der Prozeß der Selbstwahrnehmung und der Verhaltenskontrolle relativ leicht vermittelt werden kann in Verbindung mit uns allen vertrauten Vorgängen der Imagination und des Tagtraums.

Training imaginativer Fähigkeiten

Meine Absicht ist, dem Leser aufzuzeigen, daß verschiedene imaginative Techniken in der Psychotherapie Beispiele darstellen für das Training des Patienten im effektiveren Gebrauch seiner eigenen imaginativen Fähigkeiten. Die Arbeiten von *Mathews* (1971), *Wilkins* (1971) und *Morgenstern* (1973) und auch die verschiedenen Studien über Attribution und die an der Rollentheorie orientierten Ansätze von *Sarbin* (1972) und *Barber* (1970) weisen alle auf die Tatsache hin, daß kognitive Faktoren, die Erwartung von Verhaltensänderung und die Unterscheidung verschiedener Settings und Situationen, in denen das Verhalten gezeigt werden soll, an der Verhaltensmodifikation als Konsequenz der imaginativen Ansätze beteiligt sind. Wenn man davon ausgeht, daß uns die Verarbeitungsprozesse im Gehirn grundsätzlich zur Verfügung stehen, d. h. die aktive Auseinandersetzung mit einer Vielfalt von gespeichertem Material durch kontinuierliche Transformation, dann kann die Einstellung gegenüber unserer eigenen Imagination ein entscheidender Faktor für die Kontrolle dieser Vorgänge sein. Eine der uns zur Verfügung stehenden Hauptmethoden des Biofeedback ist eine erhöhte Sensibilität bezüglich unserer Phantasieprozesse. Mittels verdeckter Verhaltensübung, der Fähigkeit, verschiedene Bilder zu unterscheiden und positive Bilder als Ablenkung an deren Stelle zu setzen, um dadurch von aktuellen angstmachenden Szenen wegzukommen, können wir unsere soziale und physikalische Welt durch effektiveren Einsatz unserer gesammelten Erfahrung immer besser meistern. *Freud* nennt dies gedankliches »Probehandeln«, und das scheint tatsächlich die am besten annehmbare Position zu sein. Wenn wir uns unserer Imaginationen bewußt werden, dann können wir viele verschiedene Möglichkeiten und Rollen relativ ungestraft ausprobieren. Nach einer kürzlich erschienenen Untersuchung von *Rychlak* (1973) haben emotional stabilere Jugendliche mehr positiv getönte Zukunftsphantasien.

In der Tat kann für viele Patienten der erste Schritt – nämlich die Erkenntnis, daß Gedanken nicht notwendigerweise zur Tat führen müssen – ein bedeutender therapeutischer Schritt sein. Eine Patientin von mir wurde sich einer Reihe von Gedanken bewußt, daß sie ihren Kindern Leid zufügen könnte. Es war möglich, ihr aufzuzeigen, daß diese Gedanken dann kamen, wenn es Situationen mit ihrem Mann oder der Familie gab, die sie extrem ärgerlich machten. Die Gedanken spiegelten im wesentlichen ihren Ärger und weniger die Wahrscheinlichkeit einer offenen Aktion gegenüber den Kindern. Als die Patientin dies erkannt hatte, war sie spontan sehr erleichtert und konnte diese Gedanken relativ schnell ignorieren. Darüber hinaus lernte die Patientin, diese Gedanken als Signale zu verwenden, die ihr ankündigten, daß es etwas in ihrer zwischenmenschlichen Situation gab, das sie störte und angesprochen werden sollte. Die eigentlich angstmachende Vorstellung, daß sie psychotisch sei und daß die Gedanken genauso gefährlich wie die Handlungen seien (eine Vorstellung, die auf frühe Kindheitserfahrungen in ihrer Familie zurückgeführt werden konnte), konnte relativ bald zerstreut werden. Dieser Fall ist ein einfaches Beispiel für eine Attributionstherapie bei gleichzeitigem Anwachsen der der Patientin zur Verfügung stehenden kognitiven Schemata, die jetzt in der Lage war, diese Gedanken effektiver zu assimilieren und bei ihrem Auftreten keine Angst oder negative Affekte zu erleben.

Ein wichtiger erster Schritt bei der psychotherapeutischen Anwendung imaginativer Techniken besteht im Schaffen von Bedingungen, unter denen der Patient seinen Gedankenstrom identifizieren und als ich-synton erleben kann, d. h. als einen natürlichen Teil seiner eigenen Entwicklung, und darüber hinaus lernen kann, das dargebotene Material zum eigenen Selbstverständnis und zur Selbstkontrolle zu nutzen. Diese Bewußtwerdung machte wahrscheinlich die Hauptanziehung der Psychoanalyse für junge Intellektuelle aus. Die von dem Therapeuten ausgehende Verstärkung der Erinnerung an Träume und Phantasien und deren Analysierbarkeit war äußerst aufregend. So kann die fast narzißtische Befriedigung, die die ausführliche Beschäftigung mit den täglichen Träumen und Phantasien mit sich bringt, tatsächlich zu einer Verlängerung der Analyse geführt haben, während äußere Besserung nur in begrenztem Maße stattfand. Die Patienten konnten über Jahre hinaus Tag für Tag kommen und es genießen, den eigenen Gedankengängen oder der Analyse von Traumelementen Aufmerksamkeit zu schenken, ohne dabei den dringenden

Verantwortlichkeiten zu einer Veränderung ihrer alltäglichen Interaktionen ins Auge schauen zu müssen.

Wie ich schon früher vermutet habe, bringt das kontrollierte Bewußtwerden des permanenten Gedankenstroms ein interessantes alternatives Stimulusfeld, das wegen des nur wenig komplexen Materials großes Interesse erregt und bei seiner Erarbeitung und Neuformulierung eine Reduktion dieser Erregung herbeiführt und Freude macht (*Tomkins*, 1962). Auch *McGhee* (1971) scheint in seinem Überblick über die Entwicklung des Humors ganz im Einklang mit meiner Vermutung stehende konsistentere theoretische Anzeichen dafür zu finden, daß das Interesse und die Freude am Umgang mit neuen Materialien von bescheidener Komplexität kombinierte Affekte sind. Als ein außerordentlich vielschichtiges Verarbeitungssystem ist unser Gehirn in der Lage, uns mit einer Reihe von höchst differenzierten und neuartigen Ergebnissen zu versorgen. Unsere Beachtung dieser Vorgänge kann, wenn man sich auf die ungewöhnliche Art und die scheinbar metaphorischen und symbolischen Qualitäten einstellt, eine wichtige Ergänzung unseres Verhaltensrepertoires sein.

Ich bin weit entfernt von der Ansicht, daß der Rückzug aus sozialen Interaktionen in endlose private Grübelei unumschränkt befriedigend sein kann. Es ist eine Tatsache, daß ein hoffnungsloser Rückzug von der Gesellschaft letztendlich zu einer Reduktion von Phantasien und Tagträumen führen kann (*Singer*, 1966). Gleichzeitig gibt es viele Hinweise darauf, daß Menschen, die begabt sind für Introspektion oder für die Entwicklung differenzierter Phantasien und imaginativer oder philosophischer Gedanken, in der Lage waren, lange Zeiträume sozialer Isolation ziemlich gut zu ertragen. Viele philosophischen Arbeiten sind im Gefängnis entstanden. Man denke z. B. an die Produktivität von *Bertrand Russell* während seiner Gefangenschaft im 1. Weltkrieg und *Cervantes*' Dichtung von Don Quichote. Ein ausgezeichneter Architekt und Planer, *Herman Field*, erzählte mir von seiner langen Gefangennahme von der tschechoslowakischen Regierung als angeblich amerikanischer Agent in den 50er Jahren unter Bedingungen strengster sozialer und sensorischer Deprivation. Es gelang ihm, die Zeit zu überstehen und den Versuchen seiner Wärter, ein falsches Geständnis zu erzwingen, zu trotzen, indem er in der Phantasie eine Novelle dichtete, die einesteils auf seinen Erfahrungen beruhte und anderenteils die vorgestellten Gedanken und Erwartungen seiner Wärter einbezog, so daß er allmählich sogar gewisse Rechte erhielt, einschließlich dem Zugang zu Papier und Bleistift. Experimentelle Untersuchungen weisen auch darauf hin, daß die Zeit subjektiv schneller zu vergehen scheint, wenn man Phantasien nachhängt, die von positiver Grundstimmung sind (*Wheeler*, 1969).

Bislang habe ich mich mit den eher allgemeinen Zielvorstellungen bei der Anwendung imaginativer Verfahren in der Psychotherapie befaßt. Die beschriebenen positiven Konsequenzen sind wertvoll, um den Patienten in die Therapie einzuführen, ihn zum Durchhalten zu motivieren und ihm wichtige neue Werte zu vermitteln, die Selbstkontrolle und Autonomie steigern. Ich habe mich allerdings noch nicht damit befaßt, wie die Imagination helfen kann, spezifische Symptome zu beseitigen oder unerwünschte Verhaltenstendenzen zu reduzieren. Hier wird die Situation natürlich komplizierter, da es eine enorme Vielfalt von Symptomen und Verhaltenssituationen gibt, die jemandem zum Psychotherapeuten führen. (Der interessierte Leser mag die Ausführungen in früheren Kapiteln über die verschiedenen Methoden der Psychotherapie und der Verhaltensmodifikation beachten und die hinsichtlich dieser Techniken zitierte Literatur genauer durchsehen.) Ich bin der Meinung, daß ein auf gut definierten Operationen beruhendes kognitiv-affektives Modell und ein den Informationsverarbeitungsaufgaben gerecht werdendes Sprachsystem höchst nützlich sind für die Erarbeitung dessen, was bei dem Behandlungsversuch spezieller Symptome oder Verhaltensmuster vor sich geht.

Der Patient bringt einem Therapeuten eine ganze Reihe von Erwartungen bezüglich der Vorgehensweise und des Ergebnisses entgegen; Erwartungen, die zum Teil eine Funktion von lange bestehenden, aus der Familienerfahrung des Patienten stammenden verzerrten Übertragungen sein können, aber ebensogut auch sehr reale Gründe haben können. Schließlich kann die Information, die der Patient über die besondere Orientierung des Therapeuten bereits mitbringt oder bald erhalten wird, für sein Rollenverständnis als Patient von Bedeutung sein. Man kann z. B. erwarten, daß ein Patient, der einen Jungianer oder einen imaginative Verfahren anwendenden Therapeuten aufsucht, bis zu einem gewissen Grad im vorhinein weiß, was von ihm erwartet wird, und wahrscheinlich auch eine Vorstellung darüber hat, daß das, was ihm weh tut, zum Teil als grobe Vermeidungsmechanismen beiseite geschoben wird. Wenn der Patient eine entspannte Atmosphäre vorfindet, seine Imaginationen Aufmerksamkeit erfahren, bestimmte Imaginationen unmerklich verstärkt werden und der »Leiter« ihn ermuntert, seinen angstmachenden Bildern direkter zu begegnen (wie bei der Desensibilisierung und der Implosion), kann der Patient fühlen, daß seine eigenen persönlichen Erfahrungen im allgemeinen nicht so bedrohlich oder angstmachend sind. Er wird sich zunehmend seiner zwischenmenschlichen Beziehungen bewußt werden, selbst dann, wenn er während seiner imaginativen Reisen in symbolischer Terminologie sprechen mag. Die Aufforderung, die tägliche

Reise neu zu erleben, niederzuschreiben und dann zu Beginn der nächsten Sitzung mitzubringen (*Frétigny* & *Virel*, 1968), schafft ebenfalls eine Atmosphäre der reflektierenden Auseinandersetzung mit den Imaginationen und die Übersetzung in interpersonelle Termini. Im Gegensatz zu der Ansicht verschiedener Anwender imaginativer Verfahren, daß die Reise allein genüge, habe ich aufgrund der Lektüre des Fallmaterials und einiger Patient-Therapeut-Interaktionen den Eindruck gewonnen, daß auch eine kognitive Neuorientierung stattfinden sollte bei einem gleichzeitigen Verständnis dafür, wie dieses symbolische Material in die eigenen alltäglichen Erfahrungen übersetzt werden kann.

Viele der symbolischen Reisen, die in den entsprechenden Therapieverfahren stattfinden, scheinen allmähliche Annäherungsversuche an gefürchtete Situationen zu sein, die in der Vergangenheit sowohl in der Vorstellung als auch in der Realität systematisch vermieden wurden. Die symbolische Form scheint es dem Patienten leichter zu machen, sich der Situation anzunähern. Noch in der Sitzung selbst oder in einer Retrospektive erkennt er die vermeintliche Situation, die ihre symbolische Repräsentation in der Besteigung eines Berges oder dem Betreten einer Höhle hatte. Der Patient bemerkt nun, daß er die Situation mit wenig Angst durchgestanden hat, vielleicht mit Hilfe eines magischen Tricks seines »Leiters«; jetzt kann er in der Phantasie dieses Verhalten wiederholt durchspielen und so den Weg bereiten für eine weniger verdeckte Form der Verhaltensübung. Die außerordentliche Effizienz der verdeckten Verhaltensübung wurde kürzlich gestützt durch einige sehr sorgfältige Experimente von *McFall* und *Twentyman* (1973) über ein so komplexes Verhalten wie Selbstbehauptung. Viele durch imaginative Verfahren und Methoden der Verhaltensmodifikation erzielten Erfolge hängen wahrscheinlich mit der Tatsache zusammen, daß Bedingungen geschaffen werden, mit deren Hilfe der Patient nicht nur einen spezifischen Bereich von Schwierigkeiten klarer erkennen und intellektuell verarbeiten kann, sondern auch Stützung erfährt (*McFall* & *Twentyman*, 1973) durch vorgeschlagene alternative Verhaltensweisen, die sowohl in verdeckter als auch offener Verhaltensübung für die Modifikation von Verhaltensweisen genutzt werden können.

Mir scheint, daß eine genauere Untersuchung der gelegentlich abschweifenden, romantisch und mystisch erscheinenden imaginativen Verfahren zeigen würde, daß ihre Effektivität von dem folgenden abhängt:

1. Der Patient kann seine eigenen Phantasieprozesse klarer unterscheiden.

2. Er kann von dem Therapeuten Hinweise bekommen, welche alternativen Wege es gibt, sich diesen Situationen zu nähern.
3. Er kann sich in diesem Bereich der Imagination bislang vermiedener Situationen bewußt werden.
4. Er wird auf verschiedene Arten ermuntert, sich mit Alternativen in verdeckter Verhaltensübung auseinanderzusetzen.
5. Schließlich hat er weniger Angst, sich diesen Situationen offen zu nähern.

Verbunden mit diesen Aktivitäten, so würde ich vermuten, ist eine Steigerung des allgemein positiv affektiven Zustands. Die ungewohnte Phantasietätigkeit, das Meistern schwieriger Situationen, die Freude an der Erkenntnis, wenn symbolisches Material in bekannte aktuelle zwischenmenschliche Schwierigkeiten übersetzt werden kann – all dies führt zu vermehrt positivem Affekt und einem Gefühl der Selbstkontrolle.

Bei genauer Betrachtung der *Leuner*schen (1969) Methode der Imagination erkennt man, daß seine besonders systematische Vorgehensweise noch mehr an Struktur liefert, um dem Patienten zu helfen, die verschiedenen Konfliktbereiche in seinem Leben zu beschreiben. Gibt man dem Patienten, der vielleicht relativ verwirrt zum Therapeuten kommt und seine Schwierigkeiten schlecht einordnen kann, eine solche Struktur in die Hand, dann kann er plötzlich besser organisierte Wege erkennen, um sich dem Material zu nähern. Er kann sich jetzt mit der symbolischen Transformation der Imagination auseinandersetzen und das Gefühl haben, daß sie mit seinen wesentlichen Lebensbereichen in Zusammenhang stehen. Die Anwendung der Entspannungstechnik, das Niederlegen auf einer Couch und die Erzeugung eines leicht hypnagogischen Zustands, ähnlich der Verfassung kurz vor dem Einschlafen, erlaubt dem Patienten die Herstellung eines Kontexts, der mit größerer Wahrscheinlichkeit zu Erinnerungen führt, die sehr früh in der für die frühe Kindheit typischen, teilweise unassimilierten Form gespeichert wurden. Dies kann die Ursache sein für das größere Ausmaß mythologischer oder märchenhafter Vorstellungen, die in vielen Fallbeispielen für imaginative Verfahrensweisen in Europa auftauchen. Es ist interessant, daß in den Ansätzen der Verhaltensmodifikation, die ebenfalls häufigen Gebrauch machen von Imagination, wie z. B. *Cautela,* der die Betonung auf Vorstellungen des Patienten im Zusammenhang mit seiner unmittelbaren Lebenssituation legt, relativ wenig über mythologische Imagination berichtet wird. Es wäre interessant, nachzuprüfen, ob der relativ direkte Ansatz der Gruppe von Verhaltenstherapeuten, die mit Vorstellung arbeiten, allgemein wirkungsvoll ist, oder ob einige Patienten vielleicht wegen ihrer Angst vor der direkten Vorstellung des beunruhigenden Materials die mehr allgemeine symbolische Reise der europäischen imaginativen Verfahren vorziehen.

Man kann bis zu einem gewissen Grad darüber spekulieren, wie man die europäischen Methoden in operationalere informationsverarbeitende oder kognitiv-affektive Terminologie übersetzen könnte. Für die Zukunft bedeutsamer scheint die Überprüfung der Möglichkeiten formaler Forschung, um zu bestimmen, ob die eher sparsamen und direkten Ansätze der Art, wie sie *Cautela, Bandura, McFall* und *Twentyman* vertreten, genügen, um mit dem breiten Problembereich umzugehen, mit dem Patienten zum Therapeuten kommen. Wenn dies tatsächlich der Fall sein sollte, dann bräuchte man nicht zu dem komplexeren und theoretisch zweifelhaften Ansatz der imaginativen Verfahren in Europa zurückzugreifen.

Meine eigene Erfahrung in dieser Hinsicht ist etwas gemischt. Im großen und ganzen habe ich die direktere Anwendung der Imagination, wenn sie dem allgemeinen Lebensstil der Patienten angepaßt war und mit Übertragungsmöglichkeiten einherging, als am effektivsten gefunden. Allerdings gab es einige Fälle, in denen ich den Eindruck hatte, daß der Widerstand der Patienten gegenüber der direkten Untersuchung ihrer aktuellen Erfahrung oder ihre Unfähigkeit, einige ihrer unmittelbaren zwischenmenschlichen Schwierigkeiten mitzuteilen, einen direkten Ansatz dieser Art ausschloß. In diesen Fällen habe ich Varianten der imaginativen Verfahren, speziell die Methode von *Leuner,* angewendet. Der Effekt war ziemlich dramatisch, da viele interessante Erzählungen gerade von den Patienten kamen, die bis dahin ziemlich unfähig schienen, sich zu artikulieren. Hinzu kommt, daß die von dem Patienten geäußerte Lebendigkeit der Imagination, die Variationen des vorgestellten Settings und zumindest in einem Fall die Tiefe der ästhetischen Sensitivität sowohl für den Therapeuten als auch für den Patienten wahre Enthüllungen darstellten. In diesem letztgenannten Fall hatte sich der Patient als ein unzufriedener, engherziger und verbitterter Mensch dargestellt, aber der Bereich der Imagination, die Liebe zur Natur und die Leichtigkeit, mit der er das vorgestellte Material mitteilen konnte, beleuchteten plötzlich für den Patienten wichtige Kompetenzbereiche. Diese neue Persönlichkeitsdimension konnte jetzt gemeinsam mit dem Patienten direkt angegangen werden, der nun in der Lage war, diese Fähigkeit auch in einer Arbeitssituation einzusetzen, was ihm half, sein Selbstvertrauen zu stärken und einige phobische Tendenzen zu überwinden.

Aufgrund meiner Erfahrung mit einer Reihe von Fällen möchte ich die These aufstellen, daß die Verwendung indirekter Methoden, z. B. über Träume, projektive Verfahren oder die Art der oben genannten imaginativen Assoziation, auch einen bedeutenden Einfluß auf den

Therapeuten haben kann, der sich schließlich auch auf die therapeutische Beziehung auswirkt. Immer dann, wenn sich die Patienten nicht in der Lage sehen, sich mit persönlichen Problemen direkt auseinanderzusetzen, oder wenn sie anscheinend nicht imaginativ sind in der Kommunikation von Angesicht zu Angesicht, nicht in der Lage sind, Ereignisse zu beschreiben, oder leicht in Klischees und Verallgemeinerungen verfallen, dann kann der Therapeut leicht entmutigt werden und diese Ratlosigkeit dem Patienten mitteilen. Die Erfahrung der Langeweile seitens des Therapeuten ist schwer zu überwinden und führt sicher zu einer allgemein negativ affektiven Stimmung in den Sitzungen. Ein Übergang zu symbolischen oder imaginativen Techniken macht das präsentierte Material wegen seiner Vielfalt und der geringen Vorhersagbarkeit im allgemeinen interessanter.

Die affektive Verfassung des Therapeuten nimmt positivere Qualität an, und er kann dem Patienten auch einiges von seiner Begeisterung vermitteln. Dies scheint wiederum ein Hauptvorteil der Verwendung imaginativer Verfahren in der Psychotherapie zu sein. Das Interesse des Therapeuten bleibt nicht nur erhalten, sondern er kann jetzt auch Beziehungsmuster erkennen, die in der Klischeesprache des Patienten noch undeutlich waren, über das transformierte Medium schließlich klar ausgedrückt werden können; hinzu kommt die Entdeckung bedeutender neuer Dimensionen und kreativer Möglichkeiten, die der Patient bislang unterdrückt hat. Meiner Meinung nach bieten die komplexen Informationsprozesse und die breite Speicherkapazität des Menschen die Voraussetzung dafür, daß jede Erweiterung der Aufmerksamkeit auf private Prozesse nicht nur zu gesteigerter Selbstwahrnehmung des Patienten führt, sondern auch ungeahnte Fähigkeiten, Neigungen und Verhaltensmöglichkeiten an den Tag bringt.

Imagination in der dynamischen Psychotherapie: Einige Fallberichte

Positiv-emotive Imagination für die Desensibilisierung

Für die Fortführung der Überprüfung unseres kognitiv-affektiven Ansatzes zur Klärung der Rolle der Imagination in der Therapie dürfte es sich als günstig erweisen, die verschiedenen Anwendungsmöglichkeiten positiver emotiver Imagination in der Verhaltensmodifikation anhand von Fallmaterial zu veranschaulichen. Was meine eigenen Anwendungen dieser Methode anbelangt, so muß ich darauf hinweisen, daß ich mich seit einigen Jahren zu den Anhängern einer neofreudianischen Richtung zähle und daß es mir stets auf das Verständnis der Lebenssituation des Patienten innerhalb des Kontexts seiner breiteren Geschichte und des sozialen Milieus ankam. Gleichzeitig wurde mir zunehmend klar, daß die Untersuchung des Lebens eines Menschen, selbst mit den Methoden der Traumanalyse und der Übertragungsanalyse, häufig nicht zu einer zufriedenstellenden Behebung spezifischer Schwierigkeiten, Phobien und schwach kontrollierter Impulse führte, daß der Patient vielmehr ernsthaft gestört blieb und seine Chancen für eine grundlegende Veränderung seiner Lebenssituation eingeschränkt blieben.

Ich bin der Meinung, daß es nicht einfach eine Sache persönlicher Präferenz oder eine Frage des Geschmacks des Therapeuten ist, seine Methode und den therapeutischen Stil zu verändern und sei es, um damit auf die Bedürfnisse des einzelnen Patienten einzugehen. Ganz im Gegenteil bin ich der Ansicht, daß es zu seiner Verantwortung gehört, der verfügbaren wissenschaftlichen Fachliteratur Aufmerksamkeit zu schenken und seine Methoden zu modifizieren, wenn es offensichtlich ist, daß neue, gut validierte Ansätze zur Verfügung stehen. Aus irgendwelchen Gründen haben sich die psychoanalytisch ausgebildeten oder humanistisch orientierten Kliniker ausschließlich auf das »Verstehen« des Patienten konzentriert und dabei meines Erachtens die Notwendigkeit, dem Patienten mit den alltäglichen Schwierigkeiten in seiner Lebenssituation fertigwerden zu helfen, nicht ernst genug genommen. Diese Schwierigkeiten entstanden ja nicht primär aufgrund äußerer Notwendigkeiten, sondern durch eigene Ängste oder Phobien des Individuums, Verzerrungen der kognitiven Orientierung, Mangel an sozialer Erfahrung usw. Meine Entscheidung, einige verhaltenstherapeutische Methoden einschließlich der Imagination und gelegentlich auch einige der europäischen imaginativen Methoden zu verwenden, ist mir nicht leichtgefallen. Bei der Einbeziehung dieser Verfahren in meine therapeutische Praxis meine ich zudem, sehr sorgfältig vorgegangen zu sein.

Beginnen möchte ich mit dem Beispiel der Anwendung positiv-emotiver Imagination im Falle einer phobischen Patientin. Ich hatte diese Patientin, eine verheiratete Frau Anfang dreißig, mehrere Jahre lang in einer eher traditionellen psychoanalytischen Behandlung; in dieser Zeit machte sie recht zufriedenstellende Fortschritte sowohl bezüglich ihres Selbstverständnisses als auch was wesentliche Verbesserungen ihrer Lebenssituation anbelangte. Einige Jahre nach Ende der Therapie erschien sie wieder und klagte über eine Reihe beeinträchtigender Phobien. Diese waren in früheren Phasen der Therapie nur andeutungsweise angeklungen und nie als Verhaltensschwierigkeiten aufgetreten. Jetzt waren sie voll zum Ausbruch gekommen – so weit, daß sie beinahe die Erledigung des Haushalts in Frage stellten.

Wegen des Hintergrunds intensiver analytischer Arbeit war es möglich, schnell die Wurzeln der phobischen Reaktionen in Beziehung zu bringen zu wesentlichen Aspekten der Beziehung zwischen der Patientin und ihrer Familie bzw. zwischen ihr und ihrem Mann. Gleichzeitig schien es offensichtlich, daß in den Gesprächen mit der Patientin wenig neues Material zum Vorschein kommen würde und die lähmenden Phobien bleiben würden. Der Patientin wurde ein Kurs in Desensibilisierung vorgeschlagen. Zunächst war sie überrascht. Trotzdem wurde sie für diese Methode vorbereitet. Es handelte sich dabei um die Desensibilisierung nach *Wolpe*, mit einer von mir eingeführten Variation aufgrund einer kognitiv-affektiven Methode (zu dieser Zeit war mir die *positiv-emotive Imagination* von *Lazarus* [1971] nicht bekannt). Die Patientin wurde aufgefordert, der Hierarchie von phobischen Situationen folgend, eine Reihe von Situationen zu entwikkeln, die mit starkem positiven Affekt verbunden waren. Es kamen etliche Assoziationen zu einem Seengebiet zutage, das sie liebte, und zu gewissen Szenen einer friedlichen europäischen Umgebung, die, einmal in den Sinn gekommen, von ihr als überwältigend und schön erlebt wurde und über die sie sich noch lange freuen konnte. Ein wichtiger Teil der Behandlung war die Überführung der Hierarchie der Ängste in relativ überschaubare Situationen. Diese wurden dann systematisch der positiven Imagination gegenübergestellt. Ein anderes wichtiges Merkmal der Behandlung beruhte auf der Fähigkeit der Patientin, in einen relativ tiefen Entspannungszustand zu kommen, der fast hypnotisch zu sein schien. Dies spiegelte zweifellos einen Teil der positiven Übertragung wider, die die Patientin dem Therapeuten gegenüber entwickelt hatte. Ihre Fähigkeit, sich auf Imaginationen zu konzentrieren, war sehr groß. Während verschiedener imaginativer Versuche gab es gelegentlich laute Geräusche außerhalb des Büros: einmal gab es sogar eine Explosion auf der Straße. Während ich dabei sehr erschrocken bin, zeigte die Patientin keinerlei Reaktion!

Bei der Verwendung dieser Technik war meine größte Sorge, wie stark die Patientin wohl ihre Abhängigkeit vom Therapeuten erleben würde und welche allgemeinen Probleme der Abhängigkeit und der begrenzten Unabhängigkeit sich daraus ergeben könnten. An diesem Problem war schon in früheren Phasen der Behandlung gearbeitet worden, aber ich hatte Sorge, daß es im Rahmen dieses dramatischeren psychotherapeutischen Ansatzes wieder auftauchen könnte. Derlei Befürchtungen wurden relativ schnell zerstreut durch die Tatsache, daß die Patientin in der Lage war, während der Präsentation von Bildern, auf deren Imagination sie sich anscheinend vollkommen konzentrierte, innezuhalten und zu sagen: »Sie machen zu schnell! Halten Sie sich raus und lassen Sie mich alleine machen!«

Die systematische Desensibilisierung in Kombination mit positiver Imagination erwies sich bei der jungen Frau schon nach relativ kurzer

Zeit als effektiv für die Beseitigung verschiedener Symptome. Die Wirkung zeigte sich auf so dramatische Weise, daß es der Patientin selbst verdächtig vorkam. Ihr Mann, ein Englischlehrer mit großem intellektuellem Hintergrund in Jungianischer Tiefenpsychologie, war besonders überrascht bei der Einführung dieser Methode und dachte zuerst, der Therapeut sei verrückt geworden. Relativ bald jedoch gewann er eine positive Einstellung, als er nämlich bemerkte, daß seine Frau nicht nur ihre Phobien los war, sondern sich danach auch freier fühlte, ihre Emotionen besser kontrollierte und offener wurde im Umgang mit ihm, verschiedenen Freunden und Nachbarn. Der Wert der Verwendung positiver Imagination wurde einmal sehr deutlich in der Anfangsphase der Desensibilisierung demonstriert, als die Patientin einen starken Druck spürte und ein paar Tage lang ziemlich verzweifelt war. Die Verwendung positiver Imagination in einer der folgenden Sitzungen führte schnell zu einer bemerkenswerten Veränderung ihrer Stimmung. Wiederum ein sehr ermutigendes Beispiel dafür, wie man durch die eigene Vorstellungskraft viele Affekte unter Kontrolle bringen kann.

Der Wert der Kombination von Entspannung und positiver Imagination liegt meiner Erfahrung nach darin, daß diese Methode von einem durchschnittlich intelligenten und sensiblen Menschen leicht erlernt werden kann und dann zu einem festen Bestandteil des persönlichen Verhaltensrepertoires wird, um bei etwaigen zukünftigen Gelegenheiten einem Wiederauftreten von Angst entgegenzuwirken. Auch diese Erfahrung konnte die junge Frau machen, die ziemlich bald lernte, unsere Methode zu Hause zu praktizieren, und auf diese Weise signifikante Momente von Angst oder Depression zerstreuen konnte. Die therapeutischen Interviews wurden nach einiger Zeit fortgesetzt, nachdem die Desensibilisierung schon seit geraumer Zeit unterbrochen worden war, und hatten einige wesentliche Aspekte aus der Lebenssituation der Patientin zum Thema. Nach Beendigung der phobischen Episode war die Patientin nunmehr bereit, eine Vielzahl neuer Erfahrungen zu erforschen. Dies führte wiederum zu einer Beschäftigung mit wesentlichen philosophischen und existentiellen Problemen ihres Lebens und zu gesteigertem Bewußtwerden gewisser Grenzen in der Beziehung zu ihrem Mann. Diese konnten daraufhin in direkter konstruktiver Kommunikation erforscht werden. Die Behandlung wurde schließlich erfolgreich abgeschlossen. In verschiedenen Kontakten konnte ich mich noch viele Jahre nach Beendigung der Therapie davon überzeugen, daß von keinem Wiederauftauchen der phobischen Symptome berichtet wurde.

Ich habe diese interessante Fallgeschichte hier in knapper Form dargestellt, ohne auf die dynamisch interessanten Aspekte einzugehen, einschließlich der Ursprünge der Phobien, ihrer Beziehung zu frühen

Kindheitserfahrungen und aller anderen auftauchenden Materialien, die aber meiner Meinung nach nicht zu einer Verminderung der phobischen Symptome führten. Ich glaube, daß der Faktor der kontinuierlichen therapeutischen Arbeit in der Sitzung und außerhalb, die Bereitschaft, sich im Detail die angstmachenden Szenen vorzustellen, und gleichzeitig zu lernen, die Aufmerksamkeit von ihnen weg auf ein positives Bild zu lenken, das mit starkem positivem Affekt verbunden war, die Patientin dahin führte, eine größere Kontrolle über ihre imaginativen Fähigkeiten zu erleben. Dadurch, daß die verschiedenen angstmachenden Situationen voll unterscheidbar und bewußtgemacht wurden, kam sie, unterstützt durch die Technik, nach und nach dahin, die Situationen offen zu erleben und die Erfahrung zu machen, daß Unerträgliches erträglich wurde. Jeder Erfolg brachte eine positivere Selbsteinschätzung und ein Gefühl der Autonomie mit sich. In dieser Hinsicht bin ich der Meinung, daß die Denunziation der verhaltenstherapeutischen Methoden als mechanistisch oder entmenschlichend vollkommen unbegründet ist. Mein Eindruck war vielmehr, daß die Patientin und andere, bei denen ich ähnliche Methoden angewandt habe, stark ermutigt waren durch die Tatsache, daß diese Techniken alles andere als mysteriös sind und auch zu Hause ohne den Therapeuten wirkungsvoll angewendet werden können.

Aversive Imagination zur Verhaltenskontrolle

Der nächste Fall, den ich darstellen möchte, entstand auch aus einer intensiven analytischen Erfahrung, in diesem Fall handelt es sich um einen jungen Mann in den zwanziger Jahren. Wiederum muß der Leser mir Glauben schenken, daß es sich bei dieser Therapie um eine ausgedehnte dynamisch orientierte Behandlung handelte, mit detaillierten Informationen über die allgegenwärtigen Lebensmuster des Patienten in bezug auf spezifische Probleme, die er hatte. Außerdem war eine eingehende Untersuchung des Traummaterials, der Übertragungsbeziehung und seiner zwischenmenschlichen Perspektiven und Reaktionen vorgenommen worden. Ein sehr beunruhigendes Symptom, das der Patient zu Beginn zeigte und das sich nach einigen Jahren Behandlung nicht verändert hatte, war die permanente Neigung zum Voyeurismus. Es war möglich, den Ursprung des mit starkem affektiven Ausdruck einhergehenden Symptoms auf frühe Kindheitserinnerungen und darauf, daß er häufig seine Mutter nackt gesehen hatte, zurückzuführen. Sie war im Showgeschäft tätig und konnte dem Kind nur selten als Gefährte oder vollwertige Mutterfigur dienen. Ganz allgemein zeigte der Patient alle Symptome des klassischen Ödipuskomplexes, auf den ich an dieser Stelle nicht näher eingehen will. Der seit über 15 Jahre bestehende Voyeurismus zeigte sich hauptsächlich in einem Interesse an pornographischen Filmen (die damals nicht öffentlich gezeigt wurden) und, was den Patienten besonders störte, ein großes Bedürfnis, in Fenster zu schauen, wobei er nicht selten sehr starke Ferngläser benutzte, wenn es darum ging, möglichst unbekleidete Frauen zu beobachten. Der Patient pflegte dann zu masturbieren, während er die Frau durch sein Fernglas beobachtete. Das Symptom selbst hatte nie zu einer grob illegalen Handlung geführt und blieb relativ beschränkt innerhalb der Lebenssituation des Patienten. Er hatte einige normale sexuelle Erlebnisse, und mit Hilfe des Therapeuten konnte er diese Aktivitäten wirksamer gestalten und schließlich an Heirat denken. Die Persistenz des Voyeurismus hatte allerdings einen erniedrigenden Effekt auf ihn und er zögerte, verbindliche soziale Beziehungen einzugehen oder an Heirat zu denken, solange er sich dieser starken Tendenzen bewußt war.

Eine Überprüfung des Musters des Voyeurismus brachte verschiedene wichtige Punkte zum Vorschein, die zu der Entscheidung führten, eine verhaltenstherapeutische Methode anzuwenden. Einer dieser Punkte war die Tatsache, daß das Symptom blieb, trotz beträchtlicher Einsicht bezüglich seines Lebensstils und tatsächlicher Verbesserungen in vielen Bereichen. Das Symptom war, wie schon angedeutet, relativ begrenzt und autonom in seiner Struktur und sehr spezifisch bezogen auf die Tatsache, daß viel von seiner Arbeit als Mathematiker in einem einsamen Büro stattfand oder in seinem Apartment. Es gab Perioden intensiver Konzentration, gefolgt von Ruhelosigkeit, eine nicht ungewöhnliche Erfahrung für Schriftsteller, Gelehrte oder Wissenschaftler, die unter Bedingungen arbeiten, die außergewöhnlich einsame geistige Tätigkeit erfordern. Selbst wenn er noch kurz davor befriedigende sexuelle Kontakte mit Frauen, die er mochte, gehabt hatte, kam die Neigung, die Zeit der Tatenlosigkeit mit seiner althergebrachten Gewohnheit anzufüllen, und eh er sich's versah, befand er sich mitten drin in der Kette voyeuristischer Zwangshandlungen. Ein weiteres Merkmal dieser Erfahrung war, daß er wegen seiner Scham über den bis zu seiner frühen Kindheit zurückgehenden Voyeurismus es sich auferlegt hatte, keiner jungen Frau auf der Straße interessiert nachzuschauen, sondern den Blick abzuwenden. Wenn er sich ernsthaft mit einer jungen Frau eingelassen hatte, hatte er das Gefühl, daß jede Beachtung, die er anderen Mädchen schenkte, bereits Untreue war und in ihm Schuldgefühle auslöste.

Der vorgeschlagene Therapieansatz bestand zunächst in einer genauen Analyse der Abfolge der Handlungen, die er vor und im Laufe des voyeuristischen Zwangs durchführte. Der Patient war entspannt, um lebhafte Imaginationen aufkommen zu lassen; dann wurde er aufgefordert, eine Reihe destruktiver Bilder zu entwickeln, die einen sehr starken negativen Affekt hervorrufen würden. In seinem Fall waren es Bilder von Männern mit verschiedenen ekelerregenden Hautkrankheiten, die er in einem Krankenhaus, in dem er gearbeitet hatte, und auch auf einer Reise durch den Fernen Osten gesehen hatte. Der Patient wurde dann aufgefordert, sich nacheinander jeden einzelnen Schritt des kritischen Vorgangs vorzustellen, wie er an einem Problem arbeitet, unruhig wird, aufsteht, versucht zu widerstehen, dann mit dem Fernglas an das Fenster geht und in Nachbarwohnungen schaut. An jedem Punkt der Sequenz wurde er aufgefordert, sich selbst so lebhaft wie möglich in der Situation vorzustellen und unmittelbar im Anschluß an die Szene die destruktive Vorstellung herbeizuholen. Wiederum arbeitete der Patient sehr gut mit und praktizierte die Methode sowohl in den Sitzungen als auch zu Hause.

Innerhalb weniger Wochen gab es einen steilen Abfall der täglichen voyeuristischen Vorkommnisse, und nach wenigen Monaten waren diese ganz verschwunden. Es gab im Laufe vieler Monate nur einige wenige kurze Rückfälle, im allgemeinen unter Umständen, die in bezug auf besondere Momente der Erregung erklärbar waren und mit den persönlichen Beziehungen des Patienten zu verschiedenen Frauen zu tun hatten. Allmählich waren diese Episoden verschwunden, und nach Berichten des Patienten jahrelang nicht wieder aufgetaucht. Wenn man die Tatsache bedenkt, daß es sich hier um eine fast alltägliche über 15 Jahre bestehende Gewohnheit handelte, ist das Ergebnis tatsächlich ermutigend.

In einer zweiten Phase der Behandlung dieses Problems wurde ein Ansatz der Attributierung verwendet. Der Patient wurde in einem gewissen Ausmaß mit dem Gedanken vertraut gemacht, daß das wohlgefällige Betrachten junger Frauen, d. h. seinen Augen zu erlauben, über die attraktiven Formen einer auf der Straße vorübergehenden jungen Frau zu streichen, eine allgemein übliche und ganz natürliche Reaktion eines jungen Mannes war und daß die Frauen selbst dies ja gerade durch ihre spezielle Kleidung förderten. Wiederum ging es in erster Linie darum, ihm klarzumachen, daß diese Art der Phantasietätigkeit bezüglich vorübergehender Frauen nicht in Handlung umgesetzt werden muß und nicht irgendeine ins Gewicht fallende Treulosigkeit gegenüber der von ihm begehrten Frau bedeutete – vorausgesetzt es geschehe gelegentlich und nicht auf zwanghafte Weise. Der Patient fühlte sich durch diese Möglichkeit sehr erleichtert und konnte tatsächlich sein Verhaltensmuster verändern, so daß er weniger angespannt reagierte und seinen Blick in solchen Situationen nicht abwenden mußte. Gleichzeitig entwickelte er keinerlei Tendenzen zur Untreue, wenn er sich aktiv mit jemandem verabredete. Er heiratete später und hatte eine gute Entscheidung getroffen. Einige seiner Interessen an Pornographie wurden auf die Probe gestellt, als nach einer Entscheidung des Oberen Gerichtshofes über Obszönität viele aufreizende Filme öffentlich in Kinos gezeigt werden durften. Seine Reaktion bestand darin, daß er seine Frau ein- oder zweimal zum Besuch dieser Filme mitnahm – nur um herauszufinden, daß sie nicht mehr diesen Reiz und den auffordernden Charakter hatten wie einst. Sein Interesse an ihnen verschwand schnell.

Auf der Basis der Theorie kann man erkennen, daß in einem gewissen Sinn der zwanghafte Akt des Voyeurismus, oder in diesem Fall das Anschauen pornographischer Filme Ähnlichkeit mit einer phobischen Situation aufweist. Der sehr erniedrigende Ton und der negative Charakter der Handlung gab ihr eine spezielle Bedeutung, die sie von anderen Situationen des natürlichen Lebens unterscheiden mußte. Das Ergebnis war, daß er solche Alternativen weder aktiv ausprobieren noch die Situation diskutieren konnte oder sie in bezug auf die natürlicheren Verhaltensweisen des Anschauens überprüfen konnte. Die imaginative Erkundung einer solchen Situation gab ihm zum erstenmal ein Gefühl, die Handlung kontrollieren zu können mit Hilfe der extrem destruktiven Vorstellungen, mit denen er sie verbinden konnte und die ihn buchstäblich geekelt hatten. Diese vermehrte Kontrolle brachte ihn dahin, alternative Verhaltensweisen zu versuchen und auch ein bestimmtes Gefühl von Autonomie in der Situation zu entwickeln. Nachdem er einmal Kontrolle über dieses Verhalten gewonnen hatte, wurde ihm dessen Trivialität immer mehr bewußt und in mancher Hinsicht lächerlich. Dies galt auch für das Ansehen pornographischer Filme, die ihm immer weniger aufregend erschienen.

Es erhebt sich die Frage, ob die destruktive Imagination im Sinne von *Cautela* einen speziellen Konditionierungseffekt erzielte. Dies ist schwer nachzuprüfen. Bei der Durchführung einer Konditionierung sollte man eine sehr genaue Zeiteinteilung befolgen. Diese Art der Zeiteinteilung schien in der klinischen Situation keineswegs so präzise. Ich neige eher zu der Annahme, daß die Verfügbarkeit der destruktiven Imagination ihm eine zusätzliche kognitive Hilfe war, um jeden Schritt der in der Vergangenheit automatisch ablaufenden Sequenz schnell identifizieren zu können. Dem Automatismus dieser Sequenz konnte er nun Paroli bieten. Die destruktive Imagination war einfach ein besonders starkes Mittel, seine Aufmerksamkeit auf die Unannehmlichkeit der Aufgabe zu lenken, mit der er sich augenblicklich befaßte. Ich sehe die Funktion der destruktiven Vorstellung deshalb zumindest in diesem Falle mehr in einer Signalfunktion als in der Errichtung einer neuen konditionierten Reaktion. Es ist natürlich möglich, daß man das vorliegende Ergebnis auch durch die konditionierte Hemmung, wie von *Rescorla* (1969; *Rescorla* & *Solomon*, 1967; *Rescorla* & *Wagner*, 1972) beschrieben, erklären kann. Dies scheint mir wiederum unwahrscheinlich. Da das Konditionieren gewöhnlich stark von präziser Zeiteinteilung, individueller Praxis und Aktivität im Therapiezimmer abhängt, ist es schwer zu sagen, ob die Kontrolle über die Gegenüberstellung der Bilder jemals ausreichend war.

Lassen Sie mich einen anderen Fall zitieren, wiederum geht es um aversive Imagination, jedoch unter Hinzufügung einer Art positiver Verstärkung. Der betreffende Fall umfaßt die dynamische Behandlung eines jungen Mannes, der an einer ziemlich dramatischen Form des Ödipuskomplexes litt. Der Patient war ein Einzelkind, geboren kurze Zeit nach dem überraschenden Tod seines Vaters. Aus einem Grund, den er nie erfuhr, hat die Mutter des Patienten ihn aufgezogen, ohne jemals seinen Vater zu erwähnen. Es existierten keine Bilder, und vom Vater war nie die Rede, bis der Patient über das Schulalter hinaus war. Dann erfuhr er allmählich etwas über die Existenz seines Vaters von Verwandten und aus Gesprächen mit Lehrern und Freunden. Er sollte seinen Vater für seine Mutter ersetzen, und das ließ in ihm Reaktionsmuster und Schuldgefühle entstehen, die außerordentlich wirksam waren, wenn es darum ging, ihn zu Hause zu halten und noch als Erwachsener bei ihr zu wohnen. Das spezielle Problem, das den Anlaß für die Therapie bildete, hing zusammen mit seiner großen Angst vor der Homosexualität und dem starken Wunsch, seine zwanghafte Neigung, junge Männer an ganz besonderen Treffpunkten für Homosexuelle aufzusuchen oder in Häusern, in denen pornographische Filme gezeigt wurden, die im Stadtgebiet von New York aus dem Boden schossen, unter Kontrolle zu bringen.

Ich will hier nicht im Detail auf die verzweigten Wege dieses komplexen Behandlungsprozesses eingehen, sondern will nur andeuten, daß der Ansatz zunächst darin bestand, abzuklären, inwieweit der Patient tatsächlich bereit war, das homosexuelle Muster zugunsten eines heterosexuellen Lebensstils aufzugeben und daran zu arbeiten. Zu Anfang konzentrierte sich die Behandlung auf die Schuldgefühle des Patienten und seine ernsthaften Probleme mit seiner Mutter. Die Behandlung folgte einem ziemlich normalen Kurs, in dessen Verlauf der Patient allmählich in der Lage war, sich selbst aus der erstickenden Nähe seiner Mutter zu befreien, in ein eigenes Appartement in der Vorstadt zu ziehen und eine gewisse Unabhängigkeit zu erlangen. Trotz wichtiger Fortschritte in vielen Bereichen blieb das zwanghafte homosexuelle Verhalten bestehen. Dieses Verhaltensmuster umfaßte häufiges »Umherstreifen«, vor allem in Theatern. Es wurde klar, daß der Lebensstil des Patienten kein homosexueller war, im Sinne einer Zugehörigkeit zu homosexuellen Kreisen. Er war, soweit dies nachgeprüft werden konnte, einem heterosexuellen Leben verbunden. Der Patient war ein junger berufstätiger Mann, ziemlich erfolgreich und anerkannt in seiner Arbeit. Er arbeitete in einer Umgebung, wo es viele junge Frauen gab, die ihn attraktiv fanden und ihm häufig Angebote machten. Es gab auch Hinweise darauf, daß er einmal eine befriedigende heterosexuelle Beziehung hatte und sehr verletzt auf die Zurückweisung reagierte, die aufgrund sozialer und religiöser Überzeugungen erfolgte.

Es lag auf der Hand, daß das homosexuelle Verhaltensmuster, das auf frühe Erfahrungen im Alter von 10 oder 11 Jahren zurückging, immer noch relativ abgegrenzt und einer direkten Bearbeitung zugänglich war. Wiederum wurde eine aversive Imaginationstechnik, ähnlich der im vorigen Fall beschriebenen, angewendet. Obwohl dieser Patient etwas weniger imaginativ war, in dem Sinne, daß seine Produktivität an Bildern geringer war, wurde bald deutlich, daß er durch den Gebrauch einiger deskriptiver Materialien (wie sie *Cautela* entwickelte) in der Lage war, äußerst lebhafte und schmerzliche Affekte in Verbindung mit der Szene zu erzeugen. Der Patient wurde aufgefordert, diese Sequenzen zu Hause zu praktizieren in Verbindung mit verschiedenen Versuchssituationen, die auf seinen alltäglichen Erfahrungen beruhten.

Da der Patient als Folge seiner früheren frustrierenden Erfahrung im Umgang mit Frauen gehemmt und schüchtern war, machte man den Versuch, ihm zu positiver Imagination in Verbindung mit Szenen, in denen Frauen auftauchten, zu verhelfen. Er war in der Lage, sich spezielle Mädchen im Umkreis seines Arbeitsplatzes vorzustellen und sie mit sexuellen Begegnungen in Verbindung zu bringen. An verschiedenen Punkten der Behandlung wurde die positive Assoziation mit Frauen eingeführt, sobald der Patient durch die Verwendung aversiver Imagination von homosexuellen Szenen abgekommen war. Von der destruktiven Vorstellung ging er dann über zu der Vorstellung des attraktiven Mädchens und zu den positiven Szenen einschließlich positiver affektiver Reaktion. Dieses Verfahren wurde geduldig über den Zeitraum von einem Monat oder auch zweien praktiziert, mehrmals die Woche, in meinem Büro und bei dem Patienten zu Hause. Bald folgte ein dramatisches Absinken der Fälle offener homosexueller Handlungen. Ein Diagramm über einen Zeitraum von sechs Monaten zeigte auf sehr eindrucksvolle Weise den Abfall von einem sehr hohen und persistierenden Interessenniveau und offenen Begegnungen zu einer Frequenz, die nahe bei Null lag mit gelegentlichen Rückfällen, die man im allgemeinen auf Ablösungsversuche von der Mutter des Patienten zurückführen konnte.

In der Zwischenzeit zeigte der Patient zunehmend größere Aktivität bezüglich heterosexueller Kontakte. Schließlich lernte er eine junge Frau kennen und heiratete sie, eine Frau, die glücklicherweise sexuell relativ wenig Hemmungen hatte und gleichzeitig ein sehr warmer und liebenswerter Mensch war. Es kam zu vielen wichtigen therapeutischen Kontakten, ohne speziell imaginative Techniken einzubeziehen. Diese Kontakte entsprangen dem Bedürfnis des Patienten, sich selbst zu beweisen, daß er so offen wie möglich mit seiner Frau über die Vergangenheit sprechen konnte. Er meisterte dies mit viel Mut und Integrität.

Im vorliegenden Fall spielte zweifellos die Vaterübertragung auf den Therapeuten eine wichtige Rolle für die Bereitschaft des Patienten, die Therapie durchzustehen, und für seine Akzeptanz der Heterosexualität. Sein Mangel an einem bedeutungsvollen männlichen Bild war ein ernsthaftes Handikap, das er wettzumachen versuchte durch verschiedene Arten symbolischen Modellernens bei dem Therapeuten. Trotzdem entstand keine exzessive Abhängigkeit vom Therapeuten, und der Patient konnte die Therapie beenden, nachdem seine Unabhängigkeit von der Mutter gesichert war, er geheiratet hatte und in seiner beruflichen Situation wesentliche Verbesserungen durchgesetzt hatte.

Dynamik der Persönlichkeit, Übertragung und Training in Imagination

Der gerade beschriebene Fall führt in ein Gebiet, mit dem ich mich kurz befassen will, da es auf einige der Probleme hinweist, die in der Vergangenheit die Verhaltenstherapeuten von den eher psychoanalytisch oder humanistisch orientierten Therapeuten unterschieden. Der oben beschriebene Patient vertraute offensichtlich auf den Therapeuten als eine Art großer Bruder oder Vater, der ihm in einem bestimmten Ausmaß als nämliches Rollenmodell dienen konnte. Diese Orientierung ermunterte ihn, es härter in der eigenen Selbstanalyse anzugehen und einige der imaginativen Methoden zu nutzen. Es lag auf der Hand, daß sein Bedürfnis nach einem stützenden Vater größer war als nach einer Geliebten. Die Rolle des Therapeuten war allerdings keine freundschaftliche, und es gab auch keine guten Ratschläge.

Meine Haltung blieb eine streng professionelle, obwohl ich deutlich machte, daß ich mich um diesen jungen Mann bemühte und ihn mit seinen Problemen ernst nahm. Aus meiner eigenen Erfahrung war mir klar, daß die Entscheidung, welche sexuelle Richtung er einschlagen wolle, grundsätzlich seine eigene sein mußte. Es war wichtig, daß er genügend Gelegenheiten hatte, um all seine Gedanken und Gefühle für den anderen voll zu erforschen, um sicherzustellen, daß er sich nicht selbst betrog in seiner Meinung, er wolle ein heterosexuelles Leben führen, heiraten und eine Familie gründen. Ein wichtiger Teil des gegenseitigen Respekts in der Beziehung stand in Zusammenhang mit meinem Wissen um seine Perfektion als Dekorateur und was Aktivitäten im Haushalt anbelangt, die in unserer Gesellschaft traditionsgemäß eher der weiblichen Rolle zugeschrieben werden. Ich glaube, ich konnte ihn von meinem Gefühl überzeugen, daß diese Interessen seiner Übernahme einer männlichen Rolle in einer heterosexuellen Beziehung und dem Vaterwerden in einer Familie nicht im Wege standen.

Eine der Vorgehensweisen, mit der im Rahmen des therapeutischen Prozesses an sein Überwechseln zur Heterosexualität hingearbeitet wurde, beruhte auf der Leichtigkeit, mit der der Therapeut über sexuelle Situationen mit ihm sprach und ihm half, Vorstellungen von attraktiven Frauen in die angewandten imaginativen Sequenzen einzubeziehen. Ein wichtiger Teil der Behandlung bestand auch darin, dem Patienten zu helfen, die jungen Frauen, mit denen er verkehrte, von dem Bild seiner Mutter zu trennen und auch von den Bildern verschiedener anderer älterer Frauen, in deren Umgebung er aufgewachsen war. Allmählich bemerkte er, daß viele junge Frauen liebenswert, aufmerksam und zärtlich sein konnten und dennoch gleichzeitig frei von der Prüderie geheuchelter Inkompetenz und Schwatzhaftigkeit, die er so häufig bei bestimmten Familienfiguren erfuhr.

Es ist wichtig, den Gebrauch von Imagination vor dem Hintergrund der Tatsache zu sehen, daß der Therapeut-Patienten-Beziehung in ihren subtileren Formen und auch bezüglich der verschiedenen versteckten Tagesordnungspunkte, die der Patient in die therapeutische Situation eingebracht hatte, Aufmerksamkeit geschenkt wurde. Der Patient machte nicht nur wirksamen Gebrauch von den imaginativen Techniken im formalen Sinne, d. h., daß er den Momenten der Versuchung zu seinem Zwangsverhalten aversive Szenen gegenüberstellte. Er benutzte gelegentlich auch das Bild des Therapeuten als eine Art imaginären Begleiter, mit dem er bestimmte Probleme diskutierte oder dessen Bild ihm erschien, wenn er an einem Scheideweg stand. Sogar die aversive Vorstellung veränderte sich allmählich von einigen aversiven Szenen, die in den Sitzungen selbst entwickelt wurden, in ein Bild von großen schwarzen Buchstaben, die »Stop!« sagten, und ihm in dem Augenblick kamen, wenn er einer Tendenz gewahr wurde, am Nachmittag frei zu nehmen und einen der Treffpunkte aufzusuchen, die er in der Vergangenheit häufig frequentiert hatte. Was diesem jungen Mann neben anderen Fortschritten wichtig erschien, war, daß er jetzt seine eigenen imaginativen Kapazitäten hatte, die ihm wertvolle Dienste leisteten bei der Veränderung seines Verhaltens.

Die Sorge, daß ein solcher Mensch in eine übergroße Abhängigkeit von dem Therapeuten geraten könnte, erwies sich als ungerechtfertigt. Die neuentdeckten Fähigkeiten zur Imagination und Phantasie schienen ihm eine Alternative zu sein für die direkte Verfügbarkeit des Therapeuten. Zusätzlich konnte er Quellen der Maskulinität in sich selbst entdecken, die stark verstärkt wurden in der Beziehung mit der jungen Frau, die er schließlich heiratete. Sie war keineswegs ein verschüchtertes Mauerblümchen. Vielmehr war sie eine aktive und erfolgreiche junge Frau, aber gleichzeitig voller Achtung vor den Fähigkeiten dieses jungen Mannes und auch mit einer starken körperlichen Anziehung für ihn. Während seine homosexuellen Beziehungen mit einer Menge gesichtsloser Männer, deren Namen er nicht einmal kannte, alle nur eine Nacht lang dauerten, war seine Beziehung zu dieser Frau komplex und sehr vielschichtig, und sie gab ihm das Gefühl, ein vollwertiger Mensch zu sein.

Es sollte klar sein, daß in diesem Fall neben einer etwas ritualisierten Form der Verhaltensmodifikation der Ansatz in einem viel breiteren Kontext der allgemeinen Persönlichkeitsveränderung lag. Die Persönlichkeitsveränderung, muß betont werden, wurde nicht nur in einem unterschiedlichen Verbalisationsmuster des Patienten über sich selbst oder seine Beziehungen manifest, sondern auch in dem Erproben neuer Verhaltensmuster und der Gelegenheit, andere Verstärker als in der Vergangenheit zu erhalten. Dem Patienten wurde tatsächlich die Möglichkeit für neue Beziehungen gegeben, die ihm neue Erfahrungen einbrachten und zu einer ständigen Erweiterung seiner persönlichen Möglichkeiten führen konnten. In diesem Sinne kann man durchaus davon reden, daß die Symptombeseitigung oder ein direktes Angehen spezieller Probleme einen breiteren Effekt auf die Gesamtpersönlichkeit haben können.

Die Rolle des Therapeuten bei den imaginativen Methoden der Psychotherapie

Ich sehe den Psychotherapeuten als einen technisch ausgebildeten Experten, der den Klienten seine Dienste anbietet im Rahmen seiner Ausübung einer wissenschaftlichen Disziplin. Wie die Forschungsergebnisse zeigen, sind empathische Fähigkeiten, Sensibilität für subtile Unterschiede im zwischenmenschlichen Verhalten und das Unbelastetsein von schweren persönlichen Problemen alles wichtige Komponenten der Therapeutenpersönlichkeit, die eine positive Rolle für ihre Effektivität in der Praxis spielen. Dennoch halte ich es für dringend notwendig, daß die Berufsgruppen, deren Anliegen psychische Gesundheit ist, zu der Einsicht kommen, daß es nicht ihre Aufgabe ist, liebenswerte Freundlichkeit zu verteilen. *Schofield* mag mit seinem Anspruch über Psychotherapie als »das Erkaufen von Freundschaft« nicht ganz unrecht haben, aber es wäre eine Schande, wenn dies alles wäre, was Therapeuten anzubieten hätten. Der Therapeut sollte dafür sorgen, daß er mit seinen Diensten immer entbehrlicher wird, so daß der Patient eigene Freunde finden und ein intensives persönliches Leben führen kann, ohne weiterhin den Therapeuten aufzusuchen oder schlimmstenfalls gelegentliche kurze Kontakte im Laufe der Jahre zu haben.

Wenn man die Fallberichte praktizierender Therapeuten in Europa liest, scheint es außer Frage zu stehen, daß ihr Grundsatz der einer Arbeitsbeziehung ist, zu der sie ihre spezielle Technik anbieten, sei sie nun mehr analytisch oder an einem imaginativen Verfahren orientiert. Sogar bei den imaginativen Verfahren scheint die Rolle der Therapeuten mehr zu sein als nur die eines neutralen Leiters, und er kann durchaus zum Gegenstand einiger zusätzlicher Übertragungen werden. Die Effektivität der Behandlung, wie sie in den Fallberichten von *Leuner* oder *Frétigny* & *Virel* dargestellt wird, verdeutlicht, daß Patienten im Laufe imaginativer Reisen nicht außergewöhnlich abhängig werden.

In einer gewissen Weise kann der Psychotherapeut über den Techniker hinaus als Lehrer angesehen werden. Das soll nicht bedeuten, daß er formale Vorlesungen hält, denn auch gute Lehrer wissen, daß dies nicht immer die beste Methode ist, um ihre Schüler zu beeinflussen. Die Rolle des Therapeuten besteht immer noch darin, dem Patienten zu helfen, nicht nur sich selbst kennenzulernen, sondern auch neue Wege in der Beziehung mit andern zu versuchen und verschiedene Lebenssituationen anders anpacken zu lernen. Der Therapeut hat wie der Lehrer einen Hintergrund formalen Wissens, zu dem persönliche Erfahrungen hinzukommen. Beides sollte er dem Patienten auf eine möglichst gewinnbringende Weise kommunizieren. Beispiele für diese Technik sind die verschiedenen Veränderungen der Attributionen, die der Patient mit Hilfe des Therapeuten vornehmen kann. Sogar in den verhaltenstherapeutischen Fallbeispielen, wie sie verschiedentlich von *Wolpe* und *Lazarus* u. a. beschrieben wurden, begegnet man immer wieder Beispielen, in denen der Therapeut dem Patienten aktiv neue Information vermittelt oder den Patienten zu der Erkenntnis bringt, daß er z. B. ein falsches oder verzerrtes Erwartungsmuster bezüglich der Art von Beziehungen oder über sexuelles Verhalten hat. *Die rational-emotive Therapie* von *Ellis* (1973) ist eines der ausdrücklichsten Beispiele für diese therapeutische Haltung. Ohne die Bedeutung der affektiven Beteiligung des Patienten zu vernachlässigen, will der Therapeut dem Patienten helfen, bestimmte Vorannahmen über soziales oder sexuelles Verhalten zu überprüfen und alternative Möglichkeiten zu entwerfen. Hier wird wieder einmal die Erfahrung des Therapeuten in der Handhabung von Imagination eingesetzt, um dem Patienten technische Mittel zur Provokation bestimmter Affekte an die Hand zu geben. *Ellis* hat früher als viele klinisch arbeitenden Psychologen erkannt, wie häufig Imagination im Sinne der Anpassung verwendet wird, d. h., um bestimmte

Zustände sexueller Erregung zu provozieren oder um die Aufmerksamkeit von ablenkendem oder schmerzlichem Verhalten wegzubringen. Die Forschung bestätigt die allgemeine Ansicht, daß sexuelle Phantasien der Frauen beim Geschlechtsverkehr adaptiv verwendet werden (*Hariton* & *Singer*, 1974). Der erfahrene Therapeut kann nicht nur dem Patienten helfen, seine Situation noch einmal durchzuarbeiten, sondern kann ihm auch Techniken an die Hand geben, die die Fähigkeiten des Patienten zur Selbstanalyse für zwischenmenschliche Kommunikation und beim Umgang mit Ängsten oder Aversionen weiter entwickeln helfen.

In dem oben beschriebenen Fall bezog ich mich auf den Therapeuten als Rollenmodell für den Patienten. Dies kann zu einem besonders gefährlichen Spiel werden, wenn man sich darauf einläßt, ohne auf die verzerrenden Aspekte der Übertragung zu achten, die von den Psychoanalytikern ausführlich dokumentiert wurden. Mir scheint, daß viele »Gurus« der humanistischen Psychotherapie besonders viel Mißbrauch damit getrieben haben, wie z. B. auch *Frederick Perls* in seiner Esalen-Zeit. Man steht oft vor dem Dilemma, daß Therapeuten ihren Status im allgemeinen durch viel Selbstdisziplin in früheren Jahren, durch einseitige Studien und durch Eingehen auf die formalen Forderungen der Gesellschaft erreicht haben. Vielleicht fühlen sie sich zu stark gehemmt und sehnen sich in ihren späteren Jahren nach größerer Freiheit. Wie *Strupp* sehr gut beschrieben hat, kommen Patienten im allgemeinen jedoch in die Therapie, weil sie ihre Emotionalität kontrollieren wollen, die überhand genommen und sie in peinliche oder schmerzliche Situationen gebracht hat, oder weil sie auf die verschiedenste Weise zu abhängig oder sozial eingeengt sind. Die Patienten bewundern im allgemeinen gerade die Selbstdisziplin, Kontrolle und Effektivität des Analytikers, und das ist es auch, was sie selbst für sich zu erreichen suchen. Wenn Therapeuten Kontrollverlust, große Freiheiten und Flexibilität in sozialen Beziehungen fördern, dann kann dies nützlich sein für eine sehr kleine Gruppe überintellektualisierter, gehemmter Patienten, aber die größere Gruppe von Patienten braucht wahrscheinlich eher die Entwicklung von Fähigkeiten zur Selbstkontrolle oder diskriminativere Formen von Flexibilität.

Es scheint angemessen, daß das Modellverhalten des Therapeuten primär beschränkt bleibt auf die Demonstration der Fertigkeiten, die nicht auf eine Beurteilung der vielen Unterschiede zwischen dem Leben des Patienten und des Therapeuten hinauslaufen. In diesem Sinne kann es für den Patienten günstig sein, wenn der Therapeut ihm demonstriert, daß auch er Imaginationen hat, die er nützlich verwenden kann, daß er Träume interpretieren kann und gelegentlich bereit ist, sich mit eigenen Imaginationen auseinanderzusetzen.

Der Therapeut kann auf diese Weise auch zu einem nützlichen imaginativen Weggefährten des Patienten werden, wie z. B. im Falle einer Patientin, die phobisch auf Reisen reagierte und sich wegen eines bevorstehenden langen Aufenthalts in einem fremden Land Sorgen machte. Ich forderte sie auf, die Zeit durch die Vorstellung totzuschlagen, daß sie die Einzelheiten der Reise mir oder einem anderen Bekannten erzählte. In der Sitzung wurde diese Technik in der Vorstellung geübt, und die Patientin fand schließlich heraus, daß sie in der Lage war, diese Methode bei den Gelegenheiten zu nutzen, wenn sie sich im Verlauf der aktuellen Autoreise der anwachsenden Angst bewußt wurde. Das Modellverhalten des Therapeuten beschränkte sich darauf, die Patientin mit neuen potentiellen Fähigkeiten zu versehen und dem Erkennen alternativer Möglichkeiten, auf gewisse Situationen zu reagieren. Mir scheint es arrogant zu sein, wenn ein Therapeut annimmt, sein persönlicher Lebensstil sei automatisch generalisierbar auf die vielen Individuen von sehr unterschiedlicher Herkunft, die nach der Therapiesitzung wieder zu sehr unterschiedlichen Familien- und Arbeitssituationen zurückkehren.

Für den Schluß vorbehalten habe ich mir die Rolle des Psychoanalytikers. Ich bin auch in diesem Fall überzeugt, daß das Wesentliche sein Leiter-, Lehrer- und Vorbildverhalten ausmacht. Der analytische Grundsatz allerdings stellt vielleicht mehr als jeder andere asketische Forderungen nach einer nüchternen Selbstanalyse an jedem Punkt im Laufe der therapeutischen Begegnung. Der Analytiker ist damit beschäftigt, daß der Patient Träume, Phantasien, flüchtige Gedanken ergründet und auch im Detail bedeutende zwischenmenschliche Beziehungen überdenkt. Der sokratische Ansatz impliziert, daß das unanalysierte Leben nicht wert ist, gelebt zu werden, und er enthält die endlose Selbstanalyse. In dieser Einstellung und Idealvorstellung spiegelt sich zugleich die Stärke und die Begrenztheit der Analyse. Sie umfaßt Elemente einer lebenslangen Aktivität und eine Art philosophischer Fragestellung, da es nie gänzlich möglich ist, sicherzustellen, wann eine Analyse dieser Art ein Ende gefunden hat. Trotz allem kann sich der therapeutische Grundsatz, wonach der Analyse der Übertragungsreaktionen des Patienten, den Feinheiten der Beziehung und der Natur vorhandener Phantasien und Träume große Bedeutung zugemessen wird, auch auf den Patienten übertragen. Man muß sorgfältig darauf achten, daß diese Neigung nicht auf zwanghafte und grüblerische Weise geschieht, was analytische Patienten zu so gänzlich langweiligen Zeitgenossen macht. Ein wichtiges Ergebnis des analytischen Stils ist die Wahrnehmung des Patienten, daß seine eigenen privaten Produkte, seine Gedanken, Tagträume und Nachtträume es wert sind, neben bedeutenden Merkmalen seiner Lebenssituation beachtet und analysiert zu werden.

Ein Überblick über die spezifischen Anwendungen von Imagination in der Psychotherapie

Der Patient, der in Psychotherapie kommt oder zur Beseitigung symptomatischer Schwierigkeiten, bringt gewöhnlich dieselbe Grundvoraussetzung für Imagination wie alle Menschen mit. Bemerkenswert ist allerdings, daß relativ häufig das Bewußtwerden der permanenten Imagination oder deren andauernde Beachtung, wie es für gewisse Individuen charakteristisch ist (*Singer* & *Antrobus*, 1972), zu großen individuellen Unterschieden in der Gesamtbevölkerung führt. Die meisten von uns haben, wie früher schon erwähnt, gelernt, einen großen Teil der permanenten Verarbeitung unseres Gehirns zu ignorieren, um uns durch die äußere Umgebung zu steuern. Einer der ersten Schritte bei der Verwendung von Imagination in der Therapie ist, daß der Therapeut, indem er die Aufmerksamkeit auf die Bedeutung von persönlichen Erfahrungen, Träumen und Phantasien lenkt und auf die Möglichkeit der Nutzung von Imagination in der Behandlung hinweist, eine Dimension eröffnet, die von vielen Patienten in der Vergangenheit nur kurz gestreift worden ist. Während des therapeutischen Prozesses wird die Aufmerksamkeit auf den permanenten inneren Monolog gelenkt, den die meisten Menschen ignorieren, außer wenn sie es in durchdringender Weise in den Schriften eines guten Dichters erleben. Dasselbe gilt für das verbesserte Erinnerungsvermögen an Träume, das Anwachsen eines Traumbuches und das Bewußtsein darüber, daß Träume bis zu einem gewissen Ausmaß Aspekte der eigenen Persönlichkeit verkörpern und vernünftig interpretierbar sind.

Ein zweites wichtiges Merkmal für den Gebrauch von Imagination ist die Tatsache, daß sich der Patient bewußt wird, daß viele seiner Gedanken über Menschen, bestimmte Phantasien oder Erwartungen und einige Urteile tatsächlich schlecht assimilierte Kindheitsinformation über menschliche Beziehungen oder sexuelle Funktionen darstellen, die für seine gegenwärtige Lebenssituation nicht mehr annehmbar sind. Auf diese Weise beginnt er, seinen eigenen Erwartungen über andere Menschen oder spezifische Situationen zunehmend mehr Aufmerksamkeit zu schenken und das Ausmaß festzustellen, in dem sie Spiegelungen von phantasierten Situationen sind. In diesem Sinne verdeutlicht die therapeutische Arbeit die theoretischen Vorstellungen von *Miller* et al. (1960) über das normale Muster alltäglichen Verhaltens, die wichtige Funktion des antizipatorischen Planens und die kognitiven Strukturen in der Weise, in der das Individuum sich durch die Welt bewegt. Wenn sich der Therapeut dessen bewußt ist, was er durch die Förderung dieser Form der Analyse provoziert, kann er dem Patienten helfen, eine sehr wertvolle Fähigkeit für seine weitere autonome Entfaltung zu entwickeln – eine erhöhte Fähigkeit, seine Wünsche und Pläne einer Vielfalt von alternativen Möglichkeiten und Auswegen gegenüberzustellen und die für seine Lebenssituation günstigste auszuwählen. Wieder einmal ist der Patient auf diese Weise in der Lage, Kontrolle über seine eigenen Gedankenprozesse auszuüben.

Eine andere bedeutende Funktion der Imagination steht in Zusammenhang mit der Erkenntnis des Patienten, daß er wesentlich mehr Erfahrungen gespeichert hat, als er gewöhnlich bemerkt. Wenn verschiedene Rahmenbedingungen dem Patienten ermöglichen, frühe Erinnerungen wiederzuerleben, dann kann er feststellen, daß viele seiner frühen Erfahrungen ihm leichter zugänglich sind, als er geglaubt hätte. Diese Form erweiterten Bewußtseins und die Verwendung des auftauchenden Materials sind ein bedeutender Gewinn für die Ichfunktionen.

Die Erinnerung an frühere Ereignisse ist häufig verbunden mit einer lebhaften Wiederbelebung der ursprünglichen Emotion. Wiederum wird sich der Patient bewußt, daß Kognition und Emotion eng miteinander verbunden sind und daß er als Mensch keineswegs in der Weise austauschbar ist, wie er dies vermutet hätte. Er beginnt, seine Emotionen auszukosten, und gewinnt dadurch größere Kontrolle über sie, auch bessere Möglichkeiten, sie auszudrücken – beides sind nach *Tomkins* (1962) wichtige menschliche Motivationen.

Ganz speziell verbunden mit dem Problem der Emotion ist die wichtige Entdeckung, die ein Patient machen kann, daß seine Fähigkeit, durch spezifische Imagination einen positiven Affekt zu erzeugen oder von einem negativen wegzukommen, von außerordentlichem Wert ist. Auf dem niedersten Niveau haben wir natürlich die »Macht des Positiven Denkens« oder eine andere Form des Rituals nach *Coué*. Ich glaube, diese Erfahrung geht dennoch viel tiefer. Der Patient vertraut nicht einfach auf ritualisierte Aussagen oder Klischees. Er hat mächtige und wichtige persönliche Erfahrungen erzeugt, die er nun manipulieren kann, um an seiner eigenen Stimmung zu arbeiten, oder er kann sie benutzen, um sich selbst von einem anscheinend ernsthaft negativen Affekt abzulenken, der ihn zu einer impulsiven Aktion verleiten könnte, die ihm offene Schwierigkeiten in seinen entscheidenden Beziehungen machen würde. Es ist unsinnig zu glauben, daß das Wissen um die Tatsache, daß Imagination affektive Veränderung erzeugen kann, z. B. einem Patienten helfen könnte, die natürliche Trauer um den Verlust eines geliebten Menschen oder eine Naturkatastrophe zu überwinden. Um *Freud* zu umschreiben, ist das Ziel der Psychotherapie, mit der großen Bürde an Kindheitsneurosen oder anderen verzerrten Schwierigkeiten umzugehen, um uns die Kraft zu verleihen, den realen Schrecklichkeiten, die uns in unserem menschlichen Dasein umgeben, zu begegnen. Der Vorteil der Imagination ist folgender: Unter Bedingungen, in denen unerwartete negative Affekte auftreten, oder unter denen man seine Stimmung nicht verändern kann und eher tiefer in den Morast gezogen wird, kann der Gebrauch positiver Vorstellungsmethoden besonders wirksam sein. *Izard* (1971) hat noch weiter über die verschiedenen Anwendungsmöglichkeiten der Affektdiskrimination im therapeutischen Prozeß gearbeitet. Hierbei kann Imagination wiederum eine nützliche Rolle spielen, indem sie Situationen schafft, die differentielle affektive Reaktionen provozieren.

Eine weitere Funktion der Imagination im therapeutischen Prozeß schließt ihre Unmittelbarkeit und die Aspekte der parallelen Verarbeitung ein. Der Patient, der sich selbst dabei erwischt, wie er auf ziemlich stereotype Art und Weise vorgeht, insofern es nichts zu sagen gibt oder nichts Interessantes zu berichten ist und die Tage alle gleich verlaufen sind etc., kann die Erfahrung machen, daß ruhiges Sitzen und den Bildern zu erlauben, vor seinem geistigen Auge aufzutauchen, zu einer fruchtbaren neuen Explorations-Richtung führen kann. Die sequentiellen Charakteristika der Sprache können sinnvoll umgangen werden durch das Vertrauen auf Imagination, die nicht nur ein detailliertes Bild der Situation hervorruft und mit großer Wahrscheinlichkeit einen Rahmen für das Wiederbeleben relevanter Emotion schafft, sondern auch häufig genug einige Hinweise liefern wird auf die Widerstände, die der Patient beim Vorstoßen in bestimmte Richtungen erleben wird. Widerstand zeigt sich häufig, wie viele Therapeuten wissen, in ausgeklügelter Verbalisation, aber ohne Vertrauen auf imaginationsbezogene Wörter. Wie *Reyher* (1963) betont hat, kann der Bereich der Imagination den Patienten durch Überraschung gefangennehmen und seine Abwehr überlisten.

Natürlich kann exzessive Imagination auch defensiven oder abwehrenden Zwecken dienen. Individuen, die selten oder zögernd auf direkte Interaktionen eingehen, ertappen sich selbst dabei, daß sie einerseits in extremer Weise Zuflucht suchen bei ihrem permanenten Phantasieleben und andererseits, um den Kontakt oder die Kommunikation mit anderen zu vermeiden. Im »Kirschgarten« von *Tschechow* ist die traurige Gestalt des aristokratischen Bruders des Helden sehr angetan vom Billardspielen in der Phantasie, und mitten unter einer gewöhnlichen Konversation macht er plötzlich Bemerkungen wie z. B. »sechs Bälle in die linke Tasche«. Offensichtlich ist er in eine intensive imaginative Reproduktion seines Lieblingsspiels vertieft, statt sorgfältig auf die Konversation der Menschen um sich herum zu achten. Dasselbe Dilemma kann in der Psychotherapie auftreten, wenn Patienten häufig so ausgefeilte Träume bringen, die Stunde um Stunde immer wieder aufgegriffen werden, ohne daß sie wirklich zu verstehen sind. Diese Situationen sind allerdings nicht häufig, und man könnte ihnen wahrscheinlich recht effektiv mit einer der Methoden des Gedankenstops begegnen. Wir brauchen jedoch mehr Forschung über den Einsatz von Gedankenstopmethoden zur Kontrolle von schweren zwanghaften Grübeleien, die in der Vergangenheit therapeutischen Interventionen widerstanden haben.

Kreativität und die Steigerung des ästhetischen Empfindens

Es ist nicht notwendig, an dieser Stelle andere Anwendungsmöglichkeiten der Imagination zu erörtern, die sehr ausführlich in diesem Buch abgehandelt worden sind – die spezifischen Techniken der Verhaltensmodifikation oder die imaginativen Reisen. Ich würde dieses Kapitel mit einem Hinweis abschließen wollen auf eine wichtige Dimension, die bislang bei den imaginativen Verfahren nicht genügend Beachtung fand, die aber für die psychotherapeutische Aktivität eine wertvolle Bereicherung sein kann. Ich denke hierbei an die Wahrscheinlichkeit, daß die gesteigerte Wahrnehmung von Imagination und die Bereitschaft, diese zu nutzen – häufig die Folge einer effektiven Anwendung in der Therapie –, eine neue ästhetische Dimension gerade für jene Menschen eröffnen kann, die in der Vergangenheit die Vielfalt und Farbenfreudigkeit der persönlichen Erfahrungen ignoriert haben. Dazu rechne ich auch die gesteigerte Kreativität. Mit Kreativität meine ich nicht unbedingt die Fähigkeit, große künstlerische oder wissenschaftliche Werke zu vollbringen.

Es gibt viele verschiedene kreative Möglichkeiten der Gestaltung von Beziehungen in normalen zwischenmenschlichen Interaktionen. Gerade die Fähigkeit der Einbeziehung von Imagination in die persönliche Ausdrucksweise oder die Möglichkeit des gedanklichen Probierens der verrücktesten Alternativen vor einer sozialen Situation kann zu einem einzigartigen und interessanten Ansatz für den Patienten in dieser neuen Situation werden. Hierbei denken wir an die Form von Kreativität, die auch von jemandem wie *Gordon* (1961) bei der Entwicklung der »Synectics« gestützt wird – einer Methode, die sich insbesondere an Wissenschaftler und Ingenieure wendet, um ihnen zu helfen, originelle Wege der Problemlösung zu finden.

Selbstenthüllung in imaginativer Form kann darüber hinaus ein verheißungsvoller Weg der Kommunikation mit einem anderen Menschen sein und tiefere Gefühle beinhalten. Denken Sie an das Lied: »Ich werde dir meinen Traum erzählen, du erzählst mir den deinen.« Neben der gesteigerten Fähigkeit, divergentes Denken zu benutzen (*Guilford*, 1967), ermöglicht das Bewußtwerden der Imagination und die größere Kontrolle im Umgang mit eigenen Tagträumen und Phantasien eine subtilere Wertschätzung der vielen Aspekte von Kunst und Kultur.

Ein großer Teil der bedeutenden Literatur in der westlichen Zivilisation wurde von ziemlich introspektiven Persönlichkeiten produziert, die in Gedichten, Romanen oder philosophischen Aufsätzen ihrem eigenen permanenten Gedankenfluß Aufmerksamkeit gezollt haben. Der Mensch, dessen Sensibilität für Imagination vertieft ist, wird bei der Lektüre der Werke vieler großer klassischer Schriftsteller oder sensitiver moderner Schriftsteller oder Dichter die Überraschung der Erkenntnis und den damit verbundenen Affekt der Freude unmittelbarer erleben. Ein großer Teil der Kunst der Welt repräsentiert, sei es in direkter oder abstrakter Form, den Versuch, persönliche Erfahrung einzufangen und in einer Form dazustellen, die für Mitglieder einer speziellen Kultur einigermaßen nachvollziehbar ist. Größere Sensibilität für die eigene Imagination wird das Gefühl dafür steigern, was der Maler oder der Bildhauer aus *seiner* eigenen Erfahrung mitteilen will.

Ähnlich verhält es sich mit dem Verstehen von Witzen. *McGhee* (1971) hat darauf hingewiesen, daß wir immer noch zuwenig wissen über die Rolle der Phantasie beim Witz. Er hat einmal den Erregungsanstieg und alsdann das Erkenntnismuster genannt als für die Abfolge des Witzes charakteristische Merkmale. Es ist meine eigene Vermutung, daß die Fähigkeit, »auf alles gefaßt zu sein«, wie *Kurt Goldstein* (1940) es zu nennen pflegte, wesentlich ist für die Erzeugung und das Verständnis eines Witzes. Viele Witze sind natürlich eng verbunden mit offensichtlichen Tabuthemen wie z. B. der Sexualität oder den Ausscheidungsfunktionen. Eine beträchtliche Menge der besten Witze jedoch kommen aus einer anderen Richtung und bestehen mehr aus einem Anstieg einer bestimmten Erwartung, dem ein Abfall folgt – manchmal sogar mit einer Spur von Traurigkeit. Denken Sie an das Cartoon von *Charles Addams* von dem einsamen Einhorn, das nachdenklich der davonfahrenden Arche Noah nachschaut. Wilde Umdeutung des Geschehens, wie sie in einigen *Chaplin*- oder *Woody Allen*-Filmen vorkommen, stellen ähnliche Beispiele eines Spiels mit divergenten Prozessen dar, die zu einer Situation führen, die witzig ist gerade aufgrund des sehr dramatischen Abrückens von einer konventionellen Erwartung. Für einen Menschen, der nicht sehr begabt ist, mit seinen eigenen Gedanken und Phantasien zu spielen, wird diese Art von Humor überhaupt nicht lustig sein. Ihm wird das ganze dermaßen komplex und unassimilierbar erscheinen, daß er in Angst und Schrecken versetzt wird ohne irgendeine Gelegenheit, diese Reaktion mit seinem eigenen, schon vorher etablierten Schema für übers Ziel schießende Gedanken zusammenzubringen. Der aktivere Phantasierer, der gewohnt ist, mit verschiedenen Möglichkeiten in Gedanken zu spielen, wird besser vorbereitet sein auf die wilden Themenwechsel eines großen Komödianten, und während er momentan durch den Umschwung überrascht ist, kann er im weiteren Verlauf eine Beziehung herstellen und die wirksame Erregung reduzieren, so daß die Erwartung von Freude oder Gelächter folgt.

In *Chaplins* »Modern Times« sieht der kleine Landstreicher, wie eine rote Fahne von einem vorbeifahrenden Baufahrzeug herunterfällt. Er hebt sie auf und läuft hinter dem Wagen her. Plötzlich kommt eine Parade von Kommunisten um die Ecke genau hinter ihm, und, man braucht es fast nicht auszusprechen, sogleich wird er verwickelt in ein Gewirr von Polizisten. In den »Bananas« von *Woody Allen* ergreift der Held, der von der Polizei verfolgt wird, aus Versehen ein grobzackiges rundes Gerät und folgt einer vorüberkommenden religiösen Prozession, und schafft es auf diese Weise, unentdeckt zu bleiben. Die Szene ist an sich schon lustig, aber noch lustiger, wenn man sie mit der *Chaplin*-Szene von vorhin in Verbindung bringen kann, die *Allen* sicherlich vor Augen hatte.

Ein bedeutender Gewinn therapeutischer Erfahrungen oder imaginativen Trainings, das sich gegenwärtig im Stadium der Erforschung, auch im Rahmen der Arbeit mit Kindern (*Singer*, 1973), befindet, ist eine allgemeine Bereicherung des Verhaltensrepertoires. Man sollte sich im klaren darüber sein, daß wir am Anfang eines wichtigen neuen Forschungsgebietes stehen, in dem es u. a. um die praktikablere Anwendung der großen Speicherkapazität und der imaginativen Fähigkeiten unseres Gehirns geht. Die verschiedenen psychotherapeutischen Anwendungen von Imagination mögen noch unter mangelnder Exaktheit der Definition leiden. Dennoch sind die Erfolge dieser Technik, was z. B. die Beseitigung symptomatischer Angst oder die Erweiterung des persönlichen Horizonts der Patienten anbelangt, unübersehbar. So dürfte allmählich die Zeit gekommen sein, daß Wissenschaftler und Kliniker sich mit der Erforschung einer generellen menschlichen Fähigkeit befassen, deren unerschöpfliches Potential für Psychotherapie, Erziehung und kreatives Leben wir erst zu entdecken beginnen.

Literaturverzeichnis

Ahsen, A. *Basic concepts in eidetic psychotherapy.* New York: Eidetic Publ., 1968.

Alexander, E. D. From play therapy to encounter marathon. *Psychotherapy,* 1969, *6,* 188–193.

Allen, D. T. The crib scene: A psychodramatic exercise. *Psychotherapy,* 1969, *6,* 206–208.

Anant, D. D. A note on the treatment of alcoholics by a verbal aversion technique. *Canadian Psychologist,* 1967, *1,* 19–22.

Antrobus, J. S. Information theory and stimulus-independent thought. *British Journal of Psychology,* 1968, *59,* 423–430.

Antrobus, J. S., Antrobus Judith S., & Singer, J. L. Eye movements accompanying daydreaming, visual imagery, and thought suppression. *Journal of Abnormal and Social Psychology,* 1964, *69,* 244–252.

Antrobus, J. S., Coleman, R., & Singer, J. L. Signal-detection performance by subjects differing in predisposition to daydreaming. *Journal of Consulting Psychology,* 1967, *31,* 487–491.

Antrobus, J. S., & Singer, J. L. Visual signal detection of a function of sequential variability of simultaneous speech. *Journal of Experimental Psychology,* 1964, *68,* 603–610.

Antrobus, J. S., Singer, J. L., Goldstein, S., & Fortgang, M. Mindwandering and cognitive structure. *Transactions of the New York Academy of Sciences,* 1970, *32,* 242–252.

Antrobus, J. S., Singer, J. L., & Greenberg, S. Studies in the stream of consciousness. *Perceptual and Motor Skills,* 1966, *23,* 399–417.

Arieti, S. *The intrapsychic self.* New York: Basic Books, 1967.

Arkin, A. M., Antrobus, J. S., Toth, M., & Sander, K. The effects of REM deprivation on sleep mentation-progress report no. 2. In M. H. Chase, W. C. Stern, & P. L. Walter (Eds.), *Sleep research.* Vol. 1. Los Angeles: Brain Research Institute, 1972.

Ascher, L. M., & Cautela, J. Covert negative reinforcement: An experimental test. *Journal of Behavior Therapy and Experimental Psychology,* 1972, *3,* 1–5.

Aserinsky, E., & Kleitman, N. Regularly occuring periods of eye motility, and concomitant phenomena during sleep. *Science,* 1953, *118,* 273–274.

Ashem, B., & Donner, L. Covert sensitization with alcoholics. A controlled replication. *Behavior Research and Therapy,* 1968, *6,* 7–12.

Assagioli, R. *Dynamic psychology and psychosynthesis.* New York: Psychosynthesis Research Foundation, 1959.

Assagioli, R. *Psychosynthesis:* A manual of principles and techniques. New York: Hobbs, Dorman, 1965.

Assagioli, R. Symbols of transpersonal experiences. *Journal of Transpersonal Psychology* 1969, *1*, 30–37.

Ayer, W. Implosive therapy: A review. *Psychotherapy*, 1972, *9*, 242–250.

Bach, G. *Intensive group psychotherapy*. New York: Roland, 1954.

Bachélard, G. *On poetic imagination and reverie.* New York: Bobbs-Merrill, 1971.

Bachélard, G. *The psychoanalysis of fire.* Boston: Beacon, 1964.

Bachélard, G. *The poetics of reverie.* Boston: Beacon, 1969.

Bakan, P. Hypnotizability, laterality of eye movements and function of brain asymmetry. *Perceptual and Motor Skills,* 1969, *28*, 927–932.

Bakan, P. The eyes have it. *Psychology Today*, 1971, *4*, 64–68.

Baker, B. L. Symptom treatment and symptom substitution in enuresis. *Journal of Abnormal Psychology*, 1969, *74*, 42–49.

Bandler, R. J., Madaras, G. R., & Bern, D. J. Self-observation as a source of pain. *Journal of Personality and Social Psychology*, 1968, *9*, 205–209.

Bandura, A. *Principles of behavior modification.* New York: Holt, Rinehart & Winston, 1969.

Bandura A. *Psychological modeling*. New York: Atherton, 1971.

Bandura, A., & Barab, P. Processes governing disinhibitory effects through symbolic modeling. *Journal of Abnormal Psychology*, 1973, *82*, 1–9.

Bandura, A. Blanchard, E. B., & Ritter, B. Relative efficacy of desensitization and modeling approaches for inducing behavioral, affective, and attitudinal changes. *Journal of Personality and Social Psychology*, 1969, *13*, 173–199.

Bandura, A., Grusec, J. E., & Menlove, F. L. Observational learning as a function of symbolization and incentive set. *Child Development*, 1966, *37*, 499–506.

Bandura, A., & Jeffrey, R. The role of symbolic coding, cognitive organization and rehearsal processes in observational learning. *Journal of Personality and Social Psychology*, 1973, *26*, 122–130.

Bandura, A., & Menlove, F. Factors determining vicarious extinction of avoidance behavior through symbolic modeling. *Journal of Personality and Social Psychology*, 1968, *8*, 99–108.

Barber, T. X. *LSD, marihuana, yoga and hypnosis.* Chicago: Aldine, 1970.

Barber, T. X., & Hahn, K. W., Jr. Experimental studies in »hypnotic« behavior: Physiological ans subjective effects os imagined pain. *Journal of Nervous ans Mental Disease*, 1964, *139*, 416–425.

Barlow, D. H., Leitenberg, H., & Agras, W. S. Experimental control of sexual deviation through manipulation of the noxious scene in covert sensitization. *Journal of Abnormal Psychology*, 1969, *74*, 596–600.

Barolin, G. Spontane Altersregression im Symboldrama und ihre klinische Bedeutung. *Zeitschrift für Psychotherapie und Medizinische Psychologie*, 1961, *3*, 11.

Beck, M. Rehabilitation eines chronischen Trinkers mit der Methode des katathymen Bilderlebens, *Praxis Psychotherapie*, 1968, *13*, 3, 97–103.

Berdach, E., & Bakan, P. Body position and free recall of early memories. *Psychotherapy,* 1967, *4,* 101–102.

Berecz, J. M. The modification of smoking behavior through self-administered punishment of imagined behavior: A new approach to aversion therapy. *Journal of Consulting and Clinical Psychology,* 1972, *38,* 244–250.

Bergin, A. E. Further comments on psychotherapy research and therapeutic practice. *International Journal of Psychiatry,* 1967, *3,* 317–323.

Bergin, A. E. A technique for improving desensitization via warmth, empathy, and emotional re-experiencing of hierarchy events. In R. Rubin & C. M. Franks (Eds.) *Advances in behavior therapy.* New York: Academic Press, 1969.

Berlyne, D. E. *Structure and direction in thinking.* New York: Wiley, 1965.

Berne, E. *Games people play.* New York: Grove, 1964.

Bertini, M., Lewis, H., & Witkin, H. Some preliminary observations with an experimental procedure for the study of hypnogogic and similar phenomena. *Archivio di psicologia, neurologia, e psichiatria,* 1964, *25,* 495–535.

Binet, A. *L'étude experimentale de l'intelligence.* Paris: Alfred Costes, 1922.

Bion, W. R. Experience in groups: I. *Human Relations,* 1948, *1,* 314–320.

Bonime, W. *The clinical use of dreams.* New York: Basic Books, 1962.

Borkavec, T. D. Effects of expectancy on the outcome of systematic desensitization and implosive treatments for analogue anxiety. *Behavior Therapy,* 1972, *3,* 29–40.

Boulogouris, J., & Marks, I. M. Implosion (flooding): A new treatment for phobias. *British Medical Journal,* 1969, *2,* 309–319.

Boulogouris, J., Marks, I. M., & Marset, P. Superiority of flooding (implosion) to desensitization for reducting pathological fear. *Behavior Research and Therapy,* 1971, *9,* 7–16.

Bower, G. H. Imagery as a relational organizer in associative learning. *Journal of Verbal Learning and Verbal Behavior,* 1970, *9,* 529–533. (a)

Bower, G. H. Mental imagery and associative learning. In L. Gregg (Ed.) *Cognition in learning and memory.* New York: Wiley, 1973.

Breger, L., Hunter, I., & Lane, R. W. *The effect of stress dreams.* New York: International Universities Press, 1971.

Breger, L., & McGaugh, J. L. Critique and reformulation of »learning-theory« approaches to psychotherapy and neurosis. *Psychological Bulletin,* 1965, *63,* 338–358.

Broadbent, D. E. *Perception and communication.* New York: Pergamon, 1958.

Bruner, J. S. The course of cognitive growth. *American Psychologist,* 1964, *19,* 1–15.

Caligor, L., & May, R. Dreams and symbols. New York: Basic Books, 1968.

Carlin, M. T. The effects of modeled behavior during imposed delay on the observer's subsequent willingness to delay rewards. *Dissertation Abstracts,* 1966, *26,* 6834–6835.

Cautela, J. R. Treatment of compulsive behavior by covert sensitization. *Psychological Record,* 1966, *16,* 33–41.

Cautela, J. R. Covert sensitization. *Psychological Reports,* 1967, *20,* 459–468.

Cautela, J. R. Behavior therapy and self-control: Techniques and implications. In C. M. Franks (Ed.) *The assessment and status of the behavior therapies and associated development.* New York: McGraw-Hill, 1969.

Cautela, J. R. Covert reinforcement. *Behavior Therapy,* 1970, *1,* 33–50.

Cautela, J. R. Covert extinction. *Behavior Therapy,* 1971, 2, 192–200.

Cautela, J. R. Reinforcement survey schedule: Evaluation and current applications. *Psychological Reports,* 1972, *30,* 683–690.

Cautela, J. R. Covert conditioning. Unpublished manuscript, 1974.

Cautela, J. R., & Kastenbaum, R. A reinforcement survey schedule for use in therapy, training, and research. *Psychological Reports,* 1967, *20,* 1115–1130.

Cautela, J. R., Steppen, J., & Wish, P. An experimental test of covert reinforcement. *Journal of Consulting and Clinical Psychology,* 1974 (in press).

Cautela, J. R., Walsh, K., & Wish, P. The use of covert reinforcement in the modification of attitudes toward the mentally retarded. *The Journal of Psychology,* 1971, *77,* 257–260.

Cautela, J. R., & Wisocki, P. A. Covert sensitization for the treatment of sexual deviations. *Psychological Record,* 1971, *21,* 37–48.

Chapman, C., & Feather, R. Sensitivity to phobic imagery: A sensory decision theory analysis. *Behavior Research and Therapy.* 1971, *9,* 161–168.

Chase, M., Stern, C. S., & Walter, P. L. *Sleep research,* Vol. 1. Los Angeles: Brain Research Institute, 1972.

Chateau, J. *L'enfant et le jeu.* Paris: Scarabee, 1967.

Chittenden, G. E. An experimental study in measuring and modifying assertive behavior in young children. *Monographs of the Society for Research in Child Development,* 1942 (*1,* Serial No. 31).

Clark, P. The phantasy method of analysing narcissistic neuroses. *Psychoanalytic Review,* 1925, *13,* 225–232.

Crampton, M. The visual »Who am I?« method: An approach to experience of the self. Psychosynthesis Research Foundation, 1968, *23,* 19–40.

Darwin, P. L., & McBrearty, J. F. The subject speaks up in desensitization. In R. Rubin & C. M. Franks (Ed.), *Advances in behavior therapy,* 1968. New York: Academic Press, 1969.

Daudet, L. *Le rêve éveillé.* Paris: Bernard Grasset, 1926.

Davison, G. C. Elimination of a sadistic fantasy by a client-controlled counter-conditioning technique: A case study. *Journal of Abnormal Psychology,* 1969, *73,* 84–90.

Davison, G. C., & Wilson, G. T. Critique of »Desensitization: Social and cognitive factors underlying the effectiveness of Wolpe's procedure.« *Psychological Bulletin,* 1972, *78,* 28-31.

Day, M. E. An eye-movement indicator of type and level of anxiety: Some clinical observations. *Journal of Clinical Psychology*, 1967, *23*, 428–441.

Desoille, R. *Exploration de l'affectivité subconsciente par la méthode du rêve éveillé*. Paris: D'Autry, 1938.

Desoille, R. *Le rêve éveillé en psychothérapie (essaie sur la fonction de régulation de l'inconscient collectif)*. Paris: P.O.F., 1945.

Desoille, R. *Theorie et pratique du rêve éveillé dirigé*. Geneva: Mont-Blanc, 1961.

Desoille, R. Groupe d'études du rêve éveillé dirigé en psychothérapie. Séance du 26 mai 1966. *Bulletin de la Société de recherches psychothérapiques de langue française*, 1966, *IV*, 52–59.

Donnars, J. Troubles de la sphère ano–genito–urinaire révelés par l'imagerie mentale. *Proceedings of 3rd International Congress of Le Société Internationale des Techniques d'Imagerie Mentale, Cortina, Italy, 1970.*

Drucker, E. Studies on the role of temporal uncertainty in the deployment of attention. Unpublished doctoral dissertation. The City University of New York, 1969.

Dunn, S., Bliss, J., & Siipola, E. Effects of impulsivity, introversion and individual values upon association under free conditions. *Journal of Personality*, 1958, *26*, 61–76.

Dweck, C. The role of expectations and attributions in the alleviation of learned helplessness in a problem-solving situation. *Dissertation Abstracts International*, 1972, *33*, 2317, 2318.

Ekman, P., Friesen, W. V., & Ellsworth, P. *Emotions in the human face: Guidelines for research and a review of findings*. New York: Pergamon, 1971.

Ellis, A. The no cop-out theory. *Psychology Today*, 1973, *7*, 56–60.

Fazio, A. F. Treatment components in implosive therapy. *Journal of Abnormal Psychology*, 1970, *76*, 211–219.

Feingold, L. An automated technique for aversive conditioning in sexual deviations. In R. Rubin & C. M. Franks (Eds.), *Advances in behavior therapy*. New York: Academic Press, 1969.

Feldman, M. P. Aversion therapy for sexual deviations: A critical review. *Psychological Bulletin*, 1966, *65*, 65–79.

Feldman, M. P., & MacCulloch, M. J. The application of anticipatory avoidance learning to the treatment of homosexuality. I: Theory, technique and preliminary results. *Behavior Research and Therapy*, 1965, *2*, 165–183.

Feldstein, S. REM sleep deprivation and waking thought. Unpublished doctoral dissertation, City University of New York, 1972.

Fenichel, O. *The psychoanalytic theory of neurosis*. New York: Norton, 1945.

Filler, M. S., & Giambra, L. M. Daydreaming as a function of cueing and task difficulty. *Perceptual and Motor Skills*, 1974, in press.

Fischer, R. A cartography of ecstatic and meditative states, *Science*, 1971, *174*, 897–904.

Foulkes, D. *The psychology of sleep*. New York: Scribners, 1966.

Frétigny, R., & Virel, A. Imagerie mentale et odeurs. Proceedings of the

2nd Conference of the International Society of Mental Imagery Techniques, Paris, 1967.
Frétigny, R., & Virel, A. *L'imagerie*. Geneva: Mont-Blanc, 1968.
Freud, S. »Studien über Hysterie«. Frankfurt, Fischer 1970.
Freud, S. »Vorlesungen zur Einführung in die Psychoanalyse und Neue Folge«. Frankfurt, Fischer 1972.
Freud, S. »Die Traumdeutung«. Frankfurt, Fischer 1972.
Freud, S. »Behandlungstechnik. Ergänzungsband«. Frankfurt, Fischer 1972.
Freyberg, J. T. Increasing the imaginative play of urban disadvantaged kindergarten children through systematic training. In J. L. Singer, *The child's world of make-believe*. New York: Academic Press, 1973.
Fromm, E. *The forgotten language*. New York: Rinehart, 1951.
Fusella, V. Blocking of an external signal through self-projected imagery: The role of inner-acceptant personality style and categories of imagery. Unpublished doctoral dissertation, City University of New York, 1972.
Geissman, P., & Noel, C. EEG study with frequency analysis and polygraphy of autogenic training. *Proceedings of the 3rd World Congress of Psychiatry*, 1961, *3*, 468–472.
Gendlin, E. T. Focusing. *Psychotherapy*, 1969, *6*, 4–15.
Gerard, R. Psychosynthesis: A psychotherapy for the whole man. *Psychosynthesis Research Foundation*. Issue no. 14, 1964.
Gerst, M. S. Symbolic coding process in observational learning. *Journal of Personality and Social Psychology*, 1971, *19*, 9–17.
Gold, S., & Neufeld, I. L. A learning approach to the treatment of homosexuality. *Behavior Research and Therapy*, 1965, 2, 201–204.
Goldfried, M. Systematic desensitization as training in self-control. *Journal of Consulting and Clinical Psychology*, 1971, *37*, 228–234.
Goldstein, K. *Human nature in the light of psychopathology*. Cambridge, Massachusetts: Harvard University Press, 1940.
Gordon, W. J. J. *Synectics: The development of creative capacity*. New York: Harper and Brothers, 1961.
Gottlieb, S. Modeling effects upon fantasy. In J. L. Singer, *The child's world of make-believe*. New York: Academic Press, 1973.
Green, E. E., Green, A. M., & Walters, E. D. Voluntary control of internal states: Psychological and Physiological. *Journal of Transpersonal Psychology*, 1970, 2, 1–26.
Green, M., Ullman, M., & Tauber, E. Dreaming and modern dream theory. In J. Marmor (Ed.), *Modern psychoanalysis*. New York: Basic Books, 1968.
Greene, R. J. & Reyher, J. Pain tolerance in hypnotic analgesic and imagination states. *Journal of Abnormal Psychology*, 1972, *79*, 29–38.
Grey, A. Oedipus in Hindu dreams, Gandhi's life and Erikson's concepts. *Contemporary Psychoanalysis*, 1973, *9*, 327–355.
Grossberg, J. M., & Wilson, H. Physiological changes accompanying the visualization of fearful and neutral situations. *Journal of Personality and Social Psychology*, 1968, *10*, 124–133.
Guilford, J. P. *The nature of human intelligence*. New York: McGraw-Hill, 1967.

Haber, R. N. How can we remember what we see? *Scientific American*, 1970, *222*, 104–112.

Haber, R. N., & Haber, R. B. Eidetic imagery, I. Frequency. *Perceptual and Motor Skills*, 1964, *19*, 131–138.

Hall, C. S., & Lind, R. E. *Dreams, life and literature: A study of Franz Kafka.* Chapel Hill, North Carolina: Univ. of North Carolina Press, 1970.

Hall, E. S., & Nordby, V. J. *The individual and his dreams.* New York: Signet, 1972.

Hammer, M. The directed daydream technique. *Psychotherapy*, 1967, *4*, 173–181.

Happich, C. Das Bildbewußtsein als Ansatzstelle psychischer Behandlung. *Zentralblatt Psychotherapie*, 1932, *5*.

Hariton, B., & Singer, J. L. Women's fantasies during marital intercourse. *Journal of Consulting and Clinical Psychology.* 1974. (In press.).

Hartmann, H. *Ego psychology and the problem of adaptation.* New York: International Universities Press, 1958.

Hebb, D. O. The American revolution. *American Psychologist*, 1960, *15*, 735–745.

Hebb, D. O. Concerning imagery. *Psychological Review*, 1968, *75*, 466–477.

Hilgard, E. R. *Hypnotic susceptibility.* New York: Harcourt, 1965.

Hilgard, E. R. A neodissociation interpretation of pain reduction in hypnosis. *Psychological Review*, 1973, *80*, 396–411.

Hodgson, R. J., & Rachman, S. An experimental investigation of the implosion technique. *Behavior Research and Therapy*, 1970, *8*, 21–28.

Hogan, R. A., & Kirchner, J. H. A preliminary report of the extinction of learned fears via short term implosive therapy. *Journal of Abnormal Psychology*, 1967, *72*, 106–111.

Hogan, R. A., & Kirchner, J. H. Implosive, eclectic, verbal and bibliotherapy in the treatment of fears of snakes. *Behavior Research and Therapy*, 1968, *6*, 167–171.

Holt, R. Imagery: The return of the ostracized. *American Psychologist*, 1964, *19*, 254–264.

Holt, R. Beyond vitalism and mechanism. In J. H. Massenman (Ed.), *Science and psychoanalysis*, Vol. XI. New York: Grune & Stratton, 1967.

Holt, R. On the nature and generality of mental imagery. In P. Sheehan (Ed.), *The function and nature of imagery.* New York: Academic Press, 1972.

Horowitz, M. J. *Image formation and cognition.* New York: Appleton, 1970.

Howlett, S., & Nawas, M. M. Exposure to aversive imagery and suggestion in systematic desensitization. In R. Rubin, H. Fensterheim, A. A. Lazarus, & C. M. Franks (Eds.), *Advances in behavior therapy.* New York: Academic Press, 1971.

Hume, D. *An Inquiry concerning human understanding.* Chicago: Open Court, 1912.

Izard, C. E. *The face of emotion.* New York: Appleton, 1971.

Izard, C. E. *Patterns of emotions.* New York: Academic Press, 1972.

Jackson, J. H. *Selected writings*, 2 vols. New York: Basic Books, 1958.

Jacobs, A., & Sachs, L. B. *The psychology of private events.* New York: Academic Press, 1971.

Jacobsen, E. *Progressive relaxation.* Chicago: Univ. of Chicago Press, 1938.

Jaensch, E. R. *Eidetic imagery and typological methods of investigation.* New York: Harcourt, 1930.

James, W. *Principles of psychology.* New York: Holt, 1890.

Janda, L. H., & Rimm, D. C. Covert sensitization in the treatment of obesity. *Journal of Abnormal Psychology.* 1972, *80*, 37–42.

Johnsgard, K. W. Symbol confrontation in a recurrent nightmare. *Psychotherapy*, 1969, *6*, 177–187.

Johnson, L. C. Are stages of sleep related to waking behavior? *American Scientist*, 1973, *61*, 326–338.

Jones, E. E., Kanouse, D. E., Kelly, H. H., Nisbett, R., Valins, S., & Weiner, B. *Attribution.* Morristown, New Jersey: General Learning Press, 1972.

Jones, M. C. The elimination of childrens' fears. *Journal of Experimental Psychology*, 1924, *7*, 382–390.

Jung, C. G. *Contributions to analytical psychology.* London: Kegan, Paul, Trench, Trubner, 1928.

Jung, C. G. *Man and his symbols.* New York: Dell, 1968.

Kagan, J. Reflection-impulsivity: The generality and dynamics of conceptual tempo. *Journal of Abnormal Psychology*, 1966, *71*, 17–24.

Kagan, J., & Klein, R. Cross-cultural perspectives in early development. *American Psychologist*, 1973, *28*, 947–961.

Kamil, L. J. Psychodynamic changes through systematic desensitization. *Journal of Abnormal Psychology*, 1970, *76*, 199–205.

Kantor, J. R. *Problems of physiological psychology.* Bloomington, Indiana: Principia Press, 1947.

Kanzer, M. Image formation during free association. *The Psychoanalytic Quarterly*, 1958, *27*, 465–484.

Kaplan, E. K. Gaston Bachelard's philosophy of imagination: An introduction. *Philosophy and Phenomenological Research*, 1972, *33*, 1–24.

Keen, S. A conversation about ego destruction with Oscar Ichazo. *Psychology Today*, 1973, *7*, 64–96.

Kelly, G. A. *The psychology of personal constructs*, Vol. II. *Clinical diagnosis and psychotherapy.* New York: Norton, 1955.

Kinsbourne, M. The control of attention by interaction between the cerebral hemispheres. Paper presented at the Fourth International Symposium on Attention and Performance, Boulder, Colorado, 1971.

Kirchner, J. H., & Hogan, R. A. The therapist variable in the implosion of phobias. *Psychotherapy*, 1966, *3*, 102–104.

Klein, G. Peremptory ideation: Structure and force in motivated ideas. In R. R. Holt (Ed.), *Motives and thought.* New York: International Universities Press, 1967.

Kleitman, N. *Sleep and wakefulness.* Chicago: University of Chicago Press, 1963.

Klinger, E. *Structure and function of fantasy.* New York: Wiley, 1970.

Kocel, K., Galin, D., Ornstein, R., & Merrin, E. L. Lateral eye movement and cognitive mode. *Psychonomic Science*, 1972, *27*, 223–228.

Koch, W. Psychotherapeutische Kurzbehandlung Somnambuler Flucht-Zu-

stände mit dem Symboldrama nach Leuner. *Praxis der Psychotherapie*, 1962, *7*, 5, 214–217.
Koch, W. Experience catathyme des symboles. *Informations de la Société Internationale des Techniques d'imagerie Mentale* (Proceedings of the 1st annual Congress). Paris: SITIM, 1968.
Kolvin, I. Aversive imagery treatment in adolescents. *Behavior Research and Therapy*, 1967, *5*, 506–515.
Kornadt, H. J. Der Zusammenhang zwischen allgemeinem Anspruchsniveau und bestimmten Merkmalen bildhafter Vorstellungen. *Referat vom Internationalen Kongreß für Psychologie*, Bonn, 1960.
Kosbab, F. P. Symbolism, self-experience and the deductic use of affective imagery in psychiatric training. *Zeitschrift für Psychotherapie und Medizinische Psychologie*, 1972, *22*, 210–224.
Krapfl, J. E. Differential ordering of stimulus presentation and semi-automated versus live treatment in the systematic desensitization of snake phobia. Unpublished doctoral dissertation, University of Missouri, 1967.
Kretschmer, E. Gestufte Aktivhypnose zweigleisige Standard Methode. *Handbuch der Neurosenlehre und Psychotherapie*, 1959, *IV*, 130–141.
Krippke, D., & Sonnenschein, R. A 90 minute daydream cycle. *Proceedings of the Association for the Psychophysiological Study of Sleep*, San Diego, California, 1973.
Kroth, J. A. The analytic couch and response to free association. *Psychotherapy: Theory, Research and Practice*, 1970, *7*, 206–208.
Kubie, L. The use of induced hypnotic reveries in the recovery of repressed amnesic data. *Bulletin of the Menninger Clinic*, 1943, *7*, 172–183.
Kubie, L. The use of induced hypnotic reverie in the recovery of anamnesic data. *Bulletin of the Menninger Clinic*, 1972, *7*, 172–183.
Lashley, D. S. *Brain mechanisms and intelligence*. Chicago: Univ. of Chicago Press, 1929.
Lazarus, A. A. Group therapy of phobic disorders by systematic desensitization. *Journal of Abnormal and Social Psychology*, 1961, *63*, 505–510.
Lazarus, A. A. *Behavior therapy and beyond*. New York: McGraw-Hill, 1971.
Lazarus, A. A., & Abramovitz, A. The use of »emotive imagery« in the treatment of children's phobias. *Journal of Mental Science*, 1962, *108*, 191–195.
Leask, J., Haber, R. N., & Haber, R. B. Eidetic imagery in children, II. Longitudinal and experimental results. Unpublished manuscript, University of Rochester, 1968.
Lefkowitz, M. M., Blake, R. R., & Mouton, J. S. Status factors in pedestrian violation of traffic signals. *Journal of Abnormal and Social Psychology*, 1955, *51*, 175–183.
Leitenberg, H. Practice as a psychotherapeutic variable: An experimental analysis within single cases. *Journal of Psychiatric Research*, 1970, *7*, 215–225.
Leitenberg, H., Agras, W. S., Barlow, D. H., & Oliveau, D. C. Contribution of selective positive reinforcement and therapeutic instructions to systematic desensitization therapy. *Journal of Abnormal Psychology*, 1969, *74*, 113–118.

Leuner, H. Kontrolle der Symbolinterpretation im experimentellen Verfahren. *Zeitschrift für Psychotherapie und Medizinische Psychologie*, 1954.

Leuner, H. Symbolkonfrontation, ein nicht-interpretierendes Vorgehen in der Psychotherapie. *Schweiz Archiv Neurologie und Psychiatrie*, 1955.

Leuner, H. Das Landschaftsbild als Metaphor dynamischer Strukturen. In *Festschrift zum 70. Geburtstag von E. Speer*. München: Lehmanns Verlag, 1959.

Leuner, H. Guided affective imagery (GAI): A method of intensive psychotherapy. *American Journal of Psychotherapy*, 1969, *23*, 4–22.

Leuner, H. Katathymes Bilderleben mit Kindern und Jugendlichen. München/Basel, Ernst Reinhardt Verlag 1977.

Levis, D. J., & Carrera, R. Effects of ten hours of implosive therapy in the treatment of out-patients: A preliminary report. *Journal of Abnormal Psychology*, 1967, *72*, 504–508.

Lewis, H. R., & Streitfeld, S. *Growth games*. New York: Harcourt, 1971.

Linden, W. Meditation, cognitive style and reading in elementary school children. Unpublished doctoral dissertation, New York University, 1971.

Locke, E. Is »behavior therapy« behavioristic? (An analysis of Wolpe's psychotherapeutic methods). *Psychological Bulletin*, 1971, *76*, 318–327.

Luchins, A. S., & Luchins, E. J. Learning a complex ritualized social role. *Psychological Record*, 1966, *16*, 177–187.

McClelland, D. C., Atkinson, J. W., Clark, R. A., & Lowell, E. L. *The achievement motive*. New York: Appleton, 1953.

McClelland, D. C., Davis, W., Kalin, R., & Wanner, E. *The drinking man: Alcohol and human motivation*. New York: Free Press, 1972.

McFall, R. M., & Twentyman, C. T. Four experiments on the relative contributions of rehearsal, modeling, and coaching to assertion training. *Journal of Abnormal Psychology*, 1973, *81*, 199–218.

McGhee, P. Development of the humor response: A review of the literature. *Psychological Bulletin*, 1971, *76*, 328–348.

McGuigan, F. J. *Thinking: Studies of covert language processes*. New York: Appleton, 1966.

McKellar, P. *Imagination and thinking*. New York: Basic Books, 1957.

McKellar, P. Imagery from the standpoint of introspection. In P. Sheehan (Ed.), *The function and nature of imagery*. New York: Academic Press, 1972.

Malleson, N. Panic and phobia: A possible method of treatment. *Lancet*, 1959, *1*, 225–227.

Marks, D. Individual differences in the vividness of visual imagery and their effect on function. In P. Sheehan (Ed.), *The function and nature of imagery*. New York: Academic Press, 1972.

Marks, I. M. *Fears and phobias*. New York: Academic Press, 1969.

Marshall, H., & Hahn, S. C. Experimental modification of dramatic play. *Journal of Personality and Social Psychology*, 1967, *5*, 119–122.

Masters, R., & Houston, J. *Mind games*. New York: Viking Press, 1972.

Matefy, R. E. Behavior therapy to extinguish spontaneous recurrences of LSD effects: A case study. *Journal of Nervous and Mental Disease*, 1973, *156*, 226–231.

Mathews, A. Psychophysiological approaches to the investigation of desensitization and related procedures. *Psychological Bulletin,* 1971, *76,* 73–91.

Maupin, E. W. Individual differences in response to a Zen meditation exercise. *Journal of Consulting Psychology,* 1965, *29,* 139–145.

May, J. & Johnson, H. Physiological activity to internally elicited arousal and inhibitory thoughts. *Journal of Abnormal Psychology,* 1973, *82,* 239–245.

Meichenbaum, D. The effects of instructions and reinforcement on thinking and language behaviors of schizophrenics. *Behavior Research and Therapy,* 1969, 7, 101–114.

Meichenbaum, D. Examination of model characteristics in reducing avoidance behavior. *Journal of Personality and Social Psychology,* 1971, *17,* 298–307. (a)

Meichenbaum, D. Cognitive factors in behavior modification: Modifying what people say to themselves. Paper presented at the 5th annual meeting of the Association for the Advancement of Behavior Therapy, Washington, D.C., 1971. (b)

Meichenbaum, D. Clinical implications of modifying what clients say to themselves. Research Report No. 42, University of Waterloo, Waterloo, 1972.

Meichenbaum, D. & Goodman, J. Reflection-impulsivity and verbal control of motor behavior. *Child Development,* 1969, *40,* 785–797.

Meichenbaum, D., & Goodman, J. Training impusive children to talk to themselves. *Journal of Abnormal Psychology,* 1971, *77,* 115–126.

Meltzoff, J., & Kornreich, M. *Research in psychotherapy.* New York: Atherton, 1970.

Meskin, B., & Singer, J. L. Daydreaming, reflective thought and laterality of eyemovements. *Journal of Personality and Social Psychology,* 1974. (In press.)

Miller, G., Galanter, E., & Pribram, K. *Plans and the structure of behavior.* New York: Holt, 1960.

Moreno, J. L. Reflections on my method of group psychotherapy and psychodrama. In H. Greenwald (Ed.), *Active psychotherapy.* New York: Atherton, 1967.

Morgan, R., & Bakan, P. Sensory deprivation hallucinations and other sleep behavior as a function of position, method of report, and anxiety. *Perceptual and Motor Skills,* 1965, *20,* 19–25.

Morgenstern, L. Implosive therapy and flooding procedures: A critical review. *Psychological Bulletin,* 1973, *79,* 318–334.

Mumford, L. *The myth of the machine.* London: Secker & Warburg, 1967.

Neisser, U. *Cognitive psychology.* New York: Appleton, 1967.

Neisser, U. Changing conceptions of imagery. In P. Sheehan (Ed.), *The function and nature of imagery.* New York: Academic Press, 1972.

Nerenz, K. Die musikalische Beeinflussung des experimentellen katathymen Bilderlebens und ihre psychotherapeutische Wirkung. Dissertationen Göttingen, 1965.

Nerenz, K. Das musikalische Symboldrama als Hilfsmethode in der Psychotherapie. *Zeitschrift für Psychotherapie und Medizinische Psychologie,* 1969.

O'Connor, R. D. Modification of social withdrawal through symbolic modeling. *Journal of Applied Behavior Analysis,* 1969, *2,* 15–22.
Orne, M. T. The nature of hypnosis: Artifact and essence. *Journal of Abnormal and Social Psychology,* 1959, *58,* 277–299.
Oswald, I. *Sleeping and waking.* New York: Elsevier, 1962.
Paivio, A. *Imagery and verbal processes.* New York: Holt, Rinehart & Hinston, 1971.
Paul, G. L. *Insight vs. desensitization in psychotherapy.* Stanford, California: Stanford Univ. Press, 1966.
Paul, G. L. Insight vs. desensitization in psychotherapy two years after termination. *Journal of Consulting Psychology,* 1967, *31,* 333–348.
Paul, G. I.. Two-year follow-up of systematic desensitization in therapy groups. *Journal of Abnormal Psychology,* 1968, *73,* 119–130.
Perky, C. W. An experimental study of imagination. *American Journal of Psychology,* 1910, *21,* 422–452.
Perls, F. *Gestalt therapy verbatim.* New York: Bantam, 1970.
Perls, F. *In and out of the garbage pail.* New York: Bantam, 1972.
Perls, F., Goodman, P., & Hefferline, R. *Gestalt therapy.* New York: Dell, 1951.
Piaget, J. *The child's conception of physical causality.* New York: Harcourt, 1930.
Piaget, J. *Language and thought of the child.* New York: Harcourt, 1932.
Piaget, J. *Play, dreams, and imitation in childhood.* New York: Norton, 1962.
Pflaum, G. Erste Ergebnisse des musikalischen Katathymen Bilderlebens in seiner Anwendung als Gruppen-Therapie. Medizinische Dissertation Göttingen, 1968.
Polanyi, M. *The tacit dimension.* New York: Doubleday, 1966.
Premack, D. Toward empirical behavior laws: I. Positive reinforcement. *Psychological Review,* 1959, *66,* 219–233.
Rachman, S. Aversion therapy: Chemical or electrical? *Behavior Research and Therapy,* 1965, *2,* 289–300.
Rachman, S. *Phobias: Their nature and control.* Springfield, Illinois: Charles C Thomas, 1968.
Rachman, S. The treatment of anxiety and phobic reactions by systematic desensitization psychotherapy. *Journal of Abnormal and Social Psychology,* 1959, *58,* 259–263.
Rachman, S., & Teasdale, J. *Aversion therapy and behavior disorders: An Analysis.* Coral Gables, Florida: University of Miami Press, 1969.
Rapaport, D. *Organization and pathology of thought.* New York: Columbia University Press, 1951.
Rapaport, D. The psychoanalytical theory of motivation. In *Nebraska Symposium on Motivation.* Lincoln, Nebraska: University of Nebraska Press, 1960.
Reese, H. W. Imagery and contextual meaning. *Psychological Bulletin,* 1970, *73,* 404–414. (a)
Reese, H. W. Imagery in children's paired associate learning. *Journal of Experimental Psychology,* 1970, *9,* 174–178. (b)
Reese, H. W. Implications of mnemonic research for cognitive theory. Paper

read at Southeastern Conference on Research in Child Development. Athens, Georgia, 1970 (mimeographed). (c)

Reich, W. *Character analysis.* (2nd ed.) New York: Orgone Institute Press, 1945.

Reppucci, N. D., & Baker, B. Self-desensitization: Implications for treatment and teaching. In R. Rubin & C. M. Franks (Eds.), *Advances in behavior therapy, 1968.* New York: Academic Press, 1969.

Rescorla, R. A. Pavlovian conditioned inhibition. *Psychological Bulletin,* 1969, *72,* 77–94.

Rescorla, R. A., & Solomon, R. L. Two-process learning theory: Relationships between Pavlovian conditioning and instrumental learning. *Psychological Review,* 1967, *74,* 151–182.

Rescorla, R. A., & Wagner, A. R. theory of Pavlovian conditioning: Variations in the effectiveness of reinforcement and nonreinforcement. In A. Black & W. F. Prokasy (Eds.), *Classical conditioning II.* New York: Appleton, 1972.

Reyher, J. Free imagery: An uncovering procedure. *Journal of Clinical Psychology,* 1963, *19,* 454–459.

Reyher, J., & Morishige, H. EEG and rapid eye movements during free imagery and dream recall. *Journal of Abnormal Psychology,* 1969, *74, 576–582.*

Reyher, J., & Smeltzer, W. The uncovering properties of visual imagery and verbal association: A comparative study. *Journal of Abnormal Psychology,* 1968, *73,* 218–222.

Richardson, A. *Mental imagery.* New York: Springer, 1969.

Rigo, L. L. La psicoterapia con il rêve éveillé dirigé. *Archivio di Psicologia, Neurologia e Psychiatria,* 1962, *25,* 45.

Rigo, L. L. Histoire de notre image (d'André Virel). Une guistificazione genetico-historica dei fondamenti tecnici della psicoterapia con il rêve éveillé de Desoille. *Mierva Medico-psicologica, Torino (Italy),* 1966, 7.

Rigo, L. L. L'imagerie di gruppo negli adulti. Proceedings of the 3rd International Congress of the Société International des Techniques d'Imagerie Mentale. Cortina, Italy, 1970.

Rigo-Uberto, S. Un caso di sintomatologia neurolica grave fobico-ossessiva in un S. preadolescente trattato con un tecnica psicoterapica includente anche l'imagerie mentale. Paper read at the 3rd International Congress of the Société International des Techniques d'Imagerie Mentale. Cortina, Italy, 1970.

Robertiello, R. Encouraging the patient to live out sexual fantasies. *Psychotherapy: Theory, Research and Practice,* 1969, *6,* 183–187.

Rohwer, W. D., Jr. Images and pictures in children's learning. *Psychological Bulletin,* 1970.

Rotter, J. Social learning and clinical psychology. Englewood Cliffs, New Jersey: Prentice-Hall, 1954.

Rubinstein, B. Explanation and more descriptions: a meta-scientific examination of certain aspects of the psychoanalytical theory of motivation. In R. Holt (Ed.), *Motives and thought: Psychoanalytic essays in honor of David Rapaport. Psychological Issues,* 1967, *5* (no. 2–3, monograph 18/19).

Rychlak, J. Time orientation in the positive and negative free phantasies of

mildly abnormal versus normal highschool males. *Journal of Consulting and Clinical Psychology,* 1973, *41,* 175–180.
Salter, A. *Conditioned reflex therapy.* New York: Farrar, Strauss, 1949.
Sanderson, R., Campbell, D., & Laverty, S. An investigation of a new aversive conditioning technique for alcoholism. In C. M. Franks (Ed.), *Conditioning techniques in clinical practice and research.* New York: Springer, 1964. Pp. 165–177.
Sarbin, T. R. Imagining as muted role-taking: A historical-linguistic analysis. In P. Sheehan (Ed.), *The function and nature of imagery.* New York: Academic Press, 1972.
Sarbin, J. R., & Anderson, M. L. Role-theoretical analysis of hypnotic behavior. In J. E. Gordon (Ed.), *Handbook of clinical and experimental hypnosis.* New York: Macmillan, 1967.
Sarbin, T. R., & Juhasz, J. B. Toward a theory of imagination. *Journal of Personality,* 1970, *38,* 52–76.
Schachtel, E. *Metamorphosis.* New York: Basic Books, 1959.
Schaub, A. On the intensity of images. *American Journal of Psychology,* 1911, *22,* 346–368.
Scheidler, T. Use of fantasy as a therapeutic agent in latency age groups. *Psychotherapy,* 1972, *9,* 299–303.
Schilder, P. *Medical psychology.* New York: International Universities Press, 1953.
Schlosberg, H. Three dimensions of emotion. *Psychological Review,* 1954, *61,* 81–88.
Schultz, J. H. *Le Training autogene.* Paris: Paris University Press, 1967.
Schultz, J. H., & Luthe, W. *Autogenic training: A physiologic approach in psychotherapy.* New York: Grune & Stratton, 1959.
Schutz, W. C. *Joy: Expanding human awareness.* New York: Grove Press, 1967.
Schwartz, A. N., & Hawkins, H. L. Patient models and affect statements in group therapy. Proceedings of the 73rd Annual Convention of the American Psychological Association, 1965, 265–266.
Schwartz, G. E. Cardiac responses to self-induced thoughts. *Psychophysiology* 1971, *8,* 462–467.
Seamon, J. Imagery codes and human information retrieval. *Journal of Experimental Psychology,* 1972, *96,* 468–470.
Seamon, J. Coding and retrieval processes and the hemispheres of the brain. In S. J. Dimond & J. G. Beaumont (Eds.), *Hemisphere function in the human brain.* London: Paul Elek, 1973.
Segal, E. M., & Lachman, R. Complex behavior or higher mental process: Is there a paradigm shift? *American Psychologist,* 1972, *27,* 46–55.
Segal, S. J. (Ed.), *Imagery: Current cognitive approaches.* New York: Academic Press, 1971.
Segal, S. J., & Glickman, M. Relaxation and the Perky effect: The influence of body position and judgments of imagery. *American Journal of Psychology,* 1967, *60,* 257–262.
Sheehan, P. Functional similarity of imagery and perceiving: individual differences in vividness of imagery. *Perceptual and Motor Skills,* 1966, *23,* 1011–1033.

Sheehan, P. *The function and nature of imagery.* New York: Academic Press, 1972.

Sheffield, F. D. Theoretical considerations in the learning of complex sequential tasks from demonstration and practice. In A. A. Lumsdaine (Ed.), *Student response in programmed instruction.* Washington, D. C.: National Academy of Sciences–National Research Council, 1961, 117–131.

Shorr, J. E. The existential question and the imaginary situation as therapy. *Existential Psychiatry,* 1967, *6,* 443–462.

Shorr, J. E. *Psycho-imagination therapy.* New York: Intercontinental Medical Book Corporation, 1972.

Silberer, H. On symbol formation. In D. Rapaport (Ed.), *Organization and pathology of thought.* New York: Columbia Univ. Press, 1951.

Simpson, H. M., & Paivio, A. Changes in pupil size during an imagery task without motor involvement. *Psychonomic Science,* 1966, *5,* 405–406.

Singer, D. L. Aggression arousal, hostile humor, catharsis. *Journal of Personality and Social Psychology Monograph Supplement,* 1968, *8,* 1–4.

Singer, E. *Key concepts in psychotherapy.* New York: Random House, 1965.

Singer, J. L. *Daydreaming.* New York: Random House, 1966.

Singer, J. L. Drives, affects and daydreams. In J. S. Antrobus (Ed.), *Cognition and affect.* Boston: Little, Brown, 1970.

Singer, J. L. The influence of violence portrayed in television or movies upon overt aggressive behavior. In J. L. Singer (Ed.), *The control of aggression and violence.* New York: Academic Press, 1971. (a)

Singer, J. L. Imagery and daydream techniques employed in psychotherapy: Some practical and theoretical implications. In Charles Spielberger (Ed.), *Current topics in clinical and community psychology,* Vol. 3. New York: Academic Press, 1971. (b)

Singer, J. L. *The child's world of make-believe: Experimental studies of imaginative play.* New York: Academic Press, 1973.

Singer, J. L., & Antrobus, J. S. A factor-analytic study of daydream and conceptually-related cognitive and personality variables. *Perceptual and Motor Skills, Monograph Supplement, 3–VI7,* 1963.

Singer, J. L., & Antrobus, J. S. Eye movements during fantasies, *A.M.A. Archives of General Psychiatry,* 1965, *12,* 71–76.

Singer, J. L., & Antrobus, J. S. Daydreaming, imaginal processes, and personality: A normative study. In P. Sheehan (Ed.), *The function and nature of imagery.* New York: Academic Press, 1972.

Singer, J. L., Antrobus, J. S., & Auster, N. Stimulus-independent thought content and tolerance for silence. In preparation.

Singer, J. L., Greenberg, S., & Antrobus, J. S. Looking with the mind's eye: Experimental studies of ocular motility during daydreaming and mental arithmetic. *Transactions of the New York Academy of Sciences,* 1971, *33,* 694–709.

Singer, J. L., & Singer, D. Personality. *Annual Review of Psychology,* 1972, *23,* 375–412.

Skinner, B. F. *Science and human behavior.* New York: MacMillan, 1953.

Smilansky, S. *The effects of sociodramatic play on disadvantaged preschool children.* New York: Wiley, 1968.

Smith, Adam (Jerry Goodman). Alumni notes – Altered States U. *Psychology Today*, 1973, *7*, 75–79.
Spurgeon, C. *Shakespeare's imagery and what it tells us.* Cambridge: Cambridge Univ. Press, 1935.
Stampfl, T. G. & Levis, D. J. Essentials of implosive therapy: A learning theory-based psychodynamic behavioral therapy. *Journal of Abnormal Psychology*, 1967, *72*, 496–503.
Starker, S. Daydreaming styles and nocturnal dreaming. *Journal of Abnormal Psychology*, 1974, *83*, 52–55.
Sternberg, S. Memory scanning: Mental processes revealed by reaction-time experiments. *American Scientist*, 1969, *57*, 421–457.
Strupp, H. H. Specific vs. non-specific factors in psychology and the problem of control. *Archives of General Psychiatry*, 1970, *23*, 393–401.
Strupp, H. H. & Bergin, A. E. Some empirical and conceptual bases for coordinated research in psychotherapy: A critical review of issues, trends, and evidence. *International Journal of Psychiatry*, 1969, *7*, 18–90.
Sullivan, H. S. *Clinical studies in psychiatry.* New York: Norton, 1956.
Tauber, E. S., & Green, M. G. *Prelogical experience.* New York: Basic Books, 1959.
Tolman, E. *Purposive behavior in animals and men.* New York: Appleton, 1932.
Tomkins, S. *Affect, imagery, and consciousness*, Vol. I, Vol. II. New York: Springer, 1962–1963.
Tomkins, S. A theory of memory. In J. S. Antrobus (Ed.), *Cognition and affect.* Boston: Little, Brown, 1970.
Tomkins, S., & Messick, S. (Eds.) *Computer simulation of personality.* New York: Wiley, 1963.
Truax, C. B. & Carkhuff, R. R. *Toward effective counseling and psychotherapy.* Chicago: Aldine, 1967.
Tulving, E., & Donaldson, W. (Eds.) *Organization of memory.* New York: Academic Press, 1972.
Vaihinger, H. *Philosophy of »as if«.* New York: Harcourt, 1925.
Van Egeren, L. F. Psychophysiology of systematic desensitization: Individual differences and the habituation model. *Journal of Behavior Therapy and Experimental Psychiatry*, 1970, *1*, 249–255.
Van Egeren, L. F., Feather, B. W., & Hein, P. L. Desensitization of phobias: Some psychophysiology propositions. *Psychophysiology*, 1971, *8*, 213–228.
Van Hekken, S. M. J. The influence of verbalization on observational learning in a group of mediating and a group of non-mediating children. *Human Development*, 1969, *12*, 204–213.
Wagner, M. K., & Bragg, R. A. Comparing behavior modification methods for habit decrement-smoking. V. A. Hospital, Salisbury, North Carolina, 1969 (mimeographed).
Watson, J. B. *Behaviorism.* Chicago: University of Chicago Press, 1930.
Watson, J. P., & Marks, I. M. Relevant and irrelevant fear in flooding – a crossover study of phobic patients. *Behavior Therapy*, 1971, *2*, 275–293.
Weiner, H. Real and imagined cost effects upon human fixed-interval responding. *Psychological Reports*, 1965, *17*, 659–662.

Weitzman, B. Behavior therapy and psychotherapy. *Psychological Review,* 1967, *74,* 300–317.

Werner, H., & Kaplan, B. *Symbolic realization.* New York: Wiley, 1963.

Wheeler, J. Fantasy, affect and the perception of time. Unpublished doctoral dissertation, City University of New York, 1969.

White, R. W. Motivation reconsidered: The concept of competence. *Psychological Review,* 1959, *66,* 297–333.

White, R. W. Competence and psychosexual stages of development. In M. R. Jones (Ed.), *Nebraska symposium on motivation.* Lincoln, Nebraska: University of Nebraska Press, 1960.

White, R. W. *Ego and reality in psychoanalytic theory. Psychological Issues,* 1964, *3,* monograph II.

Wilkins, W. Desensitization: Getting it together with Davison & Wilson. *Psychological Bulletin,* 1972, *78,* 32–36.

Wilkins, W. Desensitization: Social and cognitive factors underlying the effectiveness of Wolpe's procedure. *Psychological Bulletin,* 1971, *76,* 311–317.

Wilkins, W., & Domitor, P. J. The role of instructed attention shifts in systematic desensitization. Paper presented at the 81st meeting of the American Psychological Association, Honolulu, 1973.

Witkin, H. A., Lewis, H. B., & Weil, E. Affective reactions and patient-therapist interactions among more differentiated and less differentiated patients early in therapy. *Journal of Nervous and Mental Diseases,* 1968, *146,* 193–207.

Wolpe, J. Reciprocal inhibition as the main basis of psychotherapeutic effects. *Archives of Neurology and Psychiatry,* 1954, *72,* 205–226.

Wolpe, J. *Psychotherapy by reciprocal inhibition.* Stanford, California: Stanford Univ. Press, 1958.

Wolpe, J. The systematic desensitization treatment of neuroses. *Journal of Nervous and Mental Disease,* 1961, *132,* 189–203.

Wolpe, J. *The practice of behavior therapy.* New York: Pergamon, 1969.

Wolpe, J., & Flood, J. The effect of relaxation on the galvanic skin response to repeated phobic stimuli in ascending order. *Journal of Behavior Therapy and Experimental Psychiatry,* 1970, *1,* 195–200.

Wolpe, J., & Lazarus, A. A. *Behavior therapy techniques.* New York: Pergamon, 1966.

Wolpin, M. Guided imagining to reduce avoidance behavior. Psychotherapy, 1969, *6,* 122–124.

Wolpin, M., & Raines, J. Visual imagery, expected roles, and extinction as possible factors in reducing fear and avoidance behavior. *Behavior Research and Therapy,* 1966, *4,* 25–37.

Wolstein, B. *Transference.* New York: Grune & Stratton, 1954.

Zachary, R. Massed aversive imagery (»implosion«) in the treatment of maladaptive fear responses: A cognitive-affective model. In preparation, 1974.

Stichwortverzeichnis